法学教育研究

Legal Education Research

2020

第二十八卷　杨宗科 主编

法律出版社
LAW PRESS·CHINA

本书各篇文章中的观点均属作者个人观点，不代表主办单位或其他机构、个人的观点。

法学教育研究　（第28卷）

教学研究

比较研究

管理经纬

Contents

· The Tenth Summit Forum of Legal Education ·

· Exploration of Theories ·

· Teaching Research ·

第十届“立格联盟”高峰论坛

编者按：

2019年7月20日，由河南财经政法大学主办的全国政法大学第十届“立格联盟”高峰论坛在河南郑州举行。按照惯例，本书收录了出席该届论坛的9所政法高校校领导的2篇发言稿和7篇与会论文，以供读者参考。

新时代法学教育的“四梁八柱”

——在第十届“立格联盟”高峰论坛上的发言

马怀德*

改革开放四十年来,中国的法治建设取得了巨大成就,法学教育也得到了快速发展。法学院系从当年的“五院四系”发展到目前的600多所,人才培养规模从几千人发展到几十万人,现在每年毕业的博士研究生就达2600多人、硕士研究生4.3万人,为全面依法治国输送了数百万计的人才,法学学科种类迅速增加,人才培养质量不断提高,有力支撑了我国法治建设事业。我国已经发展成为法治教育大国。

随着中国特色社会主义进入新时代,依法治国受到空前重视。作为法治中国建设的重要组成部分,法治人才培养的重要性日益凸显。今天,无论是落实全面依法治国要求,还是服务经济社会发展,无论是应对国内外风险挑战,还是推动各项改革措施落实,无论是适应以互联网为代表的科技发展,还是满足国家治理、社会管理的复杂性艰巨性要求,都需要大批优秀法治人才。如何从法学教育大国走向法

* 马怀德,中国政法大学校长、教授、博士生导师,研究方向:行政法、行政诉讼法。

学教育强国,如何适应新时代要求,构建起一流法学教育的“四梁八柱”,值得我们深思。其中,起着支撑作用的“四梁”是什么?主要就是“四个一流”。

一、一流的学科专业体系

首先要加快学科专业体系建设,形成能跟上时代发展、体现中国特色、具有世界水平的法学学科体系,这是法治人才培养的基础。如何构建新时代中国特色社会主义法学学科体系,习近平总书记在哲学社会科学工作座谈会中指出,一定要立足中国、借鉴国外、挖掘历史、把握当代、关怀人类、面向未来,要加快新兴学科建设和交叉学科建设,扩充学科知识容量。我们的学术研究要能够回答解释现实问题,学科体系既要体现中国特色、中国风格、中国气派,又要体现继承性、原创性、时代性、系统性、专业性。①

二、一流的课程体系

要架构一流的法学课程体系。第一,要建设有灵魂的通识思政课、法律职业伦理课和各类人文课程。培养法科学生的人文素养、家国情怀、审美情趣,健全人格教育。比如,中国政法大学十多年前就开设了中华文明通论、西方文明通论两门通识必修课,受到学生广泛欢迎。建设一流课程体系也要加强艺术教育,特别是美育和劳育。开设上述课程的目的就是立德树人、培养学生健全的人格。第二,加强实训实践课程建设,解决学生的就业要求和能力培养问题。实践课程要注重质量,加强知识教学与实践教学的结合,法学院校需要加强校企、校府、校社合作,

① 参见习近平:《在哲学社会科学工作座谈会上的讲话》,载人民网:CPC.people.com.cn/nl/2016/0519/C64094-28361550.html,最后访问日期:2020年2月29日。

发挥政府、法院、律师事务所等法治实务部门的作用,把司法实践中的最新经验和生动案例带到课堂教学中。第三,开发新课程,应对新时代的司法最新实践,解决新的知识需求。第四,建设国际课程,扩大学生的学术视野。目前,中国政法大学专门开设了国际学期,每年邀请百余名国际知名大学教授来学校为学生授课,扩宽了法学专业学生的国际视野。第五,改进教学方法,增强教学效果。比如,中国政法大学积极探索将互联网+、智慧教室、云平台、网络课程融入人才培养过程,采用同步实践教学方式,利用优质的司法实践资源,建成了司法卷宗副本阅览室,开通了同步庭审直播,收到良好效果。

三、一流的师资队伍

要打造专兼结合、业务素质一流的师资队伍。法学教师参与法治实践的机会比较多,对社会各个层面的感知比较丰富,要实事求是看待社会,多看主流和光明面,多用正能量鼓舞激励学生。落实卓越法治人才教育培养计划2.0的要求,健全法学院校与法治实务部门之间的双向交流机制,让法官、检察官走进校园来上课,法学院校要鼓励青年教师到法治实务部门挂职锻炼,把挂职作为教师职称评审、晋升的必要条件,选聘理论水平较高的法治实务部门专家到高校任教,参与人才培养方案制定、课程体系设计、教材编写、专业教学,不断提升协同育人效果。

四、一流的教材体系

要更新法学教材体系。当前,法学教材内容落后于司法实践水平的现象比较突出,司法、执法改革走在了理论之前。比如,马克思主义理论研究和建设工程(以下简称“马工程”)教材《法理学》是1999年编写的,无法体现社会主义法治理论的最新理论与实践成果;“马工程”教材《行政法》基本没有涉及法治政府实践中的权力清单、三项制度改革、失信惩戒制度、重大行政决策这些最新的行政法治实践。党的十八大以来全面依法治国的新要求、新实践在各类法学教材中都体现不足。

新时代法治中国建设比历史上任何一个时期都急需优秀法治人才,“立格联盟”作为中国唯一的法学教育联盟,有责任为国家和社会培养一批又一批“应国需、促法兴”的高素质法治人才,引领法学教育发展方向。下一步,期望联盟高校深化教育教学改革,创新人才培养模式,与全国法学院校携手并进,共同创造法学教育光明的未来,为把我国建设成法学教育强国而努力奋斗。

探索“三位一体”的“一带一路”涉外法治人才培养机制

——在第十届“立格联盟”高峰论坛上的发言

吴钰鸿*

本届论坛的主题之一是“一带一路”倡议与政法高校法学教育改革。2013年，习近平总书记提出“一带一路”倡议，培养“一带一路”涉外法治人才，加强相关问题的研究与解决，是当务之急。这次会议突出了“一带一路”理论和实践的高度对接，蕴含了当今法学教育界对培养涉外法治人才的理论与实务研究的高度共识。

一、协同东盟国家共同培养双语双法涉外法治人才

西南政法大学开设了泰语、越南语、柬埔寨语三个方向的“一带一路”双语双法实验班，实行2+1+1的培养模式。2019年9月，还要开设缅甸语方向实验班。

---

* 吴钰鸿，西南政法大学党委副书记、研究员，研究方向：警察科学。

2016 级泰语方向的实验班,在 2018 年已派送 23 名同学到清迈大学法学院学习泰国法、泰国文化及泰语。2017 级越南语方向的实验班,于 2019 年 9 月赴越南胡志明国家大学——胡志明人文社科大学进行系统的越南语及越南法律知识的学习、交流。

2018 级柬埔寨语的实验班,及后期开设的双语双法实验班将延续上述培养模式。我们力争把双语双法实验班打造成我校涉外法治人才的"金字招牌",为国家培养一大批高素质涉外法治人才。

二、建设以中国—东盟国家区域法律研究为特色的涉外法律智库

西南政法大学中国—东盟法律研究中心,是中国法学会 2010 年依托我校设立,拥有 200 余名中国与东盟国家的研究员,聘请了泰国公主为名誉顾问,并与老挝司法部、柬埔寨司法部、缅甸最高检察院、泰国司法学院、东盟法律协会以及 12 所东盟国家高校和 10 余所律师事务所建立交流合作关系。正在建设国内权威的"东盟及其国家法律数据库",最终建成"东盟法律查明服务中心"。

中心注重向东盟各国介绍中国法治建设的非凡成就。自 2012 年起,中心每年承担由外交部支持的东盟国家在职官员短训项目,举办"东盟学员法律研修班"。2017 年举办了"中国—东盟区域非传统安全法治与毒品问题高级研修班",2018 年举办了"中国—南亚—东南亚区域反恐合作法治研修班"。七年来培训了东南亚国家约 190 名在职高级法律官员。

2015 年,中心与柬埔寨司法部合作开展"柬埔寨高级官员国际关系与国际法博士学位项目",现有包括 2 位副部级在内的 40 余名官员就读。

2019 年 3 月,西南政法大学倡导发起的中国—东盟法学院院长论坛发出了《共建中国—东盟法学研究与人才培养共同体的倡议》。

三、大力开展关于中国—东盟对接合作法律机制的创新研究

西南政法大学承担了“‘一带一路’建设中投资者与东道国投资争端解决机制研究”“‘一带一路’国别投资法治评估指标研究”“‘一带一路’倡议下大湄公河流域交通运输合作法律与机制研究”等项目。

《加强中国企业“一带一路”投资法律风险防控》的研究成果获中央领导人批示。

《关于“一带一路”倡议实施中NGO问题应对》《“一带一路”区域投资争端解决机制的构建》《“一带一路”倡议下自由贸易区网络构建的挑战和对策》《“一带一路”能源合作法律机制构建研究》等成果被《人民日报》采用。

西南政法大学主办的中英双语法学学术刊物《中国—东盟法律评论》已出版九卷,包括:常规卷五卷和(泰国、马来西亚、缅甸、柬埔寨)国别卷四期。

西南政法大学编写了多部涉东盟国家法律书籍和重要基础性工具书,如《越南民商法法律大全》《东盟国家外国投资法研究》《东盟国家金融法研究》《东盟国家刑法研究》《东盟国家刑事诉讼法》等。

西南政法大学编著了“一带一路”国际贸易风险防控法律实务系列丛书,已出版国际贸易安全、国际商事争端、国际货物运输、国际投资争端、国际税收、信用证、涉外法律适用、商品进出口等风险防范法律实务等系列著作。

建构东盟法治人才培养实验班、东盟法律智库和东盟法律研究显示性成果“三位一体”的涉外法治人才培养机制,是西政根据战略区位优势和专业学科特色形成的“一带一路”涉外法治人才培养一大特色。

涉外法治人才培养是国家重大人才战略的组成部分。建议联盟高校进一步合作,共同推进涉外法治人才的培养。

推进新时代政法院校法律人才培养创新

——华东政法大学新时代法律人才培养改革的实践与探索

叶　青*

摘　要：党的十八届四中全会以来，如何培养符合新时代需求的法律人才成为摆在政法院校面前的一道“必答题”。华东政法大学不断更新法律人才培养观念和模式，坚持复合型、实践型、国际化的培养导向。以通识教育、理想信念教育为基础，以系统的法治思维和宽厚的商、管知识为教学内容，注重“高校—实务部门联合培养”机制探索，提高实践教学比重，加强品牌项目建设，做强国际法律交流与合作，秉持国际化引领的师资建设方向，培养具备一流国际化实务能力人才。

关键词：法律人才培养　新时代　育人

高校肩负着人才培养、科学研究、社会服务、文化传承创新、国际交流合作的重要使命。进入 21 世纪，特别是党的十八大之后，随着全面依法治国的深

---

* 叶青，华东政法大学校长、教授、博士生导师，研究方向：刑事诉讼法、诉讼证据法学和中外司法制度。

入推进，我国法学教育获得了新的发展契机和平台，内涵不断丰富、体系不断健全，为中国特色社会主义法治人才培养和法治事业发展提供了有力的支持。华东政法大学作为新中国创办的第一批高等政法院校，建校六十七年来为祖国培养了数以十万计的优秀人才，被誉为“法学教育的东方明珠”。近年来，学校主动对接国家“五位一体”总体布局和“四个全面”发展战略，主动对接上海建设“五个中心”、卓越全球城市以及社会主义现代化国际大都市的实践进程，按照国务院《关于统筹推进世界一流大学和一流学科建设总体方案》和《上海市深化高校改革建设高水平地方高校试点方案》总体要求，坚持开门办学、开放办学、创新办学的发展理念，坚定履行新时代政法大学光荣使命，积极融入中国特色社会主义法治建设伟大事业，以地方高水平大学建设为契机，以一流政法大学、一流法学学科为目标，不断书写出新的辉煌。在新时代，进一步打造具有“政法院校”特色的人才培养品牌，体现先进法学教育理念、彰显“高精尖缺”特色的法律人才培养体制，培养造就一大批“政治过硬、本领高强”的社会主义法治人才，已成为政法院校面临的崭新课题。

一、新时代的内涵及其对法律人才培养的要求

何为“新时代”？“新时代”需要什么样的法律人？政法院校又应该如何去培养适应“新时代”需要的法律人才？回答好这三个问题，我们才能准确把握新时代的内涵和法治人才培养的方向。首先是关于新时代的内涵。习近平总书记在党的十九大报告中明确指出：“这个新时代，是承前启后、继往开来、在新的历史条件下继续夺取中国特色社会主义伟大胜利的时代，是决胜全面建成小康社会、进而全面建设社会主义现代化强国的时代，是全国各族人民团结奋斗、不断创造美好生活、逐步实现全体人民共同富裕的时代，是全体中华儿女戮力同心、奋力实现中华民族伟大复兴中国梦的时代，是我国日益走近世界舞台中央、不断为人类作出更大贡献的时代。”这就高屋建瓴地对“新时代”的内涵进行了科

学的界定。其次是关于新时代对法律人才培养的要求。2018年,教育部、中央政法委发布的《关于坚持德法兼修　实施卓越法治人才教育培养计划2.0的意见》指出,我国高等法学教育还不能完全适应社会主义法治国家建设的需要,社会主义法治理念教育还不够深入,培养模式相对单一,学生实践能力不强,应用型、复合型法律职业人才培养不足。提高法律人才培养质量成为我国高等法学教育改革发展最核心最紧迫的任务。这就明确提出了"新时代"我们在法学教育方面的任务和使命。最后是关于政法院校如何培养适应"新时代"需要的法律人才。"新时代"给政法院校人才培养带来了机遇,同时也带来了挑战。"新时代"需要政法院校创新法律人才培养模式,培养大批复合型、实践型、国际化的法律人才。

二、新时代推进政法院校法律人才培养的着力点

新时代政法院校应该着力加强复合型、实践型、国际化的法律人才培养。为此,应该做到"三个加强"。

(一)加强新时代背景下政法院校复合型法律人才培养

复合型法律人才就是既有法律的知识和本领,又有诸如经济学、文学、社会学、心理学、理学、工学、医学等其他方面知识与技能的综合性人才。复合不仅是知识复合,还包括能力复合、思维复合;既可以是以上任意两种知识和能力的复合,也可以是两种以上能力的复合。当今社会的重大特征是学科交叉,知识融合,技术集成。这一特征决定了每个人既要拓展知识面,又要不断调整心态,变革自己的思维,不断地提高自身的综合素质。政法院校强化复合型法律人才培养应当做到"四个坚持":

1. 坚持注重人才培养过程中的厚重基础。复合型法律人才培养要以厚重基础为前提,以"知识、能力、素质与智慧"一体化培养为目标,以学生为主体,以教师为依靠,以优质的管理体制为依托,秉持综合育人体

系建设。首先要加强通识教育，优化育人平台。依托通识教育基础，深化通识教育影响，发挥通识教育功能，营造“正义、正气、正派、正直”育人理念和育人氛围。其次要实施课程思政专项教学改革计划。发挥“课程思政”价值引领作用，深入发掘哲学社会科学学科中的德育内涵和元素，形成具有政法人才培养特色的课程思政教育教学改革模式，培养德法兼修的高素质法治人才和治理人才。最后要主动对接大数据人工智能发展新态势，主动实施教育教学改革与信息化建设计划。布局法律与人工智能、网络空间安全、纪检监察、大数据与公共社会治理等专业方向，在新兴领域精准发力，培养人才精品化，推动形成一批“互联网+法学”“大数据+法学”“国际贸易仲裁与争端”“人工智能”“网络安全”“物联网”“区块链”的精品教学平台等，激发学生学习和研究的最大潜能，使之成为既具备深厚专业基础，又把握前沿领域研究，具有良好发展能力的卓越人才。

2. 坚持系统性法治思维的培养。政治思维、经济思维、法治思维是高素质人才必须具备的三种思维方式，政治思维把握方向，经济思维保证效益，法治思维则控制底线。法治思维是将法律作为判断是非和处理事务的准绳，它要求崇尚法治、尊重法律，善于运用法律手段解决问题和推进工作。法治思维是将法治的诸种要求运用于认识、分析、处理问题的思维方式，是一种以法律规范为基准的逻辑化的理性思考方式。随着新时代的到来，法治思维已经成为法律人才的一种基本思维和一般思维。培养法治思维是打造卓越复合型法律人才的核心要义。

3. 坚持实施“法律+”复合型人才培养战略。要完善“法律+金融”“法律+国际贸易”“法律+社会治理”等复合型法治人才与卓越知识产权人才等专门人才培养的机构体系，通过建设“跨专业、跨学科、跨校内外、跨海内外”的一流师资团队、开拓多元化培养路径，培养学生深厚的人文底蕴，宽厚的商、法、管知识，活跃的创新思维，这是政法院校复合型法律人才培养的基本路径。

4. 坚持复合型人才培养的探索——以书院制教育改革为例。华东政法大学文伯书院成立于2017年5月，是学校贯彻立德树人教育理念，创新本科人才培养体系,推动书院制教育改革成立的人才培养机构。文伯书院的成立,标志着学校书院制教育改革计划的正式实施和以人才培养为中心的高等教育综合改革的全面启动。书院制教育改革以"一切为了培养人"为基本教育理念,旨在通过全方位组织、全过程实施的博雅教育和养成教育,融合学生全面发展与专业教育两大领域,实施大类培养、基础培养、综合培养、个性化培养等创新举措,提升学生人文综合素养,强化创新思维训练,增强可持续发展能力。书院同时与高校招生制度改革有机衔接,协同推动学校高等教育事业发展。

书院根据法律、政管、商经、人文不同专业大类设置四大分院,分别以学校的校训——笃行、致知、明德、崇法为名,以弘扬学校的办学理念,体现鲜明的华政特色。2017年7月,"文伯·崇法书院"率先招录法学大类新生。书院坚持"开门办学、开放办学、创新办学"的基本思路,以人才培养改革实践为主要内容,以实体化书院、通识课程体系、导师制和书院社区四大要素为特色,着力实现学生的全面发展与专业培养之间的平衡,为学生提供更多自主成长的空间。书院以"1+0.5+X"(1年书院新生学习+0.5年衔接专业学院学习+多形式、多时段的全程书院教育)的衔接教育方案构建通识教育体系。作为实体教学机构,所有新生将在文伯书院接受为期一年的集中学习,为以后的专业学习和未来的职业生涯、人生选择打下基础。同时,基于分科教育与专业教育,从大二开始,根据专业要求和本人意愿,学生进入专业学院开始专业学习。文伯书院将伴随学生四年的大学生活,继续提供通识教育、素质训练、成长支持等服务,助力学生长远发展。学校书院制教育改革,必将成为学校发展的重要动力,也会优化法科一流、多科融合的育人环境,让每一个华政学子受益终身。

(二)加强新时代背景下政法院校实践型法律人才培养

实践型法律人才是能熟练地将法律的基础理论、一般理论运用到法律实践和实务,推动解决法律实际问题的人才,也可称其为实务型法律人才、应用型法律人才。政法院校实践性法律人才的培养要以习近平新时代中国特色社会主义思想为指导,对照国家"双一流"建设标准,全面服务“法治中国”建设,以适应多样化法律职业要求、强化学生法律实务技能培养、提高学生运用法学与其他学科知识方法解决实际法律问题的能力、促进法学教育与法律职业的深度衔接为基本方向。为达到上述目标,我们要做好“三个加强”。

1.加强对“高校—实务部门联合培养”机制的探索。要加强政法院校与实务部门的合作,共同制定培养目标,共同设计课程体系,共同开发优质教材,共同组织教学团队,共同建设实践基地,探索形成常态化、规范化的卓越法律人才培养机制。

2.加强人才培养中的实践教学。要加强校内实践环节,开发法律方法课程,搞好案例教学,办好模拟法庭、法律诊所等。充分利用法律实务部门的资源条件,建设一批校外法学实践教学基地,积极开展覆盖面广、参与性高、实效性强的专业实习,切实提高学生的法律诠释能力、法律推理能力、法律论证能力以及探知法律事实的能力。探索建立高校与法律实务部门人员互聘制度,健全学校与法律实务部门的双向交流机制,鼓励支持法律实务部门有较高理论水平和丰富实践经验的专家到高校任教,鼓励支持高校教师到法律实务部门挂职,努力建设一支专兼结合的法学师资队伍。要大力推进研究生实践和实务课程建设,强化“双师型”导师的聘任工作,及时将最新科研成果与法制改革的成果转化为教育教学内容,积极引导优势资源转化为育人资源。

3.加强典型品牌性政产学研项目的持续建设,以法律助理项目为例。法律助理是学校培养实践型法律人才的品牌项目。学校自2005年与上海市高级人民法院签署合作协议后,便在全国率先探索实施了法律助理项目,经过近十四年的建设与发展,项目从最初上海的六家基层法院起步,目前已涵盖了最高人民法院和长江三角洲城市群近40家各级法院、检察院、司法行政机关,实现了实习实训常态化、规范化和系统化管理,其中既有三个月的法律助理,也有六个月的法院实习助理,并且设置了项目管理和协调机构,制定了带教老师工作指南、法律助理工作守则等规范文件,建立了遴选培训、启动仪式、中期走访和总结表彰等规范流程,形成了一套可借鉴、可推广的经验,成为国内政法院校实习实践学习的模板,在上海乃至全国具有广泛的影响力,对推进依法治国、司法体制改革和研究生教育综合改革、进一步提升研究生培养质量起到了积极的示范作用。

十三年来,法律助理项目创造了政法高校、法院、研究生、本科生、法官以及青年教师之间的多元共赢局面,仅以参加法院的法律助理统计,法律助理项目已惠及近 5500 名在校生,总计协助法院起草、制作裁判文书 2 万余份,参与撰写调研论文近 600 篇、案例分析达 500 篇,还产生了大量优秀课题与调研报告,不少研究成果公开发表或者刊登在法院内部网络,以及中国江苏网、《人民法院报》、《上海法治报》等媒体,产生了积极的社会效应。学生的科研创新精神和实践应用能力也切实得到了锻炼和提升,为他们毕业后从事法律职业打下了扎实的基础,实现了从实习到就业的"无缝对接"。

十三年来,法律助理项目的成功运行也产生了良好的示范效应,得到了国内不少政法院校的肯定和推广,对于政法院校加强内涵建设、提升人才培养质量起到了重要的推动作用。同时,法律助理项目所形成的制度经验也为司法改革提供了有益借鉴,如 2014 年 9 月,作为司法改革试点的上海市二中院在开庭中首次出现"法官助理"的标牌;2015 年 7 月,最高人民法院颁布的《关于建立法律实习生制度的规定》,为高校在校法科生进入法院系统实习进一步拓展了通道。不断发展创新的法律助理项目已成为产学研一体化教育的先驱,成为深化高等法学教育教学改革,强化法学实践教育,完善协同育人机制,构建法治人才培养共同体的新尝试、新途径、新突破,成为国内实践型法律人才培养的品牌。

(三)加强新时代背景下政法院校国际化法律人才培养

国际化法律人才是指具有国际化意识和胸怀以及国际一流的知识结构,视野和能力达到国际化水准,在全球化竞争中善于把握机遇和争取主动的高层次法律人才。政法院校培养国际化法律人才的根本目标是:以适应世界多极化、经济全球化深入发展和国家对外开放为需要,培养一批具有国际视野、通晓国际规则,能够参与国际法律事务和维护国家利益的涉外法律人才。做好这一方面的工作,关键要做到

“四个秉持”。

1.要秉持培养政治过硬、本领高强的卓越法治人才初心。政法院校要让学生国际化,首先要让学生本土化。要把社会主义法治理念教育融入法律人才培养全过程,深入推动社会主义法治理念进教材、进课堂、进头脑,增强学生贯彻落实社会主义法治理念的自觉性和坚定性。始终将为社会主义法治事业培养合格建设者和可靠接班人作为我们工作的出发点,紧紧围绕“政治过硬、本领高强”的培养目标,加强学生职业意识、职业伦理教育,增强学生服务社会主义法治国家建设的责任感和使命感,培养学生具备坚实的政治思想素质和健康的心理素质,使学生能经受多元文化的冲击。

2.要秉持培养具备一流国际化实务能力人才的方向。法律教育本质上是职业教育,国际化法律人才的培养需要着力提升国际化实务能力,以在国际法律纠纷解决和国际法律实务处理中充分发挥作用。以涉外律师的培养为例,这些国际化实务能力主要包括:能够办理跨境投资、并购业务的能力,能够办理“双反双保”业务的能力,能够办理涉外知识产权保护业务的能力,能够在 WTO 上诉机构独立办理业务的能力,能够办理境外上市业务的能力,能够办理海事海商业务的能力,能够在境外仲裁机构代理案件的能力以及在境外仲裁机构担任仲裁员的能力等。

3.要秉持国际化引领的师资建设方向。国际化人才的培养有赖于法学师资的国际化。只有高素质的教师才能培养出一流的国际化人才,这就要求教师具有在国际上较前沿的法学理论知识和创新成果,并能紧跟时代和世界发展的趋势。法学师资国际化主要有两条途径:首先,师资培养的本土化,即通过鼓励现有的法学骨干教师参与海外学习、进修、学术交流等活动强化其教育教学的国际化理念,使之具备国际化师资水平;其次,利用多种渠道(聘请兼职教授,聘请长、短期外专、外教,与国外研究机构进行国际项目的合作研究,举办短期培训班等)引进世界一流法学专家学者到国内从事教学、科研工作,以此提高法学师资人才队伍的整体水平,提高专业水平和教学能力。

4.要秉持做强国际法律交流与合作的理念。法学教育要向世界开放,要站在“一带一路”建设前沿,主动服务国家对外开放战略,加强国内法学院校与海外高水平法学院校的交流与合作,积极推进双方的教师互派、学生互换、学分互认和学位互授联授,积极利用海外优质法学教育资源,充实国际化教学内容,引进国外先进的教学设备、教学管理理念,学习借鉴国外先进的教学管理模式,加强与国外律师事务所的合作,推进学生的海外实地培训,开展国际学术研讨、国际竞赛与比赛,探索形成灵活多样、优势互补的卓越法律人才培养机制。

三、结语

需要指出的是:政法院校在人才培养的过程中,立足复合、实践、国际化的培养着力点之间并不是割裂的,它们互相作用、互为补充,共同组成“新时代”法律人的能力内涵和素养内容。这不仅是政法院校面对当下法治实践人才需求的积极回应,更是面向未来继续推进法治文明建设的基础性安排。在当下法学教育改革的探索中,出现了多元创新的良好态势,也在不断为法律人才培养事业提供动力与源泉。在这样的背景下,明确坚持法律人才培养的核心要素与基本方式,尤其具有重要的意义。在人才培养的探索中,坚持厚德育、强专业、重实践、深协同、强德能、拓渠道、促开放、立标准,找准人才培养和行业需求的结合点,深化高等法学教育教学改革,强化法学实践教育,完善协同育人机制,着力构建法治人才培养共同体,做强一流法学专业,培育一流法治人才,为全面推进新时代法治中国建设提供有力的智力保障,培养一大批德法兼修、融通复合、高端涉外“高精尖缺”法治人才和社会治理人才,始终并且应当是政法院校为之努力的方向。

Promoting the Innovation of the Cultivating Legal Talent for the New Era in Universities and Colleges of Political Science and Law

—Explorations and Practices of Cultivating Legal Talent in East China University of Political Science and Law

Ye Qing

Abstract: Since the Fourth Plenary Session of the 18th Communist Party of China Central Committee, how to cultivate legal talents that meets the needs of the New Era has become an urgent question to be answered by domestic universities and colleges of political science and law. Adhering to the cultivation orientation of compound, practical and international legal talent, East China University of Political Science and Law constantly updates the concept and model of legal talent cultivation, the university emphasizes the education based on general college education and ideals and beliefs, with systematic legal thinking and broad business and management knowledge as the teaching content. The university also pays attention to the cooperation mechanism of the university and law enforcement departments. By increasing the proportion of practical teaching, strengthening brand project construction, strengthening international legal exchanges and cooperation, and adhering to the direction of international teacher construction, East China University of Political Science and Law is committed to cultivating talents with first-class international practice capabilities.

Key Words: cultivating legal talent, the new era, education

新时代保障法学教育高质量发展的原则

杨灿明*

摘　要：高质量发展是新时代高等教育包括法学教育的第一位工作。中南财经政法大学对如何保障新时代法学教育的高质量发展总结了四项原则：一是坚持以法学人才培养为中心，尤其是以法学本科人才培养为中心；二是坚持立德树人，德法兼修；三是坚持“四为服务”导向，服务治国理政；四是坚持以对标为主的质量文化建设。坚持上述四项原则能够有力保障法学教育高质量发展。

关键词：法学教育　高质量发展　保障原则

高质量发展，是新时代高等教育发展的基本方针，也是高校法学教育的发展方向。教育部部长陈宝生在直属高校工作咨询委员会第二十七次全体会议讲话时强调：推进高等教育工作，排在第一位的就是“实现高质量发展”。[①] 这一讲话明确指明了高质

* 杨灿明，中南财经政法大学校长、教授、博士生导师，研究方向：财政学。

① 陈宝生：《写好新时代高等教育改革发展“奋进之笔”》，载教育部网站：http://www.moe.gov.cn/jyb_xwfb/gzdt_gzdt/moe_1485/201712/t20171229_323346.html，最后访问日期：2018年12月2日。

量发展是新时代高等教育包括法学教育的第一位工作。

中南财经政法大学作为国内开展法学教育的“立格联盟”成员高校、国内老牌的“五院四系”政法院校和当前一流法学学科建设高校,积极推动法学教育高质量发展走在全国前列。在长期的探索实践过程中,中南财经政法大学结合学校实际,对如何保障新时代法学教育高质量发展总结了四项原则。

一、坚持以法学人才培养为中心

以法学人才培养为中心,尤其是以法学本科人才培养为中心,是新时代开展法学教育的重要指导原则。在法学人才培养过程中,本科阶段培养有着不可或缺的作用,应聚焦法学本科教学,提高法学本科教学质量,促进法学本科教学发展。法治人才培养和法学本科教育是法学教育的根本,必须确保二者高水平发展。如果二者无法得到高质量保障,将对整体法学建设产生动摇。

根据教育部“六卓越一拔尖”计划2.0要求,中南财经政法大学及时转变观念、整合资源,推动粗放式教育向集约化教育转变,将人才培养从重“量”向重“质”转化,把法学人才培养的重点落实到本科教育。学校还大力促进法学科研成果有效转化为教学优势,促进科研成果及时转化为教育教学内容。

(一)加强拔尖创新人才的培养

对于法学人才培养而言,拔尖创新人才培养是其中的重要内容。我校法学专业为了加强对拔尖创新人才的培养,借鉴了国内相关培养经验,自2016年开始,制定了专门的《法学卓越法律人才实验班培养方案》,设立“卓越法律人才实验班”,实行校内导师与实务导师双师同堂、理论传授与案例研习相结合的小班教学,集中培养法学拔尖创新人才。在“卓越班”培养模式之下,学生层层优选,教师严挑细选,培养方案量身优化,学制灵活安排。拔尖创新人才培养取得了明显成效,被“卓越班"重点培育的学生思维活跃、功底扎实、司法应用能力较强。

(二)强化应用型人才的培养

进一步强化实践教学,巩固和提升法学应用型人才的培养质量。学校成立专门法学实践教育工作组,从校内实验教学与校外实习两方面加强实践教学建设。中南财经政法大学法学实验教学中心在开展试验教学方面取得了一系列成绩。2010年5月,中心成功研发国内首款具有完全自主知识产权的法学实验教学系统(LETS),该系统为法学院师生提供了全新的模式,可在其中进行各类项目创建和实验模拟。除此之外,2018年8月中心与深圳宝安法院签订《法律学术实务高端合作框架协议》,联合成立全国首个"精品案件远程同步教研中心",探索构建"互联网+法院+法学院"实验教学新模式。在继续推进校外实践基地建设的广度和深度过程中,也积极拓展国际化实习基地。2017年10月与泰国大拓律师事务所联合签约筹建海外实习基地,国际化实习基地建设取得初步进展。

(三)推进融通型、复合型人才培养

继续推进法学与经济学的教学融通,加强融通型的法学复合型人才培养。我校充分利用财经政法类院校经、法、管学科的相对优势,积极开展"三通教育",鼓励学生选修"经济学通论"等通识课程及"财税法""法经济学"等交叉课程,积极培养懂经济、会管理的法学复合型人才。鼓励、支持和培育法学与经济学同关联度较强的社会科学和自然科学的跨学科、前沿性研究,重视人工智能、大数据等新型研究方法的融合,完善相互支撑、特色鲜明、共同发展的良性学科生态体系。通过多学科交叉课程建设,提高法学和应用经济学两大一级学科的互相选课比例,培养能适应各行业的复合型法律人才。

(四)加强国际交流合作和国际化人才的培养

我校法学学科坚持以国际一流为目标,积极与世界高水平大学开展学术交流与科研合作,参与区域性重大教育与合作计划。纵深扩展法学学科国际交流渠道,与美国杜兰大学法学院、芝加哥肯特法学院、英国利兹大学法学院等多所海外高校展开合作,设立了"3+1"或"4+1"联合培养学位项目。响应“一带一路”倡议，中意法学教育国际合作硕果累累。2017 年，在意大利总统塞尔吉奥·马塔雷拉的见证下，在罗马第一大学成立了中意法学研究中心；在意大利教育部部长的见证下两校合作建立了中国法图书馆。2018 年 5 月，罗马第一大学签署了两校合作办学意向书以及合作培养欧盟法硕士项目协议书，“欧洲学：比较法与欧洲法”硕士学位中外合作办学项目于 2019 年 4 月获中国教育部批准，成为我国为数不多、层次较高的法学中外合作办学项目。2019 年 4 月，我校和罗马第一大学合作建设的中意学院正式揭牌，掀开我校法学教育中外合作新篇章。

二、坚持立德树人、德法兼修

2017 年习近平总书记在中国政法大学考察期间强调，法治人才培养应“立德树人、德法兼修”。立德树人，对教育有着重要意义。2018 年教育部发布的《普通高校法学本科专业教学质量国家标准》也明确规定，法学类专业人才培养目标要“坚持立德树人、德法兼修”。中外法学教育发展实践证明，道德的缺位会造成法律人才缺少职业伦理，出现违法等一系列社会问题，法律人才如果没有国家使命感和社会责任心会带来十分严重的不良社会后果。因此，推进新时代法学教育高质量发展，高校要自觉担负起培育和践行社会主义核心价值观的重要职责，将立德树人、德法兼修贯穿于法学教育教学的全部过程之中。

（一）要立德树人，培养“德法兼修”的高素质法治人才，法学教师应加强对自身的德才要求

在法学本科教育中，想要加强人才培养，法学教师起着重要的引导作用。想做到立德树人、德法兼修，首先要坚持不懈地用中国特色社会主义法治理论体系武装头脑，坚持教书和育人、言传和身教、潜心问道和关注社会、学术自由和学术规范之间的统一。法学教师应肩负起其所应当承担的责任，通过对中国特色社会主义理论的学习，提高自身的德才水准,从而更好地为学生起到榜样的先进作用,推动学生个人素质培养与发展,引导学生立德树人,为高素质法治人才培养添砖加瓦。

(二)要立德树人,培养“德法兼修”的高素质法治人才,党建工作要与师德师风协同发展,以党风促师风建设

各级党支部在党建过程中要倡导党风和师风联动建设,以优秀党建带动良好师风。要求党员个人加强道德自律,支部组织加强监督,支部各党员之间要加强批评与自我批评。党支部号召党员严格遵循《高等学校教师职业道德规范》,认真教书育人,处处为人师表;严格遵守“课堂有纪律”这一师德底线,课堂讲授内容坚决不能损害党中央权威和集中统一领导,不传播不当言论和信息。同时严于律己,在课上课下坚决不能对学生实施性骚扰或与学生发生不正当关系。

(三)要立德树人,培养“德法兼修”的高素质法治人才,必须加强法学教材的建设

教材是文化知识的载体,法学教材质量的高低,对法学学科教育有着重要的影响。为了保证法学学生在学业完成过程中能够高效顺利地汲取所需专业技能和知识,在加强教师队伍的同时,必须推动法学教材的建设。为此,必须高度重视“法律职业伦理”课程建设和授课工作。2018年《普通高校法学本科专业教学质量国家标准》已明确规定,“法律职业伦理”是10门专业核心课程之一,成为全国所有法学院校的必修课程。“法律职业伦理”课程作为贯彻落实法学人才培养“立德树人,德法兼修”的重要支点与依托,在实现“德才兼备”的卓越法治人才过程中占有重要地位。

三、坚持“四为服务”导向,服务治国理政

“四为服务”即高等教育要为人民服务、为中国共产党治国理政服务、为巩固和发展中国特色社会主义制度服务、为改革开放和社会主义现代化建设服务,这是新时代中国高等教育的新使命。从过去的“两为

服务”到现在的“四为服务”,这是新时代对高等教育的新要求,而法学教育在提供这两方面服务的过程中恰好可以发挥重要作用。

以中南财经政法大学法学教育为例,学校以智库为核心,充分发挥社会服务功能。法学学科教师积极以咨询报告为载体,以服务国家高端决策与社会需求为取向,积极为党和人民述学立论、建言献策。先后有100多项创新成果被国家、省部委相关政策部门采纳,被国务院、最高人民法院、最高人民检察院等国家机关的领导人批示。如《关于法学教育改革的建议》《完善农民土地财产权利保护法律制度》先后获得政治局委员、国务院副总理刘延东、汪洋批示;《关于司法体制改革的几个问题》《人民法院组织法(征求意见稿)》《人民检察院组织法(征求意见稿)》的修改意见等分别获得时任政治局委员、上海市委书记韩正,原政治局委员、中国法学会会长王乐泉,中国法学会党组书记陈翼平和最高人民法院院长周强、最高人民检察院检察长曹建明等领导批示;徐汉明教授等接受中宣部和国家社科基金委托重大项目“网络安全立法”成果被采纳并分别提交全国人民代表大会、国务院立法参考。

值得一提的是,我校吴汉东教授受邀为中央政治局讲授知识产权战略课程,并参加“十三五”知识产权战略起草。我校徐汉明教授作为全国检察专家参加党的十七大、十八大、十八届四中全会重大决策问题调研,并参与中央委托中国法学会关于四中全会特别重大课题专家组工作,高质量地提交了“全面推进依法治国、加快建设法治中国”主题下的“法治政府”“公正司法”两部分建议稿,受到中国法学会充分肯定。2016年南京大学发布“CTTI中国智库”报告,我校获评“211”高校类100分,总排名第一。

此外,我校法学学科建设不断深化服务社会的功能,为国家和区域法治改革与发展做出贡献。从实际出发,将理论研究成果转化为政策参考意见,并在此基础上加强法治建设,完善法律制度,从而使科学研究、团队建设立足并服务于中国法治,回应法治实践中的问题,服务于智库建设。例如,依托我校法学学科设立的中南检察研究院,旨在整合五省一区检察机关资源,打造现代新型法治检察智库。我校法学学科将坚定不移地走中国特色社会主义教育发展道路,以“国内领先、国际一流”为基本目标,充分利用体量大、实力强的优势,打造中南财经政法大学法学智库品牌,显著提升法学学科的核心竞争力,为我国法治建设贡献自己的力量。

四、坚持以对标为主的质量文化建设

想要打赢高校提升法治人才培养质量攻坚战,质量文化建设是其中的一项重要内容。为此,必须要建设以提高人才培养水平为核心的质量文化。

(一)法学教育质量文化建设要明确标准,坚持以对标为主

教学质量标准在质量文化建设中占有十分重要的地位,采用不同的质量标准,就会产生不同的质量评定结果。质量评价标准有内部设立的,也有外部设定的。就法学教学质量标准而言,从理论上看有国际质量标准、国家质量标准和基本质量标准三级。目前,教育部已于2018年发布本科法学专业教学质量国家标准。该标准的确立意味着在法学教育的质量文化建设过程中,“对标”会是一个长期要面对的问题。但每一所大学也都有自己的传统,也会有自己的教学质量标准,如何协调国标与学校标准,国标中也有明确规定,要求各校应根据自身情况制定法学类专业的教学质量标准,但不得低于国标的相关要求。这就意味着法学教育的自我评价标准只是立足于特色,国内法学教育的质量文化建设要坚持对标为主。

(二)法学教育质量文化建设要加强督导,坚持督导驱动

通过督导外部评估,可以进一步提高法学人才培养质量。为此,应当建设与高质量文化建设相适应的督导系统和机构,从而对师生形成监督指导,规范其行为,促进其进步。目前,中南财经政法大学已建立了校院两级督导机构。教学督导“督学”与“督管”并重,“监督”与“指导”并重。教学督导采用日常监督、定点监督和定期监督,已发挥了提高教学

质量的作用。

（三）法学教育质量文化建设要内化于心，形成行为自觉

外在的评价与督导是制度层面的，在外部质量建设的同时，也要加强对师生的内部教育，只有将法学文化建设内化于心，成为自觉行为，才能将法学教育的质量文化建设推进到一个更高层次。文化不仅存在于制度层面和精神层面，还有大家认同的价值文化。只有将对高质量文化的追求变成师生的内在习惯，法学教育的质量才能获得长久、持续的发展和保证。

中南财经政法大学除坚持对照本科法学专业教学质量国家标准进行质量评价外，又建立了校院两级督导机构。通过对标评价与督导“两轮驱动”，正在由外到内形成追求卓越的法学教育质量文化。培养一流的法学人才，除了离不开一流专业建设支撑外，也离不开一流的质量文化的引领和熏陶。

实现法学教育的高质量发展，是一个系统工程，需要在师资建设、课堂教学与实践教学、科学研究、国际合作、协同创新、文化传承等多方面发力。中南财经政法大学法学教育的探索与实践表明，坚持上述四项原则对法学教育的高质量发展有着有力的保障作用。

On the Principles of Guaranteeing the High-Quality Development of Legal Education in the New Era

Yang Canming

Abstract: High-quality development is the primary task of higher education, which also includes legal education in the New Era. In guaranteeing the high-quality development of legal education in the New Era, Zhongnan University of Economics and Law has summarized four principles of guaranteeing the high-quality development: First, adhering to the cultivation of legal talent as the center, especially the undergraduate legal talent; Second, adhering to promoting both virtue and law as the fundamental principle in legal education and emphasizing the significance of both virtue and law; Third, adhering to the "Four Serving Principle" orientation and serving for the country and national governance; Fourth, adhering to the quality construction of culture and adhering to the practice of the "Four Serving Principle" to guaranteeing the high-quality development of legal education.

Key Words: legal education, high-quality development, guaranteeing principle

适应新时代新要求　建设“新法科”“新法学”

杨宗科*

摘　要:建设“新法科”“新法学”是适应新时代社会主要矛盾变化的客观需要,是法治中国建设的迫切要求,是一场正在兴起的法学教育领域“革命”,已逐渐成为新时代的基本共识。建设“新法科”的基本内涵就是构建适应法治中国建设需要的新的学科体系、培养德法兼修高素质法治人才的教育体系、法治人才培养共同体一体育人、共同育人的资源体系,以及法科生生源、培养目标、教学内容、课程模式、师资队伍、人才培养模式的更新等。建设“新法学”强调传统法学研究内容、研究范式、研究思维、研究方法的更新,意味着新的法学研究体系化建设的达成,主要内涵包括构建面向新法治建设历史使命的法学知识体系、体现新的指导思想的法学学术体系、面向世界的法学话语体系等。近年来西北政法大学在建设“新法科”“新法学”方面进行了一些探索和创新,通过构建卓越法治人才教育培养新模式,研讨法学研究新范式新内容,适应新时代新要求。

---

* 杨宗科,西北政法大学校长、教授、博士生导师,研究方向:法治理论、立法理论、法学教育、国家安全法治及公安法学。

关键词:新时代“新法科” “新法学” 法学教育 法学研究

我国经济社会已经进入新时代,新时代是承前启后、继往开来、在新的历史条件下坚持和发展中国特色社会主义的时代,也是以互联网、人工智能、大数据为特征的信息化时代。科学技术的不断迭代和革新拓展了人类的思维和认识视野,也对教育研究领域提出了新的要求。新技术催生了新的行业和研究领域,新兴学科、交叉学科也层出不穷。在新科技革命大背景下,教育研究面临的许多社会问题都成为高度融合的、与多个学科领域相关的综合性问题,多学科、跨学科的交融已经成为学科发展的趋势之一,法学教育和法学研究当然也不能例外,需要及时对这种变化作出回应。

一、建设“新法科”“新法学”正成为新时代的基本共识

(一)建设“新法科”“新法学”的时代背景

“世界正在变化,教育也必须变革,创新是高等教育的本质属性。”党的十九大提出了社会主义现代化基本目标,在高等教育领域则体现为高等教育的现代化、高等教育强国新征程。在新时代新形势下,改革开放和社会主义现代化建设、促进人的全面发展和社会全面进步都对高等法学教育以及法学研究的发展和建设提出了新的、更高的要求。

2018年8月24日,习近平总书记在中央全面依法治国委员会第一次会议上提出的全面依法治国新理念、新思想、新战略,为建设“新法科”“新法学”指明了前进的方向。2019年2月23日,中共中央办公厅、国务院办公厅印发《加快推进教育现代化实施方案(2018—2022年)》,提出深入实施“六卓越一拔尖”计划2.0,推进高等教育内涵发展,进一步提高高校人才培养质量和服务社会经济发展能力。为此,教育部将从2019年至2021年,分三年全面实施“六卓越一拔尖”计划2.0,全面推进新工科、新医科、新农科和新文科建设。教育部部长陈宝生指出要“建设

高水平本科教育,必须强化创新精神,大力发展‘四新’”,着力突破学科屏障,推动学科融合、专业融合育人。

文科是“人文社会科学”(或“哲学社会科学”)的简称,是人文科学和社会科学的统称。其中,人文科学主要研究人的观念、精神、情感和价值,社会科学主要研究各种社会现象及其发展规律。新文科是基于传统文科进行学科重组、文理交叉,即把新技术融入哲学、文学、语言等课程中,为学生提供综合性的跨学科学习。新文科的“新”,主要体现在新的办学制度、新的评价体系、新的学科和专业布局之中,代表着一种融合趋势,具有战略性、创新性、融合性。同时,新文科建设要解决的是传统文科在面对新的社会问题时所产生的滞后性问题。因此,新文科是问题导向的,是运用跨界思维,使用文文互鉴、文理交叉、文工融合的思维方式解决问题。同时为了寻求对社会和人类自身的研究,通过“跨界”方式进行革新。这种“跨界”不仅发生在文科的各学科之间,也会出现在文科和理科、工科、医科等学科之间,强调多学科之间的交叉和深度融合,主要从本土化、交叉化和国际化三个维度展开。新文科的这种最新发展趋势理所当然地也应体现在“新法科”以及“新法学”的发展与建设之中,这是新时代哲学社会科学发展的新要求,也将引领法学教育和法学研究的未来。

(二)建设“新法科”“新法学”的必要性和迫切性

1.新时代社会主要矛盾的新变化客观上要求建设“新法科”“新法学”

法学学科在学科门类上归属于文科,是研究法律现象及其规律的一门社会科学。而法律以社会为基础,法律现象就是法律在调整人们满足自己需求过程中产生的各种社会关系和社会现象。人的需要和满足需要的方式构成了推动社会发展的主要矛盾。社会主要矛盾不同,人的需要和满足需要的法律调整机制也不相同,法律制度的内容、原则、方式也就不同。可以说,法与社会主要矛盾的关系,是法律制度内部矛盾关系的基础,构成了法学研究对象的核心。

中国特色社会主义进入新时代,社会主要矛盾已经转化为人民日益增长的美好生活需要和不平衡不充分的发展之间的矛盾。人民美好生活的需要日益广泛,不仅对物质文化生活提出了更高的要求,而且在民主、法治、公平、正义、安全、环境等方面的要求也日益增长。习近平总书记在党的十九大报告中强调:“必须认识到,我国社会主要矛盾的变化是关系全局的历史性变化,对党和国家工作提出了许多新要求。”社会主要矛盾的新变化对于法治建设、法学教育、法学研究必然提出新问题、新要求。因此,法学教育和法学研究的核心转变为如何为满足人民的美好生活需要提供法治保障,回应社会发展中出现的新问题、拓展法学研究新边界。新时代法学教育面对新的社会主要矛盾,在矛盾的领域、范围、性质、解决方式等方面发生了历史性变化。可以想见,新问题呼唤新理论、新知识,新时代的法与社会主要矛盾的关系也呼唤“新法科”“新法学”予以解决。

2. 坚持以习近平全面依法治国新理念新思想新战略指导法治中国建设,迫切要求建设“新法科”“新法学”

习近平总书记全面依法治国新理念新思想新战略把马克思主义法学的基本观点、基本方法与新时代中国特色社会主义法治建设的实际紧密结合,经过了长期的实践检验,具有系统性、针对性、时代性、科学性、实践性、人民性,是指导新时代法治中国建设、法学教育、法学研究的世界观和方法论。习近平全面依法治国新理念新思想新战略是习近平新时代中国特色社会主义思想的重要组成部分,是马克思主义法治思想中国化的最新成果,是中国特色社会主义法治理论的重大创新和核心内容,是全面依法治国的根本遵循,是建设“新法科”“新法学”的指导思想。

习近平全面依法治国新理念新思想新战略,立足中国特色社会主义进入新时代的新的历史方位,坚持问题导向、目标导向,内容既全面系统、博大精深,又重点突出、切实可行。特别是它明确了全面依法治国的指导思想、发展道路、工作布局、重点任务。为新时代法学教育提出了一系列重大理论命题,需要我们法学工作者长期认真研究。可以说全面依法治国新理念、新思想、新战略确定了“新法科”“新法学”的指导思想和核心内容。新理念、新思想、新战略必然产生新学理、新范畴、新命题、新法学。对于这些重要思想的理论阐述,必然形成新的法理思想,形成“新法科”“新法学”的基础理论和方法论的内容,从而为建设“新法科”“新法学”提供理论指导,也对法学教育、法学研究领域相关理论的更新提出新的要求。

(三)建设“新法科”“新法学”逐渐成为新时代的基本共识

如前所述,新时代新科技迭代发展、国际格局发展和人民对法治文明需求的变化催生了“新法科”“新法学”的巨变,建设“新法科”“新法学”是适应新时代社会主要矛盾新变化的客观需要,也是坚持以习近平全面依法治国新理念、新思想、新战略指导法治中国建设的迫切要求,是中国高等教育实现现代化、建设高等教育强国的一种创造性探索。它逐渐成为新时代法学界的基本共识。

可以看到,建设“新法科”“新法学”的基本目标,对法学教育和法学研究提出了新的要求,中国的法学教育应当在培养德才兼备的高素质卓越法治人才、提供决策咨询等社会服务、树立社会法治信仰、实现法治和法学的国际交流与合作等方面有所创新、有所作为,通过追求多样化而非同质化的“卓越”,追求开放性而非封闭性,追求学科内涵的转变而非学科规模的扩张,在总结现有经验的基础上,法学学科应当对一级学科进行更新,也应根据学科领域或学科内容进行一定的拆分,通过打破当下法学学科设置的固化和局限,对现行的法学一级学科进行有针对性的调整,从而推动法学学科的新发展。

对于法学院校而言,在新时代大背景下,建设“新法科”“新法学”就要求法学院校在学校层面高度重视法学学科的建设,在法科生源、培养目标、教学内容、课程模式、师资队伍、人才培养模式等方面进行不断更新,在知识体系、学术体系、话语体系上不断创新,通过努力会聚国内外一流的法学人才,聚焦国际热点前沿趋势、服务国家重大战略需求,尽可能地探索和研究法学与新兴学科、交叉学科的发展与创新,充分利用各个学校的科技优势,建设“新法科”“新法学”。

二、建设“新法科”是法学教育适应社会发展新需求的必然选择

(一)“新法科”的基本内涵

宏观意义上的学科是一定科学领域的分类或一门科学的分支。具体而言,学科是依据一定的教学理论组织起来的知识和技能的体系。是学术发展的组织依托和学术管理的基本单元,学科体系则是由若干有内在关联的学科构成的知识体系。法学学科体系的构建具有很强的实践导向,也有很强的顶层设计导向。一方面,学科和学科体系的演化发展基于知识单元的生成、裂变、移植和重组,这是旧有学科发展和新兴学科形式的内在动力机制,有不以人的意志为转移的规律性。另一方面,新学科的发展依赖具体的外部环境,离不开经济、教育等外在社会条件的发展。在新时代大背景下,以互联网、大数据和人工智能为代表的新技术革命,给法学学科体系建设提出了新的课题。“新法科”建设的内容也应当以推动学科的内涵式发展为目标,发展基于中国实践、问题导向的“新法科”,从单一化走向交叉化,从注重学科规模扩张到强调学科内涵的转变,从封闭性走向开放性。

1.“新法科”应当是适应法治中国建设需要的新的法学学科体系

目前的法学学科体系,主要包括十个二级学科,即法学理论、法律史学、宪法与行政法学、民商法学、经济法学、军事法学、国际法学、刑法学、诉讼法学和环境与资源保护法学。除了法学理论和法律史学,其他的学科基本上对应的是法律体系中的“七个部门法”和“国际法”。但在建设法治体系的大背景下,目前的法学学科体系至少存在三个明显的缺陷。

一是有法无治,重法轻治,只有法律体系的知识、缺少法治体系的知识。如“法治实施体系”“法治监督体系”“法治保障体系”“党内法规体系”,对于这些问题的系统研究,必然会产生新的法学分支学科,应当充实到新的法学体系之中。

二是就法律体系而言,外在社会条件发生了变化,法律体系也随之

发生了变化,知识产权和科技法、新经济法、国家安全法、生态环境法等作为新兴部门法正在成长,应当充实到法学体系之中。

三是新的科学技术发展中以大数据、人工智能为代表的新科技引发的新兴法学,如智慧法学、数字法学、信息法学等,也应当充实其中。因此,建设“新法科”应从建设中国特色社会主义法治体系需要出发,从法的体系、法律体系、法治体系有机联系的基础上重构法学学科体系。

而从现实层面看,我国的法学学科分类又主要存在以下几方面的问题:

首先,法学学科分类的逻辑性欠缺。我国当下的法学专业既是学科门类,又是一级学科,同时还将政治学、社会学、民族学、马克思主义理论与公安学等都涵盖在法学学科门类当中,所挂靠的一些学科在逻辑上存在不相对应的问题。

其次,法学一级学科分类科学性不足。目前法学大类只设一个法学一级学科的做法难以适应实际需求,应该根据学科发展规律对法学一级学科进行适当的拆分。同时法学一级学科的分类过于单一,使法学研究难以与其他一级学科相互匹配。

最后,目前的法学学科分类不利于社会资源在学科领域内的分配,而当前我国的特色学科、特色人才培养都依靠学科体系的保障,因此对我国的法学学科应当进行更科学、更明确的划分。

2.“新法科”应当是培养德法兼修高素质法治人才的教育体系

习近平总书记在考察中国政法大学时指出:法治人才培养上不去,全面依法治国就不可能做好。新时代推进全面依法治国,必须全面做好法治人才的培养工作。长期以来,由于服务的目标任务及法学体系等因素,我国的法学教育强调具有系统的专业法学知识、扎实的法学理论基础和基本的专业技能。法学教育长期被认为是“专业教育”,甚至是“素质教育”“通识教育”。在培养目标方面,传统的“五院四系”等名校,以培养法官、检察官、律师等法律职业为目标,其他的基本上是多元化的专业教育。这就导致了法学教育领域重形式轻实效、重专业轻思想政治素质等问题。进入新时代,面向全面依法治国的需要,必须确立新的人才定位。党的十八届四中全会指出了建设法治工作队伍的目标任务,习近平总书记“5 · 3”讲话中明确提出,希望我们的法学教育要坚持立德树人,不仅要提高学生的法学知识水平,而且要培养学生的思想道德素养,首先要把人做好,然后才可能成为合格的法治人才,强调德法兼修、明法笃行。因此,新时代法学教育的培养目标应当是培养德法兼修、明法笃行的高素质法治人才。从法律人才到“卓越法律人才”再到“卓越法治人才”看似“一字之差”,实则性质定位有很大的不同。人才的知识结构、能力要素、素质要求、培养方式等都有明显不同,这不是量的变化,而是质的变化。教育部、中央政法委《关于坚持德法兼修 实施卓越法治人才教育培养计划 2.0 的意见》对于新时代法学教育新目标也作出了规定,强调卓越法治人才是懂政治、懂法律、懂治国的高素质人才。

新培养目标的变化,在培养规格上也应有所变化。法学本科教育要强化德育,扩充专业教育,培养全科法学本科生。法学硕士教育要向宽口径转向,保证法学硕士的基本知识结构,强化法治理论实践教育、法律硕士要加大法治理论体系和知识体系的教育。法本、法硕要在法学本科法律知识体系的基础上,强化对法治生活经验的知识及能力的培养,形成六年制的法治专门人才培养模式。同时,适应法治建设要求,探索“法治博士”培养方式,探索法科与其他学科应用型实践性高层次结合“4 +4”模式,即法外学科本科四年,加法硕士和博士主要环节,构建以“高端法律人才”为目标的“法治博士”学位。

3.“新法科”应当是适应社会职业需要的新的课程体系

课程是学校学生所应学习的学科总和及其进程与安排,其产生、发展的变化过程与政治、经济、哲学、科学、教育思想、学生需要等都有密切联系。课程体系是学科体系与社会职业需要相结合而形成的人才培养的主要载体,高素质法治人才培养最关键一环终要落实在课程体系的设计上。在目前的法学本科教育中,按照“德智体美劳”的要求,公共课的课程设置还存在“德育、体育、美育、劳育”等课程薄弱环节。在专业课程上,法学专业本科教学指导委员会提出了法学本科核心课程的调整意见,包括把中国法制史改为中国法律史,增设“法律职业伦理”等核心课。政法院校“立格联盟”提出的法学专业基本设置标准，以及教育部发布的《法学类专业教学质量国家标准》采取的“10 + X”分类设置模式，都强调核心课程的调整。但是目前存在的主要问题仍然是专业课程中重法轻治，法多治少。立法学、司法学、监察学及国家安全法学等还是没有列入，在实践环节中弹性较大。

和课程体系密切相关的还有教学内容和教材体系，要实现前述培养目标就要有创新的教学内容。目前存在的重要问题是关于法治的理论尤其是中国特色社会主义法治理论体系内容的碎片化，没有专门且系统的课程来承担。相关课程中体现中国特色社会主义法治经验和法治中国建设要求的内容还不够明确和充分。在法学理论、宪法等课程教学内容中，介绍西方的多，概括总结提升我国的法治建设新成就新观点新论断的内容不够。新科技革命引发的相关法治问题内容较少，典型案例深入分析不够。按照培养高素质法律人才要求所应具备的政治要素、职业伦理、专业素养的内容不够，专业课程思政属性不够等。在整个教学内容体系中，与形成中国特色、中国风格、中国气度的法学理论体系目标还有不小距离，在发挥法学教育基础性、先导性作用、提高法治人才培养质量方面还有不小进步空间。

4.“新法科”应当是以构建法治人才培养共同体为新机制的合作体系

长期以来，法学教育曾被认为单纯是政法院校的事情，法律实务部门参与较少。但随着对法学实践性规律认识的不断深化，包括西北政法大学等在内的政法高校都开始了创新法治人才培养机制探索，开展与司法实践部门合作育人，选派青年教师到基层法院和检察院挂职，选派司法实务专家到高校兼职教授，共同培养法律人才。2012 年中央政法委、教育部联合实施“卓越法律人才教育培养计划”，正式成立了由公检法司等各部门和高等学校负责同志组成的卓越法律人才教育培养计划指导委员会、专家委员会。在法学人才培养领域开启了教育部门和用人部门共同培养人才的新局面。实践证明，法学院校与政法机关合作育人、协同育人，对于提高法律人才培养质量具有非常重要的价值和意义。进入新时代,合作育人也应进入新时代。十八届四中全会通过了全面依法治国的决定,把立法工作者、法官、检察官等法治专门队伍,律师、基层法律服务工作者、人民调解员等法律服务队伍,法学院校教学研究人员队伍等三支队伍统一纳入“法治工作队伍”之中,为建设社会主义法治国家提供强有力的组织和人才保障,从而形成了法治工作队伍共同体的观念。

2017年5月3日,习近平总书记考察中国政法大学时明确指出,法学是实践性很强的专业。法治人才培养是一项系统性的社会化工程,需要凝聚社会各方的智慧和力量,他特别强调,要打破高校和社会之间的体制壁垒,将法律实务部门的优质实践教学资源引进高校。这对法治人才的培养具有很强的指导意义。习近平总书记所提出的“法治人才培养共同体”这一重大判断,把法治人才培养合作育人、协同育人进一步提升为全面育人、一体育人,为打通法学理论与法律实践的壁垒,形成培养德法兼修、明法笃行、理实并重的新时代高素质法治人才培养新机制提供了指导。

习近平总书记关于全面依法治国的新理念、新思想、新战略,其中就包括“坚持建设德才兼备的高素质法治工作队伍”。在“加强法治工作队伍建设和法治人才培养”的任务中,他也明确提出“高校是法治人才培养的第一阵地”。教育部、中央政法委《关于坚持德法兼修 实施卓越法治人才教育培养计划2.0的意见》也提出了“破除培养机制壁垒”的举措。这些都是建设“新法科”,构建法治人才培养共同体合作体系的理论依据和重要参考。

(二)建设“新法科”的基本思路

习近平总书记在中国政法大学座谈会上对构建中国特色社会主义法学体系提出的解决问题的思路和要求,是建设“新法科”的根本依据与指导思想。与之对应,“新法科”建设应当涵盖法学学科领域内多个学科的交叉、融合、渗透或拓展,要应对新变化、新未来,适应当下及未来经济社会的迅猛发展需求,就必须适时构建适应法治中国建设需要的新的法学学科体系,从本土化、交叉化和国际化等维度入手。建设“新法科”的核心是法学学科体系、课程体系、合作体系、人才培养体系等的进一步完善和构建，包括学科设置、法科生生源、培养目标、教学内容、课程模式、师资队伍、人才培养模式等方面的更新，与习近平总书记的“新理念、新思想、新战略”相对应。结合前述问题，建设“新法科”应着力从以下几个方面实施创新。

1. 探索更新，全面推动中国特色法治体系理论的学科化

中国特色在我国法学学科体系中应具有实质性的内涵，中国特色法学体系应当是高度体系化的法学学科体系。“新法科”的构建与完善，必须从过去以法律体系为研究对象的部门法学体系转型提升为以法治体系为研究对象的法治化学科体系。具体到法学学科的新设置方案上，针对法学一级学科的设置，初步可以分为理论法学学科 + 应用法学学科 + 新型交叉学科，或者分为理论法学学科 + 公法学科 + 私法学科 + 新型交叉学科。也可以分为理论法学学科 + 实体法学学科 + 程序法学学科 + 国际法学学科 + 新型交叉学科。总体上，法学学科体系一定要有开放性，这种开放性是和社会的发展和需要对应的，要充分考虑立法、政府行为、执法行为、司法判例、法律服务以及法律解释等的影响。

2. 守成转型，升级传统法学学科

现有的法学理论、法律史学、宪法与行政法学、民商法学、经济法学、军事法学、国际法学、刑法学、诉讼法学等传统学科，在法学教育发展过程中形成并积累了丰富的智识资源，且仍将为法治建设继续提供智识保障。但传统法学学科和我国法治建设中产生的新问题、新需求相对而言，已经产生知识老化、体量庞大、方法陈旧等问题，需要针对现有的问题进行研究，推动传统法学学科的升级转型。

3. 知识融合，拓展法学交叉学科

交叉学科发展与研究是当今科技经济社会发展的客观要求，是法学知识体系、理论体系、学术体系创新发展的新的增长点。发展法学交叉学科即倡导自然科学、人文科学、社会科学等不同学科领域及法学学科内部知识结构、思维方式和研究范式的交叉融合，强调运用多元的视角和手段分析解决问题。

4. 创新引领,建设新专业、新课程、新教材

在新专业建设方面,探索新专业的交叉融合,比如在法商结合、法管结合、“法律+X”等方面作新的思考。在新课程建设方面,随着时代的变化,及时回应时代需要,更新课程与教学方法,健全法学学科课程体系,重点开设符合法治理论的基础法学、应用法学、实体和程序法学等课程。在新教材建设方面,加快人工智能领域科技成果和资源等新领域向教育教学的转化,推动新教材和在线开放课程建设。在人才培养模式方面,需要加强人才培养力度,牢牢抓住提高人才培养能力这个核心点。法治人才的培养需要有更新的模式,通过校地合作、校企合作等更多模式,联手发挥各自优势,让学生学得更好,更有利于提高人才培养的质量,回应时代对“新法科”的要求,全面落实立德树人根本任务,推动人才培养、学科建设、科学研究相互融合,在新的形势下把“新法科”建设得更好。

具体到学校层面,“新法科”的建设还是需要从师资队伍建设、高水平科研成果和高层次人才培养三个方面展开,在此不论。

三、建设“新法学”是推动法学研究领域全面革新的现实需要

建设“新法学”与建设“新法科”,二者的内涵有所交叉,但讨论的层次不太相同。“新法学”的内涵,最关键的内容仍然是“新”,研究内容要出新、研究范式要更新,研究思维要革新、研究方法要创新。进一步研判法学的基本属性,探讨法学知识的来源,是构建中国特色社会主义法学知识体系、学术体系、话语体系的先导性、基础性问题。

(一)“新法学”的基本内涵

1. “新法学”应当是面向新的历史使命的法学知识体系

习近平总书记在党的十九大报告中明确提出,实现中华民族伟大复兴,是近代以来中华民族最伟大的梦想,也是新时代中国共产党的历史使命。十三届全国人大一次会议通过的宪法修正案,把全面建成小康社

会、全面建成富强民主文明和谐美丽的社会主义现代化强国、实现中华民族伟大复兴,确定为国家的奋斗目标。新时代的“新法学”,必须从法治建设与实现中华民族伟大复兴的历史使命上去定位并确定发展方向,确立奋斗目标。如果说改革开放以来的法学发展的社会历史任务是为实现“初级层次”的现代化目标——小康社会提供法学方案和策略,那么,“新法学”必然也必须以为实现中华民族伟大复兴提供法治保障和法学方案作为历史使命。从这个意义上讲,“新法学”是面向中华民族伟大复兴的新法学,是“奉法强国”的新法学,是实现“复兴正义”的新法学。

当前和今后一个时期的法治建设目标任务就是建设法治体系、法治中国。十八届四中全会根据新时代的社会发展要求明确提出“坚持走中国特色社会主义法治道路,建设中国特色社会主义法治体系”“建设法治中国”。“新法学”要以充分满足人民群众对于美好生活特别是美好法治生活的需求作为使命,要面向 2035 年基本实现现代化,实现法治国家、法治政府、法治社会基本建成的目标任务提供理论支撑。

2.“新法学”应当是体现新的指导思想的新的法学学术体系

法学界有句谚语叫“有法律未必有法治”。因此,有法律有法学,但未必有法治、有法学学术体系。新时代的法学学术体系在研究对象体系上要有法有治,不应当重法轻治,法多治少,既要有法学知识体系也要有法治知识体系。在现有法学学术体系中,坚持以马克思主义法学为指导是正确的、不可动摇的。但是,在法学思想体系的来源上,对于西方法学及其新变化,以及在世界新秩序建构中出现的新特点仍缺少研究,对于中国传统优秀法律文化中吸收借鉴不足,对于新时代中国特色社会主义法治建设的重大理论创新、制度创新、实践创新总结概括不够。因此,建设“新法学”,必须以马克思主义法学思想和中国特色社会主义法治理论为指导,特别是以马克思主义法学思想中国化的最新成果——习近平总书记全面依法治国“新理念、新思想、新战略”为指导,以全面推进科学立法、严格执法、公正司法、全民守法为现实任务,坚持和发展中国特色社会主义法治,对中国传统法律文化进行转化,借鉴吸收国外法学特别是西方法学理论,建立新时代中国特色、中国风格、中国气度的法学新理论体系。

3.“新法学”应当是回应“五位一体”“四个全面”新布局的法学话语体系

“五位一体”总体布局和“四个全面”战略布局要求法学研究者应当从联系和发展的哲学高度,处理好法治建设与经济建设、政治建设、社会建设、文化建设和生态文明建设之间的关系,协调好全面依法治国与全面深化改革、全面从严治党之间的关系。新时代的法学话语体系应当全面系统反映和体现当前法学的本质特征及基本价值,也要全面体现“新时代中国特色社会主义”的基本特征,借助政法法学、法教义学、社科法学等研究范式,立足中国实际,全面体现新时代中国特色。

(二)建设“新法学”的基本思路

1.实现中国传统优秀法律文化成果服务国家治理现代化

国家治理现代化是近代以来中国法学的核心命题,中华法制文明优秀传统现代化对中国特色法学体系的构建与完善有巨大的推动作用。对传统优秀法律文化成果的挖掘和整理,对于国家治理现代化具有重要意义。传统优秀法律文化在理论沿革上与现代国家治理具有天然的亲缘性,重视对本土法律资源的转化利用,发掘优秀的本土法律文化资源,对中华法律文化传统中最为优秀的内容进行创造性的转化和发展,对于建设“新法学”意义重大。

2.加快推进马克思主义法学的中国化

中国特色社会主义法学理论是世界法学理论体系上独具一格的理论体系,其独特之处就在于以马克思主义法学思想为指导,坚持中国特色社会主义法治建设的方向,坚持走中国特色社会主义法学理论发展道路,是马克思主义法学理论在新的历史阶段进一步中国化的产物。因此有必要借助新的理论研究,把新中国成立以来,尤其是改革开放以来,我们党在建设法治国家领域形成的经验理论化、系统化、学理化。这其中一个非常重要的内容,就是把习近平新时代中国特色社会主义思想中有关法治的论述,通过法学理论、法学学科话语体系总结出来,进一步推动马克思主义法学的中国化。

3. 持续推动法学理论研究的实践化

需要强调的是,理论是实践的先导,理论研究的最终的目的还是服务法治建设过程中实践的需要。建设“新法学”始终强调要立足中国法治建设实践,解决重大现实问题。随着经济发展和社会转型,各类新生事物和新的研究领域层出不穷,复杂的现实问题始终是法学理论研究的“源头活水”,法学界应当直面生动的法治实践和复杂的法律问题,通过更新研究内容、创新研究方式等,形成具有中国特色的优秀研究成果,不断开展接地气的研究,推动法学理论研究的实践化。

4. 以“构建人类命运共同体”为核心目标,推动国外优秀法学研究成果的融合化

中华法制文明优秀传统的现代化对“新法学”的构建与完善有巨大的推动作用。但当下的法学研究不能仅限于国内的问题,在世界范围内,需要法学界提高意识、开阔视野,以“构建人类命运共同体”作为核心目标,充分吸收人类法治文化的优秀成果,并将这些成果运用到构建人类命运共同体的国际法治实践中,促进本土与国外优秀法学研究成果的融合。

四、西北政法大学建设“新法科”“新法学”的新探索

近年来,西北政法大学坚持以立德树人为根本、以学生发展为中心、以卓越目标为导向、以多学科交叉人才培养平台为依托,深入推进教育综合改革,建设“新法科”“新法学”。

在“新法科”建设方面,为深入学习贯彻习近平总书记在哲学社会科学工作座谈会、考察中国政法大学时的重要讲话精神和全国全省教育大会精神,完善协同育人机制,培育交叉学科和新兴学科增长点,加快法学国内一流学科、一流专业建设和卓越法治人才培养,助力高水平大学

建设,经过精心论证、审慎研究,学校于 2019 年陆续成立了国家安全学院、纪检监察学院、军民融合发展研究院、人工智能与智慧法治研究院,新获批了陕西(高校)哲学社会科学重点研究基地“地方政府法治建设研究中心”和陕西省哲学社会科学重点研究基地“西北地区社会稳定与国家安全法治研究中心”两个研究中心。致力于打造能集人才培养、理论研究、学术交流、社会服务、智库功能于一体的教学研究单位,努力培育新的学科增长点、优化学科结构、推进学科交叉融合。

在“新法学”建设方面,学校通过开展深入调研、举办高端论坛、深入探讨等,推出了一批具有前沿性和影响力的研究成果,为打造中国特色法学学科体系、学术体系和话语体系提供了理论支持和智力支撑。如我校与诸暨市的合作研究已经持续进行了十三年,在这一过程中形成了一系列的成果。其中“枫桥经验”课题组研究了新时代“升级版”的“枫桥经验”,课题成果聚焦基层社会治理的措施和方法创新,总结“枫桥经验”的成效,立足于基层社会治理体系和能力的完善,总结出了可借鉴、可推广的经验。“枫桥经验”所呈现的案例、数据和机制、做法,为基层社会治理创新实践提供了鲜活的实践样本,为研究基层社会治理体系和能力现代化提供了重要素材、典型案例;具有十分重要的理论价值、现代意义和实践意义,有助于升华基层社会治理的“中国经验”,较好地解决了地方性经验和普适性知识有机结合的问题。

综上所述,社会主要矛盾的新变化产生了新需求,新的指导思想产生了新理论,新的历史使命决定了新面向,新的发展任务决定了新学科体系,新领域产生了新知识。建设“新法科”“新法学”既是法学教育和法学研究在实践中对于面向新时代新问题进行学术研究、理论创新的发展过程,也是一个不断探索、不断完善、不断发展的过程。建设“新法科”“新法学”,回应新时代社会发展特别是法治发展的需求和期待,是中国法学教育、法学研究在当下面临的迫切而又根本的问题,理应得到认真对待。

Adjusting to the New Requirements in the New Era, Building the "New Discipline of Law" and the "New Science of Law"

Yang Zongke

Abstract: The construction of "new discipline of law" and "new science of law" is an objective demand to adapt to the changing major contradictions in the New Era. It is an urgent requirement for the construction of the rule of law in China, and it is an emerging "revolution" in the field of legal education. This has become the fundamental consensus of domestic legal education in the New Era. The basic connotation of building "new discipline of law" is to build a new discipline system that meets the needs of the rule of law in China, to build an education system that cultivates high-quality rule of law talent who "emphasizes both virtue and law", and a community of rule of law talent cultivation. All those are the educational resource of a system to educate legal talent with integration and collaboration and all those systems need to consider a series of problems for law majors, including student sources, education objectives, teaching content, curriculum, faculty, and talent cultivation modes. The construction of "new science of law" emphasizes the content of traditional law research, research paradigm, research thinking, and the updating of research methods, which means the completion of the new legal research system construction. The main connotation includes constructing the systematic legal knowledge for the historical mission of the rule of law in the New Era, the legal academic system embodying the new guiding ideology and the legal discourse system facing the world and so on. In recent years, the Northwest University of Political Science and Law has carried out some explorations and innovations in the construction of "new discipline of law" and "new science of law". By constructing a new mode of the cultivation of excellent rule of law talent, the university continuously researches the new paradigms and new contents of in the study of the science of law to adapt to the new requirements of the New Era.

Key Words: the New Era "New Discipline of Law", "New Science of Law", legal education, study of science of law

西部政法院校卓越法治人才培养模式的探索和实践

郑高健*

摘　要：新时代中国特色社会主义推进全面依法治国、"一带一路"建设等重大问题决定赋予了政法院校法治人才培养的新使命，政法院校作为法治人才培养基地应从扎根中国大地、落实卓越法治人才培养计划2.0、加强"德法兼修"、与实务部门构建"协同育人"合作机制、坚持法学学科建设引领、推行法学专业认证和回应社会挑战七个方面促进人才的高质量培养。甘肃政法大学立足西部、着眼交叉，凸显办学特色、构建"德法兼修、协同育人"的培养机制，为培养满足社会需求的合格法治人才进行了探索和实践。

关键词：西部政法院校　卓越法治人才　培养模式

一、新时代政法院校法学教育的新使命

（一）全面依法治国对法治人才的"刚需"

2014年10月召开的十八届四中全会作出了全

---

* 郑高健，甘肃政法大学副校长、教授，研究方向：刑事法学、法学教育。

面推进依法治国若干重大问题的决定。党的十九大再次强调坚持全面依法治国,并作为新时代坚持和发展中国特色社会主义的14条基本方略之一。众所周知,新中国取得的举世瞩目的发展成就,功劳首推改革开放。然而,改革已经步入深水区、攻坚期。全面深化改革,是党和国家面临的新形势和新任务。正是这个新形势和新任务决定了全面推进依法治国的必然性和紧迫性。反过来,依法治国对于全面深化改革又具有不可取代的保驾护航作用。今天的改革,是全面的而不是局部的、是深化的而不是表面的。我们需要用权威、公平、发展、稳定的"定海神针"来定义改革、推动改革、规范改革、保护改革,这个现代化的"定海神针"就是法治。

(二)"一带一路"建设呼唤涉外法治人才

"一带一路"是当今世界区域跨度最大的经济合作倡议,其顺利实施离不开法治的支持和保障。因此,法学教育如何在主动服务"一带一路"建设的大格局中适时调整人才培养定位,加速培养一批精通相关外语、具有国际视野、熟悉沿线国家法律制度运作实际的高素质法律人才,成为摆在法学院校和法学教育工作者面前的一项重要而紧迫的课题。政法院校是法学教育中的引领者和主力军,必须坚持将服务"一带一路"建设作为义不容辞的使命,培养服务"一带一路"建设的高素质法治人才仍然任重道远。

(三)解决不平衡、不充分发展需要法治保障

党的十九大作出了新时代社会主要矛盾变化的科学判断:我国社会主要矛盾已经转化为人民日益增长的美好生活需要和不平衡不充分的发展之间的矛盾。"人民美好生活需要日益广泛,不仅对物质文化生活提出了更高要求,而且在民主、法治、公平、正义、安全、环境等方面的要求日益增长。"这些重大论断既是对新时代特征的深刻把握,也对新时代社会主要矛盾的法治需求提出了新的更高要求。法治既是全面建设社会主义现代化国家的内在要求,也是人民群众创造美好生活的内生需要和保障。发展不平衡不充分最根本的体现在于经济发展的不平衡不充分。因此,满足人民美好生活需要,仍然需要着力提高经济发展水平。

而市场经济的本质是法治经济，已经达成广泛共识，离开法治的保障，经济发展就难以在公平的环境下进行。作为政法院校，必须对此有清醒的判断，从而在解决不平衡、不充分发展中找到切入点。

（四）提升中国特色社会主义"四个自信"的法治比重

习近平总书记在庆祝中国共产党成立95周年大会中发表了重要讲话，指出："当今世界，要说哪个政党、哪个国家、哪个民族能够自信的话，那中国共产党、中华人民共和国、中华民族是最有理由自信的。"所以说，中国特色社会主义道路自信、理论自信、制度自信、文化自信是最有理由的自信，是理由最充分的自信。法治与政治制度紧密相连，有什么样的政治制度就有什么样的法治体系。近年来，西方敌对势力和社会上一些别有用心的人把法治作为"武器"，把法治作为"招牌"，大肆渲染西方法治理念和法治模式，目的就是企图从法治问题上打开缺口，否定中国共产党领导和我国社会主义制度。[①] 因此，法治自信在四个自信中占有极端重要的位置。然而，法治自信的形成并不是一蹴而就的，首先要形成我们自己的法治话语体系。在这方面，中华法系在世界法制史上有过辉煌的过去，但显然我们对其挖掘不够。我们当前的法学是外来学科，多来自移植，大量概念都是西方的概念，我们把中华法系中的精华都人为抛弃了。所以，要形成制度自信和文化自信，我们应该重拾中华法制文明，把五千年的历史积淀充分发掘和利用起来。这一重要责任，毫无疑问应该主要由政法院校来承担。

二、新时代政法院校法治人才培养的机遇与挑战

（一）扎根中国大地办法学：明确版图化的发展定位

习近平总书记在全国教育大会上指出要坚持扎根中国大地办教育。此前，即2018年5月4日，总书记在北京大学考察时指出："人才培养体

① 参见本书编写组编著：《党的十九大报告学习辅导百问》，党建读物出版社、学习出版社2017年版，第47页。

系必须立足于培养什么人、怎样培养人这个根本问题来建设,可以借鉴国外有益做法,但必须扎根中国大地办大学。”可以说,扎根中国大地办大学,是习近平总书记反复强调的中国大学发展观。中国地大物博,中西部区域差异非常大,扎根中国大地办大学应该具体化、区域化。作为扎根中国大地的政法院校,各自的发展定位必须与所在的版图相适应,或者说必须明确版图化的发展定位。这是政法院校提高人才培养质量和特色的基础和前提。

比如,中国政法大学作为“中国法学教育的最高学府”,学校的定位是:遵循国家教育方针和高等教育规律,弘扬传统,与时俱进,努力办成开放式、国际化、多科性、创新型的世界一流法科强校。2019年6月10日,教育部批准甘肃政法学院更名为甘肃政法大学,教育部文件对甘肃政法大学的要求为“学校要紧密围绕‘一带一路’建设,培养高素质应用型法治人才,建设在‘丝绸之路经济带’沿线国家有较高知名度的高水平政法大学”。大学办学水平高低并不取决于办学层次的高低,而在于是否能实现其定位。我们已经经历的本科教学工作审核评估“五个度”中“办学定位和培养目标与社会需求适应度”的要求,给我们作出了清晰的指引。“高教四十条”关于一流专业的解读,即“‘分赛道’建设。中央部门所属高校、地方高校名额分列,向地方高校倾斜;鼓励支持高校在服务国家和区域经济社会发展中建设一流本科专业”,也为西部政法院校的发展提供了明晰的思路,甘肃政法大学在涉外高端国际化法治人才培养方面和兄弟院校无法相比,但结合自己版图定位和区位优势,在培养西部基层亟需紧缺的应用型法治人才和“丝绸之路经济带”沿线国家开展合作办学方面则有得天独厚的优势。

(二)落实卓越法治人才培养计划2.0:指导思想和培养目标更加明确

对比同为中央政法委、教育部发布的卓越法律人才教育培养计划(以下简称卓越法律计划)和卓越法治人才教育培养计划2.0(以下简称卓越法治计划2.0)可以发现,从“法律人才”到“法治人才”绝不是简单的称谓变化,而是内涵的丰富、提升和标准的明确,具体表现为:一是指导思想更加明确。卓越法律计划“坚持以中国特色社会主义理论体系为指导”,卓越法治计划2.0则要求“以马克思主义法学思想和中国特色社会主义法治理论为指导”,前者显得宏观和宽泛,后者则明确具体,针对性更强。二是培养目标更加精准。卓越法律计划提出的培养目标是“信念执著、品德优良、知识丰富、本领过硬”;而卓越法治计划2.0则紧扣全面依法治国的实际需要,提出培养造就一大批宪法法律的信仰者、公平正义的捍卫者、法治建设的实践者、法治进程的推动者、法治文明的传承者,这就为精准施策提供了坐标和遵循。三是高度强调德育在法治人才培养中的核心地位。卓越法治计划2.0明确提出“厚德育,铸就法治人才之魂”,具体举措是推进中国特色社会主义法治理论进教材、进课堂、进头脑,将社会主义核心价值观教育贯穿法治人才培养全过程各环节,加强社会实践,开展系统的法律职业伦理教育等。这是落实习近平总书记关于“德法兼修”要求的重要一环。这既是高等教育立德树人根本任务在法治人才培养中的具体化,也是对以往法学人才培养中“育德”不足的纠偏。

(三)如何使“德法兼修”落地生根、内化于心、外化于行

在中国已家喻户晓的“南京彭宇案”,案件本身虽早已尘埃落定,但其作用的边界仍然在无限延伸。直至现在,“老人摔倒后该不该扶”竟然成为善良的国人为之两难的道德问题(也成为各类文艺创作的素材),当然也出现了故意制造此类事件以便讹人钱财的极端案例,这不能不说是法律界和法学界的悲哀和无奈。这一简单的个案其实折射出深刻的问题,理性的法律如何有效化解道德危机在中国社会的确是一个考验智慧和良知的现实问题。法律虽曰最低层次的道德,但其毕竟因具有强制力而与道德有质的不同。在中国,为什么要强调法治与德治相结合呢?因为我们的社会甚至我们的法学教育其实是忽略了对法律精神的提倡和培养。这种法律精神是超越法律文本的存在,与自然法、道德恰恰是同一层面的。反观我国高等法学教育工作,很多学校忽视学生职业道德素质的培养,忽视学生法律精神的培养,忽视学生法律至上意识的培养。因此法学毕业生有的沦为法律职场上的“掮客”,希望通过金钱与权力寻找“捷径”。有些法律工作者甚至认为法律只是金钱与权势操纵社会公平与正义的工具,这些结果的产生都与学生在校期间法律精神培养不到位有直接关系。大法官的落马,几乎是对传统法学教育无情的“打脸”。在这种背景下,习近平总书记提出“德法兼修”无疑具有深刻的思想内涵和时代意义,必须准确理解、把握并贯穿于法治人才培养全程,推行“健全人格教育”,从政治信仰、道德情操、专业素养等方面把“德法兼修”的要求落到实处。可以预期,在“立德树人,德法兼修”的总基调下,法学高等教育将在改革中激发内在动力和活力。因此,将法治精神的培养和道德品行的养成紧密结合并融入法学教育中,努力营造尊法重德的教育氛围,全面深化法学教育改革与创新,培养德法兼修的高素质法治人才势在必行。法学院校要通过优化培养方案和培养过程,使“德法兼修”内化于心、外化于行,将思政教育与法律人文教育有机结合,正面引导法科学生的理想信念及价值追求,将培养“有灵魂”的法治人才作为法学院校的神圣使命。

(四)与实务部门构建“协同育人”长效合作机制

高素质的法治人才培养仅靠高校自身力量和资源是很难达成的,必须紧紧把握协同育人这个强有力的杠杆。法学是实践性很强的学科,法学教育如果脱离了法律职业教育,恐怕只能培养出胸怀理想但只掌握“屠龙术”的“高端”人才。因此,法学教育历来注重“术”的养成。但法学教育规模急剧扩张后,法学教育与法律实践脱节的现象则愈演愈烈。在法律职业共同体尚未形成前,政法院校应该主动对接法律实务部门,形成长效合作机制,实现资源共享、人才共育。在高素质法治人才培养体系中,完善的实践教学环节不可或缺。有学者建议借鉴美国法律诊所教学的长处,使法科学生在实习期间担任法官助理、检察官助理,使人文科学素养、系统的法学知识结构、伦理养成、实践能力四方面有机结合起来,造就理想的法律职业人。中国政法大学的同步实践教学模式堪称协同育人的最佳注脚,极具推广价值。该模式以“即时共享”的资源汇聚平台、“学训一体”的课程体系平台、“协同融合”的模式运行平台有效支撑起完善的法学实践教学体系,贯穿在法学人才培养全过程。事实上,我国财经、农业、理工等院校的法学专业基本上都以培养复合型法治人才为主,这类院校的法学实践教学就不仅仅是去法院、检察院和律师事务所进行实习,还要根据所复合的专业,去相关的企业、公司、银行、税务、海关、水利工程项目部、房地产建筑工程部等实务部门进行直接接触。这样学生既能增加感性认识,又能从中发现法律问题、解决法律问题,从而增强自身不断学习法律和相关学科的兴趣和动力。法学教育工作者必须以更为宽阔的格局和前瞻的视野去深化协同育人机制,因为当前我国法治人才偏重于培养律师、法官、检察官等司法人才,不能有效满足立法者、执法者、普法者、党内法规工作人员等多环节法治人才的需求,不能有效为全面依法治国提供全方位的人才保障。这个问题一旦被破解,法学院校的人才培养体系将产生根本性的变化,协同育人将成为多元法治人才培养的不二选择。

(五)坚持法学学科建设引领

学科建设在各高校建设中始终处于龙头地位,学科包含人才培养、科学研究、师资队伍建设三个核心要素,抓学科就是抓学校发展的根本。习近平总书记在中国政法大学视察时专门就法学学科建设发表讲话,实属罕见。当前结合学科发展有几个关键词,其中:学科建设的关键词是"学科交叉、协同创新";科学研究的关键词是"问题导向、需求导向";而人才培养的关键词是"学科交叉、跨界培养"。跨学科、跨领域的协同创新既是科学发展新的增长点的基础,也是培养具有创新精神和创造能力人才的重要途径。这种认识在法学学科建设中也得到了充分认同。法学虽属社会科学,但与自然科学已经出现许多融合的领域和跨学科研究的需求,如环境资源保护、人工智能应用、食品安全治理等。因此,加强法学与其他学科的交叉、融合发展,是完善新时代中国特色社会主义法学学科体系的重要内容,具有重要的学科建设意义、理论创新意义和法治实践意义。法学学科建设要引领未来,必须加强创新、打造特色,要提出原创性的概念、思想和理论,培育标志性的科研成果。只有法学学科特色彰显,法学教育才能实现特色化、差异化发展。面对新的国家战略需求、面对新的重点领域,法学学科必须作出回应。兄弟院校近年来基于学科交叉形成的人工智能法学院、监察法学院、反恐怖法学院、大数据司法中心等培养服务国家特殊需求的高层次法治人才,成效明显。只有法学学科稳健、永续发展,学科建设成果才能源源不断地辐射到法治人才培养领域,才能满足法治中国建设对多样化法治人才的需求。有学者指出,涵括政治、经济、社会、文化、生态、军事、党建领域的法治,才能实现中国特色社会主义法治一体化、系统化的建构。从这个意义而言,法学学科建设既任重道远,也有无限光明的前景。

(六)推行法学专业认证

专业认证是确认高等学校所开设的专门职业性教学计划符合预先制定的合格标准的评估过程,是建立专业准入和退出机制的手段,是专业评估的进一步深化。据悉,教育部将对普通高等学校本科专业类教学质量在《普通高等学校本科专业类教学质量国家标准》(以下简称《国标》)的基础上实行"兜住底线、保障合格、追求卓越"的三级认证工作,不合格的专业或者创造条件让它合格,或者待学校优化专业结构布局的时候予以调整。有学者建议建立严格准入的法学专业认证体系,并明确将认证结果和统一法律职业资格考试挂钩,同时围绕人才培养要素建立具有退出机制的评估制度,助推一流法学教育的实现。由于专业认证在工科、医学专业已普遍推行,随着《国标》的公布,面向文科类专业开展认证只是早晚的事,因此,关键是要对标《国标》,强化内涵建设,在质量和特色方面寻求新的跨越。值得明确的是,人文社会科学的专业认证并非无章可循。事实上,教育部开展的本科教学工作审核评估的理念与专业认证是高度契合的。审核评估的科学之处是彻底改变"一把尺子量到底"的不足,引导高校形成自己的"尺子",这个"尺子"就是标准,考察是否达标就从考察"五个度"入手:专业培养目标与培养效果的达成度,专业定位与社会需求的适应度,教师及教学条件的保障度,质量保障体系运行的有效度,学生和用人单位的满意度。这"五个度"的提出是高等教育领域一个重要的发明,一方面可以引领高校合理定位、特色办学,更加明晰专业发展方向、确立专业质量标杆;另一方面有助于强化学生中心地位,使"以学习为中心"的理念落到实处,同时突出持续改进,形成质量文化。专业认证的初衷就是在确保标准的前提下不断超越、提升,这与“双一流”建设的理念也是一致的。

（七）回应智慧社会、新文科对法学教育的挑战

人类社会已步入智慧社会时代，法学教育不可能游离于大数据、云计算、互联网+、人工智能等之外。特别是人工智能新一轮的发展推动学科、技术和产业交叉汇聚，从某种程度上将重塑科学范式、人才培养与社会发展形态。甚至有人预言随着人工智能的发展，包括律师业在内的诸多行业将被取代，这无疑对法学高等教育带来前所未有的挑战。因此，在“未来已来”的当下，法学教育必须走智能化的道路，建立中国的智慧法学教育。一方面，法学教学必须与现代信息技术深度融合，在顺应信息化的浪潮中寻求变革之道；另一方面，法学研究要对科技和信息带来的新问题作出及时预判和回应。一言以蔽之，只有未雨绸缪，方能有的放矢，否则可能在信息化的海洋中乱了方寸。具体而言，法学教育可从以下三个方面回应智能化社会时代的变革：第一，将大数据、人工智能等技术应用在法学教育全过程之中，利用技术手段充分还原法律人执业场景，开展实践性教学；第二，利用大数据等技术分析我国法治实践中对法治人才知识与技能的真实需求，有针对性地调整法学教育的目标；第三，利用深度学习、知识图谱等技术对法学知识体系进行补充或重构，进一步丰富法学教育的内容和方法。

三、甘肃政法大学的探索和实践

（一）立足西部，贡献西部法治人才

纵观中外大学发展史，都是在服务所在国家和地区的需求中得到发展的。服务国家战略和经济社会发展是大学自身发展的源头活水。甘肃政法大学坚持在“政法类、区域性、应用型”结合中确立办学定位，持续推进培养与区域经济社会发展、边疆治理“服水土、接地气”的高素质人才。学校希望以更名大学为契机，立足西部，把学校办成西部一流、在“丝绸之路经济带”沿线国家享有较高知名度、在国内有重要影响的高水平政法大学。

1. 始终坚守为治疆治藏治边培养法治人才。“无手足则肢体废,无边境则内国害”。边疆地区的有效治理,直接关系到国家长治久安、中华民族的统一和复兴。习近平总书记指出,“治国必治边,治边先稳藏”。甘肃在西部地区处于座中连六的战略位置,甘肃是我国重要的生态安全屏障和战略通道,是国家治疆治藏治边人才梯队性向西转移的重要战略地带,不仅是中东部联结西北、西南的枢纽,也是抵御“三股势力”渗透,维护国家统一、领土完整和主权安全的战略纵深区。甘肃的发展不仅关系到省内经济发展、民族团结与社会稳定,也关系到西部整体建设发展与战略地位的巩固,更关系到国家的安全与战略利益。维护西部边疆的长治久安,亟需培养大批政治坚定、具有强烈的中华民族意识和爱国情怀、熟悉西部地区民族宗教状况、适应西部高海拔气候环境、愿意长期扎根西部、坚守边疆的高层次应用型人才。由于自然条件艰苦、生态环境脆弱、经济发展相对滞后,西北边疆地区很难吸引中东部发达地区的人才,主要依靠本地区高校培养和输送。甘肃政法大学始终紧盯国家战略需要,牢记为西部边疆地区培养“下得去、用得上、留得住”的高素质法治人才的历史使命,发挥了其他同类院校难以替代的作用。自开办普通高等教育以来,已为西部地区输送各类人才5万余人,其中为边防、消防、警卫等武警部队输送人才1400余人,从北国边陲到南海岛礁,从大漠戈壁到雪域高原,到处都有政法学子默默奉献的身影。实践证明,这些政法学子愿意扎根西部、贡献西部乃至献身西部,已经成为西部经济社会发展的优秀建设者和安全稳定的坚定守护者。

2. “接地气、服水土”的藏汉双语法治人才培养。甘肃政法大学依据十八届四中全会决定精神,主动对接省级司法实务部门,与甘肃省高级人民法院、甘肃民族师范学院联合培养藏汉双语法治人才,目前有三级共213名“藏汉双语”法学本科学生在校就读,学生遍布甘肃、四川、青海、西藏等省区,填补了藏区专项法治人才培养的空白。“1+2+1”的人才培养模式,使实务部门承担了法治人才培养中院校无力履行的职责,前期合作基础好,已形成了制度化、可操作的协同育人长效机制。

3. 厚植法学基础的公安实战人才培养模式特色鲜明。我校开办公安高等教育30年,已形成比较齐全的公安专业人才培养体系。基于全面推进依法治国、依法执政、依法行政对公安人才的需要,学校高度重视公安专业学生法治信仰、法治精神、法治思维的培养和塑造,大力推进法学与公安的高度融合;重视岗位实战能力培养,构建了完善的实验、实训、实习、实战有机结合的实践教学体系,形成了"教、学、练、战、研"一体化的教学模式。"法学背景,法治情怀,扎根西部,贴近实战"的应用型公安人才得到业内普遍认可,毕业生素质高、上手快、业务精、发展潜力大,多已成为单位的骨干力量,并涌现出一大批以"全国优秀人民警察"为代表的优秀毕业生。

4. 积极作为,为"丝绸之路经济带"建设贡献力量。甘肃政法大学从2017年开始,面向"丝绸之路经济带"沿线12个国家招收国际学生,成立专门机构开展沿线国家国别政治与法治研究,先后与吉尔吉斯斯坦、塔吉克斯坦、哈萨克斯坦、俄罗斯等国有关大学开展合作办学,加入"一带一路"高校战略联盟,举办"丝绸之路"沿线国家法制合作高端论坛,成立"中国—上合组织国际司法交流合作培训基地境内研修中心"并承担培训任务,为服务"丝绸之路经济带"建设做出了应有贡献。

(二)着眼交叉,凸显办学特色

甘肃政法大学逐步确立了"法学创一流,管理学树品牌,证据科学显特色,多学科交叉融合、协调发展"的学科专业思路。学校不仅注重法学、公安学等传统优势学科间的交叉融合,更注重传统学科与公安技术、网络空间安全等新兴学科间的交叉渗透。长期以来,学校紧紧瞄准并服务于西部地区乃至全国的司法实践,培育发展形成了多学科融合渗透、重在理论创新和实践运用的交叉学科——证据科学学科。该学科是除中国政法大学证据科学外,全国高校第二个证据科学交叉学科。一方面,该学科着力围绕司法实践中的重大问题开展研究,研究方向清晰,研究队伍稳定,研究成果丰硕;凝练形成了痕迹与文书检验技术、法医及微量物证技术、声像资料检验与电子物证技术、网络安全监察与取证技术

4个研究方向。另一方面,积极服务地方司法实践,得到社会广泛赞誉。司法鉴定中心累计完成各类鉴定案件4000余例,涉及文书、痕迹、法医、微量物证、电子物证等领域,鉴定意见的采信率高达94%。犯罪心理测试技术广泛应用于司法实践,协助侦查机关破获各类重大疑难案件600余起。法医DNA实验室建立了西北民族地区遗传资源数据库、青藏高原遗传资源数据库,为公安科技和司法鉴定实践的重大需求提供基础数据资源支持,为案件的侦破提供方向性指引,实现DNA证据从被动的同一认定到主动预判嫌疑人民族、籍贯和姓氏线索的突破性转变,如上述数据库协助侦破了公安部督办的白银系列强奸杀人案。

(三)德法兼修,协同育人

实践证明,仅仅依靠学校自身的力量,是很难培养出满足社会需求的合格法治人才的。学校经多年探索和实践,强化了"面向西部具有全方位工作能力,能为法律职业及各行各业服务"培养定位,明确了"坚定法治信仰、树立社会主义法治理念、加强法律职业伦理修养、夯实专业基础、强化实践能力、扎根西部、服务基层"的培养目标,形成了"德法兼修、协同育人"的培养模式。学校将想政治、职业伦理、法律专业、人文科学教育有机结合,把培养具有创新精神和实践能力的"下得去、用得上、留得住"的法学人才作为教育改革的突破口;构建了"五个共同"的协同育人机制,即与实务部门共同制定培养方案、共同设计课程体系、共同开发优质教材、共同组建教学团队、共同组织教学活动;与法律实务部门合作密切,"双师型"团队正在形成,实践教学效果良好。与此同时,学校从以下几个方面确保深度协同,形成育人合力。

1.与司法实务部门协同育人。2016年以来先后与甘肃省司法厅共建监狱学专业,与甘肃省高院共建联合培养法治人才机制,在甘肃省14个市州建立实践基地130余个。

2.柔性引进高水平学科带头人。学校出台人才特区办法,结合实际,开创"不求所有,但求所用"的人才工作思路,柔性引进张保生、柳经纬、徐孟洲、谢晖等10余名国内知名法学家,在人才培养、学科建设、团队建设方面发挥了引领作用;同时,依托人才特区办法,柔性引进省内高校知名专家学者带动学校学科专业建设。

3. 共享联盟院校优质教育资源。学校高度重视“立格联盟”、兰州市安宁五校联盟等平台，推进本科生交换培养、跨校选课、面向兄弟院校聘请教学督导等途径，不遗余力借发展东风，实现互利共赢。

4. 发挥品牌学术论坛的辐射作用。甘肃政法大学注重高端学术会议和论坛的育人作用，已成功打造成届次的陇籍法学家论坛、丝路法学大讲堂以及证据科学前沿论坛等品牌学术活动。学校自 2009 年发起了以“凝聚家乡情怀、凝练精神气质、携手陇原学人、繁荣法学研究”为宗旨的陇籍法学家论坛，至今已成功举办五届。该论坛以“陇派法学”为旗帜，盛邀生于陇原或长于陇原并在国内法学界有着相当地位与影响力的著名法学家出席并做专题报告与学术讲座，为汲取陇籍法学家学术思想精华、促进陇籍法学法律工作者凝心聚力、探索建设法治中国的智力支持提供了广阔的舞台和难得的机会，更重要的是为我校法学教育注入了活力和动力。

On the Exploration and Practice of the Mode of Legal Talent Cultivation in Universities and Colleges of Political Science and Law in Western China

Zheng Gaojian

Abstract: In the New Era, a series of decisions on the important social issues, such as, the construction of the socialism with Chinese characteristics, the promotion of rule of law in the country, and the construction of the "Belt and Road" Initiative have granted the new mission of rule of law talent cultivation for the universities and colleges of political science and law. Universities and colleges of political science and law, as the bases of cultivating rule of law talent, should take Chinese mainland as the foundation, and implement the program of cultivating excellent rule of law talent v2.0, strengthen the cultivation of rule of law talent's virtue and law, establish the collaborative mechanism with law enforcement departments, insist the guidance of the discipline of law, promote the authentication of the law major's education quality and respond to the challenges in society to holistically improve the cultivation quality of rule of law talent. Located in Western China, focusing the cross-disciplinary cultivation orientation, foregrounding the education characteristics, and establishing the cultivation mechanism of "promoting both virtue and law, cultivating collaboratively", Gansu University of Political Science and Law has made an active exploration and practice to cultivate qualified rule of law talent to meet social needs.

Key Words: universities and colleges of political science and law in western China, Excellent rule of law talent, cultivation mode

"一带一路"倡议背景下的法律人才培养改革探索

刘晓红*

摘　要：面对错综复杂的外部环境和国际形势，"一带一路"建设不仅需要法律保驾护航，也对法律人才培养机制提出了新挑战。法律人才培养要树立国际法治观的人才培养理念、紧扣涉外复合型人才培养定位、探索涉外法律课程体系改革、加强涉外法律师资队伍建设和创新涉外法律人才培养渠道。上海政法学院坚持社会需求导向、重视国际化人才培养、依托中国—上合基地，打造协同育人机制，不断为法治人才培养机制改革做出积极探索与实践。

关键词："一带一路"倡议　法律人才培养　上海政法学院

当今世界面临着百年未有之大变局，我国外部环境正在发生深刻变化，世界多极化、经济全球化、文化多样化、社会信息化深入发展，加强全球治理、推进全球治理体制变革已是大势所趋。作为世界最大的发展中国家、联合国安理会常任理事国、全球第

---

* 刘晓红，上海政法学院校长、教授、博士生导师，研究方向：国际私法学、国际商事仲裁。

二大经济体,我国应主动承担与现行国际地位相匹配的国际责任,推动全球治理体系朝着更加公正合理有效的方向发展。党的十八大以来,以习近平同志为核心的党中央带领中国始终以维护世界和平与发展为己任,秉持公道正义,积极参与全球治理进程,引导经济全球化朝着更加包容互惠、公正合理的方向发展。

作为我国提出的第一个全球发展倡议,"一带一路"国际合作正在稳步推进,已从理念提出阶段转入具体实施阶段。当前,我国外部环境正在发生深刻变化,单边主义、贸易保护主义、逆全球化思潮不断涌现,全球经济贸易增速趋缓,特别是中美经贸关系正在经历新的考验。面对错综复杂的国际形势,我们要坚定维护多边主义,构建新型国际关系,通过进一步扩大开放领域、优化开放布局、创新开放体制,以全方位对外开放推动"一带一路"建设,为"一带一路"沿线国家提供法律服务与法治保障。在"一带一路"建设中,法律交流与合作是实现互联互通的重要保障,拥有高水平的涉外法律人才则是推进建设的关键,要着力培养在国际投融资、跨国企业并购、重大工程项目、国际贸易争端解决、国际商事仲裁和国际公法领域,具有世界眼光和国际视野、熟悉国际法律规则、熟练处理涉外法律事务的法治人才。

一、"一带一路"背景下法律人才培养改革的必要性

(一)"一带一路"建设需要法律保驾护航

坚持推动构建人类命运共同体,是习近平新时代中国特色社会主义外交思想的核心和精髓,是党的十八大以来中国外交的重大理论创新成果。[①] 2018年7月25日,国家主席习近平受邀参加在南非约翰内斯堡举行的金砖国家工商论坛,在会议上,习近平主席发表《顺应时代潮流 实现共同发展》重要讲话,指出"当今世界正面临百年未有之大变

① 参见闻言:《坚持推动构建人类命运共同体 努力建设一个更加美好的世界——学习习近平〈论坚持推动构建人类命运共同体〉》,载《人民日报》2018年10月31日,第6版。

局",这一大变局既面临全球化与逆全球化的世界性问题,也面临经济上贸易保护主义、政治上单边主义、民粹主义与右翼势力抬头,新的国际格局与秩序的变化,使国际社会来到了新的十字路口。在百年未有之大变局下,中国的"一带一路"倡议通过加强经济上的互联互通,在政治上担负起大国责任,为积极推进人类命运共同体建设贡献力量。

"一带一路"建设涉及跨境投资贸易、市场准入、知识产权保护、技术标准、金融交易、劳工问题、环境保护等诸多法律问题,且这些法律问题会遭遇到各国之间不同的法律规则,这些法律规则不仅仅局限于某一部门法,还涉及宗教以及跨国文化的冲突。在这个过程中,投资者会遇到很多非常复杂的法律以及制度架构、各样不同的法律规则,甚至内容相冲突的法律概念以及法律规定。另外有些国家和国际组织利用国际法律规则对我国采取限制;在经济领域对我国国际贸易采用反倾销、反补贴和贸易保障措施,限制我国出口;在海洋权益上企图用法律和争端解决机制对我国主权、安全和发展利益造成威胁和影响。② 我国涉外法治建设正面临很多挑战,"一带一路"倡议覆盖国家众多,各国经济发展水平、政治体制、文化传统、民族宗教、法律制度各有不同,面对以政策沟通、设施联通、贸易畅通、资金融通、民心相通为主要内容的"五通"建设实际,需要大量具有国际化视野和复合型知识的法律人才为推进"一带一路"建设提供高质量的法律服务,这对中国法学教育的国际化提出了新的要求,也带来了新的机遇与挑战。

(二)"一带一路"建设对法律人才培养机制的挑战

2014 年 10 月,《中共中央关于全面推进依法治国若干重大问题的决定》(以下简称《决定》)明确提出"创新法治人才培养机制";2015 年 11 月,《中共中央关于制定国民经济和社会发展第十三个五年规划的建议》指出,推进"一带一路"建设要广泛开展教育、科技、文化、旅游、卫生、环保等领域合作;2016 年 7 月,《推进共建"一带一路"教育行动》提

② 林嘉:《新时代涉外法治人才的培养》,载中国法学会网站:https://www.chinalaw.org.cn/Column/Column_View.aspx?ColumnID = 1214&InfoID = 29506,最后访问日期:2019 年 7 月 5 日。

出,开展教育互联互通合作、共建丝路合作机制;2016年5月,《关于发展涉外法律服务业的意见》提出建设涉外法律服务机构、健全涉外法律服务方式……这些政策的提出为创新"一带一路"法律人才培养指明了方向。与政策要求相比,当前"一带一路"法律人才培养的研究还面临很多问题,其中之一就是涉外法律人才短缺。截至2018年年底,全国共有律师事务所3万多家,全国共有执业律师42.3万多人,比2017年年底增长了14.8%。在国际经济合作、国际贸易、跨境投资、金融与资本市场、能源与基础设施、海商海事、跨国犯罪与追逃追赃、知识产权及信息安全、民商事诉讼与仲裁9大涉外律所业务领域中,从事跨境投资业务的律师最多,其次是民商事诉讼与仲裁、国际贸易、金融与资本市场,从事跨国犯罪与追逃追赃业务的律师则最少。这也从一个侧面反映了我国目前涉外法律业务的构成。③

与此同时,高校对于法律人才的培养也存在差距。截至2018年,全国法学一级学科博士点51个,二级学科博士点1个,共计52个法学博士培养单位。全国法学一级学科硕士点共计197个,19个高校设有一到两个法学二级学科硕士点,216个单位招收和培养法学硕士研究生。法学教育的不断发展,为我国法治建设提供了充足的人力资源,但却存在结构性失衡的问题,高端涉外法律人才还相当短缺,在全国律协成立的"一带一路"跨境律师人才库中,中方律师仅有84名。

2016年9月27日,习近平在中共中央政治局第三十五次集体学习时提出:"要提高我国参与全球治理的能力,着力增强规则制定能力、议程设置能力、舆论宣传能力、统筹协调能力。参与全球治理需要一大批熟悉党和国家方针政策、了解我国国情、具有全球视野、熟练运用外语、通晓国际规则、精通国际谈判的专业人才。要加强全球治理人才队伍建设,突破人才瓶颈,做好人才储备,为我国参与全球治理提供有力人才支

③ 参见《司法部公布千名涉外律师人才拟入选名单,红圈八所114人在列;竞天公诚与罗陈香港联营、联合信实与台湾广和厦门联营》,载智和网:https://www.zhihedongfang.com/55608.html,最后访问日期:2019年7月5日。

撑。"[④]"一带一路"建设所需的法律人才,既包括律师、法官、检察官、调解员、仲裁员等实务型人才,也涵盖智库专家、科研工作者等研究型人才。[⑤] 这些人才需要具有较强的政治素养、较宽的知识视野和较强的语言水平,通晓国际规则、了解国际关系、拥有专业知识、具有法律检索能力等。

随着"一带一路"倡议的落实,"六廊六路多国多港"的互联互通架构基本形成,一大批合作项目落地生根,150 多个国家和国际组织同中国签署共建"一带一路"合作协议。培养通晓和熟悉亚太、东盟、非盟、欧盟、欧亚经济联盟等国家和地区的相关法律制度、国际规则和争端解决机制的涉外法律人才,拥有人工智能、生物科技、信息网络、工程技术等多学科知识与法学交叉视野的复合型人才,构建多层次、立体化、相互配合、良性互动的跨境纠纷解决格局,将成为我国法律人才培养的使命与责任。

二、"一带一路"背景下法律人才培养的新要求

"一带一路"倡议为中国构建体现世界共同价值的国际话语体系提供了重要平台,实施中,可经由宏观层与微观层的双层推进式路径,逐步促进"国家实践"(物质因素)与"法律确信"(心理因素)的要件具备,以"中国智慧"实质性地贡献国际法治新发展。[⑥] "一带一路"的法治建设,其核心要素就是法律人才培养,《决定》指出,"建设通晓国际法律规则、善于处理涉外法律事务的涉外法治人才队伍"。习近平总书记指出:"要加强能力建设和战略投入,加强对全球治理的理论研究,高度重视全

---

④ 《提高我国参与全球治理的能力》,载中国共产党新闻网:http://theory.people.com.cn/n1/2018/0104/c416126-29745992.htm,最后访问日期:2019 年 7 月 5 日。

⑤ 参见聂帅钧:《"一带一路"倡议与我国涉外法律人才培养新使命》,载《重庆高教研究》2019 年第 2 期。

⑥ 参见毕莹:《"包容":"一带一路"下全球治理的中国软法方案和推进路径》,载《深圳大学学报》(人文社会科学版)2019 年第 3 期。

球治理方面的人才培养。”⑦我国作为世界第二大经济体,随着涉外法律事务不断增多,迫切需要一大批通晓国际规则、善于处理涉外法律业务的律师。但目前,全国能够熟练办理涉外法律业务的律师不到3000名,能够办理“双反”的律师不到50名,能够在WTO上诉机构独立办理业务的律师只有数名。⑧ 现实与理想的差距,需要政法高校关注和研判,并为“一带一路”法律人才,尤其是涉外法律人才培养提供助力。

(一)树立国际法治观的人才培养理念

党的第十九次代表大会报告提出,要高举和平发展、合作共赢的旗帜;恪守维护世界和平、促进共同发展的外交政策宗旨;在和平共处五项原则的基础上发展同各国的友好合作以及推动建设相互尊重、公平正义、合作共赢的新型国际关系。⑨ 这就为我国“一带一路”法律人才培养明确了内涵,人才培养立足和平发展、合作共赢、公平正义等原则之上展开。2015年《最高人民法院关于人民法院为“一带一路”建设提供司法服务和保障的若干意见》(法发〔2015〕9号)通过加强涉外刑事、民商事、海事海商、国际商事海事仲裁的司法审查和涉自贸区案件的审判工作,来积极回应“一带一路”建设中市场主体的司法关切和需求,以求为“一带一路”建设营造良好的法治环境。有学者指出,在实践操作的层面,我们要深刻领会到国际法治与国内法治的联动性和相互支持性,以国内法治建设为基础促动“一带一路”的国际法治形态发展“一带一路”的实现。⑩ 实现的路径是多样的,但始终离不开具备核心素质的法律人才培养。对此,在“一带一路”背景下,应培养具有“中国心”的法律人才,使其能够为国家法治建设服务;应培养具备“国际法治观”知识体系

⑦ 习近平:《推动全球治理体制更加公正更加合理　为我国发展和世界和平创造有利条件》,载《人民日报》2015年10月14日,第1版。

⑧ 参见张文显:《推进全球治理变革,构建世界新秩序——习近平治国理政的全球思维》,载《环球法律评论》2017年第4期。

⑨ 参见习近平:《决胜全面建成小康社会　夺取新时代中国特色社会主义伟大胜利——在中国共产党第十九次全国代表大会上的报告》,载《中国共产党第十九次全国代表大会文件汇编》,人民出版社2017年版,第20、46~49页。

⑩ 参见何志鹏:《“一带一路”:中国国际法治观的区域经济映射》,载《环球法律评论》2018年第1期。

的法律人才,使其能够在国际法律服务市场上具备竞争力;应培养具备“实践技能”的法律人才,使其能够将国际知识与实践有效结合,维护国家利益,承担社会责任,引领国际法律服务市场的发展。

(二)紧扣涉外复合型人才培养的定位导向

“一带一路”倡议需求的法律人才主要是以法律专业为主导的涉外复合型人才。涉外法律人才必须是横跨法学专业、非法学专业(如管理、商务、金融等)、法律外语专业(如法律英语、法律法语、法语西班牙语等)。如何培养能够熟知国际法律规则且具备一定的国际视野和大局意识,符合时代发展、符合新形势下国际社会需求的法律人才呢?结合当前需求。笔者认为,应培养四个方面的人才:一是随着反恐合作的要求提高,应积极培育“国际化”公安警务人才,使其具备能够掌握多国语言的熟练使用、多国法律政策和风俗习惯,能够完成相关的涉外刑事案件、涉外公安案件的分析侦办等工作。二是随着涉外争议的增多,培养涉外律师,成为重中之重;使其具有能够运用国际条约和国际惯例处理事务的能力,同时熟知国际法和国际商贸规则,能够开展与沿线各国开展业务研讨和交流的能力。三是随着商事仲裁的推广,应培养国际仲裁员。商事仲裁,在解决沿线国家当事人之间的争议方面具有独特优势。一方面高校应注重对国际仲裁的研究与培训工作,另一方面则对专门的法律人士或涉外律师加强“一带一路”沿线国家仲裁制度、国际仲裁规则的掌握与实践运用能力,从而助推“一带一路”建设。四是应培养涉外调解人才。“一带一路”涉外调解人才的培养,可以根据案件的类型进行分类,如贸易合同纠纷、知识产权纠纷等。强化学校在调解、仲裁和协商等领域的专门课程建设,力争形成统一的职业化调解员、统一资质认证制度。

(三)探索涉外法律课程体系改革

“一带一路”建设必然加强我国与沿线国家的经济一体化,带动国际贸易、国际投资、第三产业的各项发展,而国际贸易的80%是要通过海上航运输出。由此,在“一带一路”建设背景下,我国原有的涉海法律体系已经出现了立法不统一、政令不通畅、司法冲突等现象,有学者提出,构建大海法体系。[11] 学术界长期关注相关地区的争端解决问题,发现存在以下问题:国内和国外当事人能否得到平等保护,各类市场主体的诉讼地位能否平等,涉外案件的审理是否可以按照国际通用的贸易规则与协定进行,案件的审理程序是否符合规范,生效裁判文书能否在我国法院得到承认和有效执行等。[12] 对此,一是相关法律人才短缺,二是现行高校的法学课程体系缺乏复合型角度。笔者认为:一是要集中全国高水平法学专家学者,加强涉外法律研究。立足"一带一路"涉外法治实践,研究各项涉外法律制度的"一带一路"国别问题,吸收借鉴各国优秀法律文化,不断完善涉外法学理论体系、学科体系和课程体系。二是建设涉外法律英语核心教材。教材要能反映涉外法治理论研究最新成果,包含涉外法律服务实践经验。由专家学者和"一带一路"建设者共同编写法律英语专业教材,内容涵盖国际贸易、国际投资、国际仲裁、国际法律准则等。三是创新法律实践课程。加强涉外法律实践课程内容和课时比重,如涉外法律文书写作、涉外法律谈判、涉外模拟法庭等。四是构建课程资源共享机制。充分利用互联网技术,引进国外优质课程资源,国内涉外人才培养的优质资源,联合建设一批用英语以及沿线国家语言讲授的优质法律课程资源,国内外高校之间共享已有的以及后期将要共建的课程。

(四)加强涉外法律师资队伍建设

建设高素质专家型教师队伍是"一带一路"法律人才培养机制的重要部分。根据已有法学教师队伍建设经验,一般来说,主要包括:一是借力国家"双千计划"构建涉外法律教师队伍。以教育部会同中央政法委等六部门联合启动的高校与法律实务部门人员互聘"双千计划"为平台,采取"引进"与"推送"双向模式构建涉外法律教师队伍。同时,选聘有较高涉外法律理论水平和丰富实践经验的法律实务部门专家到高校

---

⑪ 参见王威:《"一带一路"背景下构建大海法体系的相关问题研究》,载《广西政法管理干部学院学报》2018年第1期。

⑫ 参见胡晓霞:《"一带一路"建设中争端解决机制研究——兼及涉外法律人才的培养》,载《法学论坛》2018年第4期。

兼职或挂职任教，承担涉外法学专业课程教学任务。二是高校法学和外语专业骨干教师到涉外法律实务部门兼职或挂职，参与涉外法律实务工作，培养法律实践能力。三是邀请从事涉外法律工作的律师、法官等进入课堂讲解涉外法律案例，分享实践经验。此外，教育部《推进共建“一带一路”教育行动》中进一步提出了，“教育互联互通合作”“人才培养培训合作”“共建丝路合作机制”等三方面教育行动纲领。为此，应进一步协调推动沿线各国建立法学教师和语言教师的双边多边合作机制，借力于“丝绸之路”教育援助计划，充分发挥已有的国际合作平台作用培养涉外法律专业教师。发挥上海合作组织、东亚峰会、亚太经合组织、亚欧会议、亚洲相互协作与信任措施会议、中阿合作论坛、东南亚教育部长组织、中非合作论坛、中巴经济走廊、孟中印缅经济走廊、中蒙俄经济走廊等现有双边多边合作机制作用，推动沿线各国围绕实现世界教育发展目标形成协作机制，为涉外法律专业教师成长提供广阔的空间。

（五）创新涉外法律人才培养渠道

人才培养是大学的基本功能和根本任务，也是高校内涵建设的核心内容。“一带一路”以复合型人才为基本培养目标，即在经济全球化背景下，具有国际视野、通晓国际规则、善于处理涉外法律事务、能够参与国际合作与国际竞争的高端复合型法律人才。这必然要求高校采取多种手段来实现人才培育的目标。一是应多学科联合培养。高校内部构建“法学院+”的联合培养机制，发挥“法学+”与“外语+”优势，“外语+”指的是英语、俄语、突厥语、法语等语言与其他法律类课程的结合与交叉。二是校际联合培养。发挥不同高校法学专业优势，探究校际联合涉外人才培养机制。充分利用“立格联盟”高校对于涉外法律人才培养的专业优势，构建联合培养机制。三是国内外联合培养。探究“3+1”的模式，即3年国内培养，1年国外研修的模式。按照“一带一路”倡议所涉及的60多个国家国别法制状况，有针对性地培养掌握沿线国家法律法规的专门人才，使法律从业者具备国别法律实践能力。四是院校与司法部门联合培养，探究并优化高等院校与司法部门联合培养机制。

三、上海政法学院法律人才培养机制改革的探索与实践

为适应国家"一带一路"倡议、"依法治国"战略和经济社会发展的新需求,上海政法学院坚持"立足政法、服务上海、面向全国、放眼世界",走特色发展、卓越发展和创新发展之路,努力培养理论基础扎实、具有法治精神、创新思维、全球视野和实践能力的高素质复合应用型人才,建立多学科协调发展的学科体系,努力创建具有鲜明政法特色的一流应用型大学。坚持以立德树人为根本,以教学质量为生命线,不断巩固和突出人才培养中心地位,把提高人才培养质量作为中心任务,全方位推进和保障法学教育教学工作。

(一)坚持社会需求导向,深化应用型人才培养机制改革

坚持行业和社会需求为导向,通过警务学院、人工智能法学院、语言文化学院、丝绸之路律师学院等二级学院机构设置改革,深入推进应用型人才培养机制改革,形成应用型人才培养与行业、职业人才需求相匹配的人才培养模式。比如,学校对接政法行业需求,在上海市司法局、司法部司法鉴定研究院等部门的支持下,设立警务学院,探索与政法行业联合培养法治人才,并于 2019 年首批招收法学法庭科学专业方向本科生。除了此前创立的监狱学专业招警与招生相结合的"两考并一考"人才培养模式外,目前正在积极探索"本硕连读"的警务硕士、法律硕士培养途径,进一步提升司法行政干部队伍的学历层次和素质。设立丝绸之路律师学院,着力培养涉外型卓越律师人才,直接服务"一带一路"建设。学校设立语言文化学院,培养法律英语、法律俄语本科人才,以满足"一带一路"外语+法律复合型人才的需求。设立人工智能法学院,2019 年招收首批法学人工智能专业方向本科生,培养适应国家人工智能发展战略需要的,基本掌握人工智能和法学基本理论和基础知识,具有法治精神、创新思维、全球视野和实践能力的高素质复合型、应用型法律人才。

（二）坚持全球视野，加快推进国际化人才培养

近年来，学校坚持国际化办学战略，努力培养懂国际规则的涉外型国际化人才。教育“走出去”快速迈进，2018 年与印度金德尔全球大学合作成立的汉语言培训与研究中心成功获批。目前已与世界 100 余所高校和机构建立了友好合作关系，其中包括瑞典斯德哥尔摩大学、瑞士洛桑大学、瑞士比较法研究所、葡萄牙波尔图大学、加拿大蒙特利尔大学、英国利兹大学、美国圣路易斯华盛顿大学等世界著名高校、研究机构，以及海牙国际私法会议、国际商会等知名国际组织。建立了留学海外英语语言培训中心，以及“3 +1”“2 +2”“2 +1”等联合培养本科生、硕士生和博士生项目，为在校本科生、研究生提供更多优质的出国学习深造的机会和平台。近两年已选送 300 多名本科生、研究生海外学习、实习，其中包括国际商会等著名的国际组织。2019 年 7 月，我校有 3 项国际组织实习项目获上海市教委资助，分别为：海牙国际私法会议亚太地区办事处（7 名）、国际商会北亚地区办事处（4 名）、上海合作组织（3 名），在上海 9 所申报高校中排名第 2。近年来，我校不断提升国际化办学水平，积极发挥政法院校的优势，培养法律实务人才，学生学习和实践能力不断增强。我校连续两年获上海市高校学生赴国际组织实习项目资助，充分体现了有关主体对我校国际化人才培养质量的认可。

（三）依托中国—上合基地，打造协同育人机制

2013 年 9 月 13 日，习近平主席出席在吉尔吉斯斯坦首都比什凯克举行的上合组织峰会上宣布：“中方将在上海政法学院设立‘中国—上海合作组织国际司法交流合作培训基地’，愿意利用这一平台为其他成员国培养司法人才。”这是新中国成立以来地方高校直接服务国家整体外交和安全战略的典型案例。2014 年、2015 年和 2018 年，习近平主席又分别在上合组织峰会上三次强调，要充分发挥中国—上合基地作用，协助上合组织成员国培训司法执法人才。通过对中国—上合基地优质资源的整合与反哺，学校积极开辟第二课堂，推进本科教学与人才培养机制改革。如吸收学生参与基地反恐舆情实验室的建设，组建学生代表团回访上合组织成员国高层校友，组织学生参与高水平学术竞赛等。学校为应用型人才培养提供高水平国际化实践平台,同时结合专业课程与实践基地间"零距离"交替化训练,以"培养—实践—再培养"的模式,加强与行业对接合作,形成人才培养与社会需求间可持续的良性循环。

一是依托中国—上合基地,构建"丝路+"课程体系。围绕上海合作组织与"一带一路"建设需求,构建了以"专业课程""通识课程""语言培训""实践技能""前沿讲座"为模块的"丝路+"课程体系。课程模块建设以夯实专业基础为主,通识课程和实践教学为辅,并配以"前沿讲座、语言培训"等途径拓展学生能力,以"多时段、广空间"的方式,将新知识、新成果充实到课程体系中。二是依托平台优势,拓展海内外师资资源。学校依托中国—上合基地等高层次平台,利用柔性人才引进制度、驻访学者制度、"旋转门计划"、特聘院长制度、兼职导师制度等灵活用人机制聘请110位国内外高水平学者、实务部门专家,直接参与本科的教学实践活动。三是将高水平的培训和智库资源导入人才培养体系,打通了中国—上合基地最新的教学科研成果辐射本科教学的机制。促进了教学知识的更新,丰富了教学资源,提高了教学手段,提升了师资层次,完善了学科体系,探索建立了中国—上合基地支持辐射复合型应用型人才培养的"溢出机制",提高了人才培养质量。四是依托上合组织培训基地,参与国家安全学一级学科建设。目前已形成"大国安全"课程品牌,建立了上海合作组织安全反恐大数据中心,与国际关系学院等6家单位共同成立了"国家安全学学科建设与协同创新中心"。

四、结语

目前我国学界对"一带一路"建设法治化的必要性已基本达成共识,就法治人才培育而言,这是一个长期的工程。但我们要秉持人才培养与社会进步、经济发展、法治建设相关联。"一带一路"建设给中国提供新的经济增长点的同时也在改变着中国教育的发展。面临法治建设的重任,在国际层面应以国际法治观寻求共同价值,为推进"一带一路"

进程找寻共同的法律共识。就国内而言,则应沿循人才培养的核心命题,凝聚研究力量,形成师资队伍,为“一带一路”法律人才培养提供新生力量。

Exploration on the Reform of Legal Talent Cultivation under the Background of the “Belt and Road” Initiative

Liu Xiaohong

Abstract: Facing the complicated external environment and the international situation, the construction of the “Belt and Road” Initiative not only requires the guarantee of relevant laws, regulations and rules, but also poses new challenges to the mechanism of legal talent cultivation. The cultivation of legal talent should be established on the concept of international rule of law, and closely follow the cultivation orientation of foreign-related compound legal talent. At the same time, the training of legal talent should also explore the reform of the foreign-related legal curriculum system, and strengthen the construction of foreign-related law teachers and the innovation of foreign-related legal talent cultivation channels. Shanghai University of Political Science and Law adheres to the social demand orientation, attaches importance to international talent training, relies on Shanghai Cooperation Organization (SCO), builds a collaborative education mechanism, and continuously explores and practices the reform of the mechanism of rule of law talent cultivation.

Key Words: the “Belt and Road” Initiative, legal talent cultivation, Shanghai University of Political Science and Law

新时代地方政法高校法学教育高质量发展的思考

吕　涛*

摘　要：新时代背景下法学教育需要做好政治性和专业性、国际化和本土化、信息化和实体化、大众化和精英化四个统一，并围绕学生的个性化发展需求是否充分满足、实践能力是否得到充分的发展、复合型人才是否达到深度融合、人才培养是否符合社会需求四个关键指标加强高质量发展，培养造就更多熟悉和坚持中国特色社会主义法治体系的法治人才及后备力量。

关键词：新时代　法学教育　高质量

一、新时代背景下法学教育高质量发展需要做好四个统一

（一）法学教育政治性和专业性的统一

政治性是法学的本质属性。习近平总书记指出：法治当中有政治，没有脱离政治的法治，每一种法治形态背后都有一套政治理论，每一条法治道路

* 吕涛，山东政法学院校长、教授、法学博士，研究方向：司法制度、法学教育。

底下都有一种政治立场。新时代背景下,法学教育必须把政治性放在首位,坚持社会主义办学方向,坚持立足中国大地办教育,用马克思主义法学思想和中国特色社会主义法治理论全方位占领高校、科研机构、法学教育和法学研究阵地;人才培养要坚持立德树人,强调德育为先,抓好课堂教学的主阵地,把好教材选用的政治关,注重学生的思想政治水平和道德素养的培养,为党和国家培养社会主义建设者和接班人;教学研究要坚持正确的政治立场和理论导向,正确区分学术问题和政治问题,反对打着学术研究旗号从事违背学术道德、违反宪法法律的假学术行为。

法学教育必须高度重视专业性。在教育过程中,要秉持科学精神,遵循教育规律,根据学科、专业和课程特点,突出法育为基,注重学生的法治精神、思维能力、理论基础和实务操作能力的培养;法学研究中,要发现和认识法的基本规律,把握和驾驭法治的一般规律,使法学研究及其成果能够体现并反映经济社会发展规律的基本特征和内在要求,立足法治中国建设实践,构建具有中国特色、中国风格、中国气派的理论体系,反对把学术问题和政治问题混淆起来、用解决政治问题的办法对待学术问题的简单化做法。

(二)法学教育国际化和本土化的统一

经济全球化的深入发展,中国国际地位和影响力的提升,“一带一路”“自贸区”的实施意味着中国对外开放战略的转变,我国现有的法治人才培养的国际化程度还处于全球法学教育转型范式中“国际化”的初级阶段,[①]新时代的法学教育国际化必须具备新内涵,面临新转型。一是需要从“单极”向“多极”转变。单极化表现为法学教育的模式、制度主要向单一国家学习,甚至将国际化狭隘地理解为“西方化”“欧美化”,学科体系、课程体系明显西化。在新时代背景下,法学教育需要多极化发展,学习与研究的范围不应再仅局限于少数法治发达国家,需要超越“言必称西方”的西方法学(法治)中心主义,根据国家发展需要,将亚洲、非洲等国家的法制现状和实践纳入进来,学习借鉴全世界优秀的法

① 参见杜承铭、柯静嘉:《论涉外法治人才国际化培养模式之创新》,载《现代大学教育》2017年第1期。

治文明成果,用法治保障中国与有关国家的政治经济和文化活动。二是需要从“单向”向“多向”转变。单向性的国际化模式侧重法律人才的国外培养并输入域外法律知识,缺乏全球法律人才培养的参与精神以及中国法律制度的输出意识,中国的经验和主张得不到正视。在新时代背景下,法学教育需要在办学理念、办学模式以及办学目标等方面朝双向发展:既要学习国外经验,还要发挥创造性,向全世界贡献自身经验;国际化人才的培养不应仅限于国外培养,还应当加大自主培养的力度,开拓更多更广更优的本土化培养方式和渠道。

顺应法学教育国际化的潮流,还必须要处理好其与法学教育本土化和本校化两组关系。一是在宏观上要处理好其与法学教育本土化的关系,要坚持做到“四个自信”,坚守本土文化的阵地,避免国际化削弱国家信念和知识体系,积极构建中国特色社会主义法学理论体系、学科体系、课程体系、话语体系。二是在微观上要处理好其与法学教育本校化的关系,要明确本校自身办学定位、人才培养定位和服务面向定位,在国际化程度和形式上因地制宜、因材施教、因人而异,办出本校特色,而不是千篇一律、盲目追求国际化。

(三)法学教育信息化和实体化的统一

与工业化时代相比较,以物联网、云计算、大数据和人工智能为技术支持的信息化时代给法学教育带来诸多改变。习近平总书记指出:因应信息技术的发展,推动教育变革和创新,构建网络化、数字化、个性化、终身化的教育体系,建设“人人皆学、处处能学、时时可学”的学习型社会,培养大批创新人才,是人类共同面临的重大课题。一是人才培养重心面临从基本理论和基本技能的掌握向能力和素养培养的转变,知识传授在教学中的比重逐渐降低,学习能力、创新能力等素养的比重大幅提升;二是人才培养方式从标准化“班级授课制”向“差异化和个性化学习”过渡,混合式学习和泛在化学习受到越来越多学习者的青睐,学习者的个性化差异、学习需求、学习偏好在最大程度上得以满足。

信息化的发展有利于提升法学教育质量,但是并不能代替传统的面对面实体授课模式。在信息化模式下,组织管理偏弱,师生互动缺乏,不利于学生的表达能力、逻辑推理能力、人际交往能力的形成，大学的文化育人功能和教师的教学育人职责无法有效发挥，不利于学生法律信仰、职业道德的养成，因此信息化需要与传统的面对面实体课堂教学有机融合，才能最大程度地提升法学教育质量。

（四）法学教育大众化和精英化的统一

自1997年党的十五大首次提出依法治国以来，我国法学高等教育获得了跨越式发展，取得巨大的成绩，然而，日益扩张的法学教育规模并没有产生高质量的法学教育结果，主要表现为：高端、涉外、复合型法治人才极为“短缺”，而中低端法治人才相对“过剩”；精通法律实践的实务型人才供不应求，而法学理论型人才却供过于求；诉讼实务型人才较为充足，而非讼实务型人才却相对缺乏。因此，我国在法治人才培养方面亟需推进供给侧改革。党的十九大报告中，习近平总书记明确提出，中国特色社会主义进入新时代，我国社会主要矛盾已经转化为人民日益增长的美好生活需要和不平衡不充分的发展之间的矛盾，在教育领域主要表现为人民日益增长的对更高质量、更加公平教育的需求与发展的不平衡不充分之间的矛盾。在新时代背景下，法学教育必须坚持需求导向，加大教育资源投入，实现内涵式发展，在满足国家、社会和人民大众实际需求的基础上，大力培养涉外型、实践型、复合型等精英化人才，实现法学教育大众化和精英化的有机平衡。

二、推进法学教育高质量发展需要抓好四个关键指标

人才培养是高校办学的首要职能，人才培养质量是学校办学水平的根本体现，也是学校的生命线。山东政法学院作为一所以法科生为主体的政法院校，按照习近平总书记“立德树人、德法兼修”的要求，经过充分论证和深入实践，确立了德育为先、专业为基、德学兼修、全面发展的A型法治人才培养体系。在人才培养过程中，紧紧围绕个性化、实践性、复合型和应用型四个关键指标，大力推进法学教育高质量发展。

(一)学生的个性化发展需求是否充分满足?

个性化教育是依据学生成长规律和人才发展的社会需求,实施针对性、个性化教育策略,尊重个体生命的独特价值,发掘个体生命的潜能,培养学生独立人格和独特个性,促进个体生命自由和谐发展的教育。② 个性化教育有助于激发学生学习的积极性、创造性,促进学生的全面发展。在新时代背景下,学生的个性化需求更加明显,在法官、检察官、律师、公证员、学者等求职方向上,在就业、法考、研考、公考、出国等发展路径上,在弹性学习等教学管理上均有不同需求,法学教育必须想办法予以满足。近年来,学校围绕学生的个性化发展,开展了系列工作:加强数字校园建设,积极构建校园泛在网络学习环境,引进慕课平台,推广学习通、雨课堂等教学工具,积极搭建个性化教育服务平台;推进学分制改革,实行弹性学制、转专业制度、双学位和辅修第二专业制度,完善制度规范;大力实施翻转课堂、混合式学习等教学方法,改革教学模式;针对法学普通人才实现课程结构的模块化,针对法学拔尖人才,设置专门的人才培养方案,实行分层培养,实施"标准化的常规培养"与"定制化的个性培养"相结合的人才培养模式;实施学生期待课程计划和学生热点话题排行榜,根据学生需求及时调整课程和教学内容。

展望未来,学生个性化发展需要充分借助大数据和云计算等技术,建立校园一体化教育大数据平台,组建教育大数据团队,利用大数据技术挖掘和分析学生的行为数据,实现"学生画像",了解学生的个性化需求,推送个性化学习内容;了解教师的教学行为,完善教育评价,调整教育管理,满足个性化教育发展的需要。

(二)实践能力是否得到充分的发展?

法律的生命在于实践,法治人才的核心素质就是实践能力。习近平总书记指出:"法学学科是实践性很强的学科,法学教育要处理好知识教学和实践教学的关系。"在法学教育中,知识教学和实践教学如车之两轮、鸟之两翼,不可或缺。一名高素质的法科生不仅要掌握系统

② 参见刘献君:《个性化教育的十个观念》,载《高等教育研究》2018年第9期。

的法律知识,更要具备将理论知识应用于实践的能力,即将法学知识转化为法律思维能力、法律表达能力和对法律事实的探索能力。实践能力的培养主要是在实践教学环节中完成的,但许多院校即便有法学实践教学环节,也沦为了一种“实践”活动和“面子”工程。③ 当前,我们认为,强化实践能力,法学教育需要在三个方面发力:重视实践,突出实践教学导向;加强协同,破除制度培养壁垒;拓宽渠道,发展互联网+法学教育。

山东政法学院高度重视实践教学,着力构建法学实践教学体系,取得积极成效:建立“1+4+X”法学实践教学体系,即以法学教学实训中心为主体,以司法鉴定中心、法律援助中心、警察实战技能实训中心、网络空间安全虚拟仿真实验中心等4个实践教学平台为补充,以社会上X个实践教学基地为延伸的法学实践教学体系。强化双师型队伍建设,积极参与国家“双百计划”,实施校内“教师实践教学能力提升计划”,积极选派专职教师到司法实务部门挂职锻炼或顶岗工作;建立高校与实务部门联合培养机制,聘请法律实务部门有丰富实践经验和较高理论水平的资深法官、检察官、律师等法律从业人员担任校内实务导师,参与培养方案制定、课程建设、团队建设、专业教学等人才培养全过程。突出实践教学环节权重,提高实践类课程学分比重。改革和创新多样化实践教学方法和手段,开展自编教学案例库建设工作,组织案例教学;依托法律援助中心,开展法律诊所教育;举办模拟法庭竞赛,加强法律实习等。

(三)复合型人才是否达到深度融合?

进入新时代,国家和社会需要越来越多的复合型人才。复合型人才既是经济发展的需要,也是学科交叉发展、社会分工精细化的结果。复合型人才不是学科之间的简单相加,它对于受教育者来说,意味着其知识结构是交叉的、立体的和复合的,其思维方式是综合的,人才素质是宽口径、厚基础的。法律复合型人才是指法律+特定领域知识和技能的人才,如法律+外语复合型人才。

---

③ 参见于志刚:《法治人才培养中实践教学模式的中国探索:“同步实践教学”》,载《中国政法大学学报》2017年第5期。

我们认为,复合型人才培养的关键问题在于能否达到深度融合。首先要实现课程体系的深度融合,课程体系中除了法律专业课程和第二专业课程之外,还需要开设必要的通识课程和适当的交叉课程。比如,涉外型复合法治人才的培养,除了法律课程和相应的外语课程之外,还要设置有关外国的人文、历史、政治、经济等课程。其次是实现师资力量的深度融合。要把学生培养成复合型人才,教师首先必须是复合型人才,这就对师资队伍提出了具有跨专业、跨学科知识和实践经验的要求。然而受制于师资力量的制约,很多教师缺乏复合型背景,在一定程度上影响了复合型人才的培养质量。因此,如何实现复合型人才知识能力的深度融合,需要引起法学教育进一步关注和思考。

(四)人才培养是否符合社会需求?

人才培养是否符合社会需求是评价人才培养质量的重要标准。判断人才培养是否符合社会需求,需要抓好就业率、对口率和成才率等三个观测点。从就业率看,在新时代背景下,我国对法学专业的人才需求较大,立法机关、行政机关、司法机关、仲裁机构每年都要从应届毕业生中招聘法学专业的学生,而企业对法学专业的人才也越来越重视,中国的律师行业更急需补充大量高素质的律师人才。但法学专业的就业率却经常“荣登”最难就业专业第一名,这就说明不是法学专业的问题,而是学校培养质量出了问题。从就业对口率看,在专业与职业相关性上,一般意义上法学专业的对口职业部门应当是人民法院、人民检察院、律师事务所、仲裁机构、公证处等司法实务部门。而根据相关统计,法学专业毕业生从事法学相关工作的比例连年徘徊在50%左右,法学专业毕业生要找到专业对口的职业具有相当的难度,大部分毕业生最终的就业行业都不是法学对口岗位。这也在一定程度上说明学校培养的学生不能满足法律职业人才的需求。从成才率看,学校培养的学生是否能在本职岗位上得到提升和成长,能否在自己的工作领域做出卓越贡献,也在一定程度上反映出人才的培养质量。

综上所言,我们认为,在新时代背景下,充分把握法学教育的四个统一,围绕四个关键指标,加强内涵建设,才能推动法学教育高质量发展,培养造就更多熟悉和坚持中国特色社会主义法治体系的法治人才及后备力量。

Reflections on the High-Quality Development of Legal Education in Universities and Colleges

Lü Tao

Abstract: In the New Era, legal education needs to do "four unifications", which include the unification between politics and profession, the unification between the international and the local, the unification between information and materialization, and the unification between the mass and elite. Legal education also needs to consider "four key indicators" to enhance its high-quality development of legal: whether the demand for students' individualized development is fully satisfied, whether the students' practical ability is fully developed, and whether the compound talent reach reaches deep-integrated cultivation, and whether talent training meets the social needs. By reforming in this way, legal education can cultivate the rule-of-law talent and reserve qualified legal talent who adhere to and are more familiar with the socialist rule of law system with Chinese characteristics.

Key Words: the New Era, legal education, high quality

新时代高素质法治人才培养的实践与思考

——以河南财经政法大学为例

高新才*

摘　要：近年来，河南财经政法大学以立德树人为根本，以学科建设为引领，以人才培养为核心，以社会服务为载体，培养出了一大批创新型、复合型、应用型的高素质法治人才。面对新时代提出的新要求，学校将更加重视法学学科的发展，深入贯彻落实习近平总书记“坚持立德树人，德法兼修”的重要讲话精神，持续加强思想政治教育，持续强化专业实践，持续开展社会服务，持续推进师资队伍建设，不断提升新时代高素质法治人才的培养水平。

关键词：法治人才　立德树人　德法兼修　学科融合　专业实践

当前，河南财经政法大学正在以习近平新时代中国特色社会主义思想为指导，深入贯彻落实习近平总书记“坚持立德树人，德法兼修”的重要讲话精神，在立德树人、学科建设、人才培养、社会服务等多

* 高新才，河南财经政法大学校长、教授、博士生导师，研究方向：区域经济学和理论经济学。

方面,紧紧扭住"法学教育高质量发展"的目标和要求,努力实现新时代"培养高素质法治人才"的初心和使命;认真学习领会总书记的重要讲话精神,充分发挥法学教育在法治中国建设中的重要作用,积极探索法学教育教学的改革路径和模式,努力为推进国家治理体系和治理能力现代化做出更大的贡献。

一、高素质法治人才培养的实践探索

教育部、中央政法委印发的《关于坚持德法兼修　实施卓越法治人才教育培养计划2.0的意见》分别从厚德育、强专业、重实践、深协同、强德能、拓渠道、促开放、立标准等八个方面为新时代的法学教育设定了改革任务、提出了重点举措。这八个方面充分体现了法律专业教育的时代特征和内在规律,也是河南财经政法大学贯彻落实习近平总书记"坚持立德树人,德法兼修"的重要讲话精神,培养高素质法治人才所紧紧围绕的主题。

一是以立德树人为根本,确保法学教育培养的是优秀的社会主义建设者和接班人。

习近平总书记在全国教育大会讲话中鲜明提出"培养什么人,是教育的首要问题",强调把培养社会主义建设者和接班人作为教育工作的根本任务。河南财经政法大学从顶层设计上,把立德树人融入法学专业课堂教学、社会实践等各个环节,在各个系统、各个领域中整合资源,形成合力,形成相互依托、共同支持、齐心育人的大格局、大体系。通过党课、团课、学习讨论等专题教育活动,在法学专业学生中深入学习、宣传、贯彻习近平新时代中国特色社会主义思想、党的十九大精神。建立领导干部联系学生班级制度,学校及学院领导均联系三个法学院的学生班级,通过召开班会、谈心谈话等多种形式宣传党和国家的教育方针,帮助法学专业学生释疑解惑,促进他们成长成才。通过微信等各种网络平台,面向法学专业学生推进网络思想政治教育,加强心理健康教育与咨询。组织开展多种形式的报告会、座谈会等,引导法学专业学生树立正确的世界观、人生观、价值观,为把他们培养成为优秀的社会主义建设者和接班人打下坚实的基础。

二是以学科建设为引领,持续推进法学与其他学科的融合发展。

河南财经政法大学是一所以法学、经济学、管理学为主干学科的综合性大学,三大学科具有相互融合的先天优势。为契合河南经济社会发展的需求,法学学科积极与农林经济管理、财政学等专业保持密切合作,已形成民商法学、宪法与行政法学、生态安全法学等具有交叉融合特点的优势与特色学科。

民商法学方向聚焦商事法、合同法与农村土地经营法等领域,重点研究商事制度改革、金融创新与发展、公司治理、知识产权保护、合同法及农村土地经营的理论与实践问题,这些研究能够有效推动某一领域的经济社会问题的解决。就区域经济社会发展而言,该学科方向涉及的商事制度改革、农村土地制度改革、自贸区建设、金融发展等诸多方面,均能够为河南省的农业、工业、商业及中原城市群、郑州航空港区和河南自贸区建设等各个方面的经济社会发展提供强有力的支持。

宪法与行政法学方向注重法学与财政学、金融学、税收学及社会学等学科的融合,形成了具有特色的研究领域。宪法学方向着力破解我国国家治理体系和治理能力现代化中亟待解决的财税汲取的合法性、公共财政民主性与正当性、中央与地方财政关系的法治化等重大的理论和实践问题。经济宪法学研究紧紧围绕建构中国特色的宏观调控法律制度,合理界定国有企业与公共服务企业的性质、社会功能及运行机制,为我国经济体制改革和社会主义市场经济体制完善提供了智力支持。在法治与社会治理研究领域,致力于探讨法治中国建设大背景下的国家基层治理,着力探讨实现国家基层治理制度化、法治化、规范化的条件、可依赖的资源以及面临的困境等问题,为实现国家基层治理的法制化和现代化提供智力支持。

生态安全法学方向注重法学与经济学、管理学、社会学、人文地理学等学科的交叉融合,在流域生态系统法律规制、农村土地资源保护及环境信用法律规制等研究领域取得了突出成绩,研究水平居于国内领先地位,为河南省大气污染防治、辐射污染防治、农村面源污染防治、企业环境信用评价、水利战略规划、水生态文明建设规划等实践问题的解决提供了多角度的智力支持。

三是以人才培养为核心,持续推进创新型、复合型、应用型法治人才培养模式的改革。

河南财经政法大学将教学、科研与实践相结合,全面深化法治人才培养模式改革,不断推动法治人才培养的规范化、精细化、科学化。

在法学理论教学方面,学校推行课堂讲授、课堂讨论、课堂问答、模拟式教学、案例教学相结合的混合式教学法与翻转课堂的教学模式,转变学生的学习观念,调动学生学习的积极性、主动性,进一步增强学习效果。

在法学实践教学方面,学校充分考虑河南经济社会发展特点,针对金融、财政、自贸区、环境保护等新兴法学学科或领域特点,设计有针对性的实践教学内容,形成了财税法治和环境资源法治与政策研究两个具有鲜明实践特色的学科方向,并开设了知识产权和国别经贸两个特色本科专业。学校重视构建和完善教学、科研平台体系,以现有的创新型、复合型、应用型高素质法治人才教育培养基地为依托,提升校级教学、科研平台建设质量,已获批河南省法学一级重点学科、河南省人文社科重点研究基地、省级实验教学示范中心。

四是以社会服务为载体,持续推进法学学科在开展社会服务方面向纵深发展。

法学是实践科学,将理论成果应用于社会实践既是法学研究的初衷,也是提高法学教育水平不可或缺的环节。河南财经政法大学面向国家经济社会发展战略,立足河南省经济社会发展需要,实行科研成果分级别奖励机制,支持老师们多出成果、出高质量成果,并鼓励科研成果的及时转化,为地方经济社会发展提供智力支持。

学校与河南省人民代表大会、省高级人民法院、省人民检察院等省直部门和地市人民政府联合设立了立法、司法研究基地及政府研究智库,多名法学学科教师直接参与了河南自贸区等多项地方立法项目,直接参与了“四个全面”战略布局下河南省建立健全惩治和预防腐败体系的研究。多项决策建议受到全国政协、最高人民法院及省委、省政府领导的批示,多项科研成果以不同形式被河南省地方立法采纳:如《地方立法项目论证制度研究》中有关地方立法的内容被《河南省地方立法条例》采纳;《低碳发展下中国环境治理模式创新与制度建构》中关于水利战略规划、水生态文明建设规划的内容被河南省水利厅采纳;《新时期河南水污染防治的制度建议》中关于农村面源污染防治的制度建议及《我国企业环境信用评价体系评估及其构建研究》中关于企业环境信用评价指标设置的建议,被河南省环境保护厅采纳;《关于中国(河南)自由贸易试验区知识产权制度建设的几点建议》被河南省商务厅采纳;《政府网站绩效评估体系的构建与提升策略研究》中关于网站建设的内容被郑州市中级人民法院采用。

总体上看,河南财经政法大学法学学科对河南经济社会发展人才支撑和智力支持的作用越来越大。同时,我们也清醒地看到,与习近平总书记“坚持立德树人,德法兼修,培养高素质法治人才”的要求和期望比,与各知名政法高校取得的成绩比,河南财经政法大学还有不小的差距。具体表现在:一是高层次法学人才欠缺。在法学师资队伍中,在国际、国内有影响力的学术领军人才相对缺乏。二是高层次法学科研成果不足。权威法学学术论文数量不多,国家社会科学基金法学重大、重点项目数量有限,法学学科科研成果的影响力还不够。三是法治人才培养质量有待提升。法学学科研究生考取博士的数量不多,优秀学位论文较少,公开发表的学术论文层次不高,研究生国外学习交流机会欠缺。四是法学人才培养存在同质化现象,学科特色有待进一步凸显。

二、新时代需要什么样的法治人才

法律是治国之重器。党的十八届三中全会通过的《中共中央关于全面深化改革若干重大问题的决定》明确指出:“全面深化改革的总目标是完善和发展中国特色社会主义制度,推进国家治理体系和治理能力现代化。”而实现推进国家治理体系和治理能力现代化的总目标离不开依法治国。因为依法治国是坚持和发展中国特色社会主义的本质要求和重要保障,是实现国家治理体系和治理能力现代化的必然要求,事关我们党执政兴国,事关人民幸福安康,事关党和国家长治久安。“徒善不足以为政,徒法不足以自行”,依法治国的稳步推进需要一批又一批高素质的法治人才队伍予以落实。在全面推进依法治国的背景下,法治中国建设到底需要什么样的法治人才,如何为法治中国建设提供有力的人才智力保障,是摆在我们面前的一个值得审慎考虑的现实课题。

我国已进入中国特色社会主义新时代,新时代对法治人才提出了新要求。新时代的法治人才应坚定正确的政治方向。要以习近平中国特色社会主义思想为引领,坚定中国特色社会主义信念,忠于党、忠于祖国、忠于人民,树立正确的价值目标、价值取向和价值准则,坚定不移地投身建设中国特色社会主义的伟大事业。新时代的法治人才应具备良好的法律职业道德。诚如英国哲学家培根所言:“一次不公正的裁判,其恶果甚至超过十次犯罪,因为犯罪是无视法律,好比污染了水流;而不公正的裁判则毁坏了法律,好比污染了水源。”新时代的法治人才是未来的审判权、检察权的具体实施者,或者是未来的律师、公证人员等,他们的职业操守在一定程度上决定了我国法律制度伦理目标的实现程度。他们应清正廉明、刚正不阿、守护正义,忠实于法律,忠实于社会和当事人,不能以损害国家、集体和他人的利益为代价中饱私囊、知法犯法。新时代的法治人才应具备丰富的专业知识。“非学无以广才”,一方面,应系统掌握宪法、民法、刑法等法学本科核心课程的理论和制度规范;另一方面,要形成法律思维,善于运用法律思维分析、解决各种法律问题。除此之外,他们还应学习哲学、经济学等其他学科知识,以开拓视野,丰富知识类型,促进分析问题和解决问题的方法的多元性,这也是培养复合型法治人才的题中应有之义。新时代的法治人才还应具备过硬的实务问题处理能力。面对法律问题,他们应能迅速找准法律关系和问题的焦点,采用适当的法律分析方法,灵活运用专业基础精准解决。

三、培养高素质法治人才的努力方向

下一步,河南财经政法大学将在以下几个方面发力,进一步推动学校法学教育的高质量发展,进一步提高学校高素质法治人才的培养水平。

一是加强思想政治教育,培养德法兼修的高素质法治人才。

坚持立德树人、落实“四个服务”,是实现中华民族伟大复兴对中国特色社会主义大学历史的、现实的、未来的必然要求。这是我们办学治校的逻辑初衷,也是我们必须坚守的使命。首先要做好入学思政教育。要从法学学科的使命担当、学科特点、学科贡献等方面要求学生德法兼修、树立法治精神、法律职业伦理等基本学科素质;要求学生立足全局,站位高远,服务国家最需要的地方。其次要深化教育教学改革,拓宽抓思政与促党建进教材、进课堂、进头脑的“三进”渠道,形成知识传授与价值引领相结合全员、全过程、全方位的“三全”育人格局。引导青年学子树立与建设社会主义法治国家、中国特色社会主义法治体系“同向同行”的法治信仰。同时要加强课程思政教育,努力打造法学思政精品课程。

二是强化专业实践,增强学生的专业实操能力。

法学学科要以多元平台建设为策略,夯实实践教学,建立开放式法治人才培养机制:第一,构建与立法机关、司法机关、地方政府、研究院所的战略联盟,建立跨学科复合型法治人才培养机制。第二,建设多种类的校内外实践教学基地,提升实践教学效果。其中,河南财经政法大学为河南省应用型、复合型法律职业人才教育培养基地,法学实验教学中心案例分析实验室为河南省高等学校实验教学示范中心,诉讼法研究中心为河南省高等学校人文社会科学重点研究基地。第三,依托法学实验教学中心,推广法学实验实训教学,创设“速记、文书书写”等特色法学专业培训项目。法学实验教学中心设有庭审与速录实验室、案例分析实验室、物证技术实验室,其中案例分析实验室为省级实验教学示范中心,可以满足多样化实践教学的需求。第四,开辟第二课堂,开展模拟法庭、法治辩论等专业实践竞赛,大力推动庭审进校园和法律实务讲堂,全方位提高学生的创新意识与实践能力。

三是发挥专业优势,鼓励教师开展社会服务。

发挥法学专业的人才优势、智力优势,加强与河南自贸区、郑州国家中心城市、郑州航空港等国家战略在法律领域的深入合作,争取在自贸区、知识产权、生态安全、诉讼调解等方面取得新的决策咨询研究成果,积极向省委、省政府建言献策,为服务地方社会经济发展提供更多更大的人才和智力支持,在更多服务中争取更多作为,在更多作为中争取更重要的地位。

四是坚持引进与培养并重,着力提升师资队伍的质量和水平。

培养高水平的法治人才队伍,建设一支"师德高尚、潜心育人、业务精湛、结构合理、充满活力"的一流师资队伍是关键。全面加强法学专业师资队伍建设,通过大平台、大团队、大项目招才引才聚才。拓宽优质师资渠道,将实际工作部门的优秀实践教学资源引进高校,加强法学教育、法学研究工作者和法治实务工作者之间的交流,实现法治人才培养中教育教学的资源流通和优势互补。严把教师"入口关",选聘有法治信仰、使命担当的优秀教师。针对法学知识体系的特点,进一步加强理想信念教育和师德师风建设。主动作为,为法学专业师资队伍的国际化提供平台,提供各种条件选派教师出国深造。完善法学学科的科研成果奖励制度,建立持续、持久的科研动力机制,让法学学科的师资队伍在优中变得更优。积极组织法学专业青年教师参加国情考察和社会实践,让他们在亲身参与中认识国情、了解社会,受教育、长才干,切实增进他们对党情国情社情民情的认知,以更"接地气"的方式开展法学专业教育教学。

On the Reflections and Practice of the Cultivation of High-Quality Rule of Law Talent in the New Era

—Taking Henan University of Economics and Law as an Example

Gao Xincai

Abstract: In recent years, Henan University of Economics and Law has cultivated a great number of innovative, compound, and applied high-quality rule of law talent for our country by taking the principle of "strengthening of moral education and cultivation of people" as the fundamental, taking discipline construction as the guidance, taking talent cultivation as the core, taking serving for society as the objective. Facing the new requirements in the New Era, the university will pay more attention to the development of the discipline of law, more deeply implement the spirit of President Xi's talk on "strengthening of moral education and cultivation of people" and "promoting both virtue and law", continuously enhance the political and ideological education, constantly perfect the practical teaching and training, insist the principle of serving the society, and progressively upgrade the construction of teaching teams in order to continuously upgrade the level of the cultivation of high-quality rule of law talent in the New Era.

Key Words: rule of law talent, strengthening of moral education and cultivation of people, promoting both virtue and law, integration of disciplines, practical teaching and training

理论探讨

大数据司法领域对法学教育的渗透与影响*

——以区块链技术的法律行业运用为视角

阮晨欣　刘艳红**

摘　要：随着大数据时代的到来，法学教育受到大数据司法领域发展的渗透和影响。新技术的出现，需要法学教育模式适应科技发展带来的新知识和新工具，同时法学教育研究要创新运用大数据法学思维，建设融合交叉法学学科教育，同时推动法治人才培养实践于更多领域的法律行业。作为新技术之一的区块链技术，就是由链式数据结构组成的一种分布式账本。以区块链技术在智能合约、监管区块链以及区块链存证等区块链技术在法律行业的运用为例，突出科技发展新时代法学教育应以交叉性、团队式、实务型为宗旨，培养适应时代需求的复合型法治人才。

关键词：法学教育　大数据　区块链　法律行

---

* 本文系教育部教育立法研究基地项目"'双一流'与'互联网+'双重背景下的高等教育立法研究"（项目编号：2242019S30032）的阶段性成果；江苏省高校"青蓝工程"资助成果；东南大学人民法院司法大数据研究基地资助项目研究成果。

** 阮晨欣，东南大学教育立法研究基地特聘研究员、博士研究生，研究方向：大数据与互联网法学。刘艳红，东南大学法学院教授、博士生导师，研究方向：刑法学、大数据与互联网法学。

业　法治人才

一、传统法学教育现状与存在的问题

近年,中国高等法学教育快速发展,着力培养应用型、复合型法律职业人才,为法律行业不断输出新生力量。高质量的教育需要具有中国特色,体现中国要求,展现中国思想。系列卓越人才教育培养计划统筹实施,工程、医学、农林、法学等领域人才培养机制分类推出,覆盖600余所高校,数十万学生。① 法学教育作为提升法律素养的载体,对法治人才的目标培养、法律思辨能力的强化训练以及扎根实际问题的深入研究,都具有重要意义。随着时代发展和科技快速进步,传统法学教育逐渐凸显出教学质量、教学水平发展不平衡,教学内容、教学方法较为落后,学科建设、学术体系与时代脱节,法学理论、法学话语无法快速融入当代法律行业发展领域等问题。

(一)发展速度与教学质量不匹配

改革开放四十年来,我国高等法学教育发展迅速,已形成较大规模态势。尤其是各高校的法学院设置与不断扩招,法学本科专业学生和法学研究生专业学生都得到了大幅度扩张。

从纵向时间发展来看(见图1),近二十年以来,我国法学学科研究生数(包括博士研究生和硕士研究生)呈现较快增长态势,2017年法学研究生在校生人数已突破15万人次。从1979年到1988年,改革开放后恢复重建80多个法学院。从横向发展因素来看,传统法学教育的教学质量、教学水平面临着滞后于时代迅速发展的发展状况。法学教育资源具有区域分布的不平衡,且绝大多数的传统法学教育组织采取班级制教学,教学质量生硬僵化。

---

① 参见靳晓燕:《教育兴则国家兴——党的十八大以来教育领域改革成果述评》,载《光明日报》2018年11月1日,第2版。

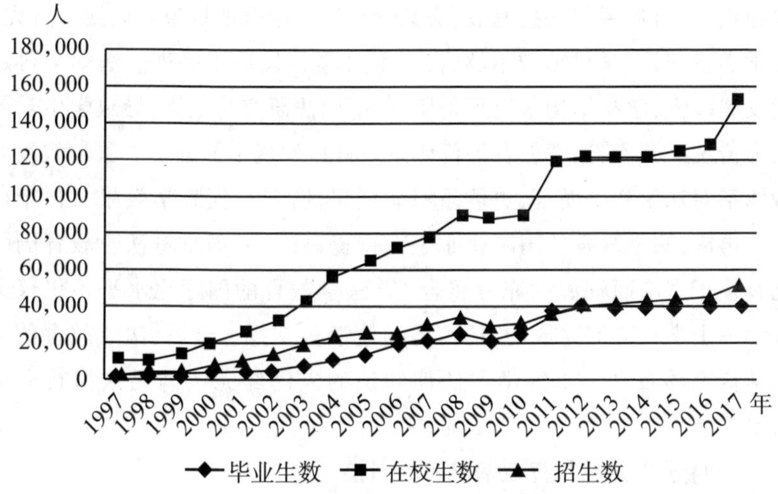

图1　法学学科研究生数统计(总计)②

(二)教学方式与服务需求不相适应

我国法学人才培养模式在很长一段时间内受苏联"对口教育""专才教育"模式的影响。③ 目前,传统法学教育存在教学内容、教学方式与服务需求、法治人才不相适应的现象和问题。传统法学教育的教学内容主要侧重法学学科的课程体系。在教学内容上,法学教育主要在课堂上讲授各法学学科的基本知识点、基础理论以及相关应用。在教学方式、教学方法上,传统法学教育多采用"灌输式""填鸭式"方法,以讲课—接受的形式,教学效果难以评定。传统法学教育一般采取法学基础知识学习和法律行业实习相互结合的方式,这种模式"造成了当前的法学实践教学与知识教学、专业学习、社会发展需求相脱钩"。④

(三)学科建设与科技发展不够融合

中国高等教育的学科建设在多方面得到了创新和调整,但也存在学

② 教育部:《教育部教育统计数据"分学科研究生数(总计)—法学"》,载教育部网站 http://www.moe.gov.cn/jyb_sjzl/,最后访问日期:2018 年 11 月 31 日。

③ 参见李龙:《论中国法学教育的改革》,载《中国法学》1997 年第 6 期。

④ 于志刚:《法治人才培养中实践教学模式的中国探索:"同步实践教学"》,载《中国政法大学学报》2017 年第 5 期。

科建设、评价体系与科技发展、交叉学科不够融合的现象和问题。首先,法学学科建设、学科结构不够合理,部分学科发展不平衡。法学学科建设发展缓慢,学科结构多以理论研究、部门法研究为主体,导致学生学习较为传统。其次,法学教育评价体系与科技发展不够融合。法学教育评价体系对法学教师而言,更侧重科研成果的产出,而教学效果又很难评估。再次,法学教育的国际化水平有待提高。“有效推进法学教育国际化有赖于多层面资源的充分整合。”⑤法学教育的国际化水平不仅仅是法学一个学科能够完成的,还需要其他学科支撑。最后,法学教育的交叉学科不够重视。单纯学习法律知识的人已经无法满足法律行业的需要。

(四)学术体系与行业潮流不能对接

“社会对法治人才需求的多样性是全面推进依法治国的必然要求。”⑥目前存在法学理论、学术体系与法律行业、法治潮流难以对接的现象和问题。经过法学理论、学术体系架构下的法学教育后,就业依旧是难题。《就业蓝皮书:2015年中国大学生就业报告》显示,2014届大学生毕业半年后的就业率为92.1%,其中就业率最高的学科门类是管理学,最低的是法学。⑦ 实习期学生进入公检法部门实习难以很快上手,需要耗费更多的实践经验和精力去指导。法律行业已不仅仅是面对单个具体行业,法律职业共同体更应面对全新到来的大数据司法时代。传统法学教育仍未跟上大数据司法领域巨大变革的脚步,一些法学院已经开始迎接变化,但还未完全适应。由此,大数据司法领域也从多方面对法学教育产生了影响和渗透。

⑤ 方桂荣:《中国法学教育国际化转型的困境与前景》,载《广西民族大学学报》(哲学社会科学版)2018年第2期。

⑥ 王新清:《论法学教育“内涵式发展”的必由之路——解决我国当前法学教育的主要矛盾》,载《中国青年社会科学》2018年第1期。

⑦ 参见刘欢:《大学毕业生就业稳中略升》,载《人民日报》2015年6月12日,第12版。

二、大数据司法领域对传统法学教育的冲击

人类社会已经进入以“大数据为标志”的新时代。大数据时代的到来,不仅带来了社会行业的变化,也为人们提供了一种全新的认识世界和改造世界的方法。[⑧]

2013年以来,大数据、人工智能向司法领域渗透,智慧法院、智慧检务建设成为热潮。“法律大数据的出现,使得基于法律大数据的司法实践与新型实证研究成为可能,并可能带来法学研究方式的革命性变化。”[⑨]面对大数据司法领域带来的诸多变化,通识教育基础上的法学专业教育也受到了冲击。大数据司法领域的渗透和影响,需要法学教育模式适应科技发展带来的新知识和新工具、需要法学教育研究创新大数据法学思维、需要法学学科建设融合交叉学科教育,同时还需要法治人才培养实践于更多领域的法律行业。

(一)法学教育模式需要适应新知识和新工具

大数据时代司法领域的变化对法治人才的需求具有深刻影响,对法学教育中的知识工程、研究工具以及研究平台都带来了不小的冲击,并具有改变和重塑法学教育的大数据时代意义。

从教学知识而言,高校内部法治人才培养模式改革的重要内容,就是创新提高法治人才知识图谱的深度与广度。大数据司法领域涉及的应用不仅仅需要海量数据支撑,还需要司法大数据的实证分析。法治人才既需要法治化,还需要信息化。从教学工具而言,司法大数据的发展,直接冲击了法学教育中的传统教学工具使用。一些高校出现的智能化法律教室、智能化模拟法庭、高科技法学实验室已经开始做出了场所方面新的尝试。从教学平台而言,司法大数据的发展渗透于教学平台,一方面需要结合学生不同数据特征,进行个性化培养;另一方面需要建立

---

⑧ 参见秦宣:《大数据与社会主义》,载《教学与研究》2016年第5期。

⑨ 左卫民:《迈向大数据法律研究》,载《法学研究》2018年第4期。

法律大数据开放平台,为法学研究、实证分析以及项目推动提供平台支撑。最高人民法院在2016年7月正式以"法[2016]240号"文批复同意在东南大学设立全国范围内第一家"人民法院司法大数据研究基地",这也是大数据司法领域对法学教育的重大影响。该基地大力推动借助自然语义识别技术(NLP)对裁判文书非结构化数据的深度挖掘,服务于学术研究与决策咨询,形成一系列有影响力的大数据决策咨询报告,基地成员主持了多项大数据相关的研究,推动司法大数据领域发展。⑩

(二)法学教育研究需要创新司法大数据思维

法学专业要求高度的逻辑性,因而法学人才"不自觉地给社会造成了一种灵活不足、因循守旧、缺乏创新的固见"。⑪ 这种固见叫片面,在大数据时代法学人才更需要发挥司法大数据创新思维。自然科学和人文社会科学都关注和研究着大数据对各自领域、各自行业的影响。越来越多的法学研究选题涉及新技术领域(如大数据、人工智能、区块链、物联网等),也需要法学教育以更积极的态势应对司法领域的变化。"作为科研活动重要组成部分之一的法学研究也必须正视大数据所带来的挑战。"⑫这种思维方式的转变与大数据时代的特征息息相关。

数据量巨大对于法学教育中小数据时代实证研究思维具有较大冲击。法学教育研究需要创新思维,树立大数据观念,从全样本全数据出发,分析问题、预测结果。数据多样性超出传统法学教育研究中提供的数据样式。司法大数据呈现的数据种类较多,包括司法基本数据、审判流程数据、海量的裁判文书数据、庭审活动数据等。数据价值高需要法学教育转变思维方式,培养司法大数据法治人才。司法大数据的运用,不仅仅是司法数据本身,还包括经过技术研发处理后的分析和评判结果。

---

⑩ 参见东南大学法学院:《司法大数据基地介绍》,载东南大学法学院官网:http://law.seu.edu.cn/2018/0302/c19861a208723/page.htm,最后访问日期:2018年12月4日。

⑪ 《从"代码即法律"到"法律即代码"——以区块链作为一种互联网监管技术为切入点》,载《科技与法律》2018年第5期。

⑫ 钱宁峰:《走向"计算法学":大数据时代法学研究的选择》,载《东南大学学报》(哲学社会科学版)2017年第2期。

（三）法学学科建设需要融合交叉学科教育

"建构和完善中国特色法学学科体系，是促进法学学术体系和话语体系的建构与完善，推动中国法治深入发展的重要基础性工作。"[13]大数据司法领域的发展，从字面语义解释，就需要"大数据＋法治"复合型人才。"知识维系权力，不同知识的互动关系决定了权力之间的状态以及话语的外化呈现。因此，要缓解司法场景中技术话语与专业话语的紧张关系就必须从科学技术知识与法学专业知识的融合入手。"[14]法律职业共同体面对领域新科技变化，急需克服挑战，积极应对。法学教育受到大数据司法领域的影响，交叉学科建设和复合型人才培养成为需求。

交叉学科建设是大数据司法领域的需求。法学教育不能仅依赖单学科力量，还需要建立具备法学、计算机科学、统计学、数学等相关知识背景的研究团队。复合型人才培养是新时代法学教育的目标。复合型法治人才培养，重在"复合"。它要求具有多学科知识，并进行相互结合、渗透，是一个聚合的知识工程，而不是不同学科知识的机械相加。[15]这就要求法学教育需要更关注学生知识图谱构建、大数据思维创新以及各学科交叉学习。只有系统培养既懂技术又懂法律的复合型人才，才能更好地实践于大数据司法领域。

（四）法治人才培养需要实践多领域法律行业

法律行业的大数据化时代已经到来，大数据司法领域也影响着法律行业的职业发展，新兴职业不断出现。传统法学教育培养出的法治人才必然受到大数据司法领域的冲击，各个行业都需要既懂法律又懂技术的复合型人才。当前，公检法部门、律所、公司对法律数据分析者、法律产品维护者、案件趋势分析者都有需求。法律科技公司在大数据时代也焕发新生。大数据与司法领域的结合，不仅需要相关学科背景的人员交叉

---

⑬ 姚莉：《学科体系是学术和话语体系建构的基础》，载《光明日报》2017年12月29日，第6版。

⑭ 王禄生：《大数据与人工智能司法应用的话语冲突及其理论解读》，载《法学论坛》2018年第5期。

⑮ 参见周佑勇：《构建"交叉、团队与实务"三位一体的复合型法律人才培养模式》，载《法学教育研究》2013年第2期。

学习,更需要结合司法实践场景,培养出更符合新时代发展要求的法治人才。法律行业种类越来越多,尤其是智能化法律产品的出现,加强了法律与科技之间的联系。另外,随着经济全球化及全球信息化的传播,法学教育必然包括互联网科技发展、法学教育模式等内容的改进。[16] 法学教育国际化与大数据全球流通也有紧密联系。大数据司法领域需要法治人才培养实践多领域法律行业。新技术在法律行业的运用也以越来越多的形式和案例呈现。

三、以区块链技术的法律行业运用为例谈法学教育的展开

我国高度重视区块链作为新一轮信息技术革命核心技术之一的价值,国务院在《"十三五"国家信息化规划》(2016 年 12 月)等文件中强调发展区块链技术。[17] 区块链作为一种颠覆性技术,正在引领全球新一轮技术变革和产业变革,法律行业也受到影响。工信部信息中心于 2018 年 5 月发布的《2018 年中国区块链产业白皮书》显示,截至 2018 年 3 月底,我国以区块链业务为主营业务的区块链公司数量已经达到了 456 家,产业初步形成规模。[18] 区块链技术,就是由链式数据结构组成的一种分布式账本。在这个链式数据结构上,可以对数据进行验证和存储,并且每一步的行动都有一个时间戳标注。它是以比特币(Bitcoin)为代表的一种加密的核心技术。"一般说来,区块链系统由数据层、网络层、共识层、激励层、合约层和应用层组成。"[19]在目前的区块链技术行业运用来看,有公共链、联盟链和私有链的区分。链上的交流和数据传输

---

⑯ 参见杨宗科:《马克思主义法学的当代价值》,载《法律科学》(西北政法大学学报)2019 年第 1 期。

⑰ 参见高薇:《互联网争议解决中的执行问题——从司法、私人到去中心化数字执行》,载《法商研究》2018 年第 6 期。

⑱ 参见工信部信息中心:《2018 年中国区块链产业白皮书》,载工信部信息中心:http://www.miit.gov.cn/n1146290/n1146402/n1146445/c6180238/part/6180297.pdf,最后访问日期:2018 年 11 月 28 日。

⑲ 袁勇、王飞跃:《区块链技术发展现状与展望》,载《自动化学报》2016 年第 4 期。

是通过匿名化的地址标识来实现的。区块链技术作为一种颠覆式全新的技术,应用场景还在不断扩大中。早期可能运用于支付结算领域,包括比特币、以太币作为链上货币交易等。在支付结算领域,很多国家的央行已经开始了区块链的研究和应用。在其他领域,区块链还应用于所有权证明、身份认证等。⑳

区块链技术对于法学教育领域的影响,同样具有较大意义。以下将以智能合约、监管区块链以及区块链存证等区块链技术在法律行业的运用为例,突出科技发展新时代法学教育应以交叉性、团队式、实务型为宗旨,培养适应时代需求的复合型法治人才。

(一)建设新兴交叉法学学科

1.智能合约:代码与法律的交互

区块链的技术特征表明在链上的交易是可以追踪的,并且由于具有时间戳,各种行为具有实践性且不可篡改。换言之,交易随时都可以进行验证,且按时间顺利记录完整。目前智能合约作为基于区块链的第二代技术发展较快。㉑ 通俗地说,智能合约是一种计算机协议,旨在以数字方式促进、验证或执行合同,并且允许在没有第三方的情况下进行可信交易。这些交易是可跟踪和不可逆转的。作为区块链合约层的重要内容智能合约,就是利用区块链技术,以去中心化为特点,建立在无信任基础的主体之间的一种信任机制下的合同协议。所涉及的区块链可以自动执行合约的条款和内容。在法律行业的现实运用中,各项法律文件的起草工作越来越智能化。律所中的合同格式条款以及基础条款都交由计算机自动化完成,越来越多的合同文本的自动审查平台走向自动化和智能化,案件的预测审查也由技术手段作为辅助和完善。而在区块链技术的运用中,特定链如识别法律冲突的专家系统,可以运用代码的方

---

⑳ 参见马理、朱硕:《区块链技术在支付结算领域的应用与风险》,载《金融评论》2018年第4期。

㉑ 参见高薇:《互联网争议解决中的执行问题——从司法、私人到去中心化数字执行》,载《法商研究》2018年第6期。

式改变法律的表达方式,并鼓励法律起草工作更加定量化和规范化。㉒这里也产生了到底是“代码即法律”还是“法律即代码”的经典问题。

2. 着力培养复合型法治人才

代码与法律的交互,尤其是智能合约这样的新事物的产生,无疑对传统法学理论(如合同法体系)产生了影响。为了更好地使法律行业满足新时代的要求,处理不断增长的科技法律问题,法学教育必须高度重视法学学科的交叉与融合,培养复合型法治人才。智能合约建立在区块链技术的合约层,与现实的合同签订具有一定程度上的不同。法学教育如果只重视传统法学理论学习,或者对于法学教育仍然采取传统教育方法、教育思维,将导致其与现代科技无法接轨,更无法触及新兴的代码法、计算法的探讨。为适应时代发展,必须通过跨学科、跨领域形成“新兴交叉法学学科”,并注重从中发现法理,不断探索新领域。㉓ 以东南大学法学院为例,该院秉承“自主创新、特色发展”的办学理念,并借助理工科院校的强势学科,与法学院发展交叉学科建设,形成多学科深度交叉融合的法学教育新思路,“成为本校实施卓越法律人才培养计划的重要实践基础”。㉔ 如果与智能合约这一具体运用场景结合,将需要具有法学、计算机科学、统计学等多种知识背景的交叉型法治人才。

现实需求迫切需要培养复合型法治人才,尤其新兴法律行业发展中,对法治人才的期待值越来越高。随着互联网发展,大数据司法领域对法学教育的渗透与影响愈加明显。年轻学生热衷利用互联网获取法律信息,并通过在线信息搜索行为提高法律素养。但是,过去十年的研究表明,互联网的使用并不总是直接等同于知识的增长。换言之,尽管互联网具有作为公共法律教育工具的潜力,但接触在线法律信息并不直

㉒ 参见《从“代码即法律”到“法律即代码”——以区块链作为一种互联网监管技术为切入点》,载《科技与法律》2018年第5期。

㉓ 参见周佑勇:《双一流背景下理工大学发展法学教育的学科需求及思路》,载《人民法治》2018年第16期。

㉔ 周佑勇:《构建“交叉、团队与实务”三位一体的复合型法律人才培养模式》,载《法学教育研究》2013年第2期。

接等同于提高法律知识或如何处理法律实践问题的能力。[25] 因此,学生单方面接受或参与网络法律教育的效果并不能达到最大值。互联网在这方面的效用受到所提供信息的质量和使用及应用信息能力的限制。因此,法学教育在着力培养复合型法治人才方面,需要学校、师生共同互动。通过建设新兴交叉法学学科,完善课程体系、加强交叉融合以及创新教学方法等措施,构建体系化的复合型法治人才培养模式。

首先,在课程体系方面,要结合基础理论课程,加强法律技术课程体系建设。法学基础理论课程是法学教育的根本课程,无须多言。法律技术课程可以理解为法律实践实务相关课程与科学技术课程集群。法律实务课程体系有诉讼全流程实践、文书写作以及各行业深入了解等内容。而科学技术课程则要结合时代发展,尤其是面对网络视阈下的新问题、新技术的挑战,以时代新人重新审视法学教育。正如代码与法律的交互、法律与新技术的交互,也正是法治人才面对的时代现实。

其次,在交叉融合方面,要以"法学课程+交叉学科"课程为主导,培养学生学习兴趣,摆脱只知法学,其他不知的"门外汉"形象。以大数据与互联网法学课程为例,一方面,要让法学学生学习网络时代刑事法、民事法等传统法学学科出现的新现象和新问题,如智能合约对传统民法合同双方的挑战。在区块链的应用中,智能合约可以省略现实生活中合同缔约的中间方问题,由链进行操作。但是,这并不意味着法律和现实存在的中介机构完全被技术取代。[26] 另一方面,开展"法学+计算机学""法学+工程学"等交叉学科学习。通过计算机学科等其他专业学习,能够培养法学学生其他专业素养,应对新兴的代码法、计算机法等新挑战。

最后,在创新教学方法方面,要结合大数据司法领域的新发展,运用新技术、新方法,找到更多的法律问题。大数据司法领域的渗透与影响不仅仅包括法学教育,更是对法学教育的一种新路径推荐。过去的小数据时代,样本调查就是数据的全部,法学教育也多以个案、抽样案例为线

㉕ See Denvir, Catrina, "Online and in the know? Public legal education, young people and the Internet", *Computers & Education*, 3, 2016, pp. 204 - 220.

㉖ 参见郑戈:《区块链与未来法治》,载《东方法学》2018 年第 3 期。

索进行引导。现在的大数据时代,全数据、特定领域全案件才是数据的全部,法学教育的教学方法应跟紧时代潮流,在研究个案的同时,通过对海量数据的分析,获得更多的法律分析。

(二)提高跨学科合作法学研究

1. 监管区块链:技术与法学的碰撞

目前,区块链技术主要运用于金融领域和实体领域。区块链监管,也成为新技术研究的重要领域。在实践中,产生了区块链沙盒监管等形式的监管模式,防范法律风险,加强链的管理。监管区块链,就是由相关监管部门和法律部门组成区块链中的监管中心节点,参与链上活动的成员也都可以设立分布式的监管节点。这些节点要根据时间顺序存储不可篡改的数据,并通过共识机制保持数据一致。监管区块链的主要作用在于保存完整的链上数据,并解决链上纠纷等。拓展到区块链技术应用的现实场景,监管机构和政府尤其需要控制区块链,以确保区块链生态系统内外的问责制。作为一个话语或文本,区块链强调了大数据与数字潜意识等作用。“无论好坏,理解区块链的未来是必不可少的。从批判的角度来看,区块链可能并不是一切,但区块链肯定不能再被忽视了。”㉗随着区块链技术的成熟程度进一步增加,一些违法违规的项目则将会受到严格监管。参照上述监管过程,法律监管部门在监管节点上可以查看到账本上的全部数据(经过授权)。而这种授权,实际上是线下监管程序的内容。这样有力保障了依法监管、依程序监管。分布式可以使区块链项目方在不同监管机构使用同一套监管规定,也能使不同的监管机构共同享用一个数据账本。“这对于监管者来说节省成本,对于项目方来说,一个透明、规则明确的监管环境有利于行业健康发展。”㉘

㉗ Robert Herian, “Taking Blockchain Seriously”, *Law and Critique*, 29, 2018, pp. 163 - 171.

㉘ 工信部信息中心:《2018年中国区块链产业白皮书》,载工信部信息中心:http://www.miit.gov.cn/n1146290/n1146402/n1146445/c6180238/part/6180297.pdf,最后访问日期:2018年11月28日。

2. 开展多领域团队式合作教育和研究

如果法学教育无法了解目前的新技术、网络、平台和数据,就更无法谈进行法律程序的监管和调控了。而监管区块链的应用,就在于互联网法学的发展和时代的要求。在各高校综合化发展的过程中,法学教育也逐渐采纳多领域团队式合作教育和研究的方式。监管区块链实践在于对多链多节点的数据查询以及监管,涉及不同监管、法律部门的合作,更有不同学科实践人才的交互式团队融合。互联网法学、交通法学、医事法学、区块链法学等多背景团队的法学教育,在于打破学科专业与院系行政壁垒,构建由不同学科专业背景教师构成的跨学科创新团队,一方面共同承担跨学科的教学课程体系,培养复合型人才(包括复合型法治人才),另一方面也能互相提高跨学科的科学研究。[29]《国家中长期教育改革和发展规划纲要(2010—2020年)》提出优化学科专业、类型、层次结构,促进多学科交叉和融合。重点扩大应用型、复合型、技能型人才培养规模。团队式法学教育的发展,能够推进复合型综合化人才培养,并逐渐与法律行业需求方相对接,解决社会新问题、适应科技新场景。

任何一个学科的发展,都离不开其他学科的共同影响。正如法学与人类学、社会学、历史学等学科息息相关,法学也同样与计算机学、工程学、数学等学科紧密相连。知识发展,必须打破单一学科的壁垒,加强多学科的融合和互补。“跨学科教育的意义,则在于能够更有效地培养和促进学生融会贯通多学科知识和思维方法,培养学生综合运用各种知识来观察和分析社会现象的能力。”[30]跨学科合作法学研究就是将法学知识与其他学科知识相融合,共同解决社会问题。以法学与计算机学合作教育和研究为例,要研究中国近十年非法经营罪入罪标准与量刑标准问题,如果以过去法学教育模式,会采用抽取样本案例模式进行,并结合样本数据分析法官判决,罪与非罪的界限等。但是,近十年中国非法经营

---

[29] 参见周佑勇:《理工类大学如何创建“一流文科”》,载《中国高等教育》2017年第23期。

[30] 韩大元、杜焕芳等:《跨学科教育与研究:新时代法学学科建设的实现路径》,载《中国大学教学》2018年第4期。

罪问题研究,很显然是个大数据问题。因为抽取的样本数据与海量数据比较,中间产生的误差和结论得出难以估计。如果直面大数据司法领域对法学教育的影响,采取新技术或许能得出更多超出期待值的结果。首先,通过学习计算机学科知识,会了解到数据集其实并非想象中庞大。通过数据抓取和整理,能够获得完整的案例数据集。其次,通过对数据集的文本特征提取,能从计算机角度提取到入罪情节和量刑情节的数据集。最后,结合大数据挖掘,进行法学问题的分析和结论的得出。

通过对这一小研究问题的粗略提纲式分析可以发现,多领域团队式研究会得到更理想研究成果。计算机学科思维与法学学科思维的碰撞,也正是技术与法学结合的重要火花。因此,加强相关配套措施建设也是法学教育新发展的举措之一。首先要加强政策引导,提高跨学科合作法学研究。其次要合理进行人员分配,融合学院的师资力量与其他学科的师资力量,并引导相关学科学生进行合作学习与研究。再次要健全相关配套制度,对教学体系、评价体系、技术设施等内容都要完善。最后要提高经费补给,推动跨领域法学科研项目进展。

(三)培养实务型法治人才

1.区块链存证:技术与诉讼的融合

2018年6月28日10时,全国首例区块链存证案(案由为侵害作品信息网络传播权纠纷案)在杭州互联网法院一审宣判,法院支持了原告采用区块链作为存证方式并认定了对应的侵权事实。杭州互联网法院在审理中认为,通过可信度较高的自动抓取程序进行网页截图、源码识别,能够保证电子数据来源真实;采用符合相关标准的区块链技术对上述电子数据进行了存证固定,确保了电子数据的可靠性。最终,在确认哈希值验算一致且与其他证据能够相互印证的前提下,法院认定该种电子数据可以作为本案侵权的依据。利用区块链技术进行电子证据存证,是法律行业的典型运用之一。传统电子证据在备份、传输等过程中容易受损,导致证据完整性遭到破坏。区块链技术自身具有时间意义上的不可篡改性,在很大程度上能够有效保存证据,并且"在传输过程中采用不对称加密技术对电子证据进行加密保障传输安全,充分保障了证据真实性和安全性”。[31] 而在取证的部分,电子证据多存储于多个节点中,大大提高了取证效率。在面对区块链电子存证这一应用中,作为法律人也应有自己的警醒。首先,区块链的特点证明其不可篡改,这一概念不等同于程序法意义上证据的真实性。它只是给予了一种确定的表达,而非真实的表达。其次,区块链电子证据的取证,并非是任何人员都可以进行的,它还需要具有合法性。数据的存储尽管都在链上,但是获得授权的取证仍然是必要途径。或许法律文本具有滞后性,但是法学教育必须紧跟时代潮流。

2. 培养法律行业真正需要的人才

实务型法治人才培养,就是法学教育的重要目标之一。法律行业实务领域就是法治人才的实践场所,如果对上述区块链存证技术的运用不了解,就难以面对层出不穷的高科技诉讼活动与诉讼材料。“法学教育内容需紧随信息技术与大数据运用而拓展,法学教育方式需随着信息技术与大数据普及而调适,法学教育需面向信息技术与大数据对法学人才的跨界要求。”[32]区块链与法律的结合,不仅仅是证据内容,未来还对其他方面产生影响。根据教育部、中央政法委《关于坚持德法兼修　实施卓越法治人才教育培养计划2.0的意见》,法学教育要发展“互联网+法学教育”。适应教育信息化与法治建设信息化的新形势,推动法学专业教育与现代信息技术的深度融合,打破校园与法治实务部门间的时空屏障。法治实务部门要向法学院校开放数字化法治实务资源,将法庭庭审等实务信息化资源通过直播等方式实时接入法学院校。[33]

---

[31] 参见工信部信息中心:《2018年中国区块链产业白皮书》,载工信部信息中心:http://www.miit.gov.cn/n1146290/n1146402/n1146445/c6180238/part/6180297.pdf,最后访问日期:2018年11月28日。

[32] 李云霖、李伯超:《法学教育现代化:定位、支点与趋势——以法学本科教育为中心》,载《大学教育科学》2016年第4期。

[33] 参见教育部、中央政法委:《关于坚持德法兼修　实施卓越法治人才教育培养计划2.0的意见》,教高〔2018〕6号,载教育部、中央政法委网站:http://www.moe.gov.cn/srcsite/A08/moe_739/s6550/201810/t20181017_351892.html,最后访问日期:2018年12月2日。其中提到法治实务部门要向法学院校开放数字化法治实务资源,重点建设校际优质在线课程资源共建共享平台、30个左右信息化课堂教学平台、50个左右庭审直播实践教学平台。

法治实务部门不再囿于传统法学现象的探讨,这也是大数据司法领域对法学教育的影响。中国裁判文书网数据说明,与区块链相关的诉讼案例多发生于 2016 年以后,其中 2016 年共 1 件,2017 年共 31 件,到了 2018 年快速上涨到 166 件,而 2019 年已有 259 件,涉及案由包括刑事、民事、行政等。实务型法治人才,应当能够适应诉讼环境中出现的各种新问题和新挑战。网络大数据具有全球化、管理无中心化等特点。每个国家都有自己的数据和隐私法律法规。这些数据中心可能位于世界完全不同的地区,每个中心都由不同的监管方管理。在国际经济中,跟踪数据、管理数据和保护隐私的难度将在未来几年内加剧。此外,互联网本身具有跨地域、无国界性,没有空间限制。网络信息散布迅速,基本上没有时空限制,影响范围极其广泛,层次极其繁多。而在网上来源网址可以假造,犯罪者身份有可能隐藏起来,加之网络犯罪证据极为有限,其证明力又大打折扣,而且极易被毁灭,所以追诉犯罪的证据问题变得非常关键。法学教育侧重培养法律行业真正需要的人才,应该以积极的姿态利用大数据技术,回应跨界需求。

随着法律人工智能的发展,涉及的行业不仅仅包括公检法部门,还包括律师事务所以及新兴的法律科技公司等。诉讼服务有法律智能咨询,案件审理有相关法律智能辅助工具,分析案例有法律大数据深度挖掘与分析,更有海量数据分析服务等内容。法律人工智能的发展脚步不会停下,法学教育如果仍不创新,则难以适应时代需要和行业需求,甚至失业。如何培养优秀法治人才、培养适应“法律 + 科技”人才,是时代命题。法学教育一方面要培养理论法学体系知识,掌握基础法学学术理论,加强法学学科体系、学术体系、话语体系等方面建设。[34] 另一方面,法学教育要创新法治人才培养方式,发展“法学教育 + X”,培养法律行业真正需要的人才、跨学科复合型人才,利用信息技术和大数据方法发现、分析与解决法律问题。

---

[34] 参见徐隽:《法学教育要德法兼修——访中国政法大学校长黄进》,载《人民日报》2017 年 5 月 24 日,第 17 版。

四、结语

遇见未来的最好方式是创造未来。习近平总书记一直强调法学教育的重要性。“这是我国法学教育的强劲东风,我们必须响应号召。伟大的新时代,必将迎来法学教育的新局面。”㉟法学教育的未来就是现在。大数据司法领域对法学教育的渗透与影响,表现在需要法学教育模式适应科技发展带来的新知识和新工具,需要法学教育研究创新大数据法学思维,需要法学学科建设融合交叉学科教育,同时还需要法治人才培养实践于更多领域的法律行业。区块链这一新技术的出现,在法律行业同样产生了很多应用。法学教育面对新技术的发展,必须加强法学交叉学科建设,让法治人才既懂法律又懂技术;促进团队式研究发展,教学内容共同承担、科学研究共同促进;推动实务型法治人才培养,打破校园与法治实务部门的错位现象。要应对科技发展带来的诸多变化,法学教育必须坚持公平正义,坚持价值信念,通过创新性举措进行改善和转变,培养更多复合型法治人才。

The Infiltration and Influence of Big Data of Judicial Field on Law Education

—From the Perspective of Blockchain Technology and its Applications in Legal Domain

Ruan Chenxin　Liu Yanhong

Abstract: With the advent of the era of big data, legal education is

㉟ 李龙、刘青:《改革开放四十年中国法学教育的回顾与展望》,载《武汉科技大学学报》(社会科学版)2018 年第 6 期。

being penetrated and influenced by the development of the big data in judicial field. The emergence of new technologies requires the legal education model to adapt to the new knowledge and new tools brought about by the development of science and technology. At the same time, legal education research should innovatively adjust the legal thinking to apply the big data into the field, build a cross-disciplinary education mode, and on this basis, it should be promoted for the practice of rule of law cultivation, and apply the successful model to more legal industries. Blockchain technology, as one of the new technologies, is a distributed ledger composed of chained data structures. Take the blockchain technology as an example in the application of legal contracts such as smart contracts, regulatory block management chains and blockchain deposits are the promising application of the technology in the new era of science and technology advancement. With the assistance of the new technology like big data, legal education should be cross-disciplinary, team-based and with a practical guidance to cultivate the compound rule of law talent in the New Era.

Key Words: legal education, big data, blockchain, law industry, legal talent

人工智能时代法律职业的变迁与法学教育变革*

张恩典**

摘　要：以大数据为基础的人工智能技术发展，将人类卷入了人工智能时代，对人类经济、社会和文化产生深远影响。人工智能时代，伴随着人工智能技术在法律职业中日益广泛的运用，法官、律师等法律职业都面临着机遇与挑战。一方面，借助于人工智能技术，法律工作者得以从重复性的工作中解放出来，专注于更具创造性和挑战性的工作；另一方面，大量简单、重复的法律职业将被法律机器人逐渐替代。传统法学教育在教育目标、教学内容、教学方法等方面存在问题，难以适应人工智能时代的现实需求。面对人工智能时代，法学教育宜在教育目标、教学内容和教学方法上加以变革。在教育目标上，宜坚持专业教育和人文素质、情感教学相结合；在教

---

* 基金项目：本文系2019年度江西省教学改革课题一般项目《人工智能法学学科体系与课程体系建设研究》（项目编号：JXJG－19－1－17）、2018年度江西省高校人文社会科学研究青年项目“大数据挖掘风险的法律规制研究”（项目编号：FX18203）、2018年度教育部哲学社会科学研究重大课题攻关项目“中美网络空间治理比较研究”（项目编号：18JZD040）的阶段性成果。

** 张恩典，南昌大学法学院讲师、法学博士，南昌大学立法研究中心研究人员，研究方向：行政法、教育法。

学内容和法学专业设置上,宜合理更新教学内容和法学专业设置;在教学方法上,宜创新法学教育方法,合理运用人工智能技术,改善教学效果,努力实现法学教育的智能转型,以回应人工智能时代的现实需求。

关键词:人工智能　法律职业　法学教育　法律思维　失业

引　言

随着大数据时代的到来,人类社会逐渐进入人工智能时代。区别于之前的人工智能技术,此次人工智能运用是以大数据算法为基础的。意大利学者卢西亚诺·弗洛里迪指出,"我们正在经历着一场意义深远的图灵革命,这场革命在很大程度上是由信息与通信技术驱动"。[①]在历经哥白尼革命、达尔文革命、神经科学革命之后,人工智能引爆了人类社会的第四次革命——图灵革命,此次革命将全面而深刻地影响经济、社会制度与结构的变迁转型。目前,无论是产业界还是理论界,都刮起了一股人工智能的"旋风"法学界亦不例外。法学界有关人工智能的研究主要集中于人工智能对法律制度的冲击和法律制度对于人工智能的回应。具体而言,包括人工智能机器人的法律主体地位、人工智能司法裁判的可能性、自动驾驶的法律责任、人工智能创造物的法律归属等诸方面。在学者的研究中,虽都不同程度地触及了人工智能与法学教育的关系这一重要理论和实践命题,但鲜有对人工智能对法学教育的影响和变革进行深入系统的研究,更多是在探讨人工智能对司法裁判等的影响时略带提及法律人才培养问题。[②] 目前人工智能对包括法律职业在内的就业问题带来的深刻影响,进而将影响法学教育本身。有鉴于此,

---

① [意]卢西亚诺·弗洛里迪:《第四次革命:人工智能如何重塑人类现实》,王文革译,浙江人民出版社2016年版,第7页。

② 参见张吉豫:《大数据时代中国司法面临的主要挑战与机遇——兼论大数据时代司法对法学研究及人才培养的需求》,载《法制与社会发展》2016年第6期;左卫民:《关于法律人工智能在中国运用前景的若干思考》,载《清华法学》2018年第2期;左卫民:《热与冷:中国法律人工智能的再思考》,载《环球法律评论》2019年第2期。

笔者不揣浅陋，以人工智能与法律职业、法学教育的关系为线索，探讨人工智能时代背景下法律职业所面临的挑战和机遇，传统法学教育所面临的冲击，进而思索面向人工智能的法学教育的可能变革与转型。

一、人工智能时代法律职业面临的机遇与挑战

现代社会的发展是以社会分工为基础的。纵观人类历史，每一次技术革命都会带来不同程度的人类社会分工和职业的兴衰变迁。究其本质，人工智能革命是一场以算法和算力为内核的技术革命，其所带来的影响是全面而深刻的。其中，影响最甚者莫过于人们所从事的职业的变迁。“虽然人们在讨论职业的消逝时，总是带着一种凄惨和绝望的情绪，但实际上，这并不是一件坏事。”③目前，从就业的角度观之，人们对以大数据算法为基础的人工智能的态度可谓喜忧参半，立场各异。在乐观者看来，人工智能将使人们从那些危险的、重复性工作中解放出来，人们将有更多的时间和精力投入到更具创造性的工作之中去，并拥有更多休闲时光。而且，人工智能会创造出新的职业岗位。美国学者皮埃罗·斯加鲁菲便指出：“所有形式的自动化都会带来负面影响，但失业并不能算负面影响之一。自动化所创造的工作要远远多于并且优于所摧毁的工作。”④因此，在他们看来，人类不用担心人工智能会替代并抢走我们的工作。而在悲观者看来，伴随着人工智能对人力的替代，会导致大量的“结构性失业”，乃至“全面性失业”，出现所谓的“无用阶级”。以色列历史学家尤瓦尔·赫拉利便指出：“人工智能目前绝无法做到与人类匹敌。但对大多数的现代工作来说，99%的人类特性及能力都是多余的，人工智能要把人类挤出就业市场，只要在特定行业需要的特定能力上超越人

③ ［美］迈克斯·泰格马克：《生命3.0：人工智能时代人类的进化与重生》，汪婕舒译，浙江教育出版社2018年版，第163页。

④ ［美］皮埃罗·斯加鲁菲：《智能的本质——人工智能与机器人领域的64个大问题》，任莉、张建宇译，人民邮电出版社2017年版，第79页。

类,就已足够。”[5]总体而言,人工智能革命将引发就业市场的深刻复杂变革,可谓机遇与挑战并存,法律职业亦不例外。下面,笔者将分析人工智能给法律职业共同体带来的机遇与挑战。

(一)法律职业所面临的机遇

随着人工智能技术的迅猛发展,大数据驱动的人工智能已经被逐渐运用于法律职业活动之中,不论是法官还是律师,都在日常的法律职业工作中不同程度地运用了大数据、人工智能技术。

从法官职业方面观之,人工智能给法官的司法审判带来深刻影响。目前,各地法院正在加强法院信息化建设,建设“智慧法院”,运用人工智能技术辅助审判工作。2017年6月28日,智慧海事法院(上海)实践基地正式挂牌成立,并致力于打造人工智能时代“智慧法院”的样板。2018年,江西省法院开展了以“收转发e中心”为基础、以减负赋能为目的的“法官e助理”试点工作。据媒体报道,江西省法院系统推行的“法官e助理”是以网上办案、电子卷宗同步生成等为前提,在案件信息、卷宗数据电子化、网络化的基础上,借助大数据、人工智能技术,为法官在阅卷、开庭、文书撰写、裁判等核心审判环节提供智能化、一体化辅助服务,是具有江西特色的智能辅助办案应用体系平台。“法官e助理”是一个开放的、模块化应用体系,各种智能辅助办案手段可以自由搭载融合,现阶段建设应用的重点为“四个自动”:自动归目、自动关联、自动生成、自动类推。自推行以来,“法官e助理”试点工作取得了良好效果。[6] 虽然对于人工智能裁判,目前理论界和实务部门尚有争论,但是智慧法院建设将深刻影响法官职业却是不争的事实。[7] 从优势方面看,一方面,人工智能技术在司法审判活动中的运用在一定程度上能够减轻法官的

---

⑤ [以]尤瓦尔·赫拉利:《未来简史》,林俊宏译,中信出版社2017年版,第290页。

⑥ 参见《江西法院推进“法官e助理”全域全员应用 吹响全方位智能化冲锋号》,载http://wemedia.ifeng.com/91673590/wemedia.shtml,最后访问日期:2019年1月23日。

⑦ 参见关于司法裁判人工智能化的反思性研究,参见季卫东:《人工智能时代的司法权之变》,载《东方法学》2018年第1期;冯洁:《人工智能对司法裁判理论的挑战:回应及其限度》,载《华东政法大学学报》2018年第2期;盛学军、邹越:《智能机器人法官:还有多少可能和不可能》,载《现代法学》2018年第4期。

审判重负，从而解决长期以来困扰基层法院的“案多人少”的现实难题，提高司法效率。另一方面，借助于人工智能技术，法官也得以从日常繁重的司法审判中解脱出来，能够将更多的精力投入到司法案件的研究之中，从而提高司法裁判的质量。

从律师职业的角度观之，人工智能对律师职业和法律服务的供给亦产生结构性影响。一直以来，传统律师行业是一个颇费心力的职业。律师常常需要耗费大量时间和精力，从卷帙浩繁的法律文本和司法判例中搜寻到可以运用的资料。证据开示是律师职业的一项基础性工作，也花费了律师的大量时间精力。通常来说，这项基础性的工作是由初级律师或律师助理来完成的。而随着人工智能技术的发展，律师事务所逐渐开始将人工智能技术运用到法律业务之中，以提高法律服务的质量和效率。国外很多律所为了节约雇佣成本，开始购买科技公司所开发的法律人工智能产品，以替代传统律师助理的工作。一些科技公司瞄准商机，逐渐将业务拓展至法律科技产品研发，而法律科技公司在人工智能的助推下也如雨后春笋般不断涌现出来。根据腾讯研究院数据显示，全球法律科技初创公司的数量呈爆发式增长，从 2009 年的 15 家增长到了 2016 年的 1164 家，主要集中于在线法律服务、电子取证、从业管理软件、知识产权服务、人工智能法律科技、诉讼金融、法律检索、律师推荐、公证工具等九大领域。基于大数据的人工智能法律产品给律师行业带来机遇，不仅降低了律所运营的成本，提高了服务效率，还改善了客户的体验。人工智能时代的到来，将使建立一种“以客户为中心”的法律服务商业模式真正成为可能。⑧ 以加拿大多伦多大学学生基于 IBM 公司的沃森平台研发的世界首位人工智能律师 ROSS 为例，基于 Waston 平台的支撑，法律机器人 ROSS 可以理解自然语言，并提供特定的、分析性的回答，这接近于和人类律师一起工作的体验。而且，ROSS 可以不断地发展，它可以记录法律系统的变化，如果对某一案例法院有新的判决，ROSS 能

⑧ See Tanina Rostain, “Robots versus Lawyers: A User-Centered Approach”, *Georgetown Journal of Legal Ethics*, 3, 2017.

够及时提醒同事。[9] Legal Zoom、Rocket Lawyer 和其他营利企业也正在开发基于 Web 的自动化流程,以提供定制的法律文档和指导,但其成本仅为聘请律师的成本的一小部分。[10] 借助于人工智能技术,一方面,律师得以为人们提供更加高效的服务;另一方面,律师也得以将更多的时间和精力投入到对具体案情的研究之中,为客户提供更高质量的法律服务。

(二)法律职业所面临的挑战

在充分肯定人工智能给法律职业带来机遇的同时,我们也需要正视其给法律职业所带来的严重挑战。

首先,人工智能将导致法律职业岗位绝对数量的减少。传统观点认为,律师职业是一项古老而精深、难以被替代的高贵职业。但是,伴随着人工智能技术在法律实践中的运用,这一传统认知正面临着严峻挑战,萦绕在法官、律师等法律职业上的光环在人工智能技术的渗透下正在逐渐褪去。[11] 就法院系统而言,虽然目前人工智能更多承担司法审判的辅助角色和任务,并不会取代法官进行断案,但是在可以预见的将来,势必会较大幅度地减少法院系统司法辅助岗位的数量。同时,目前正在大力推行的在线纠纷解决机制对传统的司法裁判方式产生了很大的冲击。以 e-Bay 研发的在线仲裁平台"Modria"为例,"Modria"是一项每年用于解决超过 6000 万交易争端的在线纠纷解决技术之一,其解决的案件数量是美国法院系统受理的案件总数的三倍多。另一个在线解决方案是 Cybersettle,它处理过超过 20 万起个人伤害保险理赔,理赔金额接近 20

---

[9] 参见韩丁:《"智慧城市"AI 渗透法律领域,Lawtech 公司 Everlaw 等获融资青睐》,载 http://www.ak186.com/html/180705164857383.html,最后访问日期:2019 年 1 月 23 日。

[10] See Tanina Rostain, "Robots versus Lawyers: A User-Centered Approach", *Georgetown Journal of Legal Ethics*, 3, 2017, p. 570.

[11] See Dana Remus, Frank Levy, "Can Robots Be Lawyers: Computers, Lawyers, and the Practice of Law", *Georgetown Journal of Legal Ethics*, 3, 2017, p. 503. 又参见[美]杰瑞·卡普兰:《人工智能时代:人机共生下财富、工作与思维的大未来》,李盼译,浙江人民出版社 2016 年版,第 140 页。

亿美元。[12] 这势必会对法官群体的数量及其内部构成产生深刻影响,从事简单的、重复性司法辅助工作的法官助理和书记员岗位的需求量未来将明显减少。

就律师行业而言,随着人工智能技术日渐广泛地运用于律师业务之中,律师助理岗位数量亦将大量减少。英国牛津大学卡尔·本尼迪克·弗雷和迈克尔·奥斯本根据可自动化可能性对人类702种职业进行排序,其中法律助理和律师助理的职位自动化可能性高达94%,属于高风险行业,而那些依靠法律助理的劳动投入的律师职业则属于低风险类别。[13] 无怪乎美国学者迈克斯·泰格马克在给未来就业者的择业建议中指出:“如果你想进入法律行业,不要成为那些为了证据开示而审阅成堆文件的法务助理,因为他们的工作很容易被自动化,而要成为那些为客户提供咨询服务并在法庭上陈情激辩的律师。”[14]有学者甚至在研究中预言随着机器人律师的增多,在2030年律师职业将面临“结构性坍塌”。

其次,人工智能促进了法律职业的变革。美国法律学者达纳·莱姆斯和弗兰克·列维认为,我们不应仅仅关注人工智能对律师职业的替代,而应该更关注人工智能给律师职业带来的改变。[15] 随着人工智能在法律职业中的广泛运用,会在较大程度上降低法律咨询和诉讼的成本。同时,当事人在寻求法律意见时具有了更多的选择性。“所有人都能更便利地获得法律咨询。……未来将不仅仅只有富人能玩转法律

---

[12] 参见[英]理查德·萨斯坎德、[英]丹尼尔·萨斯坎德:《人工智能会抢哪些工作》,李莉译,浙江大学出版社2018年版,第76~77页。

[13] See Carl Benedikt Frey, Michael A. Osborne, “The Future of Employment: How Susceptible Are Jobs to Computerisation”, *Technological Forecasting&Social Change*, 114, 2017, pp. 254–280.

[14] [美]迈克斯·泰格马克:《生命3.0:人工智能时代人类的进化与重生》,汪婕舒译,浙江教育出版社2018年版,第163页。

[15] See Dana Remus, Frank Levy, “Can Robots Be Lawyers: Computers, Lawyers, and the Practice of Law”, *Georgetown Journal of Legal Ethics*, 3, 2017, p. 505.

了。”[16]此时,横亘在律师与当事人之间基于信息和知识的不对称现象将随着人工智能的运用而有所缓和。从这个意义上而言,实际上,相较于那些初级律师职业岗位数量的减少,人工智能给法律职业更深层次的挑战是,包括法官、律师在内的法律职业共同体的成员,都需要为当事人和整个社会提供一种比基于机器学习算法的人工智能所提供的产品和服务更优质的法律服务,而不能满足于提供简单的、重复性的法律咨询工作。因为人工智能律师能够以更低廉的费用、更短的时间为客服提供简单的法律咨询服务。例如,2018年5月20日,司法部中国法律服务网正式上线,这套智能咨询系统能够模拟律师与当事人进行对话,并能够基于对话内容马上免费自动生成上万字的智能法律意见书,还附有类似案例判决书、相关法律法规,行动建议等。[17]

总体而言,对于接受法律服务的客户而言,人工智能技术导致了AI机器人律师的出现,将形成机器人律师与传统人类律师相互竞争的格局,这一竞争将有助于形成一种“以客户为中心”的法律服务供给模式,也使那些原本没有足够的金钱聘请律师、接受法律服务的人们享有了更多接近正义、寻求法律保护的机会。[18] 但是,从作为法律服务提供者的人类律师角度而言,伴随着人工智能在法律职业中日渐广泛的运用,正在对法律职业共同体形成一种倒逼压力,对于那些初入职场的初级律师和刚毕业的法科学生来说,人工智能带来的压力将更为明显。面对以人工智能技术为基础的法律科技的迅猛发展,有学者甚至做出惊人预测,在20年后,机器人律师将取代人类律师,法律职业将会迎来一个没有人类律师的时代。[19] 我们认为,这一预测未免有些骇人听闻,言过其实了。但是,人工智能势必会抢夺那些律师助理和初级律师的“饭碗”,却是我

---

⑯ [澳]托比·沃尔什:《人工智能会取代人类吗?》,闾佳译,北京联合出版公司2018年版,第157页。

⑰ 参见罗璨:《人工智能时代的法学高等教育》,载《中国社会科学报》2018年10月10日,第5版。

⑱ See Benjamin H. Benjamin, Stephanos Bibas, “Rebooting Justice: More Technology, fewer Lawyers, and the Future of Law”,*New York*, *Encounter Books*, 2017, p. 195.

⑲ See Lightfoot, Chrissie, “Tomorrow's Naked Lawyer: New Tech, New Human, New Law, London”,*Ark Group & Managing Partner*, 2014.

们正在面对并且将要长期面对的一个挑战。在人工智能时代，伴随着机器人律师逐渐进入到律师职业之中，“初级员工失去了在更基层从事法律工作的机会，也失去了积累经验和制度知识的机会。对于刚毕业的大学生来说，这甚至像是在一扇被关上的机会之窗”。[20] 后者欲立于不败之地，必须在创新精神、职业理念和知识结构方面都做出相应的变革。

二、人工智能时代法学教育面临的挑战

现代法学教育的一个基本目标是培养适应社会发展需求的法律职业者。然而，人工智能给法律职业带来的机遇和挑战，已经形成倒逼之势，促使法律教育工作者思索人工智能时代的法学教育变革。而在致力于探索人工智能时代法学教育改革方案之前，需要回应一个前提性问题，亦即人工智能时代的法学教育究竟面临什么挑战？德国学者克里斯多夫·库克里克在谈及人工智能时代就业市场的变迁时指出：“我们正在经历已被证实的一种就业市场的结构性改变。智能将重新分配就业市场：计算机将利用在算法上可分解的任务承担那些定义明确的职业，而人类将承担那些模糊的，难以定义且复杂的工作。”[21]那么，问题在于，传统法学教育是否足以培养出了能够承担模糊的、难以定义且复杂的法律工作的法治人才？在人工智能时代，传统法学教育在教育目标、教学内容、教学方法等方面均面临着挑战。

（一）法学教育目标偏颇

教育目标是关系高等法学教育培养人才类型和质量的根本性命题。根据教育目标设定的不同，通常将高等教育分为素质教育与职业教育。前者注重对学生素质的全面培养，后者注重对法律知识和技能的传授。

---

[20] ［美］约瑟夫·E. 奥恩：《教育的未来：人工智能时代的教育变革》，李海燕、王秦辉译，机械工业出版社2019年版，第75页。

[21] ［德］克里斯多夫·库克里克：《微粒社会：数字化时代的社会模式》，黄昆、夏柯译，中信出版集团股份有限公司2018年版，第64页。

长期以来,在职业分工和国家法治建设需求的双重驱动下,法学教育呈现高度职业化的倾向,旨在培养学生适应未来法律职业的能力。这种以职业教育为主的法律人才培养模式存在的突出问题,在于过度强调对法律知识和技能的传授,而忽视了对人本身的教育和发展,即在对法律职业共同体的"法律人"的培养过程中,片面强调"法律",而忽视了"人"。其实,职业教育模式是一种典型的工业革命和工业文明时代的产物。"工业革命让我们对教育的想法就像一条生产线。"[22]在人工智能时代,这种单一职业教育模式下培养的法律职业者,往往容易被法律机器人取代,因为越是专业化的事物往往是越容易被自动化的事物。换言之,在人工智能时代,以法律职业为导向的教育模式面临着深刻危机。

(二)法学教学内容陈旧

法学教学内容的设计直接决定了法科学生能否通过四年的系统专业学习成长为一名合格的"法律人"。而衡量一名法律职业者是否合格,主要从以下两个方面加以判断:一是是否具备了从事法律职业所需要法学知识体系,二是是否培养形成了法律思维方式。相较而言,后者更为重要。在很大程度上,法学知识传授也旨在培养学生的法律思维方式。法学知识体系的构建和法律思维的培养和训练,目前主要是通过一系列法学专业课程的教学来实现的。然而,在人工智能背景之下,各大法学专业的教学内容却相对陈旧,难以适应人工智能社会的现实需求。

(三)法学教学方法单一

教学方法的合理运用在教学过程中极为重要,直接影响课堂教学效果和学生的学习体验。目前我国各大法学院法学专业教学工作仍然是以课堂教学为主、实践教学为辅。在课堂教学中,采行的仍是传统的"以教师为中心"的"表演式"教学模式。在这种"以教师为中心"的教学模式之下,学生沦为观众,课堂参与讨论严重不足,课堂之上师生之间缺乏互动交流,课程气氛沉闷,学生积极性不高,教学效果不甚理想。虽然近年来各大高校正在大力推行慕课教学,但是从目前的效果来看,因慕课

---

[22] [以]尤瓦尔·赫拉利:《今日简史:人类命运大议题》,林俊宏译,中信出版集团股份有限公司2018年版,第258页。

教学方式中师生直接缺乏面对面的互动交流和现场反馈,并未达到预期的教学效果。[23] 同时,目前,仍鲜见有法学专业教师在课堂上运用大数据、人工智能技术开展教学活动。

在实践教学中,存在的突出问题是流于形式,效果不甚理想。近年来,为了让学生能够适应未来法律职业,我国各大法学院纷纷设立法律诊所教育基地和卓越法律人才培养基地,旨在培养学生的法律实践能力。但是,从目前情况来看,法科学生参与实践教学基地活动的积极性并不高。究其原因主要包括:首先,从学院的角度来看,目前缺乏教学实践经验丰富的老师进行合理指导;其次,从实务部门的角度来看,实务部门往往是将学生视为免费的劳动力,安排的实习岗位也多是整理、装订卷宗等行政辅助事务,学生在实践教学中并未能真正学习到多少实质性的法律实践知识。

综上所述,目前我国法学教育无论是在宏观的教育目标,还是中观的教学内容设计,以及微观的教学方法等诸方面,都与已经来临的人工智能时代不相适应,亟须做出合理的改革调整。

三、人工智能时代的法学教育改革建议

诚然,"法学教育不会也不可能会被人工智能技术取代,因为教育是塑造培养人的过程,不仅仅是知识的传递,还要形成价值的判断,并学会用正确的价值标准进行价值判断,人工智能可以使用相关性进行关联和模拟,但是取代不了人的判断"。[24] 但是,这并不意味着,面对人工智能的崛起,面对着法律职业正在经历的结构性变迁,法学教育可以无动于衷。我们认为,面对人工智能时代对法律职业所产生的深刻影响,以及

㉓ 参见朱兵强、曾妍:《MOOC 时代的法学教育:困境及应对》,载《当代教育理论与实践》2016 年第 11 期。

㉔ 张建文:《人工智能技术的发展对法学教育的影响与应对》,载《北京航空航天大学学报》(社会科学版)2018 年第 2 期。

法学教育在回应人工智能时代方面的严重不足,需要我们探索人工智能时代法学教育的改革方案。令人欣喜的是,2017年7月,国务院出台《新一代人工智能发展规划》,其中提出了“人工智能+法学”的复合专业培养模式,为人工智能时代的法学教育改革指明了方向。2018年4月,教育部出台了《高等学校人工智能创新行动计划》,进一步明确了高等学校推动人工智能技术发展和运用的指导思想、主要目标、重点任务,也为法学教育与人工智能技术的深度融合提供了指导。下面,本文针对我国法学教育所面临的问题,就人工智能时代的法学教育改革,提出如下建议。

(一)适当调整法学教育目标

在人工智能时代,为了因应挑战,法学教育应当回归到对人本身的培养,而不是仅仅定位于法律职业者的培养。在人工智能时代,大量的重复性劳动,以及可以被数字化的劳动,将有可能被人工智能取代,只有那些由人类情感的部分所生发出来的、最具人性的创造力难以为冷冰冰的智能机器所取代。“人文素养为我们提供了社会环境,给了我们与他人沟通与合作、挖掘人性的优雅与美丽的能力。”㉕我们可以看到,在人工智能时代,人文精神在技术理性的膨胀下正逐渐走向衰微,此时,对“数字原住民”的人文素养的培养和教育就显得尤为重要。因此,在法学教育目标设定上应当作出适当调整,即由单一法律职业教育目标定位逐渐向职业教育和素质教育多元目标定位转移,在强调法律职业技能培养的同时,更加凸显人文教育和情感教育,提高学生的人文素养,致力于培养既具备法律专业技能,又善于思考技术伦理的未来法治人才。㉖

(二)合理更新法学教学内容

随着大数据、人工智能的日益普及,人们已然置身于数字世界,居于其间的“数字原住民”,或多或少都需要掌握数字世界的语言——编

㉕ [美]约瑟夫·E.奥恩:《教育的未来:人工智能时代的教育变革》,李海燕、王秦辉译,机械工业出版社2019年版,第75页。

㉖ 参见贾引狮:《人工智能对法律职业的影响与法学教育面临的挑战》,载《法学教育研究》2018年第3期。

码。为了适应人工智能时代的现实需求,在具体的法学专业教学课程内容设置上,亦需要进行相应的更新,以培养法科学生的"人工智能商"。

具体而言,首先,注重法律思维的培养。人工智能将在很大程度上改变知识的供需结构,有鉴于此,在传授法学知识的同时,应当更加注重对法科学生的法律思维的培养。其次,在人工智能时代,未来法律职业场景将更多的是人机协同工作的场景,亦即法律人与法律机器人将共同工作,并且适度竞争。为了适应人工智能时代法律职业场景的变化,法律职业者应当学会与人工智能共存,建议在大学本科阶段合理增设人工智能、大数据等课程内容,以增强法科学生对人工智能技术、大数据技术的了解和运用能力,开设人工智能与未来法治的相关课程,并且可以考虑增设人工智能法学二级学科,以适应已经初露端倪的人机协同工作的法律职业场景。最后,置身于"技术理性"飙涨的人工智能时代,人文教育的重要性则更显重要。人类所拥有的人文气质和丰富情感则成为人类抵御人工智能侵袭的最后一道屏障。因此,建议在法学本科阶段合理增设人文教育和情感教育的课程,借由这些课程的学习,让法科学生既具备人文素质,又具有反思技术理性的思维能力。

(三)创新运用法学教学方法

人工智能带来了教学方式和方法的重要变革。借助于人工智能技术手段,教师能够因材施教,对学生进行更有针对性的教学。有教育专家指出,在人工智能时代,应当改变工业革命时代的标准化教育模式,实现从教育标准化到非标准化的转型,建立以学习者为中心的智能教育环境。

首先,改革传统"以教师为中心"的课堂教学模式,形成"以学生为中心"的课堂教学模式。在人工智能时代,传统的标准化教学方法已经难以适应社会需求,为了培养难以为法律机器人所替代的法律职业者,法学教育应当真正以人为中心、以学生为中心,采用个性化教学方法。所谓个性化学习,指根据学习需要,根据学生的学习偏好和具体兴趣开展相应的教学活动。[27] 个性化、非标准化的法学教育符合"以学生为中心"的现代教学理念,能够根据学生的职业规划、兴趣爱好、学习基础等进行因材施教,最大限度激发学生的最大潜能,提高学习主动性和学习效率。而且,现代人工智能技术为个性化的法学教育的推行提供了技术支撑。因为人工智能算法模型能够根据每位法科学生的兴趣爱好、学习基础、学习能力、学习习惯等高度个性化的特征和动态学习情况,自动生成每位学生的"学习画像",并在此基础上制订相应的学习计划,安排相应难度的学习内容,真正实现因材施教。

其次,要改革传统法律诊所等体验式教学方法。智能机器学习的方法与人类学习的方法的重要区别在于,相对于智能机器学习方法的纯数值输入,在人类学习方法的运用中,我们得以借由这种学习过程体验来增强或者削弱我们的心理连接。当人类学习者沉浸于无限丰富的体验中,能够摆脱预定数据输入的束缚,但是人工智能机器学习却无法这样做。[28] 因此,为了提高学习的效率和质量,进而掌握不同于机器学习的能力,应当积极倡导体验式教学方法,改革传统法律诊所教学方法,切实增强学生的体验性,通过体验式教学方法,真正丰富学生对法学专业知识的理解,深化学生对法律职业的认知。

最后,教师要善于运用现代人工智能技术辅助法学专业教学,将一些简单的、重复性的工作交由人工智能去完成,并且运用人工智能教育平台监控教学流程,从而使教师能够有更多时间和精力专注于对学生法律思维能力和情感能力的培养。

四、结语

在人工智能时代,法律职业正在经历着新一轮的"法律自动化"浪

---

[27] 参见杨学科:《论人工智能时代的法学教育新挑战、新机遇和新模式》,载《法学教育研究》2018 年第 4 期。

[28] 参见[美]约瑟夫·E.奥恩:《教育的未来:人工智能时代的教育变革》,李海燕、王秦辉译,机械工业出版社 2019 年版,第 101 页。

潮。在很大程度上,这次以大数据、人工智能技术为核心动力的"法律自动化"浪潮是工业革命以来历次自动化浪潮中影响最为深远的。[29] 随着人工智能时代的到来,法律职业面临着严重挑战,并且倒逼法学教育的智能转型。开放包容是教育的真谛。诚如学者所言:"作为制度化和机构化的动物,法律人每每试图关上自己所不熟悉的大门,努力用自己所熟悉的概念和思维框架来限定技术革新正在带来的各种新的可能性。但这种努力与其说可以力挽狂澜,不如说更像是螳臂当车。"[30]人工智能时代应当成为一个开放包容的时代,作为新时代的法学教育工作者和法律人,既不能因循守旧、故步自封,也不能亦步亦趋,而是应当以一种开放包容而理性慎思的心态,来审视人工智能对法律职业和法学教育所产生的影响,合理运用人工智能技术促进现代法学教育的转型发展。

The Change of Legal Profession in the Age of Artificial Intelligence and the Reform of Legal Education

Zhang Endian

Abstract: The development of artificial intelligence based on big data has brought human beings into the age of artificial intelligence, which has a profound impact on human economy, society and culture. In the age of artificial intelligence, along with the increasingly widespread application of artificial intelligence in the legal profession, judges, lawyers and other legal professions are facing opportunities and challenges. On the one hand, with

---

[29] 参见关于大数据、人工智能技术带来的法律自动化的批判性分析, *See* Frank Pasquale, "Rule of Persons, Not Machines: The Limits of Legal Automation", *George Washington Law Review*, 1, 2019, pp. 1 –55。

[30] 郑戈:《大数据、人工智能与法律职业的未来》,载《检察风云》2018 年第 4 期。

the help of artificial intelligence, lawyers can be liberated from repetitive work, focusing on more creative and challenging work. On the other hand, a large number of simple and repetitive legal duties will be replaced by AI lawyer. There are some problems in traditional law education, such as biased educational objectives, outdated teaching contents and teaching methods, which make it difficult to meet the practical needs in era of artificial intelligence. In the age of artificial intelligence, law education should be reformed in educational objectives, teaching contents and teaching methods. In terms of educational objectives, we should adhere to the combination of professional education, humanistic quality and emotional teaching. In terms of teaching content and legal specialty setting, we should update the teaching content and legal specialty setting rationally. In terms of teaching methods, we should innovate legal education methods, rationally use artificial intelligence technology, improve teaching effect, and strive to realize the intelligent transformation of legal education to respond to the realistic demand of the age of artificial intelligent.

Key Words: artificial intelligence, legal profession, legal education, legal thinking, unemployment

人工智能时代法学人才培养模式变革的缘由、困境及对策

古丽米拉·艾尼*

摘　要:人工智能技术的发展已经得到国家政策的支持与驱动,其在法律领域内的应用必然改变法律职业业态,进而产生能够适应智能环境的新型法律人才需求。对此,智能知识追求是法学教育最直接的回应,变革人才培养模式也就成为其应然选择。在此背景下,探讨人才培养模式变革所欲重组及革新的构成要件要素成为当务之急。然而,培养理念与目标尚不清晰、培养实践脱离智能环境、培养评价体系滞后等成为培养模式变革的现实困境。为此,在"人工智能+法学"的培养理念指引下,转变培养主体的观点与角色,实现其与智能技术的优质共存;重组培养内容,实现"传统经典"与"现代新颖"的有机融合;借力智能技术充盈法学知识的传授与获取方式;科学评价培养过程,实现培养兼具智能素养与人文素养的复合型人才的最终目标。

关键词:人工智能时代　人才培养模式变革　法学教育

---

* 古丽米拉·艾尼,北京师范大学法学院博士研究生,研究方向:法理学、诉讼法学。

学界一直关注并持续探讨法学人才培养相关话题,普遍认为对人才培养模式的理论研究,既是提高人才质量的迫切要求,又是法学教育趋于完善的现实需要。无论是从理论界的研究,还是从人才培养的具体实施过程来看,对人才培养模式进行变革需要以系统地革新其构成要件要素为出发点。结合法学教育教学活动的实施过程,可以总结法学人才培养模式的变革,需围绕以培养什么人、怎样培养人、培养成了什么样的人的这样一个完整的逻辑链条为基础,来对其构成要件要素加以重构与革新。

2016 年以来,人工智能技术的理论研究及诸多领域内的开发应用方兴未艾,法律人工智能产品的诞生也呈现指数式增长趋势,法律职业业态的变化必然对法学教育提出新的挑战。人才培养模式作为法学教育最为核心的组织及运作样式,所受的影响必然巨大。目前,已有学者从宏观角度研究智能时代高等教育培养模式的变革,也有学者从微观角度细致探讨新时期工科、会计等具体学科人才培养模式的变革,也有诸多学者的研究成果积极反映智能技术发展对法学教育的影响及冲击;然而,细致探讨法学人才培养模式变革问题至今仍是空白。对此,本文在系统概述法学人才培养模式变革缘由的基础上,以培养模式的构成要件要素为出发点,探讨其变革过程中面临的窘境与出路,以期本研究对新时期法学教育培养质量的提升有所助益。

一、人工智能时代法学人才培养模式变革的缘由

培养模式变革是个持续的过程,随着智能技术的发展,新时代对人才的需求不断更新。法学人才培养模式的改革与发展既有对智能知识追求的内在动力,又受到政府等相关部门关于人工智能发展的政策支持与驱动。

(一)国家对人工智能发展的政策支持

人工智能有别于以往的科技革命,它不但不会出现折旧与贬值,而

且在神经网络和机器学习等新技术的引领下，逐步实现自我升级与优化。更为关键的是，智能体等替代人类脑力的职能产品的问世，标志着新的生产要素的诞生，标志着“人机协作”新时代的到来。这意味着人的生产能力将会进一步延伸，生产效率也从专业化效率的提升转向分工多样化效率的提升。多样性意味着会有更多的供给和需求，从而会拓展生产的边界价值。这让我们看到了人工智能正在成为经济发展的新引擎和产业改革的中心驱动力，也让全世界看到了人工智能将会是科技竞争的制高点。正因如此，各国先后出台“人工智能发展规划”等重要政策性文件，系统阐明我国人工智能发展的现实状况、预期目标及发展前景。在法律领域内，最早是在1999年最高人民法院颁布的《人民法院五年改革纲要》中强调法院系统内信息技术的利用，提出加快构建在线裁判系统。该文件主要是从加强办公现代化、提高办案及管理水平的角度来理解信息技术的意义。① 随后，在法院系统内，召开信息化建设会议、②启动审判信息系统工程，颁布一系列政策性文件，信息化平台建设等工作加快进行。其中所蕴含的改革举措为物联网、大数据、云计算、人工智能等现代技术在法律领域内的应用奠定了基础。

无论是国家层面推出的人工智能发展规划纲要，还是法律领域内支撑新型技术发展的一系列改革政策，在其推进过程中，需要人才做基础性的资源支撑。支持并大力发展人工智能技术在法律领域内的广泛应用，意味着法律职业的发展需要新型法律人才做人力资源支撑，对此，法学教育最直接的回应，应当是培养兼具人工智能及法学素养的人才，亦即需要运行“人工智能 + 法学”的培养模式。与此同时，人工智能时代法学人才培养模式的变革不应当是简单的引入或添加，而应贯穿到法学专业领域的培养全过程，即应系统地对整个法学培养过程进行综合性变

① 参见季卫东：《人工智能时代的司法权之变》，载《东方法学》2018年第1期。

② 参见全国第四次司法统计工作会议上首次提出“大数据、大格局、大服务”的理念，在第三届世界互联网大会上，最高法组织“智慧法院暨网络法治论坛”，发布了关于司法信息化、智能化、网络化的“乌镇共识”。参见袁春湘、黄彩相：《用科学铸就大数据时代“司治通鉴”——全国法院第四次司法统计工作会议综述》，载中国法院网：https://www.chinacourt.org/article/detail/2013/09/id/1086363.shtml，最后访问日期：2019年10月6日。

革。因此,包括国家人工智能发展战略规划在内的政策性规范为法学人才培养模式的变革提供了最基本的政策性保障。

(二)人工智能时代法律职业对新型人才的现实需求

“人才培养”包含培养的目标、理念、主体、方式、模式、制度等构成要素。“模式”又是具有事情处理的方式、标准形式等意涵。③ 由此而言,人才培养模式是人才培养主体在培养理念、培养制度等构成要素的共同指引下,实现人才培养目标的实践过程中,所依循的理论模型和操作范式。④ 可见,培养模式从其根本属性上看,是属于过程范式,贯穿于培养实践的整个过程。人才培养的每一个环节都与培养什么人、如何培养人、培养成了什么人这几个关键问题的落实一一对应着。这意味着,变革培养模式的意义在于改变所培养人的类型,以顺应时代对人才的不同需求。⑤ 社会需求是人才培养模式变革的价值导向。⑥ 质言之,培养模式运行的质量,关系到所培养的人才对社会需求的对接程度。人才培养最终需要满足行业需求,亦即行业需求与人才培养紧密相关。可见,无论是从培养模式变革的意义还是从其与社会需求的关系来讲,培养模式的变革都需要顺应对应职业的现实需求。

现今,海量数据、模型算法、深度学习、神经网络、专家系统等在内的现代科学技术在法律服务中发挥着越来越重要的作用。世界上一些知名律师事务所在其日常程序中引人了像 ROSS Intelligence 和 Rainmaker 等具有人工智能技术的数据库和办案辅助软件系统,⑦辅助的范围已经从帮助律师完成重复性工作跨越到分析法院先例来评估胜诉可能性等

---

③ 参见《辞海》,载辞海之家:http://www.cihai123.com/cidian/1000156.html.,最后访问日期:2019年10月4日。

④ 参见董泽芳:《高校人才培养模式的概念界定与要素解析》,载《大学教育科学》2012年第3期。

⑤ 参见马廷奇:《人才培养模式、劳动力市场与大学生就业》,载《高等教育研究》2013年第3期。

⑥ 参见柳长安等:《构建“需求导向、校企合作”行业特色型大学人才培养模式》,载《中国大学教学》2016年第1期。

⑦ 参见杨学科:《论人工智能时代的法学教育新挑战、新机遇和新模式》,载《法学教育研究》2018年第4期。

实质性工作。在美国等发达国家,法院应用人工智能软件实现预测犯罪率,得到在线争端解决方案。我国法院系统内,“上海206”“北京睿法官”等审判辅助软件先后问世,通过学习案件卷宗数据,已经具备信息抓取、分析、校验等辅助功能。可以预见的是,在案件事实明确、规则体系简单、证据标准较容易类型化的案件中,未来的人工智能系统可能会替代大部分法律职业人员的工作。即便是在复杂疑难案件中,也能够替代相当一部分辅助性工作的完成。虽然难以想象人工智能会完全取代法官,但是“人机协作”会产生新的工作岗位已经变得越来越现实。在法律领域内,可能的新职业包括但不限于定量的法律预测者、法律程序分析师、ODR的实践者、法律风险管理者等。[⑧] 人工智能时代工作内容及工作方式的革新,会对法学人才的知识、能力和思维结构产生新的要求,[⑨]将引发人才需求的结构性变化。可能表现在:第一,对传统人才的需求下降,对“人工智能+法学”的人才需求增加。这一情况已经在发达国家法律实践中开始显现,如美国法律行业对初级律师的需求明显下降。[⑩] 第二,人工智能的发展创造出新的服务市场,很有可能是复合型人才操作人工智能系统来提供新的法律服务。第三,随着人工智能技术的发展,为了适应社会需求,法院、律所等机构更多通过外包工作的方式,依赖技术公司完成部分工作,而技术公司需要新型人才。因此,人工智能时代的法律职业变化驱动法学培养模式的变革。

(三)法学教育对智能知识追求的必然选择

智能时代,法学知识的表现、获取、传播方式发生前所未有的深刻变革,这必然改变未来“教”与“学”的方式,亦即法学教育教学方式需要进行调整。目前深度学习算法、大数据分析技术等职能技术的应用现状存在“技术应用强、基础理论弱”的结构不均衡问题。若长期不能改变这

---

⑧ 参见杨学科:《论人工智能时代的法学教育新挑战、新机遇和新模式》,载《法学教育研究》2018年第4期。

⑨ 参见纵博:《人工智能时代的法学教育发展方向》,载《西安电子科技大学学报》(社会科学版)2019年第2期。

⑩ 参见赵鹏:《法律人工智能技术的发展和法学教育的回应》,载《中国高等教育》2019年第Z1期。

一现状,无法避免的不仅仅是错误的结论在网络环境中成倍放大,而且会使智能软件的建设成本居高不下,这无疑会制约其可持续发展的潜力。智能技术与法学领域的深度融合既需要掌握计算机科学的建模方法,又需要法学理论的实时反馈。例如,如何根据案件要素、裁判思维对法律数据进行要素标注,对更新的法律规范进行重新解释和定义,使其成为机器学习的有效资源;如何在复数的法律数据库中建立联系,使其相互兼容,准确表现决定法律规范在适用上的优劣顺序的元规则,[11]都需要法律人才的加入,还需要法学教育在培养人才过程中融入智能技术相关知识,丰富其培养内容来做出回应。更为重要的是,AI 所具有的智能识别、智能学习、智能推理等功能环节都受数据驱动。可以说人工智能软件拥有可靠的数据库并对数据进行分析处理后才能提供精准的法律服务,在数据的开发、利用及解释过程中会引发数据垄断、数据歧视、个人隐私保护等种种法律问题。这无疑会让我们思考完善法律依据来对其规制过程加以规范,即构建法律规范体系。这在未来必然带动法学教育体系的重构,开设计算法学、数据法学等专业,设计算法与法律、数据与法律等课程成为高校法学院发展的必然选择。由此可见,无论是从人工智能的应用引起法学知识获取、传播方式发生变革的角度,还是从智能时代法学知识结构需要重构的角度,培养模式需要调整及优化。这是在人工智能时代法学教育不会失去其存在基础的依据所在。

二、人工智能时代法学人才培养模式变革面临的困境分析

培养模式的变革对于提升培养质量的意义毋庸赘述,其促进优质培养体系形成的价值更是显而易见。但是,在目前的人才培养模式下,培养理念与目标陈旧、培养实践资源匮乏、培养评估体系滞后都对人才培养模式的变革形成阻碍,同时还可能引发诸多问题和冲突。

---

⑪ 参见季卫东:《人工智能时代的司法权之变》,载《东方法学》2018年第1期。

(一)培养理念和目标尚不清晰

法学教育人才培养理念和目标是培养模式变革过程中首要解决的基础问题,若理念和目标没有确定,之后的变革过程就很容易陷入被动境地。法学界曾经很长一段时间探讨过法学教育的理念,有过精英教育、职业教育,抑或综合教育等不同学说。历经多年的改革,法学教育得到了长足发展是毋庸置疑的。遗憾的是,面临的根本性问题依然没有得到解决,原因在于法学人才培养理念与目标始终处于尚不清晰状态。在此背景下,如专业设置、课程设置等关键培养要素,缺乏理论论证、职业现状调研甚至盲目跟风。职业市场与人才现状无法实现对接,会导致法律职业需求与法学人才培养的结构性失衡。

司法人工智能已经改变法官传统的办案思维及办案过程,这已经对法官的能力提出新的更高要求。法学教育作为培养法官的重要阵地,面对挑战及冲击,优化人才培养结构是应然选择。为此,变革培养理念及目标理应是考虑的第一步。只有把法学教育置于全球知识经济的背景下,才能准确领悟和把握培养理念与目标的变革逻辑。综观全世界,法学教育都担负着怎么培养具备多元知识体系、符合时代要求的法学人才的任务。可见,我国法学教育的理念不再是通才型或专才型,而应当是兼具科学素养和人文素养的新型人才,这也意味着法学教育应当遵循“人工智能+法学”的培养理念。人工智能的理论本质可以理解为涉及多种学科的技术产品或应用程序,其与法学领域的结合,不仅需要实现法学与人工智能相关学科之间的外部融合,还要在法学领域内,对人工智能的深度应用和发展进行规范的重要学科知识来源,如通过法律伦理学、法学方法论等课程的加强来实现内部融合。然而,现有的培养理念与目标指引下的培养模式很难满足内外融合、培养新型人才的现实需求。

(二)支撑变革的培养实践脱离智能环境

人才培养的具体实践过程旨在回答“如何培养”这一关键问题,体现培养的理念和目标,决定培养的质量,同时,包含“谁来培养、培养什么、用什么方式培养”等具体的要素环节。下文将从培养主体、培养内容、培养方式等三个重要实践层面来分析和探讨人工智能时代法学教育模式变革的实践困境。

1. 培养主体欠缺与智能环境优质共存的素养

对于智能技术介入教育的现状及未来,作为教育主体的教师持有不同的观点。有积极乐观的,认为智能技术的应用将给学生留出更多的学习时间。[12] 也有相对保守的,认为智能技术是采取技术中心的去向,将来很有可能是学习者适应技术的发展,而不是技术适应学习者的需求,因此智能技术介入教育应当把握应有的限度。[13] 甚至还有教师断言,将来网络法学教育会取代实体法学院。[14] 由此可见,教师对于智能技术在法学教育中的应用及影响还没有形成统一明确的观点。从付诸实践应用的角度来看,已有法学教师观念逐步呈现转型的趋势,推荐学生关注微信公众号、法学类 APP,甚至运用智能技术软件整理法律案件,进行大数据分析,并将分析结果融入到教学过程中,等等。[15] 然而,受教师适应能力及历史积累的限制,普及情况并不理想。更值得一提的是,也有教师持有使用智能学习软件,力图实现个性化学习、定制化学习等学习需求,会分散注意力、导致被错误的数据误导、影响教学的效果等排斥观点。当然,任何意义上的变革,都会有一定程度的争议。然而,面对人工智能时代的特征及其对法学教育所提出的要求,最为迫切的是要培养能够与智能环境优质共存的素养。

2. 培养内容欠缺人工智能理论及技术知识的涉及

培养内容是培养过程所涉及知识的具体表现。培养内容主要是以教材的形式来体现。现有的纸质教材存在陈旧、狭窄的弊端。陈旧体现在教材内容缺乏新颖,普遍滞后于社会进步;狭窄体现在学科知识固化,

---

⑫ 参见袁振国:《科学问题与教育学知识增长》,载《教育研究》2019 年第 4 期。

⑬ 参见蒙石荣:《人工智能 + 教育:技术变革的可能与限度》,载《今日教育》2017 年第 9 期。

⑭ 参见[美]米歇尔·皮斯托:《法学院与技术——我们现在何处并将驶向何方》,周亚玲译,载《法学教育研究》2016 年第 2 期。

⑮ 李敏、韩晓玥:《大数据对法学教学模式的影响调查——以湖南省十所高校的问卷调查为基础》,载《高等教育研究学报》2019 年第 2 期。

基本没有涉及关联领域及跨学科相关知识。笔者在“超星”“中国大学慕课”等视频网站上，以“人工智能与法学”为主题，没有搜索到任何结果。可见，在“人工智能+法学”领域内，多媒质教材及课程开发的广度及深度远远不能满足获取智能知识的需求。然而，从当前的职业业态及未来的发展趋势来看，法学教育应当避免走向僵化。保持对其他学科知识的敏感，在课程及教材建设过程中，至少要做到对人工智能知识表示、智能系统的推理原理、智能技术的应用设计、应用典型案例分析等内容的涵盖。

3. 培养方式囿于单一的教学及学习模式

培养方式是人才培养的实践工具，包括学科专业结构的设计，运行的主要方式、模式等。由于人工智能本身具有多学科交叉融合属性，要求使用及应用者具备多元的知识结构，这也就意味着法学专业课程应当以学习者为中心，保障相关专业间的沟通与融合、交互教学与研究。早在20世纪80年代，美国部分精英法学院就意识到这一趋势，增设了相应的“人工智能+法学”的研讨性课程。[16] 而我国目前的现状是，受以专业知识为核心的传统观念的束缚，授课方式以高度专业化的知识传授为重点，尤其专业核心课程内容主要集中于向学生传授偏重理论、流派、概念、原则、规则在内的知识体系；加之，司法考试的存在，应试答案的简化，使学生对法学知识普遍具有非此即彼的思考方式。

（三）培养评价过程缺乏智能手段的利用

随着知识经济时代的到来，世界范围内的竞争必然是人才的竞争，法学领域内也不例外。在此背景下，承担法学教育任务的高等院校培养的复合型人才评价问题，自然也就备受关注。同时，受世界培养评价范式转变的影响，构建与时俱进的培养评价体系的观念必然转移到重视评价意识的创新上来。规范培养过程是获得科学、合理评判结果的有效前

---

[16] 例如，斯坦福大学、哈佛大学法学院分别早在1984年、1985年，开设了人工智能与法律、人工智能与法律推理等研讨型课程；乔治城大学、新西兰奥克兰大学、丹麦哥本哈根大学、爱丁堡大学等高等院校法学院都开设了“法科技术与信息科学”“科技法律与政策研讨”“机器人法”等新型课程。参见程骞：《法学院：拥抱人工智能时代》，载《法治周末》2017年8月1日，第1版。

提，更是培养模式及时更新与完善的客观依据。然而，目前大部分人才培养评价体系大同小异，学校根据上级部门要求，制定相应的人才培养评价标准，通过人为赋分，做出最终结果。以定性评价为核心的传统方式中的问题非常突出。评价过程欠缺客观性，导致评价工作流于形式，甚至把评价当成任务，搞突击应付完事现象大有存在。以功利导向为特征，以分数为主要内容的传统评价机制扼杀了学生应当具备的能力培养意识，甚至在一定程度上异化了学习法学知识的探索本质。最为重要的是，目前包括高校、教育行政管理部门、各类相关评价机构在内的评价主体均无利用智能手段来评价法学教育的培养过程，这无疑是评价程序欠缺过程性、伴随性的现实表现。

三、法学人才培养模式变革的路径建构

培养模式变革只有实现理念及目标的转变，促进实践资源的丰富、评价体系的优化，才能突破变革过程中的困境，从而向着新型人才培养模式迈进。

（一）实现培养理念与目标的转变

人工智能时代，法学教育需要将以培养专才为核心的理念转变为“人工智能＋法学”的培养理念，将培养目标设定为培养兼具科学与人文素养的人才。[17] 从宏观层面上来讲，教育规划、教育政策是人才培养理念与目标的直接来源依据。法学教育人才培养理念与目标的革新成功与否往往取决于政府部门对此问题的态度与决心。值得一提的是，目前已有的政策性文件多以智慧环境、数据资源建设等为核心，亦即强调以资源建设及方法创新为价值取向。然而，技术的发展已经对法学教育的内容产生影响，因此，包括教育行政管理部门在内的政府部门，应当指引高等院校更新、调整培养理念与目标。包括社会企业在内的市场主

---

⑰ 参见赵智兴、段鑫星：《人工智能时代高等教育人才培养模式的变革：依据、困境与路径》，载《西南民族大学学报》（人文社科版）2019年第2期。

体,通过利用“校企合作”等平台,对政府及学校传递最为准确的市场需求,为理念与目标的更新提供有力支持。从微观层面上来讲,高等院校依据政府的引导与市场的需求,贯彻实施培养理念与目标,体现在其队伍建设、制度设计、专业及课程内容设计等具体工作中。

(二)优化培养实践资源

包括培养主体、内容及方式在内的实践资源对法学人才培养模式的变革具有关键性的作用,对其进行有效配置是节省高校有限资源的最佳途径,更是支撑培养模式变革的中心环节。具体的措施应当包括但不限于以下几点:

第一,教育主体需要转变观点及角色来实现与智能技术的优质共存。首先,积极接受智能技术的适当介入,这既是适应“人机共存”新时代的前提,又是利用智能技术提高教学质量的关键。积极接受并不意味着传统的法学教育不再重要,历经多年的传统法学教育教学体系依然是深化学习的基础。智能软件可以使学生根据兴趣爱好自由学习,甚至可能达到创新性学习的目标。[18] 还可以收集、分析学生产生的学习数据,能够对其提供学习内容及路径。[19] 不难发现,智能化学习能够避免传统法学教育无法兼顾所有学生的固有弊端。然而,智能平台上学生能够获取的知识不像经过筛选的教材和专业书籍,对于学生来讲,有效学习依赖于对学习资源的甄别、筛选和对法学专业学习方法的把握。因此知识基础及判断能力的重要性促使教师作出相应的角色转换。一是从被动的接受者向主动的利用者转变。法学专业教师应当跟踪人工智能前沿发展,积极学习人工智能基本知识及智能产品的应用技巧,承担软件开发、在线辅导等新型角色。二是从传授者向引导者转变。主动探索教授模式,兼顾教学内容与教学过程设计,营造互动、体验、讨论学习的教学环境,帮助学生将其自主学习的知识进行消化及吸收。

第二,丰富“人工智能+法学”模式下的培养内容。有关的努力,可

---

[18] 参见阮广红:《大数据时代的特征及其对教育的影响》,载《才智》2015 年第 32 期。

[19] 参见吴南中等:《大数据视角下“互联网+教育”生态观及其建构》,载《中国电化教育》2018 年第 10 期。

以体现在以下几点。一是充分反映人工智能学科发展前景,精益求精地编制教材,包括纸质教材及网络课程教材。二是利用智能技术,扩充培养内容的来源,丰富呈现的形式。法学教育成功与否取决于能否与快速变化的行业和技术现实同步。[20] 培养内容只有不断更新,才能充分反映学科发展的新进展,才能做到课程设计全面、系统地承载智能时代人才培养的重要内容。[21] 无论是课程建设还是教材建设,其内容都需要体现人工智能与法学教育教学的有机结合,结合并不是承载人工智能知识的内容与法学专业内容的拼凑,而是应根据人工智能时代法学的新变化重构课程体系,把握好课程结构所包含的智能知识的广度与深度,实现"传统经典"与"现代新颖"的有机融合。

第三,法学知识的传授与获取依赖智能技术来丰富其呈现的方式。利用多媒体和先进科学技术打造的"慕课""翻转课堂"等新型学习方式已为学生提供了智能化学习环境[22],智能辅助软件和智能机器人确实能够提高法学教育的实施效果。[23] 首先,借力人工智能可以充盈传统法学教育。驱动动态的学习情境,实现法律实践场面的再现,像 Google Expedition 或 Oculus Rift 这样的 VR 耳机等可穿戴设备在课堂内的使用,可以提高学生的学习热情,尤其优质教学资源的全球共享,不仅能够缩短国内外,以及地区间发展不平衡导致的教育差距,还能够实现与具有相同兴趣爱好的人进行打破时间、空间、身份、年龄、文化背景等多种限制的学习和交流。[24] 其次,借助智能释放技术,利用科学的数据分析

---

[20] 参见赵鹏:《法律人工智能技术的发展和法学教育的回应》,载《中国高等教育》2019 年第 Z1 期。

[21] 参见张大良:《提高人才培养能力要在课程、教材、师资建设上下功夫》,载《中国大学教学》2018 年第 5 期。

[22] 参见程瑛、赵婉君:《大数据驱动高等教育创新的变革路向》,载《湖南师范大学教育科学学报》2017 年第 6 期。

[23] 参见美国乔治亚理工学院在 400 多人的课堂中,运用 IBM Watson 技术编程,推出智能机器人助教,它与传统助教一起完成课堂答疑工作,回答得非常准确,甚至无法与真人相区别。

[24] 参见刘宁、夏克俭:《人工智能给高等教育带来哪些改变?》,载《高教探索》2018 年第6 期。

技术,整理从学生端获取的各种数据,进行技术处理之后,帮助学生找出知识及技能掌握的弱点,评估学生的学习效果,更为可取的是根据学生已产生的学习数据,定制学习资料,达到高效学习的目标。

(三)优化培养质量评价体系

合理的评价机制应当向着包容与科学的方向发展,成为教育的有益助力。[25] 能否达到理想的培养目标在很大程度上归功于设计科学的评价标准及客观的看待评价过程。以大数据、模型算法为运行逻辑的智能技术,为构建智能化的评价体系提供技术支持。发挥教育行政管理部门的综合协调作用、凭借行业公司的技术支持,建立并完善法学教育数据库,统一进行管理、整合与预处理等工作,实现全国范围内的数据共享与融合的效果,这是从主观评价转为以智能技术为基础的客观评价的关键一步。大数据技术能够收集学生更为客观及微观的数据。智能终端设备可以避免传统数据收集的阶段性、周期性及主观性等弊端,建立动态式的人才培养评价体系,能够使入学至参与工作的数据都可以成为后台数据库的资源,进行持续性的过程评价,这将比已有的调查统计方式显得更具可靠性、科学性及便利性。正如学者所言,单位在问卷上勾选的“非常满意”,远不如毕业生在岗位上所获得的奖励、晋升更有数据收集价值。[26] 具体评价过程的设计可以考虑系统通过“黑匣子”形式封装学生行为数据,教育评估专家根据需求设计相应的专家模型,根据模型涉及的参数和条件,选择需要采用的智能分析技术,在学生的档案数据库中进行滚动查询、数据抽取、信息推送、智能分析,最终得出规范的评价结果。其中关键的是,为数据库进行系统的规划设计,构建多元化、立体化的评价指标体系,嵌入系统中。在保护学生个人隐私的前提下,嵌入学生学习状态、创新意识及能力、职业生涯规划等方面内容,实现针对每个学生的微观、个体跟踪式的智能评价目标。

㉕ 参见李建中:《人工智能时代的知识学习与创新教育的转向》,载《中国电化教育》2019 年第 4 期。

㉖ 参见梁永玲:《全息个人档案在人才培养质量评价体系中的应用探析》,载《西北工业大学学报》(社会科学版)2017 年第 2 期。

四、结论

人工智能技术发展方兴未艾,介入到法学教育及法律职业领域,在一定意义上改变教师的教育方式及法律工作者的办案思维,已经对法学培养模式提出变革要求。结合法学教育开展的内在逻辑理路,深入思考目前的现状、变革的困境及未来的发展趋势,努力形成智能化的培养体系,实现更加科学、更加灵活的法学教育成为当务之急。

无论人工智能技术发展速度多快,知识的储备、传授方式多灵活,仍不能替代法学教师,因为教育的核心任务不仅仅是“教书”,还有“育人”。可以预见的是,人工智能时代的法学教育要具备与智能技术优质共存的能力。为此,在“人工智能 + 法学”的复合型人才培养理念指导下,培养具备智能素养的教育主体、利用智能学习的教育方式、传授富含智能知识的教育内容成为培养模式变革的核心任务。与此同时,将更多的时间和精力用于培养学生符合时代要求的价值观及正义感,提高学生法律思维能力、利用新型技术能力等实践培养环节显得尤为重要。

Causes, Difficulties and Countermeasures for Cultivation Mode of Legal Talent in the Era of Artificial Intelligence

Gulimila · Aini

Abstract: The development of artificial intelligence has been driven and supported by national policies. Its application in the law area will definitely change the professional forms of law industry, which will further stimulate the demand for the new type of law talent who can adapt to the intelligent environment. To directly respond to this demand, we should pursue intelligent knowledge in the process of legal education, and it is considered inevitable to change the model of talent cultivation. Under this circumstance, it has become an urgent matter to discuss the components of transforming and innovating the talent cultivation model. However, there are following difficulties in real practice: the cultivation concept and goal are still unclear; there is no environment of artificial intelligence in practical teaching; and the relevant cultivation and evaluation system are lagged-behind, etc. Therefore, guided by the cultivation concept of "artificial intelligence + law", the viewpoints and roles of the cultivated subjects should be transformed, to achieve the goal of high-quality cultivation along with the support of artificial intelligence. The cultivation contents in legal education should be re-organized, to organically combine "traditional classic jurisprudence" with "modern and new developments". The artificial intelligence should be leveraged to complement the methods of imparting and acquiring the knowledge of law. The cultivation process should be evaluated in a scientific manner, and the ultimate goal should be set as cultivating the versatile legal talent with both artificial intelligence skills and humanistic qualities.

Key Words: Era of Artificial Intelligence, legal talent cultivation teaching mode reform, legal education

法学教育的能力观：域外经验与中国选择

杜健荣*

摘　要：当前我国法学本科教育在对学生实践能力的培养要求上还存在模糊空洞等问题，其根源在于缺乏成熟稳定的能力观。关于能力观的理论分歧可追溯至欧美国家法学教育在能力设定上的两种模式：以美国为代表的专门主义和以英、法、德为代表的普适主义。比较分析表明，由于所立基的国情不同，这两种模式都不能当然适用于当代中国，我国的法学教育能力观应当以普适主义为基础、以专门主义为补充，在强调智能技能主体性的基础上有选择地增加实务技能内容，并形成具体能力要求以指引法学教育的改革与实践。

关键词：法学教育　智能技能　实务技能　专门主义　普适主义

一、问题的提出

对我国当前的法学本科教育改革来说，“实践能

---

* 杜健荣，云南大学法学院副教授、法学博士，研究方向：法哲学、法社会学。

力”是一个关键词。这主要是因为法学专业的人才培养目标正在向应用型转变，而对于应用型法律人才来说，虽然基础的理论知识仍然不可或缺，但是具备相应的实践能力才是其区别于学术型人才的核心特征。特别是在我国法学教育长期以来偏重于知识传授，对实践能力的培养无论在重视程度、资源投入还是体制机制上都还存在明显缺失，并因此导致毕业生能力不足的情况下，将实践能力培养作为改革的核心抓手和关键环节就具有了更大的合理性。

值得注意的是，虽然培养实践能力的重要性得到了普遍认同，相关培养措施也在不断丰富，但是其内容却一直没有得到清晰的表达。2018年发布的《普通高等学校法学类本科专业教学质量国家标准》对学生能力提出四项要求，①其中只有第二项针对法律实践能力，而其所采用的表述（“将所学的专业理论与知识融会贯通，灵活地综合应用于专业实务之中的基本技能”）与大多数法学院系的培养要求一样都存在高度抽象、缺乏具体内容等问题。这说明当前我国的法学教育尚未形成一套成熟稳定的能力观——所谓“能力观”，是指在应当培养哪些方面的实践能力问题上的基本理念和具体要求，它是一国法学教育中实践能力培养的基础和指南。能力观的缺位对于人才培养会造成直接的不利影响，它不仅会导致培养措施的选择困难，也会导致人才培养质量的评价困难，使能力培养质量无法得到有效控制，进而制约人才培养质量在整体上的提升。

这意味着当前迫切需要对法学教育的能力观进行构建，使之能够适应社会的需要和法学教育自身的发展进程。对此，已经有一些研究者进行了较为深入的讨论，基于“智能技能”（intellectual skill）与“实务技能”（professional skill）这一关键区分，②可以将现有主要观点分为两类：一类

① 教育部高等学校教学指导委员会编：《普通高等学校本科专业类教学质量国家标准》，高等教育出版社2018年版，第34页。

② “智能技能”主要指运用法律概念、原理和方法进行分析、推理、解释、论证、判断的能力，而“实务技能”主要指根据具体法律职业的惯常行动方式处理技术性、程序性问题的能力。这一区分较早来自美国法律诊所教育实践联合会2007年发布的报告“Best Practices for Legal Education：A Vision and a Road Map”（2007）：Accessed February 2，2019. https://www.suffolk.edu/documents/Law%20Documents/best_practices-cover.pdf。

观点认为法学教育应当集中培养学生的基础性实践能力,即智能技能;[③]另一类观点则认为法学教育应当全面培养学生的实践能力,包括智能技能和实务技能。[④] 这种分歧的存在说明学术界对于能力观的内容尚未形成共识,因而需要进一步的取舍与整合。问题在于,这种整合与取舍并非易事,因为上述观点与欧美各国法学教育所采用的不同模式之间存在一定的承接关系,这意味着它们都有相应的理论与实践基础,因此对于这些观点,并不能仅仅依凭研究者自身的偏好加以肯定或否定,而是需要回到这些观点所存在和发展的基础及背景中来进行系统性的评价。正是基于这样的认识,本文试图追根溯源,对美、英、法、德四个国家法学教育的能力观进行类型化的分析和总结,提炼其中具有规律性的内容,并结合我国实际情况提出一套具有现实合理性及可操作性的改革方案。

二、域外经验:能力观的两种模式

虽然欧美各国对法科学生实践能力的内容设定各有特色,但是也可以做一定的类型化处理。如果以能力的指向及完整性程度为标准,可以将各国做法划分为两种主要模式:一种是以美国为代表的、以律师作为主要人才培养目标,致力于提供全面覆盖律师执业所需实践能力的专门主义模式;另一种则是以英、法、德为代表的,以培养具有普遍适用性的法律人才为目标,偏重于训练具有基础性和共通性的实践能力的普适主义模式。

(一)专门主义

正如我们所知,美国法学教育的一个显著特征就在于其以培养律师

③ 参见何美欢等:《理想的专业法学教育》(修订版),清华大学出版社2016年版,第15页;葛云松:《法学教育的理想》,载《中外法学》2014年第2期。

④ 参见王晨光:《法学教育的宗旨》,北京大学出版社2016年版,第21页;许身健:《卓越法律人才教育培养计划之反思与重塑》,载《交大法学》2016年第3期。

为主要目标。虽然这个判断并不适用于所有法学学位，但是至少就其主要学位类型 Juris Doctor(JD)而言，这一点是十分明确的。这不仅是法学院的自我定位，同时也是学生的自我规划以及社会的普遍预期。这一目标的形成与以下因素有关：首先是律师业的吸引力。长期以来，美国律师市场的不断扩大和收入的不断升高不仅为法学院毕业生提供了充分的就业机会，也使律师业成为接受精英教育、缴纳高昂学费的法学院学生的最优选择。其次是法学院认证制度的影响。从 20 世纪 20 年代开始，作为全国性律师组织的美国律师协会就开始推行法学院认证制度，并于 1952 年获得美国联邦政府的正式指定，成为官方认证机构。律师协会不仅规定只有获得认证的法学院毕业生才能报名参加律师资格考试，同时也要求获得认证的法学院“课程设置必须以使毕业生获得执业律师资质为导向”。这些举动都在一定程度上强化了法学院对以律师作为人才培养导向的意识。

虽然美国法学教育培养律师的目标确立已久，但是其能力观的内容也并非一成不变。在 20 世纪 80 年代之前，各法学院较侧重于智能技能的培养，律师事务所承担了较多的实务技能培养职责。到了 80 年代，受全球化等因素影响，律师业的国际、国内竞争不断加剧，美国的律师事务所越来越无心和无力承担对法学院毕业生进行实务技能培养的责任，转而要求法学院提供入职后立即可以承担起高度专业化和复杂化法律工作的人才“成品”。在这样的背景下，法律实务界开始呼吁将“职业主义”注入法学教育当中，在法学院开展全面的技能教育，使学生不仅能够“像律师一样思考”，也能够“像律师一样行动”。⑤ 这种诉求在进入 90 年代之后逐渐演变为全国性的潮流，多家与法学教育关系密切的机构都发布研究报告，针对这一问题提出相应的改革方案，其中较有代表性的有：(1)美国律师协会法学教育部 1992 年发布的《法学教育与职业发展——一种教育上的连续统一体》报告，简称“麦卡特报告”；(2)美国法律诊所教育实践联合会 2007 年发布的《最好的法学教育实践——前景与

⑤ See Denise PlatfootLacey, “Embedding Professionalism into Legal Education”, *Journal of Law, Business & Ethics*, 18, 2012, p. 45.

路径》,简称"最好实践报告";(3)卡内基基金会 2007 年发布的《教育律师:为法律职业做准备》,简称"卡内基报告"。这些报告都秉持职业主义的思想,对法科学生的实践能力提出了新的、体系化的要求。[⑥] (见表 1)

表 1　20 世纪 90 年代后美国法学教育相关机构发布的报告

"麦卡特报告"	"最好实践报告"	"卡内基报告"
1. 制定解决问题的策略; 2. 进行法律分析和推理; 3. 开展法律问题研究; 4. 对事实进行调查; 5. 与他人进行有效交流; 6. 向委托人提供咨询; 7. 与他人进行谈判; 8. 运用诉讼和非诉讼方式解决争端; 9. 运作和管理法律工作; 10. 解决伦理上的两难问题	1. 通过律师资格考试; 2. 有效解决法律问题; 3. 自我反省和终身化的学习技能; 4. 智能技能和分析技能; 5. 关于法律的核心知识及理解; 6. 其他职业技能	1. 基础知识和基础技能; 2. 具有投身复杂法律执业的能力; 3. 在不确定的情况下决策; 4. 在经验中学习; 5. 创造性; 6. 有能力和愿意加入公共服务

上述各份报告的要求虽然不尽相同,但是其共通性显而易见。从结构上看,它们都包含了两方面的内容:一方面是基本的智能技能,包括法律基础知识的理解、法律分析和法律推理、对法律问题进行研究等;另一方面是律师执业所需的实务技能,包括对事实的调查、提供咨询、进行谈判和磋商、组织团队开展工作、处理疑难问题等。这显示出不同机构在实践能力培养要求问题上已经形成了一定的共识。在这样的能力观指引下,众多法学院对学生实践能力培养的具体要求进行了调整,同时也在课程设置和教学方法上进行了相应的改进。例如,哈佛大学法学院在原有课程基础上增设"问题解决工作坊",旨在为学生(特别是低年级学生)提供一个真实的律师工作场景。[⑦] 有的法学院则设立了学院内的律

---

⑥ "Legal Education and Professional Development—An Educational Continuum", Accessed May10, 2019, http://www.americanbar.org/content/dam/aba/publications/misc/legal_education/2013_legal.

⑦ Beverly Petersen Jennison, "Beyond Langdell: Innovating in Legal Education", *Catholic University Law Review*, 3, 2013, p. 663.

师事务所。从实施效果看,这些措施提升了法学院毕业生的职业胜任力,使其在国内外律师事务所和大型企业中的受欢迎度提高,就业率保持高位稳定,薪资水平亦呈现不断上升的趋势。

(二)普适主义

1. 英国

通常认为,同属普通法系的英国和美国在法学教育上也采用同一种模式。这种看法有失偏颇,虽然两国法学教育在内容和方法上有相通之处,但是至少就人才培养目标而言差异十分明显。英国的法学教育并不以培养律师为主要目标,而是面向一般性的"与法律有关"的职业,这种状况形成的主要原因在于:首先,从历史角度看,英国的法学教育与法律职业之间并不存在像美国那样的紧密联系。其次,从现实角度看,法学院毕业生从事律师职业的比例十分有限,这主要是因为英国的法学教育主体是本科层次,主要是一种大众化的教育,律师市场对于因此而产生的大量毕业生容纳能力有限。而且在英国作为一名律师所获得的收益也没有美国那样有明显的优越性,这也在一定程度上抑制了学生对律师职业的追求。最后,在英国存在专门针对律师业的职业技能培训机制。按照业界的要求,如果学生有志于进入律师行业,除了大学教育之外还需接受进一步的职业教育培训,包括面向事务律师的 LPC(Legal Practice Course)和面向出庭律师的 BVC(Bar Vocational Course),这些由专门机构提供的课程时间均在一年左右,根据律师业务的不同类型进行实践技巧方面的培养与训练。这种机制的存在使法学院没有必要将律师作为主要的或专门的培养目标。

在这样的背景下,英国法学教育形成了偏重于培养基础理论知识和基本智能技能的定位。这种能力观在一系列重要文件中得到了确认。例如,1971 年英国法学教育委员会所公布的《欧姆罗德报告》对法律教育提出了学术教育、职业教育以及继续教育三阶段的划分,该报告认为,具有职业针对性的实务技能训练应当交由专门机构负责,以避免法学院与这些专门机构之间的工作重叠。1995 年英国国家法律教育与引导顾问委员会发布的法学教育改革报告也主张法学学位不应当捆绑于某一职业,而应当具有独立的自由教育属性。在这些报告的基础上,英国高等教育质量保证署于 2015 年发布新的法学专业《学科基准声明》,提出法学本科毕业生应当具备以下 12 项技能和心理素质:⑧

(1)智力上的独立;(2)自我管理;(3)对法学理论的认识和理解;(4)对实体法的掌握;(5)开展自主研究;(6)处理与工作有关的数据;(7)处理法律中的不确定性;(8)进行分析和决策;(9)提出有证据的结论;(10)进行口头或书面沟通;(11)具备对法律职业伦理的认知意识;(12)致力于专业发展并保持学术诚信。

通读这份标准不难发现,上述要求包含了三个方面的内容,分别是大学生的基本素质(1、2 项)、法律智能技能(3 ~ 10 项)以及职业及学术伦理(11、12 项),而其中并没有包含具体的实务技能。与这种立场相匹配,法学院普遍采用小班化辅导、讨论、论文写作等课程类型和教学方式。当然,这并不意味着英国的法学院不开展实务技能方面的训练,实际上,诸如法律诊所等针对实务技能训练的课程一直都有开设,有的法学院设立了学生法律事务所,还有的法学院则试图将部分 LPC 课程整合进本科课程当中,只是这些做法更多地表现为个别化的追求,在整个教育教学过程中所占的比重也较低。这种法学院与职业训练机构分工合作的培养模式,有利于学生在法学院学习期间在法律知识和法律思维上建立牢固的基础,从而形成宽口径的职业适应力,以满足学生多样化的职业选择。当然,对于专门的法律职业来说,法学院所输出的还只是"半成品",需要专门机构在实务技能方面进一步培养。

2. 法国

与英国相似,法国的法学教育也以培养通用法律人才为目标,这种普适性目标的形成与以下因素有关:首先,法国的法学教育也是一种大众化的教育。由于公立大学入学采取注册制,学生可以自由选择学校和专业学习,因此大多数法学院并不能控制入学人数。由于学生人数众多且就业意向多元,法学院也必须采取普适主义的态度来满足学生的需

⑧ "Sbuject Benchmark Statement: Law"(2015), Accessed May 10, 2019, http://dera.ioe.ac.uk/23774/.

求。其次，特定法律职业的容纳力和吸引力有限。法官、检察官等职业社会地位较高，收入稳定，但是名额较少，入职难度大。进入律师业的难度相对要低，但是要获得律师资格也仍然需要付出大量额外的时间和精力，而该行业的收入又没有特别明显的优势，因此相当一部分毕业生会选择其他入职难度相对较低但薪资待遇基本相同的部门。最后，主要的法律职业有自己的专门培训机构和机制。在法国，若法学专业毕业生希望成为一名法官，需要在通过国家司法官学院组织的会考之后接受总长31个月的培训，具体包括社会实践、理论学习、审判实习、具体岗位培训等。想要从事律师职业则需要在毕业后接受长达两年的律师学院培训。在这样的情况下，大学法学教育也没有必要将某种法律职业作为主要的培养目标。

这样的人才培养目标和培养体制决定了法国法学教育在能力观上对智能技能的侧重，即法学院主要向学生提供具有基础性的智能技能训练，而将那些与法律职业有关的实务技能训练留给专门的机构（如司法官学院和律师学院）来完成。这一点在人才培养要求中得到了明确的体现，根据研究者的总结，法国法学教育在知识和能力培养方面的要求主要包括：⑨

（1）了解法国、欧盟和国际组织机构；（2）理解法国（和外国）政治法律体制以及它们的历史和发展；（3）理解、运用不同法律部门的基本规定和不同层级的法律规范；（4）掌握逻辑分析方法，阅读和分析国内和国际判例；（5）运用掌握的理论知识进行法律层面的评判，对现实中法律方面的问题和困难提出解决方案；（6）运用信息和交流技能；（7）用母语和一门外语进行书面和口头表达。

在上述要求中，前两项属于知识范畴，最后两项属于所有大学生都应当具备的一般能力，只有中间三项属于与法律工作有直接关联的智能技能，且属于其中最基础的内容。与这种情况相适应，法学院培养智能技能的手段也较为简单，主要是通过讲座课之外的辅导课来实现，学生

⑨ 王蔚：《法国法学教育论纲》，载《中国法学教育研究》2017年第2期。

在辅导课上通过小组讨论和练习的方式学习如何分析案例、起草法律文书等。总体而言,与英国一样,由于在能力观上采用普适主义模式,法国各法学院的毕业生普遍具备较为扎实的知识和智能技能基础,成为能够从事"包括公共服务、司法实务、保险、银行、不动产、人力资源和管理在内的一系列职业的人才",⑩但是,如果仅就毕业生的法律职业胜任力而言,则仍与美国法学教育存在较大的差距。

3. 德国

德国法学教育在培养目标和能力要求上也以普遍的适用性为原则,只是相比于前述两国在此问题上的长期一贯性,德国的这一立场形成相对较晚。在 2002 年之前,德国法学教育将法官作为最主要的培养目标,这种观念如此强烈,以至于要在《法官法》中以专门条文对法学教育的内容进行规定。只是虽然有这样的培养偏好,法学院却并未超越智能技能而广泛培养与法官职业有关的实务技能,这主要是因为在法学教育与法律职业之间,有一个承担实务技能培养任务的过渡阶段,即有志于从事法律职业的学生在通过第一次国家考试之后,以"候补文官"身份在法律实务部门所进行的为期两年的"见习服务"。在此期间,考生需要按照规定的时间到不同的法律部门轮岗实习,而这些部门则负有对见习者进行实务技能训练的职责。只有完成见习并通过第二次国家考试,才能作为完全的法律从业人员从事正式的法律职业。正是由于这个过渡阶段的存在,使法学教育无须在实务技能培养上花费太多精力。

问题在于,由于高度专注于法官的培养,在大多数毕业生由于国家考试的困难和法官职位的限制而无法成为法官之时,毕业生却因为训练不足而难以胜任其他职业,这种状况促使德国政府着手对法学教育进行改革。2002 年,德国通过《法学教育改革法》,对原有各项法律中关于法学教育的内容进行了全面修订,其中最重要的一点就是不再将法官作为最主要的培养目标,而是将其转换为"具有全方位工作能力的法律人"。与此相关的另一个重要转变是,法学教育的能力观从对智能技能的偏重

---

⑩ 朱明哲:《全球化背景下的法国法学教育——体系性追求及其面临的挑战》,载黄进主编:《中国法学教育研究》2017 年第 2 辑,中国政法大学出版社 2017 年版,第 193 页。

转向了对实务技能的强调，最为显著的表现是上述法律第 2 条第 3 款将《德国法官法》第 5a 条第 3 款第 1 句修改为："学习的内容考虑到司法、行政以及法律咨询实践，包括为这些实践所必需的关键性技能，特别是谈判管理、进行会谈、辩论、调解纠纷、和解、听证理论和沟通能力。"⑪相比于原来的表述（"学习的内容考虑到司法、行政以及法律咨询实践"），这一修改明确了法学教育应当培养的能力包括：

（1）谈判管理；（2）会谈；（3）辩论；（4）调解纠纷；（5）和解；（6）听证；（7）沟通。

不难看出，上述七项要求都属于实务技能。虽然《法学教育改革法》强调的是司法、行政以及法律咨询活动中的通用技能，但是从实质上看这些能力更接近律师业务。这反映出德国法学教育改革的另一个重要转变，那就是在确定能力问题时向律师职业的倾斜，换言之，立法者把律师作为了"理想类型"来设定能力培养的要求。这样的倾向虽然并未损及普适主义的定位，但是也在一定程度上标示出其与英国、法国的区别，可以说德国法学教育改革建立了一种"新普适主义"。在新能力观的影响下，许多法学院都采取了有针对性的改革措施，如在传统的研讨课、练习课之外要求法学本科和硕士生在每个学期都要参加法律诊所课程，⑫但是由于新的能力观与原先差别较大，大多数法学院尚无法实现其要求，因此上述标准更接近于一种改革的理想，而不是要在短期内完成的任务。

三、中国选择：折衷主义的路线

（一）两种模式的限度

通过上面的分析可以看出，当前国内法学教育研究中关于能力观的

---

⑪ 邵建东编译：《德国法学教育的改革与律师职业》，中国政法大学出版社 2004 年版，第 28 页。

⑫ Andreas Bucker & William A. Woodruff, "The Bologna Process and German Legal Education: Developing Professional Competence through Clinical Experiences", *German Law Journal*, 5, 2008, pp. 611 – 613.

两类主要观点分别对应于欧美法学教育中的普适主义模式和专门主义模式。从本质上说,两种模式乃是适应于各国的历史传统、社会环境、培养目标以及配套机制等因素而形成,因此并无绝对的高下之分,我们应当选择哪种模式,抑或突破这两种模式形成新的模式,主要取决于基础因素的对比,其中最重要的两项因素分别是:是否有特定的人才培养目标,以及法学教育与法律职业之间是否有专门的衔接训练。从欧美各国的经验看,二者组合所呈现的一般规律表现为:有特定培养目标而没有职业过渡阶段的国家采用专门主义模式,没有特定培养目标但是存在职业过渡阶段的国家则通常采用普适主义模式。而我国的特殊之处在于,法学教育没有特定的职业培养目标,其与法律职业之间也没有专门性的过渡阶段,这种情形决定了上述模式均不能当然地适用于我国。

一方面,专门主义模式不适合当前我国法学教育的基本定位。如前所述,专门主义匹配的是特定的职业取向和精英化的教育教学方式,而我国法学教育培养一般法律人才的目标决定了其在结构和条件等方面都难以移植此种能力观:首先,我国的法学教育总体上属于大众教育,这一属性决定了法学教育(特别是法学本科教育)不仅是一种专业教育,同时也还具有通识教育和公民教育的作用,因此在课程设置中必然有大量的公共课程,留给专业教育的学分数量有限,而其中大部分又需要用于基础理论课程,开展实践能力训练的空间较小,这一点从近年来各法学院校试图提升实践课程学分占比却面临重重困难中即可窥见一斑;其次,全面的实务技能训练需要大量仿真甚至全真的训练环境,培养成本较高,因而只有在高投入、高学费的基础上才能开展。就我国目前的情况而言,虽然对法学教育的经费投入较之过去有了很大增加,但是由于学生数量庞大,一定程度的经费增加显然还不足以负担全面的实务技能训练所带来的成本上升问题,而大众教育的属性又决定了学费不可能快速增加。[13] 因此这种模式或许可以在少数法学院系中得以复制,但是对

⑬ 一个值得注意的情况是,由于美国的法学院近年来推动实务技能培养,在一定程度上造成学费不断上涨,已经引发了社会的批评和质疑。See James E. Moliterno, "And Now a Crisis in Legal Education", *Seton Hall Law Review*, 4 , 2014, p. 1076.

于法学教育的整体而言是难以实现的。

另一方面,传统的普适主义模式不能满足当前法律职业的人才需求。普适主义模式在人才培养目标方面与我国较为接近,但是对于我国而言这种模式也存在一定的局限,这种局限主要来自普适主义能力观所依赖的基础条件,即法学教育与法律职业之间的过渡机制。对于英、法等国来说,正是由于在大学法学教育之后有专门的法律职业准备阶段的存在,法学院才能够在教学中将注意力集中到智能技能的培养上来。这说明,要采用以智能技能培养为重心的普适主义模式,就必须要有专门的职业训练机构来为准备投身法律职业的毕业生提供有针对性的实务技能训练,否则就会出现能力真空。而我国在这一问题上采取的是直接进入机制,即学生毕业后只要通过相应考试,就可以直接从事相关法律职业。由于缺乏连接法学教育与法律职业之间的"中转站",法学专业的学生难以在毕业之后、工作之前获得针对特定法律职业的、系统化的实务技能训练。当然,我国《法官法》和《律师法》中有对预备法官培训和律师实习的规定,⑭但是这些安排都是入职之后的培训,缺乏系统的设计和严格的考核,例如预备法官培训只有两到三个月在法官学院学习,且以理论课程为主,其余时间都是在岗实习,实际上已经是在开展工作。从效果上看,这样的培训显然不可与普适主义模式下系统的、具有选拔和淘汰性质的专门训练同日而语,且如果这些机制真的有明显作用的话,法学教育也就不会面临如此严峻的关于实务技能培养的批评和压力。因此,除非我们设计增加一个从法学教育到法律职业的过渡阶段来专门培养毕业生的实务技能,否则就不能仅仅满足于普适主义模式。

(二)中国法学教育能力观的构建

在两种模式均不能当然适用的情况下,我们需要结合当前法学教育的实际,探索构建新的能力观。这种构建的本质就是要在智能技能与实

---

⑭ 我国《法官法》第31条第1款规定:"对法官应当有计划地进行政治、理论和业务培训。"最高人民法院印发的《法官培训条例》第2条第2款规定:"拟任法官的人员,须接受预备法官培训。"第15条第1款规定:"预备法官培训应注重岗位规范、职业道德和审判实务的培训。培训时间不少于一年。"《律师法》第5条第1款规定:"申请律师执业,应当具备下列条件:……(三)在律师事务所实习满一年……"

务技能之间进行重新的组合与配置,使之既能够满足社会对法律人才的需要,也能够适应法学教育的能力与条件。要完成这一任务,需要厘清以下问题:一是如何设定两种技能之间的关系,二是如何确定两种技能的具体内容,三是应当采取哪些措施来对两种技能进行训练。

第一,就智能技能与实务技能的关系而言,我国的法学教育能力观应当以智能技能为重心,以实务技能为补充。这样的设定可以被视为是对专门主义模式和普适主义模式的一种折衷。从人才培养目标看,我国法学教育需要培养的仍然是“具有全方位工作能力的法律人”,而对于多元化法律人才培养而言,最有效的方法就是从具有显著共通性和基础性的智能技能入手。所谓共通性,是指智能技能所指向的分析、解释、推理、论证等能力不仅是法律人区别于非法律人的重要标志,也是职业共同体的基本构成要素,因而对不同法律职业来说具有不可或缺的重要性,无论毕业生今后从事何种职业,其在法学院中获得的智能技能都有运用的空间。而所谓基础性,主要是指具备一定的智能技能是获取实务技能的前提条件。从本质上说,智能技能指向的是思维能力,而实务技能指向的是行动能力,虽然在实际工作中思维最终需要转化为行动,但是如果没有法律思维作为基础,法律行动就很难取得成功。换言之,不具备扎实的智能技能,实务技能就会成为无源之水、无本之木。因此,在培养条件有限的情况下,应当优先、着重培养智能技能,在此前提下,再根据实际情况适当增加实务技能训练内容,以填补衔接机制缺乏所带来的能力真空。这种主次关系的判断虽然看似简单,但是对于我国法学教育实践却具有十分重要的意义。从总体上看,近年来的各种改革明显偏重于实务技能培养,与此相对应的则是智能技能在一定程度上被忽视。这种状况揭示了当前存在的观念偏差,即将实践能力等同于实务技能,或者认为实务技能比智能技能更重要。这种舍本逐末式的做法已经导致了许多不利的后果。例如,许多研究者都已经指出,目前的模拟法庭、法律诊所课程都有“表演化”的倾向,[15]一个重要原因就在于基础知识和

---

⑮ 许身健:《卓越法律人才教育培养计划之反思与重塑》,载《交大法学》2016 年第 3 期。

基本技能尚未巩固。因此在能力观的构建中亟待正本清源,对智能技能的基础和主体地位进行明确规定,使实践能力培养形成正确的方向。

第二,在确定了不同技能的主次关系之后,需要进一步确定二者具体的培养内容。从一般意义上说,智能技能相对容易确定,无论是从国外经验还是学术研究成果看,对该项技能包括哪些内容已经取得基本的共识。在笔者看来,既有共识主要指向以下几个方面:

(1)法律分析能力;(2)法律解释能力;(3)法律推理能力;(4)法律论证能力;(5)法律判断能力。

相比之下,实务技能显得较为多元,这主要是因为实务技能不像智能技能那样具有很强的通用性,由于各法律职业的工作内容不同,具体的操作及其能力要求也有差异,在只有有限空间可以开展实务技能训练的情况下,选择哪些技能作为主要培养内容就成为一个重要的问题。对此,有研究者认为,由于"法院(或者诉讼)是所有法律实践活动的核心环节",因此"应当借鉴德国经验,将中国法学教育的目标定位在主要培养法官能力"。⑯ 这种观点在实践中颇为流行,但是也值得商榷,这不仅是因为德国法学教育的人才培养目标已经发生了从法官向一般法律人才(以律师为侧重)的转变,也是因为从适用范围来看,律师技能更为实用:首先,从技能的内容和运用场景看,律师技能的实用性更强。相较而言,法官作为司法者,其活动范围主要集中于诉讼领域,而律师作为法律服务的提供者,活动范围远大于诉讼领域,技能不仅在内容上更加丰富,而且在现实生活中应用的概率更高。此外,这些技能在其他与法律有关的职业中拓展性也较强,因为诸如行政执法和企业法务等职业,在工作内容上都更接近于律师而非法官。其次,从就业去向看,律师业的吸纳能力也更强。目前我国每万人中律师人数不足3人,未来仍有较大的增长空间,反观法官行业,在员额制改革后,其对法学专业毕业生的容纳力不增反降,法官助理和书记员虽然还存在一定的岗位空缺,但是空间也十分有限。基于这样的认识,当前将基本的律师技能作为实务技能培养

⑯ 葛云松:《法学教育的理想》,载《中外法学》2014年第2期。

的主要内容或许具有更强的合理性。结合美国法学院实务技能要求和我国律师执业的基本情况,以下几个方面的律师技能可以作为培养的侧重点:

(1)起草、审查法律文件的能力;(2)对事实进行调查的能力;(3)提供法律咨询的能力;(4)法庭辩论的能力;(5)调解纠纷的能力。

当然,这样的判断并不排斥各法学院校根据自身定位及能力选择培养有关司法审判、行政执法或立法实践的实务技能,只是应当注意要形成相对明确的能力培养导向或体系,避免能力要求成为不同领域实务技能的拼凑或堆砌。

第三,由于两种能力的性质和内容均有不同,因此需要强调采用不同的方式方法进行培养。就智能技能而言,根据国外的普遍经验,其基本培养方式是案例研习课、讨论课及工作坊,这些课程的核心都在于"练习",这说明智能技能的培养途径是在教师监督之下的反复训练。而正如前文所指出的,当前由于对智能技能的重视不足,不仅缺乏专门的课程,在一般课程中也没有采用有效的方法进行训练,这显然是下一步改革需要重点补足的。在实务技能的部分,其培养方式主要是"遵守实际操作的流程,采用仿真、全真、模拟等多种形式,进行真正场景化的法律实践教学",[17]采用这种方式的传统课程主要有模拟法庭和法律诊所。随着近年来美国法学教育对"体验式学习"的强调,已经有越来越多的法学院通过创设各种现实场景,有针对性地对能力要求中的各项实务技能进行单独或综合训练,这类课程主要有法律写作与研究、庭审实践、审前程序、合同起草、诉状撰写等。[18] 值得注意的是,虽然当前对实务技能的重视程度在不断提高,但是由于内容一直没有得到细化,因此培养措施也就无法实现相应的精细化,特别是在课程设置问题上,还存在满足于模拟法庭和法律诊所等"最低配置"的状况。这充分说明现有培养方

⑰ 刘坤轮:《我国法学类专业本科课程体系改革的现状与未来——以五大政法院校类院校为例》,载《中国政法大学学报》2017年第4期。

⑱ David I. C. Thomson, "Defining Experiential Legal Education", *Journal of Experiential Learning*, 1, 2015, p. 25.

式尚不足以有效支撑基本的实务技能培养，在这个方面需要不断丰富相应的课程体系，拓展培养的方式和方法，使培养效果得到有效提升。

On the Perspective toward the Abilities in Legal Education: Foreign Experience and China's Choice

Du Jianrong

Abstract: At present, there are still the problems of ambiguity and emptiness in the cultivation of students' practical ability in Chinese undergraduate legal education. The root lies in the lack of mature and stable perspective toward the abilities in legal education. With regard to the theoretical differences in the concept of ability, the author traces back to the two modes of capacity setting in legal education in Europe and the United States, that is, specialism represented by the United States and universalism represented by Britain, France, and Germany. Through the comparative analysis, the author finds that dues to the different national conditions of each country, these two models can not be fully applied to contemporary China. China's perspective toward the abilities in legal education should be based on universalism and supplemented by specialism. On the basis of emphasizing the subjectivity of intelligent skills, Chinese legal education should selectively increase the content of practical skills and form specific capacity requirements to guide the reform and practice in legal education.

Key Words: legal education, intellectual skill, practical skill, specialism, universalism

“一带一路”倡议下涉缅卓越法治人才培养路径*

刘红春　徐敏慧**

摘　要：在“一带一路”倡议下，中国特色涉外法律体系建设层面的人才培养计划由“卓越法律人才”升级为“卓越法治人才”，但现有卓越法治人才培养计划对“一带一路”诉求下精通国别法与区域法，以及熟悉五通与重点投资行业的培养目标没有清晰的理解，导致对涉外卓越法治人才作用存在认识上的错位。加之，我国目前已有的成效显著的法治人才培养模式尚未得到全面推广，联合培养平台搭建、协同育人机制构建、企业合规意识强化以及国际事务综合处理能力提升等培养机制的欠缺，难以为“一带一路”倡议的推广、企业“走出去”战略的实施构筑坚实的法治屏障。本文以对缅投资法律服务实证调研为基础，通过检视培养目标、培养平台、培养方式、

---

* 本文是云南大学双一流建设项目“中国海外企业经营环境及企业劳动力素质调查”、2018年度教育部人文社会科学研究一般项目“行政规范性文件审查机制研究”（项目编号：18YJC820033）、“‘一带一路’倡议下的对外投资法律风险防控研究”（项目编号：KC1860506）的阶段性成果。

** 刘红春，云南大学法学院副教授、法学博士，研究方向：对外投资法律风险防控。徐敏慧，云南大学法学院在读硕士研究生，研究方向：行政法。

课程设置及评估体系等方面的不足,提出涉缅卓越法治人才培养的五个有效路径,以期为“一带一路”倡议下多层次、全方位、高质量涉外法治人才的培育提供一个参考。

关键词:“一带一路” 涉外法治 卓越法治人才 协同育人 对缅投资

一、问题的提出

2011年12月23日,教育部与中共中央政法委发布的《关于实施卓越法律人才教育培养计划的若干意见》提出了培养“涉外法律人才”。2017年4月,中国公司法务研究院与律商联讯联合发布的《2016—2017年度中国企业“走出去”调研报告》显示,法律风险是中国企业在“一带一路”建设中遇到的主要风险之一。① 2018年9月17日,教育部、中央政法委发布《关于坚持德法兼修 实施卓越法治人才教育培养计划2.0的意见》(以下简称《人才培养计划2.0意见》),在坚持“卓越”这一核心目标不变的基础上,培养思路从“法律人才”转变为“法治人才”,这一转变绝不是简单的称谓变化,更重要的是内涵的丰富、提升和标准的明确、具体,②但针对涉缅卓越法治人才的培养规定仍有所欠缺。2019年2月25日,全面依法治国委员会第二次会议提出要加快我国涉外法律体系建设,必须要强化企业在涉外经营中的合规意识,发挥涉外卓越法治专业人才保障和服务高水平对外开放的推动作用。③ 从学者的研究、我国有关法治人才培养的文件以及中国政法大学、西南政法大学、华东政法大学、外交学院、对外经贸大学等高校的实践中可以看出,无论是“复合型的司法队伍和高水平的涉外律师”“涉外法律人才”“复合型法治人

---

① 参见杜玉琼:《中国企业投资“一带一路”沿线国家面临的法律风险及防范——以印度为例》,中国国际经济法学会年会暨学术研讨会论文,2018年,第49页。

② 参见郜占川:《新时代卓越法治人才培养之道与术》,载《政法论坛》2019年第2期。

③ 参见《习近平主持召开中央全面依法治国委员会第二次会议》,载新华网:http://www.xinhuanet.com/2019-02/25/c_1124161654.htm,最后访问日期:2019年2月27日。

才”,还是“涉外法治人才”的提法,其重点都紧紧围绕着“涉外”“人才”,核心都关注人才培养的质量。国家颁布了多部有关卓越法律人才培养的文件,但对于“涉外卓越法治人才”的相关规定较少,在实践中,即使是被批准的22所高校开创的对外经济贸易大学法学院与华东政法大学的法学本科培养模式、中国政法大学与德国汉堡大学的硕士培养模式、华东政法大学的本硕连读培养模式,以及法学特色班培养模式等,其培养方案和模式也是各自为政。笔者运用社会学的定量问卷调查和定性深度访谈相结合的方法,搜集整理了截至2018年在商务部备案的299家在缅中资企业的相关数据,并深入调研其中47家在仰光和6家在曼德勒的中资企业的法律服务需求及经历等以及4家中资律所的法律服务情况,拟在实证调研的基础上,探讨我国涉缅卓越法治人才的培养路径,并对可选择的培养方案进行对比分析,以厘清涉缅卓越法治人才培养路径的基本思路,并为满足“一带一路”倡议下涉缅法律服务人才培养的诉求提供具有可操作性的建议。

二、“一带一路”倡议对涉缅卓越法治人才培养的诉求

2018年12月7日,缅甸成立实施“一带一路”指导委员会,昂山素季任主席。2019年4月,昂山素季在第二届“一带一路”国际合作高峰论坛高级别会议上表示欢迎“一带一路”理念,相信“一带一路”建设可以与缅甸国家需求进行对接,帮助缅甸建设更多基础设施,实现国内的互联互通。④ 2019年8月,国务院印发《中国(云南)自由贸易试验区总体方案》,同一时间,以“新时代:法律服务的互联互通”为主题的第30届亚洲律师协会会长会议在云南昆明召开。据统计,云南对缅甸进出口

④ 参见《昂山素季:将确定中缅经济走廊合作领域》,载新浪网:https://news.sina.com.cn/c/2019-04-26/doc-ihvhiqax5191382.shtml,最后访问日期:2019年10月6日。

为364.3亿元,同比增长21.9%。⑤ 但“一带一路”倡议的推进在缅甸也面临一定的障碍,熟悉并精通“一带一路”相关法律的涉缅卓越法治人才需求非常紧迫,涉缅法治人才匮乏、法律服务供给体系质量与现实需求不匹配等问题应得到重视。

(一)需要精通缅甸法与区域法的卓越人才

“一带一路”倡议所涉不同法系、不同国家的法律制度与法律文化,仅以法律理论,或是诸如缅甸法律环境国别报告、投资风险指南或手册等常识性读物进行解读,不足以应对波谲云诡的该国局势以及系统性风险。从实践需求来看,涉缅卓越法治人才不仅要具备研判该国的政治、宗教以及社会状况等方面对其法律制定、施行可能产生的影响的能力,还应具备依法合规落实已签署的173份合作文件、85份标准化合作协议、111个国家和地区间的税收协定、49个沿线国家联合发布的知识产权务实合作的联合声明、“一带一路”法治合作国际论坛共同主席声明等的能力。⑥ 据我国商务部统计,2017年我国对缅甸直接投资流量4.28亿美元,截至2017年年末直接投资存量55.25亿美元。调研发现,受访者普遍认为中国企业在缅甸(“一带一路”沿线国家、地区)投资中的法律服务需求体量较大。但是,结合法律服务的供应量与质量二者是否匹配的问题时,超过一半的受访者对此予以否定,这或许可以表明中国企业对缅投资中法律服务的质量未能满足实际需求。关于严重制约和影响律师(法律服务机构)提供涉缅法律服务的诸多因素选项中,排在前两位的是“缅甸法律语言能力欠缺”和“缅甸知识欠缺”。面对法律咨

⑤ 参见国家外汇管理局云南省分局网:《1—8月云南与“一带一路”沿线国家贸易额达1042.3亿元》,载国家外汇管理局云南分局官方网站:http://www.safe.gov.cn/yunnan/2019/0927/644.html,最后访问日期:2019年10月6日。

⑥ 据人民网2019年4月发布的《共建“一带一路”倡议:进展、贡献与展望》报告统计,截至2019年3月底,125个国家和29个国际组织已与中国政府签署了173份合作文件,49个国家和地区与中国政府签署了85份标准化合作协议,111个国家和地区同中国政府在税收协定合作网络上达成合作,49个沿线国家与中国政府联合发布了《关于进一步推进“一带一路”国家知识产权务实合作的联合声明》,另外还发布了多份《“一带一路”法治合作国际论坛共同主席声明》,载人民网:http://world.people.com.cn/n1/2019/0423/c1002-31043717.html,最后访问日期:2019年4月24日。

询、法律培训等法律服务方面所表现出的庞大需求以及法律服务供给质量待升级的局面,需从供给侧推动法律服务更新升级,使其能适应需求升级的要求。从调研结果来看,多数受访者希望通过“不定期介绍、宣传缅甸及周边国家或地区最新的法律、法规和政策”“律师参与重要的商务谈判”等方式来提升法律服务质量,降低合规风险。

(二)需要熟悉涉缅五通与重点投资行业的法治人才

“一带一路”倡议的关键是政策沟通、道路联通、贸易畅通、货币流通和民心相通等“五通”。⑦ 落实到法治人才培养层面,法治人才对涵盖五通各环节及支撑领域法律如要达到稔熟的程度,至少以下五方面应统筹兼顾:一是学习陆运、海运、空运及空间综合信息网络等全方位、多层次、复合型基础设施的有关法律;二是学习新亚欧大陆桥及中巴和孟中印缅等六大国际经济合作走廊的有关法律;三是学习沿线国家和地区贸易投资自由化便利化的有关法律;四是学习创新投融资模式,积极拓宽稳定、透明、高质量资金支持的多样化融资渠道的有关法律;五是以增进相互理解和认同为目的,学习形式多样、领域广泛的公共外交和文化交流及奠定共建“一带一路”坚实民意基础的有关法律。⑧ 具体落实到某一行业,不仅要了解法律层面的规范,还需要梳理这一行业涉及的行政规范、行业管理规定等。我国在缅甸参与交通、能源、通信等基础设施重大工程、重大项目的立项、招投标等活动中,如何从项目主要风险类型来提升项目法律风险管理,做好项目合规管理,提高法律服务以防范投资风险,需要熟悉五通相关法律或者重点行业的法治人才参与其中。2019年年初,缅甸媒体曾报道:“在缅甸的投资主要集中在电力行业占57%,石油、天然气和其他矿业占18%。通常国有企业是中国投资缅甸的主体。”⑨也就是说,以注册独资或合资公司为主要形式的中资企业,对缅投资主要集中在油气资源勘探开发、油气管道、电力能源开发、矿业资源

⑦ 参见《一带一路的五通是什么?》,载新华丝路网:http://silkroad.news.cn/2017/0821/45876.shtml,最后访问日期:2019年4月22日。

⑧ 参见《共建“一带一路”倡议:进展、贡献与展望》,载人民网:http://world.people.com.cn/n1/2019/0423/c1002-31043717.html,最后访问日期:2019年4月24日。

⑨ 伊洛瓦底日报:《中国投资缅甸30年》,2019年1月26日。

开发及纺织制衣等加工制造业等领域。尽管针对不同行业、不同企业所提供的法律服务需求应据其实际量体裁衣,但是,在我们的实证调研中却发现,在缅中资企业在寻求宽泛的法律服务方面的同时仍有所聚焦。具体而言,合同管理、公司治理、知识产权保护、刑事、行政、金融、财税等问题,是中资企业在对缅投资过程中所难以回避的。现实的情况却是,目前能为中资企业提供法律服务的律所仅4家,服务局限于民商事及财税领域,而刑事合规、诉讼以及五通领域等方面法律服务则基本处于空白状态。调研还发现,中资企业虽有专门的法律服务部门或法律服务专业人员,但收效甚微,面对专项或专业法律事务的处理时企业仍偏向于寻求专业律师介入。另外,在缅甸,博彩、毒品、艾滋病、民族冲突等问题的法治应对也不可回避。例如,2019年5月7日,缅甸《赌博法》出台,其中一条规定外国人可以在缅甸博彩公司内赌博,但全文并未明确外国人是否可在缅甸境内开设博彩公司,中资企业在此行业的投资可行性分析、相关风险规避以及边境安全管控仍有待法治人才的参与。⑩

三、涉缅卓越法治人才培养对"一带一路"倡议需求的回应与困境

(一)培养类型上没有专业的规划与认知,缺乏针对性培养目标

2017年出台的《关于发展涉外法律服务业的意见》及随后提出的卓越法治人才培养计划虽对建立高素质涉外法律服务队伍作出顶层设计,在人才标准的具体目标上未明确化。《人才培养计划2.0意见》虽然提出了服务"一带一路"建设,着力培养熟悉"一带一路"沿线国家法制的

⑩ 参见缅甸《赌博法》出台:外国人可在缅赌博不能在缅开赌场,载大缅甸微信公众号:https://mp.weixin.qq.com/s?src=11&timestamp=1570350496&ver=1895&signature=QNFzCDkgmpQkB32SCZxDJQZrTLsxY2U2xG2wqTmK3yR9nP7w0xw0HUHzJDSGw9w7yugZExv2CzUuvStfUWCxANPQ3sfXOOnNxVacM5i5vAgSnj4VQltGBxXSM831azDN&new=1,最后访问日期:2019年10月6日。

高素质专门法治人才,[11]但对于"一带一路"所需卓越法治人才类型却没有明确的认知和规划设计,不能满足"一带一路"倡议下对精通国别法与区域法的卓越人才及熟悉五通与重点投资行业的法治人才的需求,而且没有明确的培养类型及现有标准之下显然难以在五年周期内培养出一流法治人才。中资企业在对缅投资中迫切需要什么样的法律服务,是此次实证调研中关注的重点问题。从实证调研的结果来看,受访者的选择集中于以下几个选项:一是投资环境及项目风险评估、调研报告;二是税收、外汇安排方案;三是东道国政府审批流程及审计资料准备;四是东道国的环保政策、劳工政策等合规经营方面的咨询建议。另外,少数受访者表示合同谈判、争议解决对企业也很重要。但是,涉缅卓越法治人才培养方案目前尚未涉及上述几个方面。

(二)高校未有效整合资源并搭建统一培养平台

我国已将涉外卓越法律人才培养基地设置在 22 所高校,由于各个学校拥有的教学资源有限,仅依靠一个高校、一个学院,甚至是一个学科来推动涉外卓越法治人才的培养是不切实际的。[12] 但是目前各高校还未形成有效整合资源的意识,高校内部还仅仅是凭法学院抑或法学专业来推动涉外卓越法治人才的培养,欠缺统一的人才培养平台。[13] 如外交学院作为首批"涉外卓越法律人才教育培养基地",其不仅拥有直属外交部这一体制资源优势,而且具有独特的国际法教学、科研及实践方面的资源优势。中国国际法学会秘书处设在外交学院国际法系,这为涉外卓越法治人才的培养提供了国内一流的国际法研究、交流、学习的平台。在现实中,对各培养基地的政策支持也存在不平衡的现象,囿于资金限制,高校能调动和利用的教学资源更显匮乏。[14] "一带一路"倡议下涉外卓越法治人才应该拥有更开放的知识结构与交流平台,虽然中国政法大

---

⑪ 参见教育部、中央政法委:《关于坚持德法兼修 实施卓越法治人才教育培养计划 2.0 的意见》(教高〔2018〕6 号)。

⑫ 参见谢海霞:《论国际化法学人才的培养模式》,载《人力资源管理》2011 年第 7 期。

⑬ 参见方桂荣:《中国法学教育国际化转型的困境与前景》,载《广西民族大学学报》(哲学社会科学版)2018 年第 2 期。

⑭ 同上。

学探索形成了"跨学科专业、跨理论实践、跨学院学校、跨国家地区"的"四跨"卓越法治人才培养模式,⑮但并未得到推广适用,各高校之间目前尚未达成涉外卓越法治人才共同培养计划或方案以实现优质资源整合,也未形成统一的人才培养平台,更未见有针对性地培养"一带一路"倡议下所需的精通国别法与区域法及熟悉五通与重点投资行业的涉外卓越法治人才。在实证调研中,目前仅有云南大学等几所高校与缅甸仰光大学、仰光外国语大学、曼德勒大学、曼德勒外国语大学等签署了战略合作协议,熟悉缅甸法律知识并能够运用缅甸语提供涉缅法律服务的卓越法治人才更是少之又少。

(三)培养方案的制定和实施过程缺乏实务指导

虽然现在部分高校跟实务部门有共同培养法治人才的合作,但是法律人才的实践能力水平依然没有提高。一方面,教育模式偏重理论教育,实践课程设置较少,实习则存在时间短、场地少、范围窄、缺乏考核及监督机制等问题。在推进"一带一路"倡议的过程中,首先遇到的法律问题便是如何快速搜集并分析某个国家或领域专业且权威的材料。笔者在访谈中发现:对于企业的法务团队在跨境投资经营活动中的角色扮演,多数受访者表示其负责、领导整个投资项目,包括立项、投资、经营、退出和纠纷解决,但对于那些专业化较强、业务能力要求较高的事宜,需要寻求更专业法律服务。理论上现已有《一带一路沿线国家法律风险防范指引》《"一带一路"沿线国家法律环境国别报告》《共建"一带一路"倡议:进展、贡献与展望》等资料,这些资料都是以需求或者是根据实际为导向编制的,高校如何把这些材料转化并落实到教学并与实务结合仍然有待探索。另一方面,则是我国与缅甸司法机构的合作尚未全面展开,一些高端法律论坛的效能未能充分发挥,这也在一定程度上限制了学生实践能力的提高。

(四)培养评估体系缺乏稳定标准,难以衡量培养成效

人才培养模式、课程设置、法学实践教学方法等,都在关键环节上影

⑮ 参见卢春龙:《"四型人才"导向的"四跨"——中国政法大学法治人才培养新模式》,载《政法论坛》2019年第2期。

响着评估体系的建立,而体系的缺位,实际上影响了对所培养学生能否符合“一带一路”倡议对涉缅法治人才需求的合理判断。但卓越人才培养计划实施几年来,始终没有一个稳定合理的标准及参照系来衡量培养成效如何。

四、“一带一路”倡议下涉缅卓越法治人才培养的路径

(一)明确培养目标,树立多元化人才培养理念,构建协同育人机制,形成体现中国特色的涉缅卓越法治人才培养体系

随着“一带一路”倡议的实施,涉外卓越法治人才培养计划应运而生,其培养目标也应围绕“一带一路”倡议的精神、目标及实施中所面临的法律问题及风险、五年周期与一流对口法治人才等方面来设计,这就要求涉缅卓越法治人才培养的合理目标不仅要强调法律知识功底、能力素养的特殊性,还要注重“一带一路”倡议下有针对性地培养精通国别法与区域法及熟悉五通与重点投资行业的涉缅卓越法治人才,同时符合法治国家、法治政府和法治社会对于法治人才培养的要求。例如,在对缅投资过程中,可有针对性地培养合同管理、公司治理、知识产权保护、刑事合规把控、诉讼服务以及行政、金融、财税等领域的涉缅卓越法治人才,从而在满足企业需求的同时提高涉缅法律服务的质量。

在明确培养目标的同时,还应区分不同层次进行有序培养,针对目前高校卓越法治人才培养的四种模式:本科、硕士或博士、本硕连读及法学特色班的不同阶段教育目的、教学内容、教学方式方法等方面存在的冲突、重叠问题,应开展更为全面、系统的卓越法治人才贯通式设计。[16] 涉缅卓越法治人才需要具备扎实的法律基础知识功底,作为人才储备的本科阶段应注重打好基础。相对于本科生,硕士或者博士拥有更完整的知识体系,有针对性地培养精通缅甸综合性知识技能或熟识该国某一领域的

---

⑯ 参见郜占川:《新时代卓越法治人才培养之道与术》,载《政法论坛》2019年第2期。

涉缅法治人才是我国目前硕士或者博士培养的目标所在。如中国政法大学的中欧学院,其主要目标就是培养精通欧盟相关法律制度的法律人才。在与缅甸高水平大学共同培养法治人才的过程中,可开展缅语+法学专业本科生2+1+1、硕士生2+1的联合培养模式。本硕连读或是法学特色实验班、精英班模式打破了原本受时间限制的培养方式,更专门化、系统化,可借助于“一带一路”倡议下涉外卓越法治人才培养的契机,在总结已有经验的基础上推广这类培养模式。

对于法治人才的培养基地,应打破高校和社会之间的体制壁垒,引入协同育人机制,将实际工作部门的优质实践教学资源引进高校,把高校作为“第一阵地”,法律实务部门、涉缅机构及国际组织作为“第二阵地”“第三阵地”等助力法治人才培养。在企业“走出去”的过程中,《企业境外经营合规管理指引》提出了企业及其员工的经营管理行为应符合有关法律法规、国际条约、监管规定、行业准则、商业惯例、道德规范和企业依法制定的章程及规章制度等要求,规范企业投资经营行为,合法合规经营,是推进“一带一路”建设的重要方面。因此,“涉缅合规管理人才”培育也应纳入“一带一路”倡议下涉缅卓越法治人才的体系中来。在对缅投资过程中,通过问卷、访谈得知,一般在缅中资企业虽然有专门的法律服务部门或法律服务专业人员,但其实际作用有限,对于专项或专业法律事务的处理还是寻求聘用专业律师。可见,涉外律师作为涉缅卓越法治人才的组成部分,应该纳入培养体系。建议利用我国高校的“协同创新中心”,鼓励高校与企业、律所、科研机构、政府、境外高校等部门共同合作来培养人才,在充分了解各方需求后及时调整培养策略,充分发挥各自所拥有的教学资源优势,打破培养模式单一的障碍,组建法律职业共同体联合培养卓越法治人才。法律实务部门专家与高校教师应形成双向交流机制,共同就涉缅卓越法治人才培养方案的制定、课程体系设计、教材编写等方面进行探讨,优化协同育人的机制,打造中国特色法治人才培养共同体,提高人才培养的质量。

（二）高校应积极探索联合培养机制，形成“两型三跨”的涉缅卓越法治人才培养模式

被选定为涉外卓越法治人才培养基地的高校，要打破封闭式教育模式，主动共享资源、优势互补，结合自身特点，明确涉缅卓越法治人才培养的目标和方案，以一流法学专业点为依托，推动各学校、各专业、各学科、各学院之间的合作，整合教学资源，积极探索建立涉缅卓越法治人才联合培养机制，在借鉴“四型”“四跨”⑰的基础上有针对性地培养“一带一路”倡议下的卓越涉缅法治人才，形成以培养“精通国别法与区域法及熟悉五通与重点投资行业”型的涉缅卓越法治人才为目标，“跨学科专业、跨学院学校、跨国家地区”的“两型”“三跨”涉缅卓越法治人才培养模式。如利用北京外国语大学的外语教学优势和外交学院的国际资源优势，实现外语、法律及国际事务综合处理能力教学的互动互补，实现跨专业、跨学校联合培养。结合北京大学与香港大学在法学领域联合开设五年制本科法学双学位项目及中国政法大学从制度层面推进国际型人才的培养所开展的“留学法大工程”和“执教法大工程”、三学期制的国际小学期等项目和工作，进一步构造涉缅卓越法治人才培养的新局面，实现跨国家的中缅联合培养。通过中缅合作办学或国际交流项目等形式引进并利用更多国外优质教师及教学资源，推进与缅甸高校在学分互认、师生互换与互派等实质方面的协作，⑱整合国内和国外的优质教学资源，打造联合培养涉缅卓越法治人才教学平台，为“一带一路”倡议下具有跨文化沟通能力和交往能力的优秀法治人才创造良好条件。对于高校之间的资源共享，可以利用大数据及云计算技术，探索“互联网+法学教育”的合作培养模式，通过视频网络传输技术，打破校园与校园间的地域与时空屏障，实现高校之间专业授课的同步共享，实现涉缅卓越法治人才跨学科专业、跨学院学校、跨国家地区的联合培养。

---

⑰ 即培养复合型、应用型、创新型、国际型的“四型”高素质社会主义法治人才，“跨学科专业、跨理论实践、跨学院学校、跨国家地区”的“四跨”卓越法治人才培养模式。

⑱ 参见教育部、中央政法委：《关于坚持德法兼修 实施卓越法治人才教育培养计划2.0的意见》（教高〔2018〕6号）。

（三）以实践需求为导向，在坚持理论与实践相结合的基础上提高人才的实践能力

精通缅甸法与区域法及熟悉五通与重点投资行业的卓越涉缅法治人才是专门针对"一带一路"倡议的需求提出的，这对于实践能力的培养既是机遇也是挑战。涉缅法治人才在发挥好自身专业优势的前提下，还应当积极储备国际化商务、税务、金融、信息技术等方面的知识，了解国际化经营，以便更好地发挥法律实务在投资架构设计、风险评估、税收筹划等方面的能力。据亚洲开发银行所做测算，"一带一路"沿线国家基础设施投资缺口每年将超过6000亿美元，[19]而缅甸作为一个经济基础薄弱、创汇能力单一、支付条件较差的国家，融资在一定程度上依旧制约中缅双方合作发展，为更好地推进中资企业国际化发展的目标，在涉缅法治人才的培养过程中应注重提升金融创新能力。又如，税收歧视、税收争议等问题每年给"走出去"企业带来巨额损失，涉税风险日益突出，税务协调能力也应纳入法治人才的培养要求中。经笔者调研发现：在缅投资企业在寻求法律需求时涉及的面比较宽泛，如合同管理、公司治理、知识产权保护、刑事合规把控与刑事法律风险服务、行政、金融、财税等方面皆有涉及，这种以实践为导向的法治人才的培养要求在加强专业知识教育的同时要提升实践课程的比例，以一流法学专业课程为目标，把"一带一路"倡议下最新的法律实践及案例引入教学，编进教材，鼓励学生参与法律援助、模拟法庭等，创新法律实践课程的教学方式。[20] 要充分发挥国内外法律实务部门、争端解决及调解机构等在法治人才实践培养中的作用，完善高校与法律实务部门人才双向交流机制，深化协同培养机制。[21]

海外实习是涉缅卓越法治人才实践能力培养的关键环节。[22] 在涉缅

---

⑲ 参见《"一带一路"基建投资将吸引社会资本参与》，载中国经营网：http://www.cb.com.cn/economy/2018_0616/1241339.html，最后访问日期：2019年10月6日。

⑳ 参见教育部、中央政法委：《关于实施卓越法律人才教育培养计划的若干意见》（教高〔2011〕10号）。

㉑ 参见教育部、中央政法委：《关于坚持德法兼修　实施卓越法治人才教育培养计划2.0的意见》（教高〔2018〕6号）。

㉒ 参见何勤华：《建立质量保障体系　提高卓越法律人才培养质量》，载《中国高等教育》2013年第12期。

卓越法治人才培养过程中可与中缅两国社会组织合作,为实习生提供相应的学习实践平台,调研缅甸的安全局势、法律及监管、政府效能、政治稳定、信贷风险、政治转型、民族问题、宗教问题、公共外交、恐怖主义、文化传统、风俗礼仪、边境管理、大国博弈和基础设施等关键领域,参与缅甸健康与防艾、老人与儿童、性别与跨性别、残障、医疗、公共卫生、教育、环境与动物保护、扶贫、救灾、农村社区发展等领域的法律援助与服务。相关高校可与实务部门探索发展"互联网+法学教育"的合作方式,充分利用网络传输技术,打破法治实务部门和高校之间在空间和时间上的障碍,将法治实务资源引进校园并转变为法治教学资源,实现多层次、多元化的线上线下实践教学模式。可借鉴中国政法大学"同步实践教学"模式及开展"司法实务全流程仿真"同步实践教学项目来培养涉缅卓越法治人才的实践能力,充分发挥中国出资实施的"一带一路"法治合作研修项目等交流平台作用,通过积极开展法治能力建设合作,鼓励"一带一路"参与方、国际和地区组织、社会团体、研究机构和私营部门共同参与"一带一路"法治人才实践能力的培养。另外,有关高校可与在缅中资企业搭建合作平台,企业设置相应实习岗位,利用中国高校、在缅企业两个平台,通过实习地点、实习岗位的轮换,让法治人才参与到企业在缅甸的项目投标、谈判、签约、生效执行、收款,直至项目关闭的业务全过程,法治人才也将在此过程中学习到保函、信用证、合同支付条款、退税等方面的财务知识,语言能力与沟通能力也能得到锻炼,做到法、财、税等多领域知识的有效融合。

(四)根据不同培养目标及模式制定不同的教学方案,从课程建设、师资队伍等五个方面加强人才的培养

在"一带一路"倡议下,相关高校应根据涉缅卓越法治人才的不同培养目标及模式因人制宜地制定不同的教学方案,从课程设置、师资队伍、教材编写、合规意识、道德素养及职业伦理等方面加强人才培养。首先,在道德素养及职业伦理培养上,可借鉴中国政法大学"学训一体"的法律职业伦理教学模式,[23]并结合《人才培养计划2.0意见》中加强法治人才

[23] 参见刘坤轮:《"学训一体"法律职业伦理教学模式的实践与创新》,载《政法论坛》2019年第2期。

道德素养的要求,构建新时代涉缅卓越法治人才德法兼修的培养体系,将道德素养及职业伦理教育贯穿于涉缅卓越法治人才培养的全过程。其次,发挥交叉性学科培养的优势,构建"法学+外语"联合培养机制,[24]打破专业、学科壁垒,以问题研究为导向,以"法学专业+非法学专业+法律外语"为渠道促进涉缅卓越法治人才的全球理解能力,培养出能够适应"一带一路"建设的对口人才。再次,创新性、交叉性的教材是涉缅卓越法治人才培养必不可少的。[25] 引进国外法学优秀教材时应注意与我国法治实践、法律制度和法律文化相融合,在编写教材时,可以采取"一带一路"相关专家、教授与我国专家、教授联合编写的方式,把全球化的理念和实践融入教材,同时注重涉缅最新的热点和难点问题,把"一带一路"倡议下最新的法律实践、我国倡导的大国新关系和各国共同发展等最新的理念编入教材。同时,要注意挖掘我国的本土化法律制度、法律文化及法律资源,从中寻找更多的逻辑和体系来支撑我国"一带一路"倡议的进一步完善和发展。[26] 最后,一支高素质的教师队伍对于涉缅卓越法治人才的培养也是至关重要的。[27] 不仅要开展法学专业教师专题培训,提高教师专业能力和道德等综合素质;还要以"双千计划"为依托,鼓励高校教师"走出去"的同时,积极引进国外一流法学专家、学者,组建高层次的涉缅卓越法治人才培养师资队伍,借鉴华东政法大学"双导师"制度,即为学生配备学校导师和培养基地导师。

(五)建立客观合理的评估体系,对人才的培养成效作出科学评价

我国2011年提出卓越法律人才培养计划,但并未明确计划实施的评估标准。高校要制定评估标准,及时发布人才培养自评报告、推进情况和取得成果,相关高校所在教育部门要加强对涉缅卓越法治人才培养计划

㉔ 参见马彦峰、张法连:《"一带一路"背景下涉外法律人才培养机制探究》,载《甘肃广播电视大学学报》2017年第6期。

㉕ 参见曾令良:《卓越涉外法律人才培养的"卓越"要素刍议》,载《中国大学教学》2013年第1期。

㉖ 参见教育部、中央政法委:《关于实施卓越法律人才教育培养计划的若干意见》(教高〔2011〕10号)。

㉗ 参见曾令良:《卓越涉外法律人才培养的"卓越"要素刍议》,载《中国大学教学》2013年第1期。

的追踪和监管,教育部等主管部门要及时对涉缅卓越法治人才培养的情况进行评估。[28] 法律专业知识方面,鼓励教育部、中央政法委、各地教育部门与政法部门联合各高校,共同参与讨论制定符合涉缅卓越法治人才教育培养计划的法学专业认证三级标准和办法并贯彻执行,构建具有中国特色、具备世界水平的法学教育质量保障体系。外语能力方面,目前认可比较有效的评估标准有法律能力的测试和外语能力的测试,如"法律英语证书(LEC)考试是目前国内推出的最具权威的外语类法律证书考试制度,以英语为语言形式,考核学生的法律知识和法律应用能力"。[29] "一带一路"倡议下可在法律英语证书(LEC)考试的基础上,建立缅语法律证书考试体系,培养至少掌握英语、缅语的多语种法治人才。此外,评价体系不仅仅涉及对涉缅卓越法治人才的验收评价,也应包括教师考核、绩效激励、教师选任等方面的管理制度和考核机制。科学合理的激励和评价机制才不会导致教师队伍人才的流失。[30] 对已经毕业的学生进行就业回访与跟踪,将人才培养的质量保障理念通过创新人才培养模式贯穿到人才培养的全过程。[31]

五、结语

在全新的卓越法治人才教育培养计划下,明确"一带一路"倡议下精通国别法与区域法及熟悉五通与重点投资行业的卓越涉缅法治人才培养诉求,建构"两型""三跨"的涉缅卓越法治人才培养模式,在此基础上通过加强联合培养模式、完善协同育人机制等方式重构相关高校之间、高校

---

[28] 参见教育部、中央政法委:《关于坚持德法兼修 实施卓越法治人才教育培养计划 2.0 的意见》(教高〔2018〕6 号)。

[29] 参见马彦峰、张法连:《"一带一路"背景下涉外法律人才培养机制探究》,载《甘肃广播电视大学学报》2017 年第 6 期。

[30] 参见王文华:《论涉外法治人才培养机制创新》,载《中国大学教学》2015 年第 11 期。

[31] 参见卢春龙:《"四型人才"导向的"四跨"——中国政法大学法治人才培养新模式》,载《政法论坛》2019 年第 2 期。

与实务部门、国内与国外高校、国际组织及各国司法部门之间的培养体系，让涉缅卓越法治人才得以接触更为优质的法学教学及实践资源，提升国际综合事务处理能力。这也是凸显时代特征、体现中国特色的法治人才培养新模式。

Research on the Approach to Cultivate Excellent Rule of law Talent that Accommodates to Myanmar-Related Affairs and the Belt and Road Initiative

Liu Hongchun　Xu Minhui

Abstract: Under the background of the Belt and Road Initiative, the program of "Excellent legal professionals" has been upgraded to "Excellent rule of law professionals" with the development of the program of foreign affairs-related rule of law legal talent cultivation with Chinese characteristics. However, there is no clear understanding of the cultivation objectives of "the Belt and Road" Initiative, such as cultivating the talent who are proficient in national laws and regional laws, those who are familiar with the "five types of connectivity", namely, policy coordination, facilities connectivity, unimpeded trade, financial integration and people-to-people bonds, and those who are familiar with the key investment industries, which leads to a misunderstanding of the role of excellent rule of law talent settling foreign affairs. Furthermore, the current domestic successful experience of the cultivation of rule of law talent has not been widely spread and the lack of the cultivation mechanism to establishing the cooperative cultivation platform, building collaborative cultivation projects, strengthening of the corporates' compliance awareness and the upgrading of the comprehensive capabilities of handling international affairs can not guarantee a solid rule of law foundation for the dissemination of the "Belt and Road Initiative" and the Chinese enterprises' "Stepping-Out Strategy". Based on the empirical research on the legal services of Myanmar-related investments, this paper proposes five effective paths for the cultivation of excellent rule of law talent who are capable of handling Myanmar-related legal issues by examining the shortcomings of training objectives, training platforms, training methods, curriculum and evaluation system in order to provide a model for the cultivation of multi-level, all-round, high-quality foreign-related rule of law talent serving for the Initiative.

Key Words: "the Road and Belt Initiative", rule of law on foreign-related affairs, excellent rule of law talent, collaborative education, investment to Myanmar

20 世纪 30 年代广东的法律教育

——以中山大学法律系的课程和讲义为例

芮骏宇*

摘　要:20 世纪 30 年代,中山大学法学院提出了立足本国法、注重实际的教育方针并贯彻始终。《司法院监督国立大学法律科规程》颁布以后,中山大学专设理论法学和实务教学的课程,开展模拟法庭、民众法律顾问处等实践教学。讲义与教学注重"知其然亦知其所以然",以本国法为中心,结合历史渊源和外国法开展理论教学。受限于师资等客观条件,理想与现实仍有落差。中山大学一定程度上代表了广东法律教育情况。

关键词:法律教育　中山大学法学院　课程　讲义

1912 年共和肇始,法治思潮涌动,恰逢学制改革,法政教育风靡一时,"中国近代法学教育成就之标杆——'北朝阳,南东吴',就是在此情形下,先后分别创设于京沪两地,迄今似仍无法超越的朝阳大

---

* 芮骏宇,中山大学历史学系博士研究生,研究方向:近代法律教育。

学和东吴法学院之辉煌一直为学界津津乐道”。① 当代法律人为寻求法律教育出路,研究近代法律教育,多从此典范入手,史料整理出版亦然。② 但朝阳、东吴乃佼佼者,以此推论整体难言客观。20世纪20年代初,法政专门学校有33所,学生10,864人,占所有专门学校学生人数50%,各大学法律科毕业生更多,水平良莠不齐。③ 虽已有研究聚焦于其他地区的法律教育,但仍鲜见有关30年代广东法律教育的研究。此时广东的法律教育机构有中山大学法学院、广东法科学院和私立广州法学院,其中广东法科学院于1937年并入中大,多有教员三校兼职,中大作为广东最重要的国立大学,一定程度上反映了广东法律教育情况。中大此时要培养怎样的法律人才?又要怎样培养法律人才?本文希望从课程和讲义的角度,一窥30年代广东法律教育。

一、立足本国法、注重实际的教育方针

中山大学前身为孙中山首创的国立广东大学,“从高层次培养、造就革命的理论科学文化建设人才的重要,从中国革命和建设的需要出发”,广东省高师、法大、农专合并,改为国立广东大学。④ 这一方针亦在中山大学法学院得以贯彻。1930年,中大法学院将其教育方针概括为:

---

① 李秀清、陈颐主编:《朝阳法科讲义》(第1卷),上海人民出版社2014年版,第1页。

② 王健所著的《中国近代的法律教育》(中国政法大学出版社2001年版)和何勤华的论文《中国近代法律教育与近代法学》(载《法学》2003年第12期)在法学界反响极大,吸引更多学者对此问题的关注。有关朝阳、东吴的研究不胜枚举,其中具有代表性的包括:王健:《朝阳大学的历史启示》,载《辽宁大学学报》(哲学社会科学版)2014年第4期;张钧、董芳:《朝阳大学与中国近现代法学教育》,载《法学杂志》2004年第6期;熊先觉的《朝阳大学——中国法学教育之一脉》,载《比较法研究》2001年第3期;王国平编著:《东吴大学:博习天赐庄》,河北教育出版社2003年版;贺卫方、王健翻译,艾莉森·W.康纳:《培养中国近代的法律家:东吴大学法学院》,载《比较法研究》1996年第2期。《朝阳法科讲义》已重新整理,于2014年由上海人民出版社出版。

③ 参见周予同:《中国现代教育史》,良友图书公司1934年版,第225页。

④ 参见黄义祥:《中山大学史稿(1924—1949)》,中山大学出版社1999年版,第7页。

本科教育方针……即本总理之理想学说，以摄取世界各国法律政治经济诸学之精义，并研究中国有史以来，各种制度之变迁，以使外来之学术，合于总理之理想学说，并合于中国国情，以融汇东西古今之文化，并调和理想并实际之一致，期资助建设的国民革命于大成。此乃本科之使命，亦本科教育方针之第一义也。⑤

使孙中山的"理想学说"统摄"诸学之精义"毕竟是理想与口号，现实的问题是变革中国法律制度，使其"合于中国国情"。现代法律肇端西方，与中国固有律例、法律文化截然不同，使法律这一舶来品合于中国国情是近代法律人的使命，也是此时法律教育的重心。但是，中国本身相对落后的法律制度窒碍了法律教育的发展，朱家骅就认为"法科在国内各大学中最感困难而且最不容易办好"，其原因在于"过去中国各种法律既不完全，自己又无可研究之资料，突然抄袭外国，又没有一定的主义作骨干"。⑥ 朱家骅的说法源于时任中山大学校长兼任法科⑦主任的戴季陶。⑧ 1930 年 1 月，戴季陶在《中山大学法科的建设讲词》中提到了法律教育发展与法律制度建设的困境，整体的法律建设只是"略有头绪"，"学了欧美，学了日本，更学了一下俄国，弄了几十年，仍旧在那里摸盲"。⑨ 法律本身不

---

⑤ 《国立中山大学一览》，1930 年 2 月，中山大学图书馆藏，第 140 页。

⑥ 《朱校长答词》，载《国立中山大学日报》1930 年 10 月 8 日，第 1 版。

⑦ 1927 年开学后，依据中山大学校长戴季陶的提议，中山大学法科改称作"社会科学科"，当时"法科"和"社会科学科"常混用，不久后即改回"法科"的称谓。1929 年 4 月，修改大学规程，法科被分为法律科和政治经济科两科，不久又重新合并成为法科学院，仍设三系。1931 年 9 月，中山大学依国民政府法令实行学院制后改称法学院。

⑧ 戴季陶（1891 年 1 月 6 日 ~1949 年 2 月 11 日），原名戴良弼，字选堂，曾用"天仇"在报刊上发表文章，后改名为传贤，字季陶。1926 年 6 月至 9 月担任国立中山大学筹备委员会主任。1926 年 10 月至 1927 年 6 月，国立中山大学采取委员制，戴季陶为委员长。中山大学改回校长制，戴季陶于 1927 年 6 月至 1930 年 9 月任校长。期间，朱家骅长期为戴季陶副手，曾任国立中山大学委员、副校长，在戴季陶离校后，短暂任校长，实际管理学校。1928 年 9 月至 1930 年 9 月，戴季陶任校长同时兼任法科主任，兼职党政公务繁多，较少出席法科教授会议，较少参与实际教务。但戴季陶既是校长又是法科主任，同时是党内元老，其言辞思想对法科影响极大，其理念与思想借朱家骅之手予以贯彻。

⑨ 戴季陶：《中山大学法科的建设讲词》，陈天锡编：《戴季陶先生文存》（第 2 册），台北，中央文物供应社版，第 650 页。

成体系,而教授的学源又大相径庭,“有些从德国回来的,便教他在德国学到的德国法律,从法国回来的,便教法国的法律,从英国回来的,便教英美的法律”,学生无所适从,更难互相应证、举一反三。[10]“由于中国自己没有立起整套的法制,我们的法制事业不能立起,那么法律的学问,也不会立起来的。”[11]这一问题不仅仅是中大特有的问题,也是当时中国法律教育界共同面临的问题。因为中国近代的法律制度不发达,法律教育多以外国法为范本。东吴法学则发挥到了极致,以英美法教育为立足点,毕业生多服务于上海租界律师行业。这得益于上海的地利,但当时大多高校既无东吴的师资,也无此就业市场,现实法律行业中,需要熟悉本国法律的人才,更需要推动本国立法的人才。在戴季陶、朱家骅二人看来,法律教育必须立足本国法,“法科学问之建设,是同建国事业并行的。建国事业,没有法子做起来,那么法科的建设,也没有法子可以成功的”。[12]戴季陶因此提出“法律科的教案”要以“本国法为基础”,“比较的学问”也要“以本国的法律为标准”。[13]

孙中山首创之中山大学被视为国民党最高党校,以宣扬三民主义、研究高深学问为当然办学宗旨,但作为广东唯一国立综合大学,培养实际人才以满足现实需求也是其责任。戴季陶认为法律本科教育不同于法官学校的专门教育,不能只教会学生“写草案条文判决案”,只学做“实际”的工作,而要将“高深而广泛”的学问落实于本国法的具体语境。戴季陶在强调立足本国法的同时,已经注意到了实践的问题。专以法官学校作比较,恰是注意到中山大学法科学生“天天讲高深学理”,“气焰万丈”,却“不实际”,而法官学校所授则是具体的“一件件的事”,法官学校学生毕业以后“很有用处”。[14]概言之,戴季陶希望中山大学学生能将理论运用于实际,而不要眼高手低,只会高谈阔论。1932年,邹鲁重掌

---

[10] 戴季陶:《中山大学法科的建设讲词》,陈天锡编:《戴季陶先生文存》(第2册),台北,中央文物供应社版,第650页。

[11] 同上。

[12] 同上书,第652页。

[13] 同上书,第653页。

[14] 同上书,第652~653页。

中大以后，法律系延续了注重实际、立足本国法的教育方针，"法学院之一切计划，遵循着一大目标进行，此目标即欲办成中国的法学院，不是仅模仿外国之法学院，建设一个适合于中国情形与需要之法学院"。⑮ 培养怎样的法律人才？如何培养法律人才？法治理想与现实国情间的关系是法学界共同的问题，法律教育引起了当时法学界的广泛关注和重视。虽然说法各异，但都不约而同地指出实践的重要性，法律教育应直面现实的社会问题，培养学生的法律思维与应对法律实务的能力。⑯

1935 年 8 月至 1937 年 8 月，中山大学毕业生郑彦棻担任中大法学院院长，继续贯彻关注实际、立足本国法的教育方针。郑彦棻认为课程内容"必须注意实际需要，才能使理论与实践结合，也才能提高学生研究兴趣"。⑰ 法律系继续开展模拟法庭和民众法律顾问处，郑彦棻主持"乡村服务试验区"，引导学生积极服务本土、调研本土。直至 1937 年中山大学因全面抗战迁址，立足本国法律、注重实际的教学方针贯彻始终，具体反应在课程设置和教学内容上。

二、国家规定课程与中山大学具体设置

为适应国家变法修律需要，清末法政学堂如雨后春笋，国家并未规定统一的课程。辛亥革命以后，政府开始规制其学制、课程，大批学生希望通过文官考试进入仕途，纷纷投考法政院校，各高校先后开设法政专业，法政专门学校遍地开花，数量骤增，但教学水平参差不齐。20 世纪 30 年代初，南京国民政府面对法律教育的乱象，希望通过行政手段规制，先后出台了《关于司法制度之完成及其改良进步之规划案》《司法院监督国立大学法律科规程》《司法院发给法律科毕业学生证明书规则》，

---

⑮ 《邹鲁校长报告本校概况》，载《国立中山大学日报》1932 年 9 月 15 日，第 1 ~4 版。

⑯ 王健：《中国近代的法律教育》，中国政法大学出版社 2001 年版，第 321 ~322 页。

⑰ 郑彦棻：《石牌忆往——我担任母校法学院院长的工作忆述》，国立中山大学校友会编：《国立中山大学成立五十周年特刊》，台北，国立中山大学校友会 1974 年版，第 175 页。

由司法院监督国立大学的法律教育。

《司法院监督国立大学法律科规程》第 2 条规定国立大学法律科应开设 14 门必修课。第 3、4 条规定了“研究时间”,内容包括:讨论学理、实习诉讼、法律的辅助科学之研究、验证的研究。⑱ 1930 年 2 月 10 日,中大法科召开了十八年度第六次科务会议,讨论有关问题,法律系教授认为课程大体符合规程要求,但须增加两门必修课目:第一,决定“增设法院组织法,意定一学期授完,每周二小时”;第二,“教授新颁布之劳动法工厂法等”以符合社会法课程要求,由政治系教授高廷梓担任。关于实习诉讼,亦未敷衍,决定:第一,“引带学生参观法院”;第二,“开模拟法庭”。法科主任薛祀光认为:“学法律的人,常常对于条文应用不了,现在我们务须使中大法律系的学生离开学校后,立刻就可以做法官或律师。”⑲ 2 月 14 日,薛祀光主持讨论模拟法庭相关问题,拟就民刑案例各一件,刑案为行贿案,民案案情如下:

张明、林达二人,张明有米二十万斤,张明在民国十八年十二月十日十二时,向林达声明该米全部之买卖契约,可以由林达在一个礼拜内,照市价与顾客订定。订定后,张明给林达以五十元之报酬,同月十七日下午一时有名李光者,自称系张明致代理人,与顾客陈通订定该米全部之买卖契约,价每元米十斤半,十日至十七日正午止之米价均系每元十斤,十七日下午一时半每元十斤半。张明向陈通追认李光所订之契约为有效,林达因张明之米业已出卖,向张明提起诉讼,请求法院判令张明交付林达五十元,张明向林达提起反诉,请求法院判令林达赔偿九百五十二元(因米价每元十斤时不得价金二万元,米每元十斤半时,系得金一万九千四十八元)。⑳

---

⑱ 参见《司法院监督国立大学法律科规程》,教育部编:《教育法令汇编》第一辑第一册,商务印书馆,出版时间不详,第 140 ~ 141 页。2 月 11 日,中大校报刊亦载规程全文(《教育部令发法律科规程》,载《国立中山大学日报》1930 年 2 月 11 日,第 1 ~ 3 版)。

⑲ 《第六次法科科务会议十九年二月十日上午三时》,载《国立中山大学日报》1930 年 2 月 15 日,第 2 版。

⑳ 《法科法律系第一次系务会议录》,载《国立中山大学日报》1930 年 2 月 17 日,第 2 版。

此案例为最为常见的买卖合同纠纷,案情简明,金额、时间等必要事实具体,涉及合同效力、合同相对性、委托代理关系等法律问题。模拟法庭受限于时间和空间,很难多次开庭,原被告也难就事实、证据辩论过多,唯有案情简洁,才能在抽象法律关系中留足学生辩论空间。法律实务之难处往往不在于举证,而在于“条文应用不了”,无法就法律事实,适用恰当条文,解释法律关系。所拟案例事实简单,但有多种解读的空间,所涉法律关系可以有多种解释,最能锻炼学生“条文应用”能力。4 月 13 日,法律系举行了第二次模拟法庭,所拟案例仍是“社会所常发生”“案情颇足研究”,一为“租屋之交涉”,二为“保险之争执”,其中“保险之争执”涉及先合同问题,法律关系更显繁复。㉑ 在规程出台前,中山大学法律系每学期均开模拟法庭、引领学生参观司法机构,形成惯例。如 1929 年法律系学生就曾赴公安局惩教场参观;1930 年经济系学生参观广九铁路;1933 年组织参观监狱和拘留所。㉒ 这种课程设置在满足规程的同时,使关注实际的教育方针得以贯彻。

规程规定之必修课程已涵盖主要部门法,但均笼统分类,下属各子类关系复杂,难以单一课程完成讲授。政府所规定之课程规则只能视作兜底,各个国立大学的法学院均依自身现实情况安排课程。中山大学课程基本按“先实体后手续法”“先理论课程后实习课程”“先普通法后特别法”“先总论后分论”“先辅助科目后主要科目”编制。㉓ 各国立高校类似。㉔ 但当时理论法学并不受重视,法理学、法律哲学、法律方法不属于国家规定必修,开设法理学的只是少数,这导致了“许多法律学校毕业生眼光小而不知应变;对于各种法律制度,只知其然而不知其所以然”。㉕ 在规程要求之必修课程以外,中山大学开设了“法理学”“罗马

㉑ 《法科法律系举行第二次模拟法庭》,载《国立中山大学日报》1930 年 4 月 20 日。

㉒ 《法科布告》,载《国立中山大学日报》1929 年 3 月 22 日,第 1 版;《法科学生明日参观广九路》,载《国立中山大学日报》1930 年 3 月 7 日,第 2 版;《法学院监狱学班昨参观拘留所》,载《国立中山大学日报》1933 年 4 月 3 日,第 2 版。

㉓ 孙晓楼:《法律教育》,商务印书馆 1935 年版,第 198 ~ 199 页。

㉔ 可与表 1 中的 1931 年北京大学法律系课程大纲作比较。

㉕ 杨兆龙:《中国法律教育之弱点及其补救之方略》,载胡玉鸿、庞凌主编:《东吴法学先贤文录 · 司法制度、法学教育卷》,中国政法大学出版社 2015 年版,第 489 页。

法”“中国法制史”等理论法学课程(如表1所示),可见其重视。

表1 法律科法学课程比较㉖

<table>
<tr><th colspan="2" rowspan="2">法学课程</th><th rowspan="2">司法院监督国立大学法科规程(1930年4月7日)</th><th colspan="2">国立中山大学法律学系</th><th rowspan="2">北京大学法律系课程大纲(1931年)</th></tr>
<tr><th>十八年度课程</th><th>二十五年度课程</th></tr>
<tr><td rowspan="4">理论法学</td><td>法理学</td><td></td><td>√(四年级)</td><td>√(四年级)</td><td>△(四年级)</td></tr>
<tr><td>罗马法</td><td></td><td></td><td>△(四年级)</td><td>√(二年级)</td></tr>
<tr><td>法制史</td><td></td><td></td><td></td><td></td></tr>
<tr><td>中国法制史</td><td></td><td></td><td>△(四年级)</td><td>△(二年级)
△(四年级)</td></tr>
<tr><td colspan="2">宪法</td><td>√</td><td>“比较宪法”
√(一年级)
√(二年级)</td><td>√(一年级)</td><td></td></tr>
<tr><td rowspan="2">行政法</td><td>总论</td><td rowspan="2">√</td><td rowspan="2">√(二年级)</td><td>√(二年级)</td><td></td></tr>
<tr><td>各论</td><td>√(三年级)</td><td>√(三年级)</td></tr>
<tr><td rowspan="2">刑法</td><td>总则</td><td rowspan="2">√</td><td rowspan="2">√(一年级)
√(二年级)</td><td>√(一年级)</td><td></td></tr>
<tr><td>分则</td><td>√(二年级)</td><td>√(二年级)</td></tr>
<tr><td colspan="2">监狱学</td><td></td><td></td><td>△(二年级)</td><td></td></tr>
<tr><td colspan="2">犯罪学</td><td></td><td></td><td>△(二年级)</td><td></td></tr>
</table>

㉖ 本表依据以下资料整理:《司法院监督国立大学法律科规程》,教育部编:《教育法令汇编》(第一辑第一册),商务印书馆,出版时间不详,第140~141页;《国立中山大学一览》,1930年2月,中山大学图书馆藏,第144~146页;《国立中山大学二十一年度概览》,1933年,中山大学图书馆藏,第157~151页;《国立中山大学现状》,1934年,中山大学图书馆藏,第72~75页;《国立中山大学现状》,1935年,中山大学图书馆藏,第118~121页;《国立中山大学现状》,1937年,中山大学图书馆藏,第109~113页;《北京大学法律系课程大纲》,载《北京大学日刊》1931年9月14日,转引自李贵连等编:《百年法学——北京大学法学院院史》,北京大学出版社2004年版,第113~114页。表格中,“√”表示“必修”,“△”表示“选修”,“√”或“△”后括弧内容为修习年级。

续表

<table>
<tr><th colspan="3" rowspan="2">法学课程</th><th rowspan="2">司法院监督国立大学法科规程(1930 年 4 月 7 日)</th><th colspan="2">国立中山大学法律学系</th><th rowspan="2">北京大学法律系课程大纲(1931 年)</th></tr>
<tr><th>十八年度课程</th><th>二十五年度课程</th></tr>
<tr><td colspan="3">法医学</td><td></td><td></td><td></td><td>△(二年级)</td></tr>
<tr><td rowspan="5">民法</td><td colspan="2">民法总则</td><td rowspan="5">√</td><td>√(一年级)</td><td>√(一年级)</td><td>√(一年级)</td></tr>
<tr><td colspan="2">民法物权/物权法</td><td>√(二年级)</td><td>√(二年级)</td><td>√(三年级)</td></tr>
<tr><td rowspan="2">民法债权/债法</td><td>总论</td><td rowspan="2">√(三年级)</td><td>√(二年级)</td><td>√(二年级)</td></tr>
<tr><td>各论</td><td>√(三年级)</td><td>√(三年级)</td></tr>
<tr><td colspan="2">亲属继承</td><td>√(四年级)</td><td>√(三年级)</td><td>√(三年级)
√(四年级)</td></tr>
<tr><td rowspan="6">商事法律</td><td colspan="2">商法</td><td>√</td><td>√(三年级)
√(四年级)</td><td></td><td></td></tr>
<tr><td colspan="2">公司法</td><td></td><td></td><td>√(三年级)</td><td>√(二年级)</td></tr>
<tr><td colspan="2">破产法</td><td></td><td>△(四年级)</td><td>√(四年级)</td><td>△(三年级)</td></tr>
<tr><td colspan="2">海商法</td><td></td><td></td><td>√(三年级)</td><td>√(四年级)</td></tr>
<tr><td colspan="2">票据法</td><td></td><td></td><td>√(四年级)</td><td>√(四年级)</td></tr>
<tr><td colspan="2">保险法</td><td></td><td></td><td>√(四年级)</td><td>√(三年级)</td></tr>
<tr><td rowspan="4">程序法</td><td colspan="2">刑事诉讼法</td><td>√</td><td>√(三年级)</td><td>√(二年级)</td><td>√(三年级)</td></tr>
<tr><td colspan="2">民事诉讼法</td><td>√</td><td>√(三年级)</td><td>√(三年级)</td><td>√(二年级)
√(三年级)</td></tr>
<tr><td colspan="2">强制执行法</td><td></td><td></td><td>√(四年级)</td><td>√(三年级)</td></tr>
<tr><td colspan="2">法院组织法</td><td>√</td><td></td><td>√(一年级)</td><td></td></tr>
<tr><td colspan="3">劳工法</td><td>√</td><td></td><td>√(四年级)</td><td>△(四年级)</td></tr>
<tr><td colspan="3">土地法</td><td></td><td></td><td>√(四年级)</td><td></td></tr>
<tr><td colspan="3">国际公法</td><td>√</td><td>√(二年级)</td><td>√(二年级)</td><td>√(三年级)</td></tr>
<tr><td colspan="3">国际私法</td><td>√</td><td>√(三年级)
√(四年级)</td><td>√(四年级)</td><td>√(四年级)</td></tr>
</table>

续表

法学课程		司法院监督国立大学法科规程(1930年4月7日)	国立中山大学法律学系		北京大学法律系课程大纲(1931年)
			十八年度课程	二十五年度课程	
外国法研究	英美法研究		△(四年级)	△(四年级)	
	德国法				△(三年级)
实务相关	实习诉讼	△		√(四年级)	
	公文程式				
	判例研究			△(四年级)	

三、讲义及其教法

1927年9月6日,中大法科教授会议议决各科目"皆得编辑讲义",不许教授"用任何一书为课本",并要求"各种讲义,皆取大纲,并列举参考书籍,其特别须详细说明之处,均得加以细注"。[27] 此后每学年均编印讲义。现仍可见《民国二十五年度国立中山大学法学院讲义》,其中法律讲义有16种:《法理学讲义》《国立中山大学宪法讲义》《宪法附录讲义》《强制执行法讲义》《中华物权法讲义》《公司法讲义》《行政法各论》《民法总则讲义》《刑法总则讲义》《商事法概论》《破产法纲要讲义》《土地法讲义》《票据法讲义》《劳工法讲义》《国际公法论纲》《检察实务》。该套讲义内容精简,篇幅基本在150页以内,重点突出。以下从实体法、理论法学和实务教学三方面分述:

(一)实体法教学

"法律问题都是人事问题",学习法律实则是学习如何以法律的思维及语言分析解释"住房耕田的问题;买卖借贷的问题;结婚生小孩子的问

[27] 《法科第二次教授会议记录》,载《国立中山大学日报》1927年9月21日,第3版。

题;死亡分配财产的问题;铜元钞票的问题;骂人、打人、杀伤人的问题;偷鸡摸鸭子的问题”。[28] 民法与日常生活最近,但概念多艰涩,中大民法讲义以解释概念为主,由浅入深,有所侧重,通过理论教学塑造学生法律思维,特殊法与一般法相互呼应,各论以总论为基础。[29] 各部门法讲义均采此法。[30] 如前所述,法律行为学说是民法学说重要构成,一年级之《民法总则讲义》第四章从“概说”“法律行为之本质及种类”“法律行为之标的”“法律行为之方式”“意思表示”解释法律行为之概念,[31]其中仅稍有涉及物权行为。[32] 若此时即引入无因性的概念,未免会使思维混乱、重点模糊。在《中华物权法讲义》第五章物权变动中有“物权行为”专项。[33] 其中具体讲授物权无因性:

认物权行为为物权变动之原因,则债权行为之外是否另有物权之存在,自应首先予以说明。法国民法七一一条称,所有物权因债权契约止效力而取得移转(注一)。法国民法之解释上,物权变动之效果因债权行为而发生,债权行为之外并无纯以物权变动为目的之物权行为。我国民法则不然,我国民法并无与法国民法七一一条同样之规定,于是在条文上并无与法国民法为同一解释之积极根据,且以权利之移转为给付内容之债

---

[28] 燕树棠:《法律教育之目的》,载《清华法学》2006 年第 3 期。

[29] 譬如《民法总则讲义》之第三章逐一解释以下各组概念:单一物、合成物、集合物;融通物与不融通物;消费物与不消费物;代替物与不代替物;特定物与不特物;可分物与不可分物;动产与不动产;主物与从物(杨光湛述:《民法总则讲义》,出版者不详,出版年不详,第 94 ~ 97 页)。以此为学习物权法奠定基础,《中华物权法讲义》则无此赘述。

[30] 譬如《商事法概论》本论部分第一部为“商事通则论”,其中第二章逐一介绍自然人、法人、营业、商号、商标等主体概念,第三章注册,第四章账簿,第五章使用人和学徒,均是通过解释基本的法律概念来讲授商法总则的基本规则(任启珊编:《商事法概论》,出版者不详,出版年不详);《破产法讲义》内容有缺损,能辨析的部分简单地分作总则、和解和破产三个部分,通过讲授各概念的意义、构成要件和范围,并进一步讲述构成要件中各概念之意义,形成对法律的立体认知,理解何人满足何种条件于何时何地通过何种程序可以申请破产,而破产过程中各权利相关人又可主张何种权利(杨光湛述:《破产法讲义》,出版者不详,出版年不详)。

[31] 杨光湛述:《民法总则讲义》,出版者不详,出版年不详,第 105 ~ 140 页。

[32] 同上书,第 112 ~ 113 页。

[33] 撰述人不详:《中华物权法讲义》,出版者不详,出版年不详,第 19 ~ 23 页。原文无标点,标点为笔者加注。

权行为,无论其所约定移转者为何种权利,原来并无以一定方式为之之必要,而七六一条则称,不动产物权之移转应以书面为之一为不要式行为,显系认债权行为之外另有物权变动为目的之法律行为,此种法律行为称之为物权行为。

……(注三)虽法民之解释亦并非谓仅有债权的效果意思而得发生物权变动之效力,乃以为债权行为同时具有物权的效果意思,故得发生物权变动之效果,然并无移转该物权之债关系之成立而为该物权之移转者亦常有。例如现钱买卖是也,此种情形纵以为债权行为除具有债权的效果意思外,更具有物权的效果意思,亦不能认为此物权移转之效果系因债权行为而发生,盖债权行为比更发生债权效果,故也有债关系之存在,为消灭物权之移转者,仅限于一般情形而已。

……七六□条称"不动产物权之移转或设定应以书面为之"是基此规定关于移转或设定不动产物权之法律行为须为要式行为者明矣,非以书面为之不能发生不动产物权移转设定之效果,此殆参照我国从来之习惯并沿袭旧时律例之规定也。法律盗卖田宅条例"凡由民告争坟山今年者以印契为凭",典契卖契等字据屡见于法律各条。前大理院判例更明称"以设定或移转不动产物权为标的之契约除有特别习惯外非竝订立书据不生物权得丧之效力"(四年上字八一三号)至就习惯而言田地房屋之典卖须立字据者实为我国普遍之情形。㉞

物权无因性理论移植自德国,法国采截然不同之学说,讲义立足本国法之规定,与法国民法比较,加深学生对两种学说理解,从而理解本国法之规定,而非教员讲授个人学理主张。㉟ 所用"现钱买卖"之例证为抽象

㉞ 撰述人不详:《中华物权法讲义》,出版者不详,出版年不详,第19~21页。

㉟ 譬如杨光湛讲述破产法监督人保管职务相关问题时,就以日本为参照,"第十八条第二项,监督人等之保管职务,在日和议法第二十四条之规定,系由管裁人得向债务者,为自行收支金钱之请求。本法把他固定为监督人职务之一。则对于第十四条业务继续之规定,似毫无弹性。使用之困难必多,不如日本和议法,由管财人的为请求其收支者,适合实际之使用。"(杨光湛撰述:《破产法纲要讲义》,出版者不详,出版时间不详,第17页)此处以日本为参照,提出我国立法现状的不足,实则仍是立足本国法改良本国法的考量。

概述,不同于英美法律教育之案例教学法,案例只是用于具体说明学理的例证,而非研究的对象本身,法律条文和概念才是教学的中心。重视"知其然亦知其所以然",在讲述现行法的同时,具体讲述"旧时律例之规定",以理解法律规定之历史渊源。

此种立足本国法、注重历史渊源的教学特点见诸各部门法讲义。讲授时均讲明法律渊源,注明相关法律条款,所涉多个法律均一一列明。如《劳工法讲义》涵盖《工会法》《工会法施行法》《工厂法》《工厂法施行条例》《工厂检查法》《团体协约法》《劳资争议处理法》《铁路员工服务修例》,以及《海商法》第二章第一节及第二节之内容,在第一章第五节"劳工法之法源"中逐一解释之后,在讲具体规定时均注明法条。[36] 劳工法等深受国际影响,其讲义第一编"绪论"讲述我国立法情形及历史渊源的同时,专以第二章"国际劳工立法"专章讲述其国际法渊源及国际立法情形。[37] 第二编"本论"分作"劳动保护"和"劳动契约"两章讲述劳工法具体规定,"劳动保护"分别从"童工保护""女工保护""时间保护""工资保护""劳工安全与卫生之保护"等八个角度具体讲述,立足当时之劳工法规,理论与实际并重。[38]

(二)理论法学教学

法学通论、法理学和法律哲学均属基础理论课程,有助于学生理解基本的法律概念,但不尽相同。法理学和法律哲学虽有差异,但大多时候混用。朝阳法科"法学通论"偏重基本概念的解释,为一年级刚接触法律学科的学生奠定基础;而中大法律学系"法理学"则偏重梳理西方法律思想源流和介绍新近理论,在四年级开设。中大法理学讲义十七章中有六章专章介绍西方各个法律思想流派,其他章节亦用不同学说解释,当中所涉自然法学派、社会法学派、历史主义、实证主义、功利主义均对西方立法和司法产生了深远的影响。如历史主义法学代表人物萨维尼(Friedrich Carlvon Savigny)所提出之法座说和法律行为说奠定了现代国际私法和

[36] 卢干东述:《劳工法讲义》,出版者不详,出版年不详,第 6 页。
[37] 卢干东述:《劳工法讲义》,出版者不详,出版年不详,第 11 ~ 35 页、第 39 页。
[38] 卢干东述:《劳工法讲义》,出版者不详,出版年不详,第 40 ~ 100 页。

民法的基础,而英国法学家布莱克斯通(Sir William Blackstone)本是英国大法官,其法律思想源于其司法实践,又反作用于英国司法。四年级学生应已全面掌握基础部门法,有能力思考"法律是什么"等形而上的问题,法理学课程看似无用,实则有助于学生理解法律从何而来又因何而去,"知其然亦知其所以然"。

《法理学讲义》撰者沈祥龙曾在广东法官学校任教,该讲义与《广东法官学校讲义·法律哲学》结构大体相同,而《法理学》中笔误错编序号之第九、十、十一、十二章标题恰与《法律哲学》之第九、十、十一、十二章相同,如表2所示。可见中大之《法理学讲义》应是参照广东法官学校之《法律哲学》编就,或同出自沈祥龙之手。大量法政教员投身政治,国民党反革命活动又使教员数量锐减,广东法律教育人才数量不足,中大法学院三系教师相互交叉,教师校外兼职普遍。中大法学院毕业生刘贤年回忆称:"各名教授如宪法之谢瀛洲先生、商法之莫鸿秋先生、民法之高家姚先生、刑法之马洪焕先生、国际法及民法债权之邓拜言先生、刑事诉讼法之程荣祥先生、民事诉讼法之陈文先生等一时名师亦每三校兼课,故师资乃多相同。"理想远不如实际,广东法律教育人才不足,高深理论法学教育难有更好发展。㊴ 孙晓楼称法律教育者"须以教育为职业,有了学问,有了经验,若以大学校为传舍,今天没有官做,便去教书,说做官是腐化,明天官运临到便视学校如敝履,说教授太清苦。这种教授,于学术上既不能接续努力,于教育上也不免敷衍了事",㊵但这恰才是真实境况,学科性质决定了法政人才与政治关系紧密,难安心书斋专注教学,法律人才难得大体是当时中国各院校共同的问题。

㊴ 刘贤年:《广东公立法官学校之沿革及与国立中山大学之关系》,国立中山大学校友会编:《国立中山大学成立五十周年特刊》,台北,国立中山大学校友会1974年版,第128页。

㊵ 孙晓楼:《法律教育》,商务印书馆1935年版,第65页。

表 2　理论法学课程讲义内容结构比较㊶

朝阳法科讲义 《法学通论》	中山大学法学院讲义 《法理学讲义》	广东公立法官学校讲义 《法律哲学》
第一编　国家论 第一章　国家之意义 第二章　国家之发达 第三章　国家之目的 第四章　国家之分类 第二编　法律论 第一章　法律之意义 第二章　法律之统系 第三章　法律之特性 第四章　法律之目的 第五章　法律之分类 第六章　法律之成立 第七章　法律之改废 第八章　法律之解释 第一节　解释法律之必要 第二节　解释法律之种类 第三节　解释法律之通则 第九章　法律之渊源 第十章　法律之适用 第一节　司法官适用法律之原则 第二节　行政官适用法律之原则 第十一章　法律之制裁	第一章　法理学概论 第一节　法理学之概念 第二节　研究法理学之方法 第三节　法理学之效用 第四节　法理学之分派 第二章　分析派之法理学 第三章　哲学派之法理学 第一节　纯哲学派 第一款　希腊之法理学 第二款　罗马之法理学 第三款　神学的法理学 第二节　自然法派 第一款　康德以前之自然法派 第二款　康德以后之自然法派 第三节　社会哲派 第一款　新康德派	第一章　法律哲学概论 第一节　法律哲学之概念 第二节　研究法律哲学之方法 第三节　法律哲学之沿革 第四节　法律哲学之效用 第二章　法律之进化 第一节　复雠 第二节　复雠之限制 第三节　赔偿 第四节　扣留 第五节　私权利之公权力化 第三章　法律进化之指导原理 第四章　法律之目的 第一节　历史的解答 第二节　哲学的解答 第五章　法律之性质 第一节　法律之学说 第二节　法律之性质

㊶　本表格依据以下资料整理：夏勤、郁嶷合述，王选疏：《法学通论》；李秀清、陈颐主编：《朝阳法科讲义》（第 1 卷），上海人民出版社 2013 年版；《广东法官学校讲义 · 法律哲学》，1929 年；沈祥龙：《法理学讲义》，出版者不详，出版年不详。其中，中山大学讲义《法理学讲义》"第八节法律进化之指导原理"原文即为"第八节"，"第十三章"后接续"第九章""第十章""第十一章""第十二章"亦为原文。

续表

朝阳法科讲义 《法学通论》	中山大学法学院讲义 《法理学讲义》	广东公立法官学校讲义 《法律哲学》
第一节　行政制裁 第二节　刑事制裁 第三节　民事制裁 第十二章　法律之效力 第一节　法律关于人之效力 第二节　法律关于地之效力 第三节　法律关于时之效力 第三编　权利论(附义务) 第一章　权利之意义 第二章　权利之分类 第一节　公权、私权 第一款　公权、私权之区别 第二款　公权之分类 第三款　私权之分类 第二节　第一权、第二权 第三节　主权利、从权利 第四节　得转移之权利、不得转移之权利 第五节　绝对权、相对权 第三章　权利之主体 第四章　权利之客体 第五章　权利之取得	第二款　黑格尔及新黑格尔派 第三款　实利派之法理学 第四章　历史派之法理学 第五章　比较法学 第六章　社会学派 第七章　法律之进化 第一节　复雠 第二节　复雠之限制 第三节　赔偿 第四节　扣留 第五节　私权利之公权力化 第八章　法律进化之指导原理 第九章　法律之目的 第一节　历史的解答 第二节　哲学的解答 第十章　法律之性质 第一节　法律之学说 第二节　法律之性质 第三节　法律与道德 第四节　法律与国家 第五节　法律与自然法则 第十一章　法律之内容 第十二章　法律之形式 第十三章　法律之本位 第九章　法律之适用及其执行 第十章　根本观念之分析 第十一章　法律之系统 第十二章　财产权	第三节　法律与道德 第四节　法律与国家 第五节　法律与自然法则 第六章　法律之内容 第七章　法律之形式 第一节　法律编撰反对论 第二节　法律编撰之目的 第三节　法典之体裁 第八章　法律之本位 第九章　法律之适用及其执行 第十章　根本观念之分析 第一节　权利 第二节　权力 第三节　特权 第四节　义务与责任 第五节　人 第六节　行为 第七节　物 第十一章　法律之系统 第一节　Gaius之分类 第二节　近代罗马法之分类 第三节　法国民法典之分类 第四节　德国民法典之分类 第五节　Blackstone之分类

续表

朝阳法科讲义 《法学通论》	中山大学法学院讲义 《法理学讲义》	广东公立法官学校讲义 《法律哲学》
第六章　权利之行使 第七章　权利之变丧 第八章　权利之意义 第九章　权利之分类 第四编　法学论 第一章　法学之概念 第二章　法学之发达 第三章　法学之分科 第四章　法学之派别		第十二章　财产权 第一节　占有 第二节　所有权 第三节　债务 第四节　侵权行为 第五节　权利之使及其实行

(三)实务教学

现仍可见《检察实务》讲义,一窥中大的实务教学。《检察实务》分作七章:"侦查""起诉及不起诉""陈述及辩论""上诉及答辩""声请及抗告""再审及复判""执行",对应《刑事诉讼法》,每一概念解释之后均注明相关法律法规及司法解释,每一涉及法律文书写作之要点,均提供文书范例,文书范例包括了《检察官呈文一件》《告诉状》《告诉笔录》《公告发公函》《私告发状》《告发笔录》《自首状》《自首笔录》《公安分局送案公函(即印定格式分别填载之公函)附供单》《起诉书》《不起诉处分书(其一)》《不起诉处分书(其二)》《(其一)某高等法院首席检察官指令指字第若干号》《(其二)某高等法院首席检察官指令指字第若干号》《某高等法院首席检察官处分书某字第若干号》《上诉声明书》《上诉理由书》《答辩书》《声请书》《被告理由书》《提起再审理由书》《(例一)意见书》《(例二)意见书》《(例三)意见书》㊷,已基本涵盖刑事诉讼各式主要文书。《检察实务》用作教学的案例和司法文书应为真实案件和真实文书。以"告诉"一节之文书为例,所涉当事人"梁森年二十五岁番禺人住文明路十一号""梁林年二十二岁番禺人住西关十八甫第一百二十号""李横年三十岁南海人住丰宁路

㊷　徐焕:《检察实务》,出版者不详,出版时间不详,第 6 页、第 8 ~ 26 页、第 34 ~ 37 页、第 39 ~ 41 页、第 47 ~ 49 页、第 51 ~ 57 页。

平安旅社第六号房”,笔录内容完整,细节仍可见,除姓名隐匿外,当事人之身份信息均真实可查,并非简单以张三李四之名杜撰案例,可推断讲义直接采用了真实案例及司法文书作为教案原型。将《刑事诉讼法》相关概念、法律条文与法律文书相结合,锻炼学生法律文书写作,以实际案例接近真实的实务工作。20世纪30年代,在中山大学教授程序法及实务课程的教员主要有程荣祥、徐焕和郑秉阁(其中徐焕为《检察实务》讲义作者),均有法庭庭长、推事、检察官等司法实务经验。[43] 这种司法实践的亲身经历使其更注重程序,对于法律条文的解读和应用,相对法理解释更重视司法解释。

虽然中山大学专设诉讼实习和判例研究课,开民众法律顾问处,积极引导学生接触实务,但绝非以案例分析法为核心的美式法律教育,兰戴尔提倡“案例分析法分析的对象不是现实法律生活中活生生的法律现象,而是上诉法院的判决书”,[44]而中山大学实体法讲义反映了中山大学注重概念的解释,注重历史的、比较的理论分析,案例仅是辅助理解,实务教学目的也不在于分析案例获取法律理论,而在于具体程序与文书。

四、结语

法律人应都如中山大学法学院院长薛祀光一般,有着“改良司法的愿望”,“希望学法律的人们存着这种观念,大家努力去干”,“为社会去干”。[45] 中山大学法学院坚持立足本国法、注重实际的教育方针,在规定课程外加强学生理论法学和实务的学习,教学注重学生“知其然亦知其所以然”,实务课程与实践尽量靠近真实,都是在有限条件下,为培养实际有用的法律人才所作的不懈努力。朝阳、东吴的荣光大概是法律人共

---

[43] 参见中山大学图书馆藏校史资料:《国立中山大学二十一年度—二十四年度教员录》;《国立中山大学二十五年度教员录》;《国立中山大学二十六年度教员录》。

[44] 雷秋玉:《法学教育的模式移植与反思》,载《法学教育研究》2018年第2期。

[45] 《法律系民念班三届会员大会盛况》,载《国立中山大学日报》1931年3月26日,第3版。

同的理想,他们的教员都在反思法律教育的时候,恰能证明现实的不尽人意。薛祀光希望“法律系毕业的学生去应法官律师的考试”,⑯但中山大学“获法官之选”的寥寥可数,1930 年法律学系毕业生获法官考试笔试录取的仅曾振生、江荣二人。⑰ 20 世纪 30 年代,法律教育整体仍处于起步阶段,中山大学作为广东唯一的综合性国立大学,由国民党元老邹鲁直接掌管,已有精力筹建石牌新校园,资源不算匮乏,但法律教育的人才仍捉襟见肘,全院政治、经济、法律三系教师最多不过 35 人⑱,这或许才是广东乃至中国法律教育的真实情况。

Legal Education in Guangdong Province in the 1930s

—Taking the Courses and Handouts of the Law Department of Sun Yat-sen University as an Example

Rui Junyu

Abstract: In the 1930s, Law School of Sun Yat-Sen University proposed a policy based on domestic laws and a practical approach to legal educatioin, and implemented it consistently. After the promulgation of the *Regulations of Law Schools in Domestics National Universities under the Supervision of the Ministry of Justice*, Sun Yat-Sen University has a series of

---

⑯ 《法律系民念班三届会员大会盛况》,载《国立中山大学日报》1931 年 3 月 26 日,第 3 版。

⑰ 《法官初试取录之本校同学》,载《国立中山大学日报》1930 年 11 月 22 日,第 1 版。

⑱ 参见《本校各学院历年教员人数统计表》,1934 年 10 月制,载《国立中山大学现状》,1934 年,中山大学图书馆藏,第 10 页;国立中山大学注册部:《法学院最近五年度教员人数统计表》,1937 年 4 月制,载《国立中山大学现状》,1937 年,中山大学图书馆藏,第 25 页。

legal courses for jurisprudence and practical teaching and the university also carried out practical teaching such as moot court and legal counselors public (for pro bono cases). At that time, handouts of the courses and the teaching focused on "knowing what and knowing why", focusing on national law, combining historical sources and foreign laws to carry out the teaching of the jurisprudence. However, limited by the objective conditions of teaching faculty, there was still a gap between ideals and reality. To a certain extent, Sun Yat-sen University represents the legal education in Guangdong Province at the time.

Key Words: legal education, the Law School of Sun Yat-sen University, courses, handouts

白山黑水，风雨陶铸：民国时期东北大学的法学教育

赵进华　隋　军*

摘　要:在我国近代的法学教育谱系上,东北大学的法学教育是不可忽视的一支。民国时期的东北大学于1923年设立之初即设有法科,法律学系之名一以贯之,前后存续了二十年左右。办学者对法科建设倾尽全力,教学硬件设施完备,师资队伍层次很高,名家荟萃,招生规模可观,学术研究氛围浓厚。虽然因学校流亡而一度停止招生,但整体上保持了很高的办学水准,为当时的中国培养和输送了一大批优秀的政法人才,也对后来中国法制和社会事业产生了重大的影响。

关键词:法学教育　东北大学　民国时期

说到中国近代的法学教育,最脍炙人口的一种说法是"南东吴、北朝阳"。两家大学的法科教育起步较早,成就卓著,早已载入史册。然而,粗线条的历史叙事在突出主干的同时,不免遗漏或遮蔽一些生动的细节和鲜活的枝杈,因而未得历史之全貌。

* 赵进华,东北大学文法学院讲师、法学博士,研究方向:法律史。隋军,东北大学文法学院副教授、法学博士,研究方向:法律史。

实际上,在中国近代法学教育的舞台上,曾经浓墨重彩登场的远不止东吴大学和朝阳大学两家,只是由于各种原因而湮没不彰了。民国时期东北大学的法科教育与东吴、朝阳两家相比或有所不及,却也卓然自立,一时称盛,海内视为重镇,更为当时和后世培养了一批优秀的政法人才。回首这一页历史,有助于我们更加全面地了解中国近代法学教育史。

一、民国时期东北大学法科发展沿革概况

东北大学是民国时期张作霖、张学良父子在奉天(今沈阳)创办的现代综合性大学,是当时东北的最高学府,学校设立之初即建有法科。1921 年年初,主政东北的张作霖接受时任奉天省代省长王永江、教育厅厅长谢荫昌的建议,决定创办大学教育。同年,奉天省公署拟定东北大学的组织大纲,规定“大学暂定六科,分年组织”,包括文、理、工、农、商、法等学科,其中法科分三个学系:法律学系、政治学系、经济学系。

经过两年的精心筹备,1923 年 4 月 26 日,东北大学正式成立。5 月,校长王永江委任在美国获得教育心理学硕士学位的辽宁复县(今辽宁瓦房店)人汪兆璠为文科学长兼法科学长。7 月,东北大学举行第一届新生入学考试,法科预科取 48 人,分两个班。9 月,正式开学。按照东北大学当时的学制,预科的学习期限为两年,主要补习中学课程和预习大学基础课程,夯实外语基础,预科正式毕业者可以升入大学本科。1925 年 7 月,东北大学正式成立法律学系,开始招收本科生。1928 年 4 月,汪兆璠因事去职,同样有留美经历的臧启芳继任法科学长。

1929 年 1 月,根据国民政府教育部关于实行大学学院制的通令,东北大学将法科改为法学院,由臧启芳任院长。法律学系为法学院下设的三系之一(另两个系是政治学系和经济学系)。7 月,法学院举行第一届毕业典礼,法律学系毕业生 22 人。9 月,法学院又添招法律专修科一级(至 1932 年停办,专修科学生均系校机关服务人员,在夜间授课)。是年,法学院还制定出台了《组织大纲》《教务通则》等规章制度。1929 年

年底，第三任校长张学良将法学院和文学院合并为文法学院，任命汪兆璠为文法学院院长。1931 年 4 月，因汪兆璠调任东北政务委员会秘书，刘百昭代理院长。

“九一八事变”后，危局中的东北大学被迫撤离沈阳，先是迁到北平。由于经费困窘，学校决定缩减招生规模，法律学系从 1932 年停止招收新生。1933 年 3 月，刘百昭辞职，曹国卿受聘为文法学院院长。1934 年 9 月，文法学院分设，曹国卿任法学院院长。1935 年 7 月，法律学系学生均已毕业，宣布停办。1937 年 5 月，流亡中的东北大学改省立为国立。

1941 年 7 月，经过几番播迁、已在四川三台复课的东北大学奉教育部令，恢复法律学系的设置。8 月中旬，法学院院长赵鸿翥教授在东大任教十四年，特奉部令休假一年，聘娄学熙为法学院院长。12 月，法学院易名法商学院。

抗战胜利后，1946 年 11 月，东北大学由三台迁回沈阳复校。1947 年 2 月，东北大学在沈阳北陵校址开学。此时的东北大学有 5 个学院、27 个系（科），其中，法商学院设有法律、政治、经济、工商管理 4 个系，院长为傅筑夫。1948 年 6 月，国民党在东北战场败局已定，东北大学又被迫迁往北平。翌年 1 月，北平解放。2 月，包括法商学院在内的几个学院迁回东北，最终并入位于长春的解放区东北大学。

此外，自 1946 年到 1949 年，东北大学还开办了法律学系司法组。

整体而言，放眼当时国内，东北大学法科教育开创较早，所属学院之名虽几度更易，但法律学系之名始终如一，其教育教学始终保持在较高的水准。美中不足者，在东北沦陷、学校被迫流亡的过程中，法律学系曾有几年处于停招状态，致使学脉的完整性受到了一定影响。尽管如此，新中国成立前东北大学的法学教育前后存续了二十年，这在国难方殷、学校几度播迁的背景下实属不易。

二、优裕的办学条件

“九一八事变”前，东大经费充裕、设备精良、名师云集、环境宜人，此一时期堪称东大法科的黄金时代。

当时的办学者对包括法律专业在内的法科教育非常重视,无论在硬件建设还是在师资配备上均倾注了全力。1929 年 3 月,张学良(时为东北大学校长)捐资 100 万元,在北陵新校区为文、法两学院建设教学楼,为两栋砖混结构、具有巴洛克风格的四层楼房。9 月楼成,法学院入主汉卿北楼(位于今沈阳市皇姑区北陵大街 49 号,为辽宁省军区政治部闲置库房)。学校又在汉卿北楼后侧建造一栋三层大楼作为文、法两院的学生宿舍。此外,还有图书馆、礼堂、饭厅、体育场等教学生活设施的建设。据学生回忆,"校舍比任何大学都建筑得合理而堂皇"。[①] 图书馆藏书丰富,1926 年有 33,164 册,包括中文、英文、日文等语种的图书,其中,以文法科图书为最多,占总藏书量的 95%。1931 年 9 月"九一八事变"前,藏书达到 65,000 余册。[②] 竣工于 1929 年 10 月的罗马式马蹄形体育场可容纳数万人,是当时全国第一座现代化体育场,曾承办第 14 届"华北运动会"。放眼当时全国的诸多高校,东北大学的硬件设施堪称一流。"九一八事变"爆发,"学校一切设备隳于一旦",[③]令人扼腕叹息。

师资队伍建设方面,"九一八事变"前,东北相对安定,加之学校的重金延聘,各方名师荟萃法学院(以及后来的文法学院和法商学院),一时俊彦云集。当时的东北大学,常年办学经费居全国之首。据曾任东北大学秘书长、代校长的宁恩承回忆:"东北大学教授月薪三百六十元,天津南开大学二百四十元,北大、清华三百元。重赏之下必有勇夫,关内许多名人学者联袂出关不是无因的,文法学院计有黄侃、章士钊、罗文干、邱昌渭、吴柳隅、李正刚诸君……皆全国知名之士。"[④]1930 年,章士钊欧游归来,受聘东北大学文法学院教授,月薪八百银元,为教授中最高者。[⑤]

---

① 臧启芳编:《国立东北大学廿周年纪念册》,文海出版社有限公司 1973 年版,第 36 页。

② 参见刘革、郝淑红、柴俊红、鲁超:《民国时期东北大学图书馆建设研究(1923—1931)》,载《图书馆建设》2019 年第 3 期。

③ 臧启芳编:《国立东北大学廿周年纪念册》,文海出版社有限公司 1973 年版,第 3 页。

④ 宁恩承:《百年回首》,东北大学出版社 1999 年版,第 206 页。

⑤ 参见张在军:《东北大学往事:1931—1949》,九州出版社 2018 年版,第 12 页。

“所谓大学者，非谓有大楼之谓也，有大师之谓也。”这是民国时期教育家梅贻琦的不易名言。以之衡量当时东北大学的法科，不仅有富丽堂皇的大楼（“九一八事变”前），更有学问渊博的大师。其中，既有像章士钊、罗文干、赵鸿翥、李正春那样的资深政法界专家，也有萧公权、梅远谋、梁熗、赵明高、余天休、左仍彦、白世昌等一辈留洋归国学者，甚至有宗奉马列主义实为中共党员的教员侧身其间，如杨秀峰（新中国成立后任最高人民法院院长）。至于与之相近的文科，更有曾运乾、蒙文通、刘永济、金毓黻、梁漱溟、黄侃、陆侃如等一班硕学鸿儒出入其间。以此观之，当时的东北大学文、法科师资阵容之强大华丽，便是较诸朝阳、东吴两家，似乎也不遑多让。前后任教于法科的教职员的基本情况如表1所示。

表1　法科教职人员基本情况

姓名	籍贯	职务	担任课程	主要经历	到校时间
章士钊	湖南善化	教授、政治学系主任	逻辑学、墨子哲学	1902年考入南京陆师学堂，曾任上海《苏报》主笔。1905年后，先后留学日本、英国。回国后，任浙江教育厅厅长，北京大学教授、图书馆主任。1924年任北洋政府司法总长兼教育总长	民国十九年五月
罗文干	广东番禺	教授	不详	英国牛津大学法学博士，回国后任清政府广东审判厅厅长。1912年后历任北京政府检察厅检察长、北京大学法律教授、大理院院长、财政总长等职。1928年应东北大学聘请到文法学院任教授。1931年被东北大学聘为大学委员会委员。同年任国民党政府司法行政部部长，1932年兼任外交部部长。1938年任国民参政会参政员，西南联合大学教授	民国十七年

续表

姓名	籍贯	职务	担任课程	主要经历	到校时间
赵鸿翥	奉天营口	教授、法律学系主任	民法、宪法等	国立北京大学法学学士,司法官再试典试委员会议决免试,司法讲习所毕业,曾任奉天沈阳、辽阳地方审判厅推事,东省特别区地方审判厅检察所检察长	民国十四年八月
江之泳	湖北汉阳	教授、政治学系主任	不详	留美法律学政治学学士,东南大学法律系教授,清华大学法律教授,武昌文华大学政治系主任,朝阳、中国、民国、国立、法大、师大教授	不详
李正春	奉天沈阳	教授	刑法、民事诉讼法、法院编制法	北京法政专门学校法律科毕业,司法讲习所修业二年,发给再试及格证书,奉天复县、山东福山、吉林滨江各地方审判厅推事,最高法院东北分院推事	民国十四年九月
梁焴	直隶安新	教授	罗马法、国际公法	北京大学法学学士,历充直隶公私立法政两校教习,北京朝阳大学教习,京师地方审判厅推事,浙江高等审判厅推事,徐海镇守使署军法处长	民国十五年八月
王鸿翥	河北曲阳	教授	不详	北洋大学法律本科毕业,留日从志田钾太郎博士研究商法二年,北洋大学学监主任,天津河北省立法商学院、保定河北大学商法教授	不详

续表

姓名	籍贯	职务	担任课程	主要经历	到校时间
赵明高	奉天辽阳	教授、政治学系主任	国际公法判例、中国外交史等	北京大学法科毕业，美国康奈尔大学获政治外交硕士学位，哈佛大学研究员，曾任东三省交涉署政务处处员，外交部奉天交涉署咨议，第三科科长，国立北平大学工学院秘书	民国十六年五月
刘馥	湖南宝庆	教授	法学等	日本法政大学毕业，曾任法制院编制，农林部参事，农商部参事，内务部参事，内务次长，全国财政委员会会员，外交委员会会员	民国十八年十月
左仍彦	江苏阜宁	教授	中国法制史、行政学等	北京大学法学学士，法国国立南锡大学法学博士班毕业	民国二十六年八月
白世昌	奉天辽阳	教授	国际公法、国际私法、土地法、劳工法等	东北大学法律系毕业获法学学士，英国爱丁堡大学毕业获法学学士，英国伦敦大学政治学院研究员，历任东北大学、河北省立法商学院、甘肃学院法律系主任教授，东北大学法学院院长	民国二十六年二月
苍宝忠	黑龙江绥化	教授	不详	东北大学法律系毕业获法学学士，曾任黑龙江省政府民政厅科员，天津市政府社会局第二科长等	民国二十六年二月
刘文海	陕西渭南	教授	法科政治	美国威斯康星大学政治硕士	民国十五年八月

续表

姓名	籍贯	职务	担任课程	主要经历	到校时间
杨鹏	贵州镇远	教授	不详	北京朝阳大学毕业,司法官实验及格,司法讲习所毕业,德国柏林大学法科毕业,柏林国际法学院研究员	民国十六年九月
王治焘	湖北黄陂	教授	不详	京师大学法学学士,法国巴黎大学法学博士。历充北平大学法学院教授,中国大学政治系主任,朝阳大学及外交部俄文法政专门学校教员,日内瓦国际联合会前秘书,曾任外交部秘书	民国十七年一月
郭天锡	奉天开原	讲师	法学通论	北京大学法学学士	民国十四年八月
王之相	奉天绥中	讲师	不详	北京国立法政大学法律系毕业,国立北平大学法学院主任教授,俄文法政学院院长,商学院主任教授	民国二十二年九月
例贝林	俄国	讲师	不详	俄国法政大学毕业,曾充旧俄各级法院推事、检察官及军事侦查官,平大前商学院讲师,执行律师职务	民国二十四年九月
余天休	广东台山	讲师	不详	留学美国十二年,获得学士、硕士、博士学位,曾任律师及北平各大学教授、讲师,曾任西北大学校长、北平私立东方大学校长	民国二十二年九月

续表

姓名	籍贯	职务	担任课程	主要经历	到校时间
孙鸿霖	山东东平	讲师	不详	北京司法讲习所毕业，历任辽宁高等检察厅首席检察官，沈阳地方检察厅检察长	民国十四年一月
蔡缵周	河南固始	讲师	不详	日本明治大学法律高等研究科毕业，曾任财政部盐务署科长，京师大学、北京大学讲师，中国学院、民国学院教授，河南确山县知事，北平第四区区长兼二十七坊坊长，北平自治专款委员	民国二十三年九月
洪声	奉天西丰	讲师	不详	国立北京大学法科毕业，历充民国大学教授、警察厅及县知事、军法处长，时任辽宁全省公安管理处视察长	不详
蔡景云	奉天岫岩	讲师	不详	北京大学法学学士，曾任中学校长，市政公所秘书，商埠局总务科长	民国十七年七月
傅圣岩	河北滦县	讲师	不详	北京法政大学毕业，司法官考试及第，司法讲习所毕业，时任辽宁高等法院民一庭庭长	民国十八年十月
吴振源	安徽休宁	讲师	不详	司法部司法讲习所毕业，时任东北最高法院检察署检察官	民国十九年九月

续表

姓名	籍贯	职务	担任课程	主要经历	到校时间
魏大同	吉林扶余	讲师	不详	朝阳大学毕业,时任东北最高法院检察署检察长	民国十九年九月
刘恩荣	奉天铁岭	讲师	不详	朝阳大学毕业,留日法政大学毕业,时任同泽新民储才馆教授	民国十九年九月

此外,曾于法律学系任教者有张耀鸾、何承焯、刘保藩、曾昭庆、张兴武等人。遗憾的是,学校后期的流离失所对法学师资队伍影响较大,至1942年,彼时法商学院法律学系只有3名教员,而且都是兼任。[⑥]

三、浓厚的学术氛围

在名家名师的带动引领和学生的积极参与下,东北大学法科的学术活动频繁而活跃,而且特别注重对现实问题的研究和讨论。据文法学院院史记载,1926年11月10日,法科的梁熇教授为学生作《中比废约问题》的讲座;12月10日,林公铎教授讲《政教分合论》;1927年4月21日,文法科学长汪兆璠请新由美国归来的赵明高君讲《列国对华之联合政策》;同年5月17日,汪学长又请日本前大审院长横田秀雄讲演《物权契约》;1930年5月,更有东北大学政治学会的成立。在政治学会第一次学术讲演会上,萧公权教授作题为《政治制度与政治思想》的讲演。1931年6月13日,由文法学院学生自治会编辑的东北大学文法学院院刊(第一卷第一号)出版,收入论文40篇,其中有仲颐的《南满铁路用地与日本之非法侵略》一文。另外,法律学系1925级本科生白世昌在校期间即在《法学新报》上撰文,并获一等奖。其同学魏运五于1927年和1928年先后在《东北大学周刊》上发表两篇中国法制史的论文,一篇为《周礼司

⑥ 臧启芳编:《国立东北大学廿周年纪念册》,文海出版社有限公司1973年版,第121页。

法制度考》，另一篇为《周礼上之乡遂自治制度考》。王中立也于1927年在《东北大学周刊》第25期发表《孔孟法治思想比较观》一文。凡此种种，挂一漏万，亦可以想见东北大学法科当时学术研讨氛围之浓烈。

辽宁图书馆收藏了一批民国时期东北大学的毕业论文，2015年由中华书局结集出版。在全部512篇论文中，法律学系的论文有40篇，分别出自1945年和1946年毕业的40名同学之手。依《东北大学校志》中所载之法律学系学生名录，1945年和1946年毕业生分别为33人、66人，可见这40篇论文应该只是两届毕业生论文的一部分。尽管如此，论文选题几乎覆盖了法学的所有学科方向，具体如表2所示。

表2 论文选题情况

选题方向	论文题名	篇数
民法基本理论	《民商统一主义论》《侵权行为责任论》《连带债务论》《典权论》《担保物权之研究》《租赁之研究》《侵权行为论》	7
婚姻家庭法	《婚姻法之研究》《夫妻财产制论》《父母子女间之权利义务》《我国遗嘱之研究》《离婚之研究》《中国离婚法制之研讨》《中国女子继承权论》	7
刑法	《刑事责任论》《中国刑法之保安处分论》《我国刑法保安处分之研究》《共犯之研究》《公诉与自诉之研究》《刑法主观主义论》《刑事责任论》《中国刑罚略论》《保安处分论》《刑罚种类泛论》	10
诉讼程序法	《泛论中国现行司法组织》《中国检察制度之研究》《我国监狱改善论》	3
宪法	《论五权宪法中之国民大会》《五五宪草评诠》《保障人身自由之研究》	3
法理学	《法律本质论》《法治论》《论总理遗教中之法律思想》	3
法制史	《原法与韩非》《五刑制度之沿革》《中国法律演变论》	3
国际法	《外人在华不平等条约之研究》	1
经济法	《竞业禁止论》《遗产税法要论》	2
翻译作品	《法学通论》（原作者穗积重远）	1

这些论文不仅选题广泛,而且紧扣时代主题和学科前沿,很多选题即便今天来看仍不过时。此外,其他专业中与法律相关的毕业论文亦不少,如《论法治》《德国新宪法之研究》《美国中立法之研究》《在华领事裁判权之起源及其扩张》《不平等条约之研究》《保甲制度之研究》,不一而足。仔细阅读这些恭录在格子纸上的论文,惊叹于当时本科毕业生知识之宏富、钻研之精深,似乎今日的研究生犹有不及。至于其文法之娴熟,书法之优美,更令今人汗颜。斯人已逝,岁月渐行渐远,幸有这些宝贵文献的留存,可以让我们直观地了解70多年前中国法学教育的水准。

四、"滋兰九畹,至此始芳"

在长达20多年的办学周期里,东北大学虽"几乎无日不在艰难困苦之中勉强支持",⑦其法学教育亦曾一度中断,但法律学系的招生规模基本上是不断扩大的。据1929年3月末出版的《东北大学概览》统计,当时东北大学法学院在校学生达261人,⑧其中,法律学系的学生占了相当比例。1942年,法律学系一年级和二年级在读学生总计66人(无三年级和四年级),其中男生63人,女生3人。⑨ 到了1949年,法律学系当年的毕业生人数攀上了一个高点,达到可观的79人。⑩ 按照《东北大学校志》的记载,从1925年算起,新中国成立前的东北大学至少招收了13届法学本科生,共计560人。此外,预科、专修科和司法组也培养了一定数量的学员。单就学生数量而论,本身就是一项了不起的成绩。

东北大学为当时的中国培养和输送了一大批优秀的政法人才,也对

---

⑦ 臧启芳编:《国立东北大学廿周年纪念册》,文海出版社有限公司1973年版,第3页。

⑧ 参见张雷、杨建春主编:《年轮:东北大学文法学院历史概览》,内部出版2003年版,第34页。

⑨ 参见臧启芳编:《国立东北大学廿周年纪念册》,文海出版社有限公司1973年版,第127页。

⑩ 参见杨佩祯等主编:《东北大学校志》(第1卷,下册),东北大学出版社2008年版,第919~920页。

后来中国法制和社会事业产生了重大的影响。以1929届毕业生为例，据可靠史料记载，1923年入读法律预科的一共48人，1925年预科毕业后，其中的26人升入本科。其后，有4人负笈北平。这样，至1929年7月，法律学系第一届毕业生毕业，计22人，是当年文、法两院各系中毕业人数最多的。[11] 其中，学业成绩第一的白世昌有幸成为东北大学第一批公派留学生，赴英国爱丁堡大学深造，后学成归国，于1937年2月被母校聘为法学院院长，成为知名教授、学者，后又任教务长兼代校长。白世昌的同班同学、"为文有章，郁郁如也"的苍宝忠后来也任教于母校，成为法律学系的一名教授，并任学校秘书，后又转任国立第十八中学校长，军事委员会委员长侍从第三处视察专员，[12]任台南二中校长（1949年7月至1954年2月）。在校期间曾筹划建立学生自治会的任安郁毕业后任辽宁北镇县长，后又任陆军109师军法处处长，退出政界后在西安做了执业律师。辽阳籍的曹树钧于1937年2月被委任为东北大学事务长，[13]旋即又被安徽省政府主席刘尚清任命为郎溪县县长。[14] 凤城籍的杨九泽毕业后，通过省财政厅提名，考试合格，被任命为凤城县财政局局长，后又在河北省行唐县担任承审员。新中国成立后，在商业部某分支机关工作，退休后经校友宋黎等人的推荐，被邀为辽宁省政协委员。[15] 此外，与白、苍等人同级而中途离校赴北平的几位同学后来也有不错的发展，如洪钫和李荫春均成为张学良将军的机要秘书。

其他各级学生中，后来卓有建树者亦不乏人。沈阳籍的戴成为法律学系1931级中年龄最幼者，却以班级第一名的成绩毕业，后于1943年

---

⑪ 参见张雷、杨建春主编：《年轮：东北大学文法学院历史概览》，内部出版2003年版，第61页。

⑫ 参见国立东北大学校刊委员会：《国立东北大学校刊》（第9期），1945年3月1日。

⑬ 参见臧启芳编：《国立东北大学廿周年纪念册》，文海出版社有限公司1973年版，第11页。

⑭ 参见王春林：《西安事变后刘尚清的主皖》，载《安徽史学》2018年第3期。

⑮ 参见康延正口述，齐红深、姜魁春、陈世刚、赫荣生整理：学生口述："九一八事变"后我的流亡之路，载"新浪历史"，载新浪网：http://history. sina. com. cn/bk/kzs/2013 - 09 - 18/100354558. shtml? bsh_bid = 315361430，最后访问日期：2019年7月20日。

回母校任教,被聘为教授。[16] 浙江余杭人张警1942年毕业于政治学系后亦留校任教,历任法商学院助教、讲师,新中国成立后到了西南政法学院,成为中国法制史教学研究的一代名家。与之情况类似的,1946年考入法律学系司法组的佟柔后来成为新中国民法学的开创者和奠基人之一,为中华人民共和国民事法律制度的建立健全做出了巨大的贡献。晚年的佟柔还经常对学生回忆起早年在东北大学法律学系学习的往事。[17] 1948年毕业的瞿绍先当年即赴台湾地区,从法院书记官做起,长期任职法曹,一直做到"司法院"大法官(1976—1994),同时兼任政治大学、东吴大学教授。[18] 辽宁锦西籍的刘景义比瞿绍先晚一年毕业,后来也去了台湾地区,供职于台湾地区的检察机构,曾任澎湖、台东、花莲、彰化、高雄、台中"地方法院"检察处首席检察官、推事、庭长,台北"地方法院"检察长,台湾地区"高等法院"检察署检察长,后担任台湾台东"地方法院"院长。

时移世易,法律学系大多数毕业生的去向和作为今天已难以考证,我们所掌握的只是冰山的一角。

五、结语

白山黑水,风雨陶铸。读1929届毕业生孙宗沛所撰《1929届法律学系级史》,法律学系首届毕业生的好学、严谨和时代担当精神令人印象深刻。从学校的角度来说,民国时期东北大学的法学教育在动荡的时局中恪尽了自己的责任,作育人才,"作未来之柱石",世界也因此而不同。就此而言,这一页历史值得我们铭记,更待有心人去细细考索,慢慢挖掘。

---

[16] 参见国立东北大学旅台校友会编:《国立东北大学七十周年纪年特刊》,内部出版1993年版,第171页。

[17] 参见王利明:《语来江色暮,独自下寒烟——忆佟柔老师》,载《学习时报》2017年1月6日,第A7版。

[18] 参见国立东北大学旅台校友会编:《国立东北大学七十周年纪年特刊》,内部出版1993年版,第92页。

Legal Education of Northeastern University in the Period of the Republic of China

Zhao Jinhua　Sui Jun

Abstract: In the modern legal education spectrum of China, the legal education of Northeastern University is not negligible. In the Republic of China, Northeastern University established its law major at the beginning of its establishment in 1923. At that time, it was named the Department of Law, and it lasted for about 20 years. The university runners have done their utmost to the construction of the department of law, with complete teaching facilities and equipment, high level of teaching staff, and a large number of famous scholars. The enrollment of the department scale is considerable and the academic research atmosphere is enjoyable. Although the enrollment was stopped due to the Japanese invasion, the overall level of running a school was maintained. A large number of outstanding political and legal talent were cultivated and most of them devoted themselves to our country at that time. Their achievements had a major impact on China's improvement of the legal system and the advancement of social undertakings.

Key Words: legal education, Northeastern University, republican period

立足于中国法治实践的法学研究

——《法律科学》刊发论文引证分析(2014—2018)

李姝卉　杨建军*

摘　要:研究期刊的论文质量和影响力是对其学术质量进行评价的重要途径之一,法学界已有一些学者采用不同方法对法学研究进行了深入的研究和探索,但是以单一期刊作为研究对象进行分析的文章较少。立足于中国法治实践,对《法律科学》期刊2014~2018年的发文和引证情况进行研究,可以看出该期刊的研究现状、质量、研究热点和在学界所处的地位,由此从学术研究层面探知中国法学教育与法学研究之间的某些关联,以期为中国法治实践和法学教育提供一个观察视角。

关键词:法律科学　学科引证　法学研究　中国法治实践　法学教育

一、引言

引证研究是分析论文和期刊影响力大小的重要

* 李姝卉,西北政法大学刑事法学院硕士研究生,研究方向:法学理论。杨建军,西北政法大学教授,研究方向:法律方法、司法政策。

研究方法。法学界进行引证研究的学者,大多采用 CNKI 数据库的引证数据对学者、论文或期刊的影响力进行分析,也有学者参照其他综合性指标进行影响力评估。苏力曾通过研究文章被引的次数来给中国法学家的影响力排序。① 侯猛曾计算 CSSCI 法学期刊相互的引证次数,以发现期刊在知识生产中的相互影响情况;②他还曾从引证分析视角来对"第八届十大杰出青年法学家"影响力进行分析,以反映当代中国法学的实力格局。③ 郭旨龙曾提出用 H 指数(基于其研究者的论文数量和论文被引用的次数)评判法学学者的影响力。④ 除了对法学一级学科引证研究的文章以外,左卫民还曾分析刑事诉讼法这一法学二级学科的引证情况。⑤ 除了对单一期刊的分析外,还有王人博对《政法论坛》《中国法学》《法学研究》《清华法学》等多种期刊的现状和走向做出对比分析。⑥ 然而,法学界中以单一期刊作为研究对象进行研究的文章较少,用这种方法可以看出期刊自身的影响力以及研究质量,为期刊后续的发展提供一个分析视角。

本文旨在通过数据统计的方法对法学 CSSCI 期刊《法律科学》2014 ~ 2018 年的发文和引证情况进行定量分析,以简要分析该期刊的载文特点,对其影响力和质量进行评价,并从法学研究的角度对法学教育作一点思考。文章选取《法律科学》2014 ~ 2018 年的数据,主要基于:(1)2014 年,党的十八届四中全会作出了《中共中央关于全面推进依法治国若干重大问题的决定》(以下简称《决定》),表明中国自 2014 年起

---

① 参见苏力:《从法学著述引证看中国法学——中国法学研究现状考察之二》,载《中国法学》2003 年第 2 期。

② 参见侯猛:《CSSCI 法学期刊:谁更有知识影响力》,载北大法律评论编委会编:《北大法律评论》2009 年第 2 期。

③ 参见侯猛:《中国法学的实力格局——以青年学者的引证情况为分析文本》,载《中国法律评论》2017 年第 5 期。

④ 参见郭旨龙:《谁是中国法学高影响论文作者——中国知网最新 H 指数的探索研究》,载《法律和社会科学》2015 年第 1 期。

⑤ 参见左卫民:《从引证看中国刑事诉讼法学研究》,载《法学研究》2013 年第 5 期。

⑥ 参见王人博:《中国法学期刊的现状和走向》,载豆丁网:http://www.docin.com/p-1536435547.html,最后访问日期:2019 年 2 月 3 日。

迈向了“依法治国、依法执政、依法行政共同推进,法治国家、法治政府、法治社会一体建设”的法治建设新时代。因此,将 2014 年作为数据起点,有助于系统观察“全面依法治国”时代背景下中国的法学研究。(2)不同的学术期刊有不同学术偏好、风格和关注重点,统计法学学术期刊发文情况是考察中国的法学研究和法学教育最重要的途径之一。对法学 CSSCI 期刊《法律科学》5 年发文情况的专题分析,可以探知中国法学的研究热点。(3)引导法学专业学生从事法学研究是法学教育的重要议题。随着社会迅速变迁,单纯知识传授的模式已经无法适应社会对法治实践提出的更多挑战。因此,引导学生从事法学学术研究能够提升法科学生对法治实践问题的分析能力,分析《法律科学》发文的基本特点,思考法学研究与中国法治发展之间的关系,能够帮助法科生尽快进入法学研究的大门。

在搜集数据时,本文选取了 CNKI 数据库的统计数据,将《法律科学》期刊 2014—2018 年发文作为样本,从下载数、被引数、影响因子、学科等视角进行分析,试图对该期刊 2014—2018 年的研究状况进行多角度分析。⑦ 根据学界通说观点,影响因子(本刊前两年发文在统计当年被引用次数除以该刊前两年发文总数)是评价期刊和论文影响力的权威指标。分析期刊影响因子近年的波动,就可以看出期刊近年来对学界影响力的大小,以对期刊的地位和文章质量进行评价,本文采用了此标准。

二、《法律科学》发文被引证情况

引证分析是学界一种常用的研究手段,通过对期刊发文的引证数进行分类研究,可以分析出该期刊对于法学研究的影响力,至少在一定意

---

⑦ 本文统计了《法律科学》2014—2018 年的发文,数据收集截止日期为 2018 年 11 月 30 日,排除了稿约、学者介绍等无研究必要的文章,未排除自引和互惠引证;主要依据《法律科学》每期目录中对收录文章的分类方法,将样本分为法理学、法律史学、刑事法学、民商事法学、国际法学五类。

义上是这样的。[8]

表1 《法律科学》2014~2018年被引数最多文章统计[9]

年份	论文总数(篇)	总下载数(篇)	合计被引次数(次)
2014	21	47,096	936
2015	20	63,717	1065
2016	21	34,897	515
2017	20	47,148	481
2018	16	18,082	76

表2 《法律科学》2014~2018年被引数最少文章统计[10]

年份	论文总数(篇)	总下载数(篇)	合计被引次数(次)
2014	6	1639	2
2015	11	4730	7
2016	16	7062	10
2017	21	6514	0
2018	77	25,491	0

从表1和表2中可得出:(1)越靠近统计年份的文章,被引数越低。2018年距离统计年份最近,故该年被引证数最多的文章较少,被引数最少的文章较多。(2)2015年文章的下载数和被引数均为最高。(3)对比表3可知,被引数较多的是法理学文章,尤其是司法制度,在2014年《决定》及一系列司法改革政策颁布后,司法改革和法治建设即成为法学界的研究热点。

---

⑧ 本部分主要依据中国知网对该期刊每年对文章被引数由高到低的排序,选取排名前20名(和后20名)的文章,有的年份被引数最低或最高出现了并列,因此会有超过或低于20篇的现象。对于被引数最低的文章,本文选取了被引数为0和1的文章;在被引数为0的文章较多的年份,只研究被引数为0的文章。

⑨ 该组数据由笔者根据中国知网2014—2018年的数据计算得出。

⑩ 该组数据由笔者根据中国知网2014—2018年的数据计算得出。

表3 《法律科学》2014~2018年各学科被引数最多文章统计⑪

单位:篇

年份	法理学	法制史学	宪法与行政法学	刑事法学	民商事法学	国际法学
2014	2	0	1	6	11	0
2015	10	0	0	3	7	0
2016	2	0	2	3	13	0
2017	0	0	2	7	11	0
2018	1	0	5	5	5	0
总计	15	0	10	24	47	0

表4 《法律科学》2014~2018年各学科被引数最少文章统计⑫

单位:篇

年份	法理学	法制史学	宪法与行政法学	刑事法学	民商事法学	国际法学
2014	2	0	1	0	3	0
2015	2	1	3	0	3	2
2016	2	2	3	4	5	0
2017	3	3	3	3	7	2
2018	15	1	5	12	39	4
总计	24	7	15	19	57	8

从表3和表4可以看出,就学科分布而言,引证数较多的文章大多分布在民商事法学(47篇)、刑事法学(24篇)、法理学(15篇),占本学科发文总数比例分别为16.20%、16.67%、13.27%(见表5),而国际法学和法律史学的论文引证数为0。

---

⑪ 该组数据由笔者根据中国知网2014—2018年的数据计算得出。

⑫ 该组数据由笔者根据中国知网2014—2018年的数据计算得出。

表 5　引证数较多/较少的学科发文及占比⑬

学科	法理学	法律史学	宪法与行政法学	刑事法学	民商事法学	国际法学
5 年间学科发文总数(篇)	113	23	66	144	290	30
引证数较多的文章数量(篇)	15	0	10	24	47	0
高引证数文章学科占比(%)	13.27	0	15.15	16.67	16.20	0
引证数较低的文章数量(篇)	24	7	15	19	57	8
引证数较低文章学科占比(%)	21.23	30.43	22.27	13.19	19.66	26.67

从数量来看,表 5 中,引证数较少的文章集中于民商事法学(57 篇)、法理学(24 篇)、刑事法学(19 篇),国际法学、法制史学、宪法与行政法学的论文也有部分论文被引数较低。但如果从高引证数和较低引证数在本学科发文的占比例看,法律史学和国际法学都没有高引证的文章上榜。与此同时,从较低引证数文章占据学科发文数比例来看,法律史学占比 30.43%,国际法学占比 26.67%,刑事法学引证数较低的文章占比最低,仅为 13.19%。实际上,民商事法学和刑事法学的研究基数大,所以这两个领域的文章被引数过多或过少都是比较正常的现象。对于法律史学和国际法学而言,发文总数较少,而被引数为 0 的文章较多,说明 2014—2018 年法学研究热点不在这两个领域中,且研究这方面问题的学者较少,加上部分发文质量不高,最终导致被引数较低。

文章被引数高的原因大致有:(1)研究的问题较为基础,以致后人再进行相关问题的研究时都需以此为根源。例如,宪法与行政法学在研究宪法理论和改革实践问题时,需要运用宪法基本原则;民商事法学在研究人工智能法律规制问题时,会涉及法律本体论和法律关系理论等法理学基本问题。(2)文章研究问题属于当年学术热点,使研究相似热点问题的学者引用以做进一步分析。(3)文章质量较高且有较多创新,为

⑬　该组数据由笔者根据中国知网 2014—2018 年的数据计算得出。

进一步研究提供了理论依据或研究方法,从而得到较高的被引数。比如纵博的《最高人民法院巡回法庭的设立背景、功能及设计构想》、姚建宗和侯学宾的《中国"法治大跃进"批判》等。

对比分析被引数较低的文章,大致有以下特点:(1)该类文章研究的学科和问题偏冷门,研究的学者较少,发文量较少,导致被引数也相对较少。国际法学和法制史学都存在上述问题;部分翻译文章也因偏冷门而导致被引数较少;还有研究领域较冷门,如沈跃东的《气候变化政治角力的司法制衡》、刘志强的《民国人权研究状况的考察》等。当然,被引数量少,并不等于论文没有价值,这需要适度区分。(2)文章质量不高、对后续研究价值不大,这类文章在年轻学者中更普遍,如唐雯的《我国共同遇难死亡顺序推定规则之反思与重构》等。(3)部分论文发表时间距统计年份过近,后续研究学者还未作新作加以引用,2018年被引数较少文章基本都存在此问题。

三、中国法治实践下的学术研究热点与学科引证分析

一般而言,法学CSSCI期刊中近年来同一主题发文数量多、被引用数量较高的文章,可视作法学近年来的研究热点。对研究热点进行分析,可以在一定程度上预测期刊发展趋势,为中国法治实践提供借鉴。

(一)《法律科学》年度热点分析及发展趋势

期刊的研究热点可以由被引数和关键词等要素加以反映。关键词分析是把握期刊研究热点的方法之一,能够更为精准预测期刊的发展趋势,有助于对研究热点与法治实践的关系作较为全面准确的实证分析。[14]

---

[14] 本部分依照CNKI对其关键词频率(关键词对应的发文数量)的排序,截取前十名,分析其涉及的文章数量、被引频次和所属学科。

表 6 《法律科学》2014—2018 年研究热点汇总⑮

关键词	总发文量（篇）	被引次数（篇）	所涉及学科
人工智能	11	200	法理学、民商事法学、刑事法学
法治	8	46	法理学、宪法学与行政法学、刑事法学
损害赔偿	7	72	民商事法学
司法改革	6	126	法理学、民商事法学
网络服务提供者	5	98	民商事法学
合宪性审查	5	36	宪法与行政法学
最高人民法院	4	88	法理学
案例指导制度	4	28	法理学
人格权	4	24	民商事法学
民法典	4	18	民商事法学

根据表 6，大致可以看出：(1)民商事法学是 2014～2018 年《法律科学》发文的研究热点和强势学科，其次是刑事法学、法理学、宪法与行政法学，部分原因可能在于，民法典修订是近年来学者持续关注的重点。(2)各学科研究热点呈现不断融合的趋势，学科之间联系不断加强，不同法学学科学者研究相同问题的机会增多，不同学科视角下对相同问题的探索也会增加文章和期刊的新颖性，《法律科学》期刊中这类文章占比将会不断扩大。(3)《法律科学》具有较强的包容性。首先，期刊发文所涉研究范围较广泛，涵盖了大部分法学二级学科研究领域，研究视角较为专业，能适应法学学科不断精细化的发展要求。其次，除了学者介绍、书籍介绍等文章外，期刊发文多是学术性论文，且理论和实践研究类文章占比均衡；既有对新兴法律问题的研究，也有对常规法学问题的研究。对于该期刊未来收录的文章，可以设立法学当年新兴热点文章的专栏，并长期开设，需要在收录稿件时多筛选新兴领域的优秀文章。对于

⑮ 该组数据由笔者根据中国知网 2014—2018 年的数据计算得出。

常规热点,可以筛选出具有较大新意的文章进行刊登,在一定程度上都有助于提升期刊文章的被引数。(4)《法律科学》发文紧跟新兴热点。例如,2015年和2018年关于“法治”的文章较2014年、2016年少,因2015年和2018年都有突出的新兴热点,法治等常规热点不再是研究重心。

(二)《法律科学》学科热点与研究趋势分析[16]

1. 2014—2018年民商事法学研究热点

表7 《法律科学》2014—2018年民商事法学研究热点[17]

研究热点	总发文量(篇)	文章名称及年份
损害赔偿	7	《违约金功能定位的反思》(2014年);《过失相抵与无过错责任》(2014年);《知识产权“利润剥夺”损害赔偿请求权基础研究》(2014年);《“秋菊”式诉求的回应——论国家赔偿中赔礼道歉责任的司法适用》(2014年);《知识产权间接侵权连带赔偿责任的反思与重构》(2017年);《拟制条件成就的法理构造》(2017年);《消费民事公益诉讼损害赔偿请求权研究》(2017年)
人工智能	6	《人工智能时代的制度安排与法律规制》(2017年);《论人工智能的民事责任:以自动驾驶汽车和智能机器人为切入点》(2017年);《论人工智能生成的内容在著作权法中的定性》(2017年);《人工智能创造物是作品吗?》(2017年);《智能汽车的侵权法问题与应对》(2018年);《人工智能与司法的裁判与解释》(2018年)
网络服务提供者	4	《网络服务者“知道”认定新诠——兼驳网络服务提供者“应知”论》(2014年);《论互联网立法的重点问题》(2016年);《网络服务提供者的版权法规制模式》(2017年);《网络服务提供者知识产权注意义务的设定》(2018年)

---

⑯ 根据每个学科关键词的发文数量高低,选择排名约为前五的热点关键词进行分析。

⑰ 该组数据由笔者根据中国知网2014—2018年的数据计算得出。

续表

研究热点	总发文量(篇)	文章名称及年份
人格权	4	《一般人格权理论分析及我国的立法选择》(2015年);《不可让与性与人格权的政治经济学:一个新的解释框架》(2015年);《论主体地位人格与人格尊严人格》(2016年);《人格要素的财产价值与人格权关系之辨》(2016年)
民法典	4	《论未来我国民法典中损害赔偿法的体系建构与完善》(2015年);《比例原则在现代民法体系中的地位》(2017年);《中国民法典的“绿色”需求及功能实现》(2018年);《民法典物权编“绿色化”构想》(2018年)

根据表7可知:(1)研究损害赔偿领域的文章最多,占比28%。研究热点基本不局限于某一领域,而是以损害赔偿为基础或在研究其他领域时涉及损害赔偿来进行论述,全部为解决法律理论或实践中的立法和司法问题。(2)人工智能的文章次之,占比24%。大多从人工智能时代机器人所引发的立法和司法实践难题着手,对人工智能给法治实践带来的冲击进行了回应,且解决措施较为一致,均在于重构部门法律体系或完善司法裁判规则。(3)网络服务提供者的文章占比16%。反映出理论界对法律实践和法律规则的不同意见,并从立法和司法角度,重构了网络服务提供者主观层面、注意义务和在互联网立法中网络服务提供者的责任。(4)人格权的文章占比16%。热点是完善人格权立法。(5)民法典的文章占比16%。2018年前的研究内容较零散,该年份的研究专注于民法典“绿色化”的法律体系建构。

综上,民商事法学2014—2018年研究热点呈现集中态势,对损害赔偿和人工智能的研究较热。人工智能作为新兴热点,发展趋势不容小觑,在未来几年热度将持续走高。同时,研究热点集中于实体法,诉讼法热点不够突出。

2.2014～2018 年刑事法学研究热点

表 8 《法律科学》2014～2018 年刑事法学研究热点⑱

研究热点	总发文量(篇)	文章名称及年份
证据能力	2	《论被告人庭前供述的证据能力》(2014 年);《"不得作为定案根据"条款的学理解析》(2014 年)
法治	2	《论检察活动的原则》(2014 年);《刑法规范的语言表达及其法治意义》(2016 年)
量刑规范化	2	《日本裁判员审判中的对话量刑及其参考价值》(2015 年);《中国量刑规范化之十年检讨与展望》(2015 年)
认识错误	2	《论盗窃罪中的数额认识错误》(2015 年);《共同犯罪中的罪量要素认识错误》(2015 年)
客观归责	2	《不作为因果关系的理论流变与研究进路》(2016 年);《论特别认知的刑法意义》(2016 年)
主犯	2	《共犯教义学中的德日经验与中国现实——正犯与主犯教义学功能厘清下的思考》(2017 年);《不能用行为共同说解释我国刑法中的共同犯罪》(2017 年)
网络犯罪	2	《帮助行为正犯化的网络语境——兼及对犯罪参与理论的省思》(2017 年);《互联网时代刑法参与观的基本思考》(2017 年)
刑事立法	2	《互联网时代刑法参与观的基本思考》(2017 年);《网络时代的刑事立法》(2017 年)
人工智能	2	《论人工智能刑事主体地位之否定》(2018 年);《人工智能时代我国刑罚体系重构的法理基础》(2018 年)

⑱ 该组数据由笔者根据中国知网 2014—2018 年的数据计算得出。

根据表8可知:(1)解决证据能力的司法适用问题。(2)以明确立法和规范语言表达为出发点,从法理角度解决立法问题来完善法治实践。(3)通过立法解决司法实践的量刑规范化问题。(4)从立法角度解决司法实践中数额认识错误问题。(5)结合客观归责和因果关系理论,从立法角度完善刑法规范体系。(6)研究刑法法理会涉及德日的刑法理论,一定程度上表明我国刑法热点理论研究还需到德日刑法中找寻支撑。(7)网络犯罪在刑法体系中的地位问题。(8)没有必要对互联网领域专门立法。(9)致力于解决新兴科技(人工智能)和刑罚体系的融合问题,且该项下文章关注问题类似,结论却相反,表明新兴交叉学科相比常规问题,争议仍然较大。

综上,刑事法学科2014~2018年研究热点呈现分散趋势,每个研究热点的文章占比均为11.11%,无集中的研究热点,且相同关键词的文章基本于同年发表,呈现相对集中态势。

3.2014~2018年法理学科研究热点

表9 《法律科学》2014~2018年法理学研究热点⑲

研究热点	总发文量(篇)	文章名称及年份
案例指导制度	4	《论"同案同判"的证立及其限度》(2015年);《法律解释方法的融贯运作及其规则——以最高院"指导案例32号"为切入点》(2016年);《法律解释抑或司法造法——论案例指导制度的法律定位》(2016年);《论人民法院指导性案例形成机制》(2018年)
司法改革	5	《深化司法体制改革需要正确处理的多重关系——以十八届四中全会〈决定〉为框架》(2015年);《"法院独立"与"法官独立"之辨——一个中式命题的终结》(2015年);《最高人民法院巡回法庭的制度建构》(2015年);《最高人民法院设立巡回法庭之我见》(2015年);《法官助理制度的法理分析》(2017年)

⑲ 该组数据由笔者根据中国知网2014—2018年的数据计算得出。

续表

研究热点	总发文量(篇)	文章名称及年份
最高人民法院	4	《最高人民法院巡回法庭的设立背景、功能及设计构想》(2015 年);《最高人民法院设立巡回法庭之我见》(2015 年);《论司法政策的正当性》(2017 年);《最高人民法院司法解释性质文件的法律地位探究》(2018 年)
人工智能	3	《人工智能的社会风险及其法律规制》(2018 年);《论人工智能时代法律场景的变迁》(2018 年);《人工智能法律主体地位的法哲学思考》(2018 年)
巡回法庭	3	《最高人民法院设立巡回法庭之我见》(2015 年);《最高人民法院巡回法庭的制度建构》(2015 年);《最高人民法院巡回法庭的设立背景、功能及设计构想》(2015 年)
法治	2	《从"神话"到"鸡汤"——论转型期中国法律信任的建构》(2014 年);《法治秩序的社会之维》(2016 年)

根据表 9 可知:(1)案例指导制度的文章占比 20%,从法律解释和规范司法权角度完善案例指导制度。(2)司法改革的文章占比 20%。突出热点为最高人民法院巡回法庭制度改革,从制度层面对司法改革的后续优化,其余热点较为分散。(3)最高人民法院的文章占比 20%。以十八届四中全会《决定》为研究背景、以巡回法庭为主体,或从司法角度规范法官和法院的司法实践。(4)人工智能的文章占比 15%。发文集中于 2018 年,均是回应法律与科技问题,解决人工智能引发的异化风险、权利失能、主体地位等问题。(5)巡回法庭的文章占比 15%,主要针对十八届四中全会《决定》关于设立最高人民法院巡回法庭的制度构想。(6)法治的文章占比 10%,主要从守法和社会层面完善法治实践。

综上,在研究法学前沿和热点问题时,法理学者不只站在法律制定或法律适用的角度,而是结合一般法理,用理论解决实践问题。同时,相对其他学科,中央政策对法理学研究热点影响较大。

4.2014 ~ 2018 年宪法与行政法学科研究热点

表 10 《法律科学》2014 ~ 2018 年宪法与行政法学研究热点⑳

研究热点	总发文量（篇）	文章名称及年份
合宪性审查	5	《以宪法之名回归法律文本：德国量刑协商及近期的联邦宪法判例始末》（2017 年）；《让中国合宪性审查制形成特色并行之有效》（2018 年）；《论推进合宪性审查工作的体系化》（2018 年）；《关于推进合宪性审查工作的几点思考》（2018 年）；《合宪性审查的宪法政策论思考》（2018 年）
法治	3	《论区域经济发展中的软法之治——以包容性发展为视角》（2014 年）；《多中心时代的“地方”与法治》（2016 年）；《区域治理的“良法”建构》（2016 年）
宪法监督	2	《关于推进合宪性审查工作的几点思考》（2018 年）；《论推进合宪性审查工作的体系化》（2018 年）
监察委员会	2	《监察委员会与其他国家机关的关系》（2017 年）；《国家监察体制改革中的程序分离与衔接》（2017 年）

根据表 10 可知：(1)合宪性审查是研究的绝对热点，占比 41.67%。主要分析我国现行合宪性审查的优缺点，并对制度构建提出建议。(2)法治为次热点，占比 25%。热点分布较为集中，即优化区域法治治理模式。(3)宪法监督的文章占比 16.67%。将合宪性审查与宪法监督相结合进行的制度合理化思考，从法律制定层面对热点问题的理论重构。(4)监察委员会的文章占比 16.67%。主要研究监察委员会在国家机关中的地位、遵循程序分离原则以防权力滥用。

综上，《法律科学》2014 ~ 2018 年宪法和行政法学科的研究热点较为集中，基本都是从制度建构层面研究热点问题。

⑳ 该组数据由笔者根据中国知网 2014—2018 年的数据计算得出。

5.2014～2018 年法制史学科研究热点

表 11 《法律科学》2014～2018 年法制史学研究热点[21]

研究热点	总发文量(篇)	文章名称及年份
礼	2	《魏晋令性质、地位及影响考论》(2016 年);《中国法的原始基因——以古文字为视野》(2016 年)

根据表 11 可知,法制史学在 2014～2018 年研究热点是“礼”,从魏晋朝代的微观视角或中国古代法的宏观视角进行论述,但未过多涉及礼制的当代价值。

6.2014～2018 年国际法学科研究热点

表 12 《法律科学》2014～2018 年国际法学研究热点[22]

研究热点	总发文量(篇)	文章名称及年份
主权	2	《论投资条约领土定义条款的改革》(2015 年);《论杰克逊的“当代主权观”——以“权力分配论”为核心》(2015 年)

根据表 12 可知,国际法学 2014～2018 年研究热点为主权,着眼于投资条约领土定义的重构和对约翰·杰克逊的“当代主权观”的批判。

总体而言,《法律科学》2014～2018 年学科热点与法治实践之间有如下特点:(1)研究立法和司法的文章较多,执法和守法文章较少。(2)基本是对当年或前一年学科热点的反映,或以某个社会热点问题为研究背景。(3)民商事法学、法理学、宪法和行政法学的研究热点相对突出;刑事法学发文数量不少,但研究热点较为分散;法制史学和国际法学发文数量少,且热点不突出。

---

[21] 该组数据由笔者根据中国知网 2014—2018 年的数据计算得出。

[22] 该组数据由笔者根据中国知网 2014—2018 年的数据计算得出。

四、研究热点与中国法学教育的关系

从理论上讲,法学CSSCI期刊的研究热点也是每一位法科生所应当了解或深入研究的问题。对法学教育工作者来说,也应当将论文反映的热点问题融入法学教育。作为教师,授课过程中讲授学科前沿问题,可以扩大学生的知识广度和深度,帮助学生提升其研究能力和专业素养。虽然,法学教育重心与引证反映出的研究热点并不完全重合,各自有所侧重,但如果引导学生在合理范围内关注学术热点,则有助于学生将学习内容与学科最新发展动态结合,思考中国法治发展问题,引领学生更快走向学术研究自觉。一般而言,自觉性强的学生会在课下关注学术热点,并深入研究;研究生和博士生阶段的法学教育相对而言更为深入,也应涉及学术热点。这表明,法学CSSCI期刊的引证分析对于法学教育,尤其是研究生教育,具有非常重要的引领作用。

总体来说,本科法学教育模式主要为基础型、普及型,硕士、博士的教育主要是问题导向型、自觉型,这些模式决定了我国法学本科教育需以课堂授课的方式为主,理论性相对较弱。论文是对学科中某一问题的深入研究,若高校教师在讲解某一问题上花费时间过多,既无法完成教学任务,也会超出多数学生的认知水平。我国部分高校本科已开设导师制,但往往是一个老师针对许多学生,培养重心仍在硕士和博士。在研究生阶段,导师的研究方向对学生影响较大,讲解内容更与专业的研究热点相关,且研究生学习能力较强,更容易吸收老师的讲解和论文内容,所以研究生教育对法学热点问题涉足更深。就法学本科教学而言,因法学前沿论文基本都可以在中国知网下载,感兴趣的学生可在课后自行学习,一些简单问题由老师讲解未免浪费时间,复杂问题则可以通过选修课的方式弥补,或由学生向老师提问解决。

在当今教育资源有限的时代,教师在课堂中讲授学术研究热点问题的比值不可能太大,但由引证分析得出的学术热点是高素质的法科生所应涉猎的,这对做好法学教育至关重要。如果将当今法学基础教育模式固化,似乎给了学习能力强的学生更大时间,但这种教育模式只适合自觉性较强的学生,不利于自学能力较弱学生的发展,从长远来看,也让优秀学生失去了接受老师学术指导的机会,不利于为学术道路打下坚实基础,法科生质量总体而言可能会逐步下降。当代需要既能激发自觉性较强学生最大潜能,同时保证自觉性较差学生学到最多知识,提升法科生整体素质的法学教育模式。因而,适度引导法学本科生关注学术研究热点,培养他们发现问题、研究问题的自觉,关注中国法治发展实践,无疑是非常重要的教学维度。一方面,在本科生教育中,对于不适宜放在基础或核心课程中讲解的前沿法学理论或实践问题,且复杂到需要老师讲解的,可以开设选修课,供学生自行选修学习;对于专业课程,还可以设定最低学分标准,以强制自觉性较差的学生学习;还可以开设加大本科生导师的数量,加强对本科生的学术引导。另一方面,在研究生和博士生教育中,将法学研究热点渗入课堂教学和课后研究中,是教师们应当完成的基本任务。

五、结论

综合上述分析,可以得出以下结论:第一,综合来看,2014—2018年《法律科学》的发文,总体上呈现紧密结合中国法治实践、服务全面依法治国,高度关注中国法治改革发展和制度转型的基本特点。第二,《法律科学》发文的被引数与法学学科年度热点问题呈正相关关系,且年度学科热点随中国法治实践变化而更新换代。因此,从《法律科学》发文及高被引论文反映的总体情况看,中国的法学研究呈现出高度立足于中国法治实践的特征,无论是司法改革、人工智能或合宪性审查,均立足于中国本土重大法治实践展开研究。中国法学界有积极回应法治实践的高度自觉,法学理论有紧密服务乃至引领中国法治建设理论的自主意识。这一研究现状,总体上是符合“主旋律”要求的。第三,从学科分布来看,依旧是民商法最热,刑事法学、法理学、宪法与行政法学次之,国际法学、法制史学相对冷门。民商法学在一定程度上仍然是法学界的强势学科，而法理学的崛起不容小觑，法制史学和国际法学的学者则须提升其科研能力和质量。第四，引证反映的研究热点表明，学科内部融合趋势不断增强，研究广度和深度不断增加，有助于提升期刊影响力，增强学科综合实力。第五，关注期刊引证热点，将引证反映的热点问题适当引入法学教育中，应当成为中国法学教育的新模式。毫无疑问，这对法学本科生、研究生的教育来说，都是十分重要的。

On the Chinese Legal Research Based on the Practice of the Rule of Law

—Citation Analysis of Papers Published in Legal Science(2014—2018)

Li Shuhui   YangJianjun

Abstract: The research of journal paper quality and influence is one of the important ways to evaluate the journal and the papers' academic quality. Some legal scholars have used different methods to research and explore deeply in the domain of legal research. However, there are few researches that take a single journal as a research object to analyze. By researching the publication and citation of the journal of *Legal Science*, the authors strive for investigate the research status, quality, the focus of research and status of the journal in the academic world. In the meantime, the authors endeavor to discover the relationship between Chinese legal education and law research in the domain of legal research to provide an analytical and empirical perspective for the practice of rule of law in China and the advancement of Chinese legal education.

Key Words: Legal Science, subject citations, legal research, the practice of rule of law in China, legal education

教学研究

法学院校开设人工智能相关法学课程的思考*

范水兰**

摘　要:“人工智能 + 法律”复合型法律人才是当前国家人工智能战略中重点培养的人工智能复合型人才之一。开设人工智能相关法学课程是实现“人工智能 + 法律”复合型法律人才培养目标的重要途径。国外著名法学院的相关实践表明,开设人工智能相关法学课程应符合法律人才培养目标定位,重视科研支撑,有效回应人工智能社会的新需求,结合自身资源并适当采用校企合作模式开发特色课程,以研讨课教学模式为主,组建跨学科教学团队。

关键词:“人工智能 + 法律”复合型法律人才　人工智能相关法学课程研讨课

人工智能时代,面对互联网、大数据、人工智能技术对法律、法律职业和学习方式的深刻影响,高等法学教育面临着从法学教育目标到法学人才培养模

---

* 本文为2018年度重庆市研究生教育教学改革研究重点项目“研究生培养模式综合改革的实施路径研究”(项目编号:yjg182014)阶段性成果。

** 范水兰,法学博士、西南政法大学人工智能法学院讲师,研究方向:经济法、人工智能与法律。

式、从法学课程体系到法学教学方法、从法学师资培养到法学教学管理的深刻变革。在“人工智能+法律”复合型法律人才培养成为当前国家人工智能战略重要组成部分的背景下,开设人工智能相关法学课程是人工智能时代法学教育面临的新课题,具有重要性和紧迫性。深入研究人工智能相关法学课程的构建,有利于为人工智能时代法学教育理论的创新提供新的理论资源,有利于为“人工智能+法律”复合型法律人才培养实践提供科学的理论指引和操作方案,有利于推动“人工智能+法律”复合型法律人才的培养,助力国家人工智能人才战略的实施。

目前,国外著名高校法学院开设人工智能相关法学课程已经有三十几年的历史,而我国高等法学院校人工智能相关法学课程的建设刚刚起步,尚处于摸索阶段,面临新课程研发目标不明晰、跨学科教育背景师资匮乏、教学模式和教学管理滞后、科研支撑不足等诸多制约因素。既有研究主要是从宏观角度探讨人工智能对法学教育的影响和挑战,对国外人工智能相关法学课程的开设仅附带涉及,缺乏专门的系统研究。笔者作为西南政法大学人工智能法学院人工智能法教研室的一线教师,不仅参与了人工智能法学学科的建设,而且是“人工智能法学”“人工智能政策与伦理”“网络与信息安全法”“数据保护”等新课程团队的成员。本文在阐明法学专业开设人工智能相关法学课程重要性与紧迫性的基础上,重点梳理和介绍了国外著名法学院人工智能相关法学课程设置的现状,最后结合国外实践带来的启示,立足于国情,提出了我国面向“人工智能+法律”复合型法律人才培养的人工智能相关法学课程设计的策略和具体路径。

一、法学专业开设人工智能相关法学课程的重要性与紧迫性

人工智能时代,法律与人工智能等现代科技的融合发展已经成为不可阻挡的潮流。“人工智能+法律”复合型法律人才是当前国家人工智能战略中重点培养的人工智能复合型人才之一。2017年7月,国务院

印发《新一代人工智能发展规划》，明确提出“加快培养聚集人工智能高端人才”，“重视复合型人才培养，重点培养贯通人工智能理论、方法、技术、产品与应用等的纵向复合型人才”，以及掌握“人工智能＋”经济、社会、管理、标准、法律等的横向复合型人才”。2018年4月，教育部印发《高等学校人工智能创新行动计划》，进一步提出“完善人工智能领域人才培养体系”，“重视人工智能与计算机、控制、数学、统计学、物理学、生物学、心理学、社会学、法学等学科专业教育的交叉融合，探索‘人工智能＋X’的人才培养模式”。

法学专业开设人工智能相关法学课程是法学教育助力国家人工智能战略目标实现的重要举措。建成完善的人工智能法律法规、伦理规范和政策体系是国家人工智能战略的目标之一。这一目标的实现需要卓越的“人工智能＋法律”复合型法律人才作为战略支撑。法学院校是培养“人工智能＋法律”复合型法律人才的主基地，法学专业开设人工智能相关法学课程是培养“人工智能＋法律”复合型法律人才的基本途径和重要基础。高水平的人工智能相关法学课程建设有利于培养卓越的“人工智能＋法律”复合型法律人才。目前，我国“人工智能＋法律”复合型法律人才培养实践业已铺开。国内许多法学院校在上述号召的指引下，结合自身在法学研究与教学方面的优势，纷纷成立了“人工智能＋法律”的学院、研究中心或实验室，并进行了法学课程改革，以培养“人工智能＋法律”横向复合型人才，助力《新一代人工智能发展规划》宏伟目标的实现①。

法学专业开设人工智能相关法学课程从根本上说是源于人工智能社会对“人工智能＋法律”复合型法律人才的迫切需求。人工智能社会不仅需要“人工智能＋法律”的立法、执法、司法和法律服务人才，而且需要“人工智能＋法律”的法律人工智能产品研发人才。高校处于科技第一生产力、人才第一资源、创新第一动力的结合点，在人才培养和学科发展等方面具有坚实基础。面对人工智能社会法律人才的新需求，如何

---

① 参见陈亮：《人工智能法学学科建设中的几个问题》，载《人民法院报》2018年7月4日，第5版。

培养“人工智能 + 法律”复合型法律人才? 这是人工智能时代高等法学院校亟须面对的一个崭新的重要课题。步入人工智能时代,我国高等法学院校应高度重视“人工智能 + 法律”复合型法律人才的培养,积极借鉴国外著名法学院的成熟经验,以人工智能相关法学课程的建设为抓手,积极回应新时代对法律人才的新要求。正如有学者指出的,如果各国法学院不能尽快为法科学生开设应对人工智能挑战的创新性课程,那么本国的法学院和法科学生难免在未来的职业竞争中处于劣势。②

二、国外著名法学院开设人工智能相关法学课程的现状及特点

早在 20 世纪 80 年代中期,随着人工智能与法律交叉研究的发展,美国斯坦福大学法学院等一些国外著名法学院就陆续开设了人工智能相关法学课程。2013 年美国律师协会曾向 203 所法学院发放了调查问卷,以判断法律科技及相关主题是否已经成为法学院课程和其他教学活动的焦点。问卷涉及案卷收集、法庭科技、判决支持系统、法律科技的伦理、网络律师事务所、在线争议解决、项目管理、软件开发、云计算和网络安全等问题,共有 32 所法学院积极回应了此次调查。在这 32 所法学院中,1/4 的法学院运营了法律科技中心,1/5 提供了该领域两门以上的课程,3 所法学院开展了联合办学、发放证书的项目。③ 目前,国外开设了人工智能相关法学课程的法学院数量还在不断增长,课程也更加多样化。美国无论是在人工智能领域,还是在“人工智能 + 法律”跨学科研究和法学教育领域一直处于全球领先地位,因此本文主要介绍美国著名法学院的人工智能相关法学课程的最新开设情况。

(一)国外著名法学院人工智能相关法学课程的开设现状

美国斯坦福大学法学院设有 CODEX—斯坦福法律信息科学中心,

---

② 参见贾引狮:《人工智能对法律职业的影响与法学教育面临的挑战》,载《法学教育研究》2018 年第 3 期。

③ 参见龚向前、李寿平:《“法律 + 科技”复合型高端人才培养的实践与思考》,载《学位与研究生教育》2019 年第 2 期。

较早开设了人工智能相关法学课程。该法学院教授保罗·布里斯特、汤姆·赫勒和鲍勃·穆肯在1984年开始组织人工智能与法律研讨课，主要讨论当时正热门的“专家系统”技术。该法学院曾开设的人工智能相关法学课程包括“编程与法律”“计算机与法律”“法科技术与信息科学”“人工智能的历史与哲学”“法律信息科学”等④。2019年，斯坦福大学政策研究中心新开设一门法律和计算机科学交叉的课程“算法管理：规制国中的人工智能”(Administering by Algorithm：Artificial Intelligence in the Regulatory State)。这门课程由斯坦福大学法学院教授David Freeman Engstrom、Daniel E. Ho和加州最高法院大法官Mariano-Florentino Cuéllar共同教授，并邀请了25位律师、计算机科学家和算法工程师来和大家共同探讨政府机构的技术研发和应用。课堂的学生来自计算机科学、法律、政治、哲学等多个专业背景，需要通过团队合作，完成三部分任务：一是团队对100个最重要的联邦机构进行调查。当发现有算法参与决策的例子时，学生们开始测评这项技术具体归属人工智能，还是机器学习，抑或是一些其他的基础技术。二是学生集体评估近期或中期政府机构中最可能部署人工智能的环节。三是转向规范性问题探讨，思考使用人工智能执行监管任务带来的法律、政策分析和哲学层面的挑战。例如，如何解决诸多程序性权利面临被机器行政架空的威胁等。课程结束后，学生将完成一份报告，探讨行政机构在不同层面该如何应用人工智能技术。该报告将提交到无党派独立机构美国行政会议(Administrative Conference of the United States)，并有望影响未来行政机构的政策。⑤

美国哈佛大学法学院亦早在1985年就开设了人工智能与法律研讨课。2018年秋季和2019年春季，该学院开设了“人工智能领域的应用伦理与治理挑战”(Applied Ethical and Governance Challenges in AI)、“自动驾驶汽车及地方政府实验室”(Autonomous Vehicles and Local

---

④ 参见程骞：《法学院：拥抱人工智能时代》，载《法治周末》2017年8月1日，第1版。

⑤ 斯坦福开设AI法律课：《人工智能能否成为法律主体》，载新浪网：http://finance.sina.com.cn/stock/relnews/us/2019-03-27/doc-ihsxncvh5895562.shtml，最后访问日期：2019年4月21日。

Government Lab)、“比较数字隐私”(Comparative Digital Privacy)、“合规与计算”(Compliance and Computation)、“律师计算机程序设计”(Computer Programming for Lawyers)、“人工智能”(Artificial Intelligence)、“数字隐私热点问题”(Hot Topics in Digital Privacy)等课程⑥。其中,《人工智能领域的应用伦理与治理挑战》(研讨课)由哈佛大学法学院与哈佛大学肯尼迪学院共同开设,由乔纳森·齐特伦(Jonathan Zittrain)教授和伊藤俊一(Joichi Ito)教授共同授课。该课程主要从跨学科的视角探讨不透明的复杂适应系统的发展,以及算法决策、自主系统、机器学习和解释、监管和创新的平衡、人工智能对信息传播的影响和相关的个人权利、歧视和控制结构等问题。“自动驾驶汽车及地方政府实验室”(讲授课)这门课程由哈佛大学法学院与波士顿市合作设计,波士顿市拥有一个自动驾驶汽车试验室。该课程由苏珊·克劳福德教授讲授,主要内容包括自动驾驶相关法律和政策的制定、如何使自动驾驶为公共交通服务、如何使自动驾驶更好地服务于城市发展理念等。学生通过这门课程可以了解自动驾驶技术、自动驾驶在世界各城市的实施情况、美国有关自动驾驶的法律等。“律师计算机程序设计”(讲授课)这门课程仅面向没有编程经验的学生开设,主要教学生如何成为有效的程序设计师,从而了解他们在整个职业生涯中可能遇到的技术。在该课程中,学生通过学习 Python 编程语言掌握基本的计算机编程技能,然后将这些技能应用于数据驱动的游说和法律分析、大规模诉讼自动化和电子调查等真实的法律场景中。

美国加州大学伯克利法学院于 1995 年设立了法律与技术中心,依托该中心开展了一系列研究和教学项目,其开设的人工智能相关法学课程主要包含在知识产权与技术法课程类别中。该法学院 2019 年开设了“律师技术”(Technology for Lawyers)、“技术破坏研讨课”(Technological Disruption Seminar)、“网络安全”(Cybersecurity in Context)、“信息隐私法”(Information Privacy Law)、“计算机法”

---

⑥ 载哈佛大学法学院官网:https://hls.harvard.edu/academics/curriculum/catalog/index.html,最后访问日期:2019 年 4 月 18 日。

(Computer Law)、“法律和技术写作工作坊”(Law and Technology Writing Workshop)等课程⑦。其中,“律师技术”课程主要向学生介绍未来几十年影响他们职业、客户和社会的关键技术,包括密码学和密码货币、通信技术、人工智能、计算机技术、量子物理学、自动驾驶、统计学与博弈论、遗传学等,并提供对这些技术背后的一些基本思想以及它们将提出的一些法律问题的理解。“技术破坏研讨课”面向全校研究生开放,主要探讨与技术破坏有关的政策紧张局势和对社会正义的影响。研讨课前面的部分将使学生接触哲学/社会正义、知识产权、法律/政策分析(市场、监管和权利)、数字技术、人工智能和机器学习,然后研讨课将就重大的技术混乱及其后果举行一系列辩论。辩论主题包括:社交媒体和个性化广告,人工智能和歧视(民权、刑法),线上市场(Uber、Airbnb)和监管,自主武器,工作替代,人工智能和版权保护(AI能否创建版权作品?如果是的话,谁拥有它们?),找出与人工智能相关的问题(商业秘密和计算机欺诈与滥用法案)。该课程将在与全班协商的情况下选择辩论主题,要求学生与合作伙伴一起共同组织一场辩论,参与所有辩论,并准备一份15~20页的政策报告,分析其中一个辩论主题。

美国西北大学法学院2019年开设了“人工智能与计算机技术评估”(Assessing AI & Computational Technologies)、“人工智能与法律推理”(AI and Legal Reasoning)、“反垄断法和新技术”(Antitrust Law and New Technologies)等人工智能相关法学课程。⑧ 其中,“人工智能与计算机技术评估”课程主要向学生介绍人工智能和计算机技术,并使他们能够识别和评估商业和社会的机会和风险。该课程旨在培养学生为创新计划的制定和实施做好准备,能够综合考虑来自高级管理人员、企业家、技术专家、监管人员和律师等各种不同的观点。该课程的大部分内容将以小

---

⑦ 载美国加州大学伯克利法学院官网:https://www. law. berkeley. edu/php-programs/courses/courseSearch. php,最后访问日期:2019年4月20日。

⑧ 载美国西北大学法学院官网: http://www. law. umich. edu/curriculum/Pages/acadcal. aspx,最后访问日期:2019年5月15日。

组形式完成,包括最后的演示。该课程不需要事先了解基础技术。学生将在通过课程学习充分了解这些技术以便对其进行评估,但不要求学生开发技术解决方案。该课程还将向学生介绍各种创新框架,包括精益创业和商业模式画布(lean startup and business model canvas)。此外,该课程还提供对现行法律和道德环境的基本介绍,包括隐私、偏见、歧视、不平等以及改变现状的机会等。"人工智能与法律推理"课程主要向学生介绍人工智能的基础知识以及人工智能在今天和不久的将来实现自动化和增强法律服务的许多机会。该课程将探索法律推理模型、计算法、专家系统、法律判决预测、信息检索、机器学习、信息提取等相关主题,其目的是培养学生对认知计算的理解,培养他们解构法律、法律推理和法律实践的能力从而设计出改善每个人获得法律服务机会的法律程序、应用程序和系统,这样的法律服务涵盖了从法律援助和消费者市场到面临日益复杂跨国挑战的公司和政府。在该课程中,学生将完成一个项目,即要求他们使用不需要事先编程经验的工具来设计和构建与 AI 相关的法律应用程序。

美国密歇根大学法学院 2019 年面向高年级学生开设了"宪法第四修正案与技术发展"(The Fourth Amendment and the March of Technology)、《互联网法律》(Law of the Internet)等课程。⑨ 其中,"宪法第四修正案与技术发展"课程主要讲授美国宪法第四修正案原则的基本知识(以刑事诉讼程序基础课程之一为先决条件)和讨论第四修正案权利和补救办法在这个技术迅速变化的时代的适用范围。该课程要求学生认真阅读司法裁决,分析宪法规则制定,并调查这一领域的前沿问题。"互联网法律"课程主要讨论互联网公司、用户和监管机构所面临的一些关键问题。该课程将特别关注从 Napster 到 YouTube 的网络版权侵权斗争,以及中介服务(如搜索引擎)对其持有或提供的非法内容的责任、言论自由、隐私、政府监督和"网络中立";在此过程中,将关注互联网的法律体系与管理规则的跨国界竞争。该课程的主要焦点是理论,但也涉及

⑨ 载美国密歇根大学法学院官网:http://www.law.umich.edu/curriculum/Pages/acadcal.aspx,最后访问日期:2019 年 5 月 15 日。

理论和公共政策辩论,这些辩论为律师、法官和政府官员思考这些问题提供了依据。

美国哥伦比亚大学法学院2019年春季开设了“人工智能的技术、商业、法律和政策”(The Technology, Business, Law, and Policy of AI)课程。[⑩] 该课程是研讨课,由 Colleen Chien 教授负责授课,她是美国被引用最多的20位知识产权和网络法学者之一。该课程旨在使学生获得人工智能、机器人技术及相关技术所引起的技术、商业、法律和政策问题方面的有效知识和基本的分析技能。该课程通过阅读作业、案例研究和调查实践,使学生能够了解各种人工智能公司和项目的业务模式和比较优势,发现并分析他们提出的问题,解决问题并了解如何将现有的和新出现的框架应用于与人工智能相关的法律、伦理和政策挑战。

此外,美国东北大学法学院在人工智能与法律教研方面有着悠久的传统,不仅设立了法律与计算机科学中心,并于1987年开设了人工智能与法律研讨课,而且创办了该领域首个学术期刊《人工智能与法律》杂志。美国乔治华盛顿大学法学院在知识产权法课程类别中开设了“计算机法”“信息隐私法”“网络空间法”“互联网法”等课程。除了上述这些学校,美国其他法学院如匹兹堡大学法学院、乔治城大学法学院、明尼苏达大学法学院、德克萨斯大学奥斯丁法学院、芝加哥肯特法学院和波士顿萨福克大学法学院等都开设有人工智能相关法学课程。从世界范围看,开设人工智能相关法学课程的法学院日益增多。例如,英国爱丁堡大学法学院开设了“机器人法”,新西兰奥克兰大学法学院开设了“人工智能:法律与政策”,丹麦哥本哈根大学法学院开设了“机器人法:人工智能、机器人技术与法律”等。

(二)国外著名法学院人工智能相关法学课程的特点

从国外著名法学院开设人工智能相关法学课程的实践看,主要有以

---

⑩ 载美国哥伦比亚大学法学院官网:https://www.law.columbia.edu/courses/search-results? curriculumType = All&courseName = The + Technology% 2C + Business% 2C + Law% 2C + and + Policy + of + AI&courseNumber = &instructorId = &schoolYear = 141&term = Fall&term = Spring&term = January&startTime = &endTime = &evalMethods = &points = ,最后访问日期:2019年5月15日。

下特点:

一是课程丰富,各有特色。国外法学院所开设的人工智能相关法学课程有的侧重法律角度的探讨,如"信息隐私法"等;有的侧重技术层面的讲授,如"律师计算机程序设计"。有的将这类课程放在知识产权法课程类别中,有的将这类课程单列。有的侧重宏观层面的探讨,如"人工智能与法律";有的侧重微观层面的探讨,如"反垄断法与新技术"等。

二是科研与教学紧密结合。美国法学院中的人工智能相关法学课程在早期主要就是由以人工智能与法学为研究领域的学者率先开设的。例如,美国东北大学法学院教授唐纳德·伯曼与哈夫纳博士先后共同发表《以人工智能解决法律体系危机的可能性》等一系列论文,并于1987年首次开设人工智能与法律研讨课。目前,美国法学院中人工智能相关法学课程的授课教师通常是对人工智能与法学领域有一定研究的资深教授。

三是以研讨课教学模式为主。美国法学院一般有四种课程类型,即讲授课、研讨课、诊所课和阅读小组。以哈佛大学法学院为例,该学院先后开设了十几门人工智能相关法学课程,除了少量偏重技术类和实验类内容的交叉课程"律师计算机程序设计"和"自动驾驶汽车及地方政府实验室"采用讲授课模式之外,其他偏重法学类的交叉课程诸如"人工智能与法律""人工智能领域的应用伦理与治理挑战""比较数字隐私""合规与计算"等均采用了研讨课模式,另外有"人工智能"和"数字隐私热点问题"等少量课程采用了阅读小组教学模式。

四是课程管理较为完善。美国法学院的课程信息透明度高,通常可以在法学院官网上公开查询到课程名称、授课教师、课程介绍、选课条件、选课人数上限等基本信息,便于学生选课和做好课前准备。人工智能相关法学课程多采用研讨课模式,实行小班教学,选课人数上限一般为20~50人不等,学分1~3个不等。

五是选课条件大多不要求学生具有技术背景知识。虽然人工智能相关法学课程很多涉及技术领域,但是美国法学院绝大多数人工智能相关法学课程的选课条件中并未要求学生具备一定的技术知识背景,即便是偏重技术类的课程也没有这方面的要求。例如,美国哈佛大学法学院开设的“律师计算机程序设计”课程仅限于没有编程经验的学生。美国西北大学法学院开设的“人工智能与法律推理”课程预设学生不熟悉编程,虽然编程不是该课程的重点,但学生将学习伪代码和足够的编码基础知识来完成课程项目,并与律师、法律知识工程师、技术专家、操作专业人员和其他专业人员一起设计法律服务的未来。

三、国外相关实践对我国法学院校开设人工智能相关法学课程的启示

在高等法学院校培养“人工智能+法律”复合型法律人才,要求在法学学科基础上拓宽人工智能等专业教学内容,重视人工智能与法学教育的交叉融合,培育一批具备法学素养并熟悉人工智能技术原理的复合型人才。因此,面向“人工智能+法律”复合型法律人才培养的人工智能法学课程,无论是在课程类型、教学模式方面还是在教学内容、教学管理方面,都与传统的法学课程有较大差异。它不是人工智能类课程与法学类课程的简单组合,而是实质上的交叉渗透,需要在传统法学课程基础之上开发一系列新的课程。

(一)法学专业开设人工智能相关法学课程的策略

我们认为,法学专业开设人工智能相关法学课程应当以社会需求为依据,建立在明晰的人才培养目标和学科建设方向基础之上,并体现为课程模块、课程目标、课程内容、教学方法等系列要素的规律性设计。

首先,人工智能相关法学课程的开设要符合“人工智能+法律”复合型法律人才培养目标。构建人工智能法学课程体系,先要明确“人工智能+法律”复合型法律人才是一种什么样的法律人才?对“人工智能+法律”复合型法律人才内涵的认识差异将会导致人工智能法学课程体系的差异。我们认为,在高等法学院校培养“人工智能+法律”复合型法律人才,主要是指在法学学科基础上拓宽人工智能等专业教学内

容,重视人工智能与法学教育的交叉融合,培育一批具备法学素养并熟悉人工智能技术原理的复合型人才。以西南政法大学人工智能法学院为例,该学院主要致力于培养深谙人工智能社会关系法律调整的法律人才和将人工智能知识运用到法律职业领域的技术人才。针对两类人才的不同培养目标,课程设置各有侧重:在技术类人才培养方面,学院设置了人工智能技术导论、法律大数据的挖掘、分析与应用、法律信息学、律师业务编程等偏向应用领域的课程;在法律类人才培养方面,学院设置了人工智能伦理与政策、人工智能法学原理、人工智能典型应用场景的法律规制、网络与信息安全法等课程。[11] 总之,只有在明晰"人工智能+法律"复合型法律人才的内涵和培养规格的基础之上,才能保证人工智能相关法学课程的开设符合法律人才的培养规律。

其次,人工智能相关法学课程的开设要有一定的科研支撑。人工智能法学研究是开设人工智能相关法学课程的重要基础。从国外著名法学院人工智能相关法学课程的开设实践看,大多数都是由对人工智能与法律领域有一定研究的教授进行教学。这主要是因为人工智能相关法学课程具有跨学科性、前沿性、探索性和复杂性等特点,授课难度较大,仅具备传统法学领域研究背景的教师可能难以驾驭相关课程内容。人工智能相关法学课程教学与科研的紧密结合,不仅有利于授课教师更好地驾驭课程内容,促进相关科研成果的转化和应用,而且有利于激发师生对该领域的研究兴趣,实现教学相长。此外,人工智能法学学科建设方向既是人工智能法学研究方向的高度凝练,也是人工智能法学课程体系构建的指引。人工智能法学课程的开设应符合人工智能法学学科建设方向,这有利于人工智能法学课程的师资培养和保障,形成教学与科研的一体化和良性互动。

最后,人工智能相关法学课程的开设要回应人工智能社会对法律人才的新需求。从国外著名法学院人工智能相关法学课程的开设实践看,大多数课程都具有很强的社会回应性,紧跟技术发展和法律职业的新变

---

⑪ 参见庄德通:《为人工智能时代法科生植入科技基因——访西南政法大学人工智能法学院院长陈亮》,载《民主与法制时报》2019年3月28日,第6版。

化。目前,人工智能社会对法律人才的新需求可以大致分为以下四种:一是具有法律人工智能产品研发和应用能力的法律人才。人工智能技术与法律领域的紧密结合,不仅催生了法律科技这一新兴行业,而且推动了法律执业的智能化。具有法律人工智能产品研发和应用能力的“人工智能 + 法律”复合型法律人才可以满足法律科技企业、智慧法庭、智慧检务、智慧律所等对法律人工智能技术人才的渴求。二是具有人工智能法律纠纷解决能力的法律人才。人工智能法律纠纷因嵌入了人工智能技术等要素,是一种新型法律纠纷。在新的相关立法颁布以前,需要大量的具有创新思维的“法律 + 人工智能”复合型法律人才在传统法律框架下有效解决未来可能大量出现的这类新型纠纷。三是具有人工智能立法能力的法律人才。随着人工智能技术的发展和广泛应用,社会关系必然发生深刻变革。回应社会关系的新变化,是人工智能时代立法的新使命。人工智能相关立法的推进需要卓越的“人工智能 + 法律”复合型人才。四是具有人工智能法律问题研究能力的法律人才。无论是法律人工智能技术的研发、人工智能法律纠纷的解决,还是人工智能相关立法的推进,都离不开对人工智能法律问题的深入研究。人工智能相关法律研究的推进需要卓越的“人工智能 + 法律”复合型法律人才。总之,人工智能相关法学课程的开设应积极回应人工智能社会对法律人才的新需求,防止法学教育与社会需求脱节。

(二)法学专业开设人工智能相关法学课程的具体路径

考虑到我国人工智能与法律的交叉研究以及人工智能相关法学课程的开设尚处于起步阶段,我们认为,面向“人工智能 + 法律”复合型法律人才培养的人工智能法学课程设计可以遵循以下具体思路:

1. 结合自身资源和适当采用校企合作模式开发特色课程

我国设立法学专业的高等院校大致可以分为综合类大学、政法类大学、理工类大学三类,它们在开设人工智能与法学跨学科课程方面各有优势。政法类大学具有法学优势,理工类大学具有技术优势,综合类大学兼而有之,尤其是在组建跨学科教学团队方面具有优势。各类高等法学院校如何发挥自身的学科优势和充分利用各种资源开发“人工智能 +

法律"特色课程,既是人工智能时代高等法学教育改革的新课题,也是当前和未来高等法学院校提升竞争力和吸引力的新支点。考虑到人工智能与法学跨学科研究和课程开设在我国均处于起步阶段,且这类课程的开设需要具备较多条件和调动多种资源,就当前而言,宜成熟一门开设一门,不追求体系化。这样可以最大限度地利用教学资源,同时也有利于激发法科学生对人工智能与法律交叉领域的兴趣。

此外,适当采用校企合作模式有利于人工智能相关法学课程的研发。人工智能相关法学课程的研发主力来自法学院校,但是在偏重技术类内容的人工智能相关法学课程中,采用校企合作模式研发新课程具有必要性和可行性。由处于人工智能技术尤其是法律人工智能技术领域的一线企业和技术人员参与人工智能与法学跨学科课程的研发,不仅有利于保证课程内容的社会适应性,而且有利于提升"人工智能+法律"复合型人才培养与社会需求的匹配性。总之,在人工智能相关法学课程中,跨学科教学团队的有效教学有赖于课程目标的合理定位、课程内容的合理设置、教学方式的合理选择等。由于具有跨学科性,这些要素的满足离不开高校和企业的有效合作。从实践看,我国一些法学院校已经开启了人工智能时代法学教育校企合作的新模式。例如,2017年北京大学法律人工智能实验室成立,该实验室旨在建立国际和国内一流的法律与人工智能产学研一体化基地,努力为法律与人工智能行业发展提供智力支持,并致力于高端法律人工智能复合型人才的培养。2017年西南政法大学联合科大讯飞等人工智能企业成立了讯飞语音语言联合实验室和3D视觉识别联合实验室,对人工智能时代法律人才的培养模式和新的技术问题等进行研究。

2. 以研讨课教学模式为主

我国法学院校对于传统法学类课程通常采用讲授课模式,以教师讲授为主,以学生掌握系统法学知识为主要目标。对于人工智能与法学跨学科课程而言,讲授课模式将面临缺乏既成的系统共识的困境。与传统法学领域已经形成较为稳定的共识不同,人工智能与法律是一个新兴的交叉领域,当前无论是在交叉研究方面还是在相关立法方面,人类形成的共识很少，更多的是观察、讨论和预测等。因此，这类课程的教材难以编写，在大多数情况下也难以采用传统的讲授课模式。

我们认为，根据人工智能与法学跨学科课程内容和特点，对于这类课程宜采用以研讨课为主的教学模式。在研讨课模式下，教师和学生围绕教学内容以及相关的理论或实践问题，展开独立思考，共同探讨。⑫这是因为：首先，研讨课模式可以有效适应人工智能与法学跨学科课程知识的探讨性特点。人工智能与法学跨学科课程相关知识是人类目前正在研究的新知识，关系到人类的存在和命运，值得深入和持续的探讨。这种探讨不应止于专家层面，而应让更多的人参与进来，尤其是法科学生。通过对这类知识的探讨和学习，有利于培养法科学生解决人工智能技术引发的新法律问题的能力和跨学科思维。其次，研讨课模式可以有效适应人工智能与法学跨学科课程知识更新速度快的特点。与传统法学领域知识和传统法律解决的问题具有较强的稳定性不同，人工智能与法律领域的知识更新速度较快。这主要是由于技术尤其是人工智能技术的发展日新月异，人工智能技术应用的广度和深度也在不断变化，由此引发的社会问题和法律问题相应地层出不穷，与之相应的社会观念也在不断改变。在研讨课模式下，教师可以随时引入新内容，组织学生讨论前沿问题，更新学生的知识。再次，研讨课模式可以更加有效地培养学生的法律思维。法律思维能力的培养是法学教育的基本目标。⑬ 在研讨课模式下，学生围绕人工智能相关法律问题展开讨论、辩论和交流的过程，既是检验其是否具备法律思维的过程，也是训练和完善其法律思维的过程。最后，研讨课模式可以有效调动学生学习的主动性。在我国传统讲授课模式下，学生更多的是被动地接收新知识，参与度低，学习主动性不强。而在研讨课模式下，学生通过课堂辩论、课堂讨论、主题发言、撰写报告、搜集资料等多样化形式，高度参与到知识的获取和创造过

---

⑫ 参见盛学军、蒋婷：《我国研讨课教学困境之管窥——兼评牛津大学法学院的研讨课教学》，载岳彩申、盛学军主编：《卓越法律人才教育培养研究》，法律出版社2012年版，第63～64页。

⑬ 参见范水兰：《论经济法教学中经济法思维的培养》，载《法学教育研究》2018年第2期。

程中,不仅学习主动性大为增强,而且社会适应性也有了提高。

从国外著名法学院开设的人工智能相关法学课程情况看,除了少数课程采用讲授课模式,绝大部分课程都采用了研讨课模式。相较而言,研讨课教学模式虽然较早就引入了我国的传统法学教育,但从实践情况看,受各种因素制约实施效果普遍不太理想。对于人工智能相关法学课程而言,如何探索出适合这类课程的具有中国特色的研讨课教学模式是值得深入研究的一个重要课题。

3.组建跨学科教学团队

人工智能相关法学课程的跨学科性决定了这类课程的师资应具有跨学科背景,否则难以驾驭课程的教学。从国内外来看,具有“法学+人工智能”跨学科背景的师资是匮乏的,更多的是采用跨学科教学团队的方式授课。例如,西南政法大学人工智能法学院在“法律大数据挖掘、分析与应用”课程中邀请新技术领域专家讲授法律大数据挖掘和分析技术、法律大数据在智能检察院、智能法院和智能法律服务等场景中的应用等。中国人民大学法学院在“互联网金融”课程中邀请新技术领域专家讲授人工智能技术在大数据征信领域的运用、区块链基本原理及其在金融等领域的应用。

组建跨学科教学团队的方式具有多样性,主要包括:一是聘请校外相关领域的专家共同授课。这种方式侧重于利用校际资源和社会资源,组建成本较高,我国政法类院校和偏文科的综合性大学采用的较多。二是聘请校内相关领域的专家共同授课。这种方式侧重于利用校内资源,组建成本较低,我国综合性大学的法学院采用的较多。三是引入工科背景的师资。法学院的传统师资通常是清一色的法科背景,很少有其他学科背景的师资。适当引入具有工科尤其是计算机学科背景的师资是人工智能相关法学课程可持续性发展的基础。法学院校如何吸引具有工科背景的师资加入是人工智能时代法学师资建设面临的新课题。

Reflections on Offering Artificial Intelligence-Related Courses in Law Schools of Domestic Universities and Colleges

Fan Shuilan

Abstract: The compound legal talent of "artificial intelligence + law" is one of the key cultivations of compound talent in current national development strategy on artificial intelligence. The opening of artificial intelligence related law courses is an important way to achieve the goal of "artificial intelligence + law" compound legal talent cultivation. The relevant practice of worldwide famous foreign law schools shows that the opening of law courses related to artificial intelligence should be consistent with the target of compound legal talent cultivation. At the same time, law schools should attach importance to scientific research support and respond to the new demands of society for artificial intelligence. The law school should also combine its own resources and appropriately adopt the school-enterprise cooperation model to develop courses with special characteristics, and emphasize practical teaching and seminars at the same time and build an interdisciplinary teaching team for the related major.

Key Words: "artificial intelligence + law" compound legal talent, artificial intelligence related courses

论“雨课堂”技术下的全参与式模拟法庭教学法*

郭　晶**

摘　要：模拟法庭教学法在法学教育中具备独特优势，但也存在学生参与不平等、成本耗费较高、庭审过度表演化、教师实务经验不足等诸多问题，严重影响实践教学效果。将“雨课堂”技术与传统模拟法庭教学法深度融合，可构建“线上互动”与“线下模拟”并行推进的“雨法庭”教学法。借助“投稿”“分组”“投票”等线上功能的支持，可改良角色分配、庭审互动、复盘讲解等关键环节，大幅优化训练效果。首先，改良未出庭人员的受训方式，激励参训学生的全员参与。其次，大幅节约成本投入，合理分散教师工作压力和学生课业负担。再次，协调学生主导与教师介入的界限，避免模拟法庭表演化。最后，营造线上线下并进的互动情境，为学生提供贴近甚至超越实务的学习体验。

关键词：模拟法庭　雨课堂　实践教学　教学改革　刑事诉讼

---

* 中国人民公安大学2018年度校级基本科研业务费项目（项目编号：2018JKF603）。

** 郭晶，中国人民公安大学法学与犯罪学学院讲师、法学博士、硕士研究生导师，研究方向：诉讼法学、司法制度及法学教育。

引　言

模拟法庭(Moot Court),是法律专业学生通过剖析案情、撰写法律文书、开庭辩论等活动,模拟实际审判及仲裁的一种教学方式。在我国,模拟法庭教学法近年已获各大高校法学院的普遍重视,模拟法庭也已成为各法学院必备的教学场所,与法律诊所、案例分析与专业实习,皆为法学实践教学的主要形式。① 然而,模拟法庭教学法虽在一定程度上提升了学生的法律职业素养和实践能力,但远未尽善尽美,实践中仍存诸多不足。如学生参与不平等、成本耗费过高、庭审过度表演化、教师实务经验不足等问题,②亟待检讨与解决。

目前,清华大学开发的"雨课堂"(Rain Classroom)技术已在各高校获得推广。③ "雨课堂"软件可在官网(www. yuketang. cn)免费下载使用,是一种将演示文稿(PPT)、微信(WeChat)、慕课(MOOC)等常用软件融为一体的创新性辅助教学工具。④ 运用此软件无须额外购置设备,只要具备电脑、智能手机和互联网环境即可,非常简捷易行。虽然前期投入成本极低,但是该技术的功能却极为强大。可将模拟法庭教学发展为"线上互动"与"线下模拟"等两个并行不悖的进程。两种进程的同步推进,有助于解决传统模拟法庭教学的诸多问题。

一、我国模拟法庭教学的现状及其利弊检讨

(一)模拟法庭教学的基本流程

区别于传统课堂讲授,模拟法庭教学的理念是将教学主导权由教师

① 参见陈学权:《模拟法庭实验教学方法新探》,载《中国大学教学》2012 年第 8 期。

② 参见黑静洁:《模拟法庭实践教学的理想模式构建》,载《大学教育》2018 年第 10 期。

③ 参见王帅国:《雨课堂:移动互联网与大数据背景下的智慧教学工具》,载《现代教育技术》2017 年第 5 期。

④ 参见黄丽莲、项建弘、王霖郁:《基于"雨课堂"的高校课程教学模式的改革与设计》,载《教育现代化》2019 年第 27 期。

转移给学生,促使学生自主性地去发现、分析和解决问题。让参训学生获得对法庭审判的实境体验,体会法律角色的职业感觉。模拟法庭一般分为四个基本环节:

第一,案例制作和案件讲解。指导教师搜集实务案例,经适度修改或改编以后,勾勒模拟案情并制作模拟案卷。指导学生研读案卷,引导其自行发现辩点。第二,庭前准备与角色分配。指导教师召集学生讲解法庭规则与计分规则,详细阐释模拟规则与真实法律的异同。学生完成分组后,控辩双方在庭前完成起诉书、辩护词的撰写与交换。第三,庭审开始与同步督导。模拟庭审开始后,法庭进程由扮演审判长的学生掌控,指导教师同步督导。第四,庭审"复盘"与评价讲解。模拟庭审结束后,指导教师按照庭审流程细致讲解控、辩、审、当事人、证人在庭审过程中的表现与利弊得失,回答学生各种疑问。

(二)模拟法庭教学的优势与不足

1. 模拟法庭教学的特色与优势

相较课堂教学,模拟法庭的教学形式有独特优势。[⑤] 首先,传统课堂仅传授确定性知识,但社会生活极为复杂,法律预设的典型情况很难原貌呈现,存在大量模糊地带。法律人的作用,恰体现于在不确定中争取对己方有利的确定性结果。[⑥] 模拟法庭营造的多方争锋情境,有助于学生理解不同角色解读法律争议的差异化立场。其次,模拟法庭可训练学生综合运用法律知识解决现实争议的能力,各部门法知识可在同一案例中获得立体化的综合运用,这远比照本宣科的课堂教学更加鲜活。再次,模拟法庭的推动者主要是学生而非教师。学生自主推进庭审的过程中,激烈的攻防,可极大刺激学生求知欲。学生的案例剖析能力、逻辑思维能力、文书遣词能力、表达辩论能力、临场应变能力都可获得有效训练。最后,模拟法庭有助于培养学生的合作意识与团队协调能力,为其

---

⑤ 参见王鑫磊:《模拟法庭教学的实践价值思考——兼论与其他教学方式的比较》,载《教育现代化》2017年第48期。

⑥ 参见何志鹏:《模拟法庭与法学教育的职业转型》,载《中国大学教学》2016年第4期。

未来从事法律职业而做好前期准备。[7]

2. 模拟法庭教学的若干不足

模拟法庭教学在理论上的优势,实践中却并不一定能完全实现。首先,相较课堂教学,模拟法庭的参训人数较少,最多二三十人。不同参训角色获得训练的程度不均衡,无法惠及全员。其次,模拟法庭的组织和实施都比较复杂繁琐,耗费时间、精力过甚,致使此活动极易流于形式。再次,学生知识储备不足,且欠缺准确性。[8] 若放手由学生主导,极易引发庭审混乱,削弱训练效果。但若教师介入过甚,又极易导致模拟法庭的表演化,[9]致使学生沦为提线木偶。[10] 复次,高校法学教师多为博士毕业后直接从教,因缺乏实务经验而不具备指导模拟法庭的过硬素质。但聘请校外实务导师却存在操作不便,且成本耗费过大。最后,模拟案例的设计和模拟卷宗的制作,内容不真实,模拟度不高,实用性不强。

二、“雨课堂”技术可实现的功能支持

在信息化时代,传统模拟法庭教学法面临的问题,可在新技术条件下得到解决。将“雨课堂”技术融入模拟法庭的各个环节,可大幅优化训练效果。

(一)“雨课堂”技术与传统课堂教学的融合

教师在“雨课堂”官网(www. yuketang. cn)下载免费软件并安装之后,“雨课堂”插件就会自动内嵌入 Office 的 PowerPoint。运行 PPT 后,教师可微信登录“雨课堂”插件,点击“开启雨课堂授课”建立“雨课堂”班级(以下简称“雨课堂”平台)。学生则微信扫码实名登录“雨课堂”平台。

---

⑦ 参见陈兵:《论高校模拟法庭教学的功能及其实现——写在卓越法律人才教育培养之际》,载《高教研究与实践》2013 年第 1 期。

⑧ 参见葛云松:《法学教育的理想》,载《中外法学》2014 年第 2 期。

⑨ 参见杨成:《论地方高校模拟法庭实践教学的改革》,载《前沿》2010 年第 2 期。

⑩ 参见雷秋玉:《法学教育的模式移植与反思》,载《法学教育研究》2018 年第 2 期。

在“雨课堂”平台上,教师课前可将文献或视频资料推送给学生,并有权查阅每位学生的预习进度。教师在授课中可在手机微信上遥控翻动课件,开展点名、提问等课堂教学活动。在演示文稿中,教师可用“雨课堂”软件插入判断题、选择题、填空题等各类问题,并在“雨课堂”平台随机点名提问。并且,教师还可以发布“投票”内容,从投票结果来查知学生的知识点掌握情况。此外,学生也可通过手机微信与教师实时互动。可在“雨课堂”平台中用“投稿”功能发表意见,相互讨论。如果存在疑问,学生还可用“不懂”按钮随时反馈给老师。

自学生登录“雨课堂”平台开始,软件即自动对每个教学环节采集数据。既可准确记录学生人数和上课时间,也可全程记录学生在预习、答题、复习、讨论等环节的互动情况。每次授课结束后,“雨课堂”软件的“课堂小结”功能,会向教师完整传送上述数据,可帮助教师检讨和改善授课计划。基于数据,软件能为教师识别积极学生、预警落后学生,教师可因材施教予以奖惩,也可借此计分学生的平时表现。

(二)“建班”“分组”功能对角色分配环节的优化

借助“建班”功能,可将参训学生全员纳入“雨课堂”平台。此后,指导教师可线上发布模拟案卷、法庭规则、示范视频。并且,指导教师可观察每位学生的预习掌握情况,并答疑解惑。此外,为降低邀聘校外实务导师的成本,协调法庭指导与校外导师本职工作的时间冲突,可借助“建班”功能将校外导师纳入“雨课堂”班级之中。校外导师扫码登入“雨课堂”平台后,校内教师可将校外导师设为“协同教师”。此后,校外导师的指导方式以远程交流为主。

校外导师既可及时接收课程资料和通知,也可远程指导学生。模拟法庭开庭时他们也无须亲自前来,身处自己办公室即可远程观摩。具体操作方法是,借助Android系统的“软件分身”功能开启两个微信号,其中一个微信号登录“雨课堂”平台与学生线上互动,另一个微信号则开启视频通话功能,观摩庭审现场。除校内导师需全程指导之外,校外导师可依据自己本职工作的时间安排而贡献空闲时间。由于方式便捷、成本较低,模拟法庭教学可邀请更多数量的校外导师。单名校外导师能贡献的时间也许非常有限,但立足大量校内、校外导师之间的细致分工和群策群力,就可大幅分散授课教师的工作压力。

建班之后,为免参训学生因能力水平不同而导致受训程度的不均匀,可运用“分组”功能将学生随机分组。一般可分为审判组、控诉组、辩护组、演员组等四组,各组分别建立微信讨论群。以分组讨论为基础,经学生推选或教师指定,可分别选出各组的出庭人员,其他人员则辅助出庭人员。指导教师可线上监督各组的线上讨论情况,实时指导和督促。更重要的是,学生的讨论和发言情况是网上留痕的,无须由教师人工记录,这些数据皆可作为计算每名学生成绩的依据。这样可有效消除未出庭学生的“搭便车”心理,避免各组内部的相互推诿。

(三)“投稿”“投票”功能对庭审互动环节的优化

指导教师可提前设计旨在解释庭审流程的PPT,并在大屏幕上同步投放“雨课堂”平台信息。借此,模拟法庭训练可分为线下模拟与线上互动两个进程。在线下模拟方面,模拟庭审由参训学生自主推动,审判长把控庭审节奏并引导控辩双方按照程序开展攻防争锋,当事人与证人也随法庭流程出庭接受讯问和询问。而在线上互动方面,教师可在“雨课堂”平台上同步督导,主要采取文字发言方式(也可将语音转化为文字),既能及时发出指导意见,也不致干扰庭审流程。学生通过阅读手机或大屏幕来获得指导,同时配合对庭审现场的实境感悟。

在庭审中,未出庭的学生可通过“投稿”功能,向教师反馈心得体会,如对出庭人员临场表现的评价,或是对知识点的疑问。虽然参训学生人数众多,但“雨课堂”软件具备意见归纳功能,可自动对众多“投稿”进行识别和提炼。教师收到的是具有代表性的多数观点或是共性问题,这便捷了教师的及时回应。对于有突出价值的“投稿”内容,教师也可将其投放到大屏幕上,让所有学生观看和思考。教师也可开启“弹幕”权限,允许参训学生直接将投稿内容弹幕到大屏上,让出庭人员实时阅读、参考旁听人员的各类评论和意见。

在庭审过程中,教师可运用“提问”和“投票”功能,强化与参训学生之间的互动。比如,教师可在“雨课堂”平台中提出知识性问题(如“辩方刚才所举出的证据是法定证据种类中的哪一种?”),然后随机点取参训学生回答。这样既可发挥点名作用,避免参训学生走神,又可以在不打断庭审流畅性的前提下强化学生对特定知识点的掌握。这非常有助于调动未出庭学生的积极性,让他们真正成为模拟法庭的主动参与者,而非被动观看者。

更有意思的是,教师可以设置判断性问题(如“控方在法庭调查过程中的举证,是否足以证实某事实的成立?”),组织所有参训学生在“雨课堂”平台上开展投票。教师可将此类投票的结果公布在大屏幕给出庭人员观看,也可将其作为评价出庭人员临场表现的计分依据。借此,使所有未出庭学生都变相转化为需要被说服的裁判者(陪审员)。他们虽然并未亲自出庭,但是却能以裁判者的心态深度参与庭审过程。

(四)“不懂”“小结”功能对复盘讲解环节的优化

借助“不懂”“课后小结”等功能,教师可以将复盘讲解前置到模拟庭审的推进过程之中。在模拟庭审中,参训学生通过“不懂”“投稿”等功能,可将其对庭审的疑问向教师适时反馈,并获得教师的实时文字解答。实时指导与讲解的职责,可在多名校内、校外导师之间分散。比如,从检察官、律师、法官等职业引入的校外导师,可分别回答参训学生针对控诉、辩护、审判等活动的各类疑问。需注意的是,倘若场上某名学生发生严重错误,非常需要教师实时指导。为免打断庭审节奏,指导教师也可私下微信该名学生。或者,指导教师也可在控诉、辩护、审判各组的微信群中发布指导意见,参训学生可互相提醒和协助。

除临场发现的需立刻提示的重要知识点之外,针对其他并无讲解紧急性的内容,则可留待庭审结束之后再细致解说。“课后小结”功能极为强大,可全程留痕庭审过程中的各方互动,包括学生到课情况、习题作答数据、不懂及反馈详情、投稿及弹幕内容等。模拟法庭结束后,“雨课堂”软件会推送“课后小结”报告,完整显现所有留痕信息。指导教师可最后统一点评和讲解模拟法庭中遗留的学生“不懂”的点,从而有效避免遗漏。

三、全参与式“雨法庭”教学的系统性方案

借助“雨课堂”功能的有力支持,我们可以提出完整的“雨法庭”(Rain Courtroom)方案。本文以刑事诉讼模拟法庭为例,详细描摹具体步骤。

(一)“雨法庭”教学的组织方式与教师作用

雨法庭组建后,指导教师向全体学生介绍和解释模拟法庭的安排和相关规则,并指导模拟法庭出庭技巧。此后,分别成立控诉组、辩护组、审判组、演员组等四个微信群,由指导教师入群开展远程指导。模拟庭审开始后,校内、校外导师共任评委,实时观察出庭人员临场表现,打分并在班级平台上提问或解疑。其中,校内导师现场旁听庭审活动,校外导师则可远程旁听庭审。每场庭审活动结束后,指导教师应结合控、审、辩、演四组人员的临场表现,做出详细的复盘讲解。在此环节,应结合案情和庭审状况向学生们进一步讲授相关知识,激发学生学习热情。复盘讲解任务可在多位校内、校外导师之间做出适度分担(校外导师可远程视频发言),最大程度减少每位指导教师的工作压力。

(二)“雨法庭”教学的角色分配与任务设定

1. 雨法庭的角色分配方式

按照每班 50 人的标准教学班,两个教学班共计 100 人的规模计算。两班共同开展模拟法庭训练,分三场且每场约 33 人。每场模拟法庭运用分组功能随机分为控诉、辩护、审判和演员等四组,每组约 8 人。控诉组、辩护组和审判组各自分为出庭人员与辅助人员两部分,审判组出庭人员由审判长和两名审判员共 3 人组成。审判长主持庭审,控制法庭节奏。两名审判员全程听审,并在最后分别对控方和辩方的临场表现做综合评价。剩余 5 人担任辅助人员,协助出庭人员开展工作。辩护组、控诉组各出庭 2 人,彼此开展控辩攻防,控辩两组内的其他 6 人则担任辅助人员。为求责任明确而避免推诿,每位出庭人员可与若干名组内辅助

人员形成配对关系,并确立配对双方在成绩上的关联。

2. 控、辩、审三组人员的角色任务

每组出庭人员需遵循法官、检察官、律师的职业规范而开展模拟。关于控辩胜负的问题,审判组应结合庭审中的各种投票结果,最后做出结论并阐释理由。每组辅助人员虽不直接出庭,但需积极协助各组出庭人员完成角色任务。一方面,积极参与庭前准备,深入开展讨论。协助出庭人员开展法律研究,撰写法律文书;另一方面,仔细观察与思考庭审过程,积极参与线上互动,如投稿发言、回答问题、参与投票等。除各组辅助人员之外,演员组大部分时间并不出庭发言,基本可全程观摩庭审,因而也应积极参与线上互动。

3. 演员组人员的角色任务

演员组包括书记员、法警、当事人、证人等多种角色,动用人员最多。如果8人不足以涵盖所有角色,就从别组抽调人员补充。每名演员按照临场表现计分,必须充分熟悉案情和理解人物,提供最符合自身角色的表演。必须生动地呈现出对友方的配合或是对敌方的抵制,并且,还要对基础案情开展符合逻辑的适度演绎,甚至是合理的翻供与翻证。演员组的自由发挥,可模仿现实庭审的诸多不可测因素,从而营造近似庭审的真实情境,磨炼出庭人员的应变能力。需注意的是,演员的自由发挥可能造成庭审混乱,倘若超出限度(如过度的戏剧化表演、大幅扭曲原始案情或不合情理地背离自身立场),那么指导教师有必要及时制止。

(三)"雨法庭"教学中各类角色的计分规则

1. 控、辩、审三组出庭人员的计分规则

控诉、辩护、审判等三组,每组出庭人员按照临场表现计分,计分依据分为两个部分:临场表现教师评分(50%)+他组同学投票评价(50%)。其中,他组同学投票活动,可作为指导教师复盘讲解之后的最后一个环节。此时,参训学生结合庭审体验和教师讲解的内容,对每名出庭人员的表现逐一投票。比如,对每名出庭人员的表现设定优秀(100~85分)、良好(84~70分)、一般(69~50分)、较差(50分以下)四级,并在投票后计算平均分。需说明的是,如后文所述,控、辩、审三组辅助人员的成绩与同组出庭人员临场成绩密切相关。为免自我评分,对控、辩、审三组出庭人员的评价,应排除同组内部投票。

此外,指导教师可在控、辩双方举证和辩论之前,将双方在起诉书、辩护词中的争议性观点投射到大屏幕上。在庭审进程中各程序节点,阶段性地要求其他参训学生对争议性观点开展多次投票,最后计算平均分。比如,同意控方观点的比率初始占总数30%,待控方发言之后的再次投票中,可观察该比率是否有所上升。在辩方发言后,亦可观察该比率是否又有所下降。随着庭审的推进,指导教师可将每次投票结果投射到大屏幕上给出庭人员观看。这非常有助于让出庭人员实时了解自身的论辩活动对第三方的说服效果,从而提升庭审论辩水平。

2. 控、辩、审三组辅助人员的计分规则

控、辩、审判三组辅助人员的计分方式,需结合同组出庭人员的表现和自身的场外表现。计分依据分为三个部分:同组出庭人员平均分(30%)+出庭人员组内打分(40%)+辅助人员线上互动情况(30%)。首先,将同组出庭人员平均分纳入权重,可保证同组内部出庭人员与辅助人员的利益共担关系;其次,授权出庭人员对组内辅助人员打分,可制约辅助人员的“搭便车”心理;最后,尤其值得一提的是对线上互动情况的计分方式,需综合该人在庭前准备与庭审阶段的整体互动表现。

具体方法是,借助“雨课堂”和微信内嵌的归纳、搜索、总结功能,可梳理学生在全过程中的所有发言、答题与提问。在最终计算成绩时,可在微信和“雨课堂”平台的互动记录中搜索每位学生的姓名,记录其发言的总数。在人工排除无意义互动之后,以其发言数量计算该生的线上互动分数。此外,雨课堂的“课后小结”功能,能自动识别互动特别积极的优秀学生、预警消极被动的落后学生,这也可成为提升或降低相关学生成绩的依据。为降低指导教师的工作压力,线上互动记录可由参训学生本人整理提交,由指导教师复核即可。倘若复核任务较为繁复,也可在校内、校外导师之间适度分工。

3. 演员组人员的计分规则

演员组学生的最终计分依据,主要分为三个部分:临场表现教师评分(40%)+全体同学投票评分(30%)+演员线上互动情况(30%)。其中,对演员线上互动情况的评分,评价方式基本与控、辩、审三组的辅助人员相同。需说明的是,关于演员临场表现的投票评分,因每位演员的诉讼立场各不相同,其临场表现得分与同组其他演员不存在成绩上的牵连关系。因此,可由全体同学投票,无须排除本组内部投票。此外,书记员和法警在庭上的活动很少,缺乏评价其临场表现的充分空间。为调动他们的积极性,也可让其同时担任控、辩、审各组的辅助人员,并按照辅助人员计算成绩。

四、对"雨法庭"教学法的训练效果分析

(一)改良未出庭人员的受训方式,激励全员参与

"雨课堂"技术可以将法庭角色赋予所有的学生,从而真正实现全员参与。对非关键角色和未出庭学生而言,"投票"功能事实上授予其评判权,"投稿"(弹幕)功能则授予其发言、质疑权。他们可借此向线下模拟进程投放自身的影响力,从而左右庭审走向甚至终局结果。首先,关键角色的得分与其他学生的投票情况密切相关。借此,非关键角色颠覆了其原本的"道具"地位,未出庭学生也不再仅是旁观者,他们事实上已被提升为类似陪审团成员的核心角色,成为影响庭审结果的关键一环。其次,非关键角色或未出庭学生可实时"弹幕"个人意见提供给关键角色参考,从而影响其后续活动。为提出更有针对性、准确性和操作性的参考意见,所有学生都会立足控、辩、审的角度来思考问题,分享关键角色的临场体验。最后,借助指导教师的同步线上督导,演员可适度自由发挥而不致引发混乱。此后,演员不再仅是机械复述案卷内容,而是可与控辩角色开展充分互动,以贴近实务中的临场情境。

(二)节约时间与金钱成本,合理地分散各方负担

借助"雨课堂"技术,资料发布、前期指导、文书交换、学习督促等周边工作可在线上完成。在智能手机、笔记本电脑已获普及,5G网络逐步

推开的当代，前述手段的成本可忽略不计。校外导师的参与方式极其灵活，其远程指导的弹性化，既能节约校外导师交通费用、高效运用其碎片化时间，也可吸引更多数量的校外导师参与指导，有效化解校内导师工作压力。通过授予学生“投稿”“投票”权，教师的督导责任和评价任务也能适度分散于所有参训学生，这也间接强化了学生的主导性。此外，如前所述，在计分规则中确立各组辅助人员对同组出庭人员的从属关系，一方面可锻炼学生的团队协调能力，使辅助人员体验到法官助理、检察官助理、律师助理的角色情境；另一方面，也有利于督促其积极主动地承担辅助职责，避免课业负担过度集中于扮演关键角色的学生。

（三）协调学生与教师的关系，避免“表演化”倾向

在“雨课堂”教学中，教师在线上的有力督导和在线下的宽松指引，得以有效兼容，能最大程度尊重学生自主性。第一，线上互动的全员参与，事实上为每名出庭人员都提供了强大的智囊团。这一方面降低了出庭人员临场出错的可能性，另一方面也能在出错后即时引发各组内部的自查自纠。借此，为教师督导的宽松化创造条件。第二，线上督导采取文字形式，指导教师不与庭审角色争夺发言权。这既能保证指导的及时性和针对性，也避免干扰庭审流畅。第三，借助“提问”“投票”等功能，教师可有力监控未出庭学生的参与度，必要时还可在线上采取扣分、提示、警告等方式，督促未及时回答问题或参与投票的学生改善表现。第四，“课后小结”功能可全程留痕线上互动过程，能完整记录学生不懂的疑难点。教师即使不实时发言，也可在复盘讲解环节充分解答，不致遗漏要点。

（四）线上互动配合线下模拟，大幅优化训练体验

“雨法庭”在线上线下同步推进，可为参训学生提供贴近实务甚至超越实务的学习体验。第一，在庭审过程中，学生可实时观看教师精心制作并同步翻动的PPT，阅读来自指导教师或其他学生的意见建议。这有助于参训学生在第一时间将庭审情境与理论知识相结合，同步刺激学生求知欲，启发学生思维，开启学生智慧。第二，借助远程线上互动方式，校外导师介入模拟法庭的时间可大幅提前。既能补充校内导师实务经验的不足,勘正模拟卷宗、庭审规则、角色设定的疏漏,也能实时督导参训学生,使其行为更加贴近实务。第三,传统模拟法庭教学很难多次开展,致使学生缺乏反复重演以加深体验的机会。但是,“雨法庭”可线上留痕或视频记录,学生事后手机翻阅存档即可回顾庭审全程要点,这非常有助于加深体验。第四,在真实庭审中,诉讼参与人不能任意发言,裁判者也无法随时开示自己的心证,控辩各方难以及时查知自身言行的诉讼效果,尤其是无法了解己方论辩对裁判者的说服效果。但是,“雨法庭”出庭角色可同步阅读“投票”“投稿”,查知第三方的临场观感而实时修正后续言行,这是在真实庭审中难以获得的宝贵训练体验。

On the Full Participatory Moot Court Teaching Method with the Assistance of the "Rain Classroom" Technology

Guo Jing

Abstract: The Moot Court teaching method has unique advantages in practice, but there are also many shortcomings and problems such as, high cost, unsatisfactory student participation, excessive trial performance, and shallow teacher experience, which have affected the effectiveness of the Moot Court. The "Rain Classroom" technology and the traditional Moot Court teaching method can be deeply integrated, then the "Rain Courtroom" teaching method of "online interaction" and "offline simulation" can be constructed in parallel. With the support of the "submission", "grouping" and "voting" functions, key aspects such as court organization, trial interaction and rehearsal explanations can be optimized to achieve good teaching results. Firstly, better training results can be achieved with minimal cost. Secondly, the realization of elite training can also stimulate the participation of all members. Thirdly, full respect for the students' dominance can also be appropriate to introduce teacher guidance. Finally, while respecting practice, it can also moderately transcend practice.

Key Words: Moot Court, Rain Classroom, practical teaching, teaching reform, criminal litigation

法学本科课堂教学“理实分离”的反思与改革*

陈云霞**

摘　要：法学本科课堂教学改革是提升法学专业人才培养质量的重要突破口。以学生为中心的互动式课堂教学理念虽深入人心，但与互动式课堂教学实践相距甚远，“理实分离”现象明显。为满足法律职业综合能力的需求和应对人工智能时代的挑战，法学本科课堂教学亟待改革。互动式课堂教学的真正实践与法学本科生自主学习能力的培养，是法学本科课堂教学“理实结合”的关键。

关键词：法学本科课堂教学　互动式教学　自主学习能力

法学本科课堂教学“理实分离”有双层含义：一是以学生为中心的课堂教学理念与课堂教学的实践范式明显分离，表现为：以学生为中心的课堂教学理念因突出学生主体地位，强调学习的主动性和参与

---

* 2018年国家留学基金资助成果；西南民族大学2018年教改项目“大学本科课程互动式教学模式创新研究”成果。感谢俄克拉何马城市大学法学院的支持和帮助。

** 陈云霞，西南民族大学法学院副教授、法学博士，研究方向：经济法学、法学教育。

性,具有更好的教学效果而备受推崇;而法学本科课堂教学仍延续和实践着“教师主导、一讲到底”的教学模式,教师仍是“舞台上的圣人”。① 二是法学本科课堂教学理论知识学习和实践能力培养明显分离,表现为:“讲授”仍是法学本科课堂最普遍的形式,“听讲”仍是法学本科生最习惯的学习模式,课堂教学对培养学生法律实践综合能力的作用有限。推动课堂教学革命,以学生全面发展为中心,因课制宜选择课堂教学方法,科学设计课程考核方式和内容,不断提高法学课堂教学质量;通过课堂教学改革促进学习革命,积极引导学生自我管理、主动学习,激发求知欲望,提高学习效率,提升自主学习能力,②已成为法学本科教学的明确要求和指引。新时代背景下,实有必要对法学本科课堂教学“理实分离”现象进行反思,探讨“理实结合”的必然性,并提出“理实结合”的具体改革路径。

一、法学本科课堂教学“理实分离”现象与反思

我国法律人才需求与高等院校的法律人才供给之间存在错位,表现为低综合素养和低法治技能的“法律人才过剩”与社会急需的具有较高综合人文素养与较高法律运用技能的“法律人才短缺”现象同时存在。③ 作为法律人才培养的主阵地,课堂教学应对我国法律人才“供需错位”负主要责任。教师的课堂教学过分关注自己怎样教,如何完成教学任务,忽视了学生应该怎样学,是否在真正思考,是否能学以致用,④导致课堂教学“理实分离”成为法学本科课堂教学的主要痼疾。

---

① D. U. Silverthorn, “Teaching and Learning in the Interactive Classroom”, *Advances in Physiology Education*, 30, 2006, pp. 135 – 140.

② 参见教育部《关于加快建设高水平本科教育 全面提高人才培养能力的意见》(教高〔2018〕2 号)。

③ 参见刘剑文:《供给侧改革下法学本科核心课程的结构调整》,载《政法论丛》2017 年第3 期。

④ 参见庄玉昆、褚远辉:《高校课堂教学问题及改革之道》,载《中国高等教育》2013 年第7 期。

(一)法学本科课堂教学“理实分离”现象

高校课堂缺课率高,学生对教学内容不闻不问、不学不思的现象相当普遍。[⑤] 大学生课堂教学表现不尽如人意除受学生自身学习积极性和主动性欠缺影响外,更与教师课堂教学内容和教学方法密切相关。课堂教学中普遍存在的“五多五少”问题,[⑥]亦是法学本科课堂教学“理实分离”的重要表现,正不断损毁着法学课堂的吸引力。法学是实践性很强的学科,只有通过长期的学习和实践才能获得对它的认知。[⑦] 单纯的法学教育理性化模式或经验化模式均不可取,[⑧]法学教育应是素质教育与职业教育的有机结合。[⑨] 法学教育强调理论知识学习和实践能力结合,核心在于培养学生理论思辨、逻辑推演、法律实践、问题解决和自主学习的能力,而这些能力仅仅通过传统的讲授方式很难获得。

我国很多法学课堂教学采用纯粹讲授方式。尽管优秀教师讲授的内容非常丰富,学生也可能很爱听,但教学效果不可能很理想。[⑩] 毕竟,告诉不是教,听也不是学,[⑪]没有思考和训练的课堂,教学就没有真正开始。纯粹讲授式的法学课堂教学模式下,学生缺少参与,知识的获得与能力的培养都存在缺失。法科学生大学毕业时,基本不懂如何发现法律问题,更谈不上妥当地解决问题。[⑫] 我国法科学生只能达到知识和某程

---

⑤ 参见杜艳飞、张学新:《“对分课堂”:高校课堂教学模式改革实践与思考》,载《继续教育研究》2016年第3期。

⑥ 课堂教学“五多五少”可以概括为:灌输多,参与少;结论多,问题少;封闭多,发散少;重分数多,重能力少;书本知识多,实践能力少。参见张德江:《应用型人才培养的定位问题及模式探析》,载《中国高等教育》2011年第18期。

⑦ 参见[美]爱德华·S.考文:《美国宪法的“高级法”背景》,强世功译,三联书店1996年版,第35页。

⑧ 参见季金华、李海峰:《法学教育的理性化模式与经验化模式之比较》,载《法学教育研究》2018年第3期。

⑨ 参见李龙、刘青:《改革开放四十年中国法学教育的回顾与展望》,载《武汉科技大学学报》(社会科学版)2018年第6期。

⑩ 参见葛云松:《法学教育的理想》,载《中外法学》2014年第2期。

⑪ See S. Senthamarai, “Interactive Teaching Strategies”, *Journal of Applied and Advanced Research*, 3, 2018, pp. 36–38.

⑫ 参见葛云松:《法学教育的理想》,载《中外法学》2014年第2期。

度的理解的水平，[13]显然不能满足社会对实践能力较强的创新型法律职业人才的需求。法学课堂教学“理实分离”不仅表现为理论教学与实践教学的脱节，也表现为“教师的教”与“学生的学”分离，具有单纯“知识传递”的局限性。法学教育改革创新需要彻底实现课堂教学“理实分离”向“理实结合”的转变，创新课程的具体授课内容与教学方法。“理实结合”强调通过改革课堂教学内容和方法培养学生的自主学习能力、批判性思考能力和法律实践能力等，真正实现“以学生的学为中心，以学生的能力培养为中心”。

法学教育“理实结合”是多个国家法学课堂教学的基本方法。德国法学教学专设练习课和研讨课：练习课注重训练学生如何适用法律，培养学生法律推理和法律评价能力；研讨课旨在锻炼学生的学术研究能力，增强独立思考与口头表达能力。[14] 美国法学课堂教学采用案例教学法训练学生的法律思维能力和实践能力。[15] 法国法学课堂教学则通过案例分析课的小班指导，训练学生案例摘要写作、案例解析和案例评论等能力。[16] 虽然互动式教学、以学生为中心、翻转课堂等教育教学新词不断出现，但我国法学本科课堂教学仍局限于讲授，以单向灌输为主，是一种缺少互动、讨论和体验等方式的粗放式教学。[17] 课堂教学以教师为中心，重知识传授、轻能力培养的弊端尚未根本改变，[18]“一讲到底”仍是多数教师最简便、最熟悉、最青睐的课堂教学方法。我国法学院多通过法律诊所课程、校外实践教学基地、模式法庭等为法学本科生提供锻炼实践能力的机会，但具体实践中仍存在参与机会不够、覆盖面狭窄、深度

---

⑬ 参见何美欢：《理想的专业法学教育》，载《清华法学》2006 年第 3 期。

⑭ 参见李婧嵘：《德国法学教育改革发展的经验与借鉴》，载《法学教育研究》2018 年第3 期。

⑮ 参见蒋志如：《试论法学教育中教师应当讲授的基本内容》，载《河北法学》2017 年第2 期。

⑯ 参见季红明：《德国法律人培养模式对中国法学教育的借鉴意义》，载《中南财经政法大学研究生学报》2018 年第 3 期。

⑰ 参见冯果：《大数据时代的法学教育及其变革》，载《法学教育研究》2018 年第 2 期。

⑱ 参见贾引狮：《人工智能对法律职业的影响与法学教育面临的挑战》，载《法学教育研究》2018 年第 3 期。

不足等局限。其实,法科学生理论知识学习和能力培养之间并非泾渭分明。课堂教学作为法学本科生专业知识学习最系统、时间最充分、机会最丰富的教学主阵地,完全应该成为“理实结合”的重点。

(二)法学本科课堂教学“理实分离”的反思

在法学本科课堂教学“理实分离”的情形下,学生能够理解并掌握一定的法学知识,但缺乏对法学知识的批判性理解,既不知如何创造新知识,又难以培养发现、分析和解决法律问题的能力。法学本科课堂教学“理实分离”现象的原因是多方面的。

首先,课堂教学改革受限于教师自身的路径依赖和思维定式,改革的内在动力不足。研究表明,教师的课堂教学更习惯与经验联结,而非现代或创新。[19] 法学教师的法学知识多来自传统法学课堂的讲授模式,即讲授是法学教师最熟悉和最亲切的教学方法。许多法学教师都承认要真正尝试和实践课堂教学改革而完全改变自身驾轻就熟的课堂并非易事。最简单、最直接的原因就是我们正是我们试图改变的课堂教学模式的产品。[20] 其实,法学课堂教学中“一讲到底”对教师体力的要求更高,讲授者也更疲累,但受限于讲授者自身学习过程中对传授者的模仿,以及更改教学方法需对初期课程资料准备、课程设置、教学安排等全面创新,讲授者往往会失去法学课堂教学改革的内在动力。此外,教师的知识一旦基本定型,由于存在专有资产和路径依赖问题,也不大容易自我升级更新,[21]加之长期的知识积累可能会产生职业“厌倦期”,最终导致教师丧失以新视角看待问题的能力。[22]

其次,法学课堂教学改革受限于学生的反对和挑战。讲授模式中,教师掌握课堂教学的主动权,把握课堂节奏,易于在更短的时间内向更多的

---

⑲ See Paraskevi Kavalari et al., “Contemporary Teaching Methods and Science Content Knowledge in Preschool Education: Searching for Connections”, *Procedia-Social and Behavioral Sciences*, 46, 2012, pp. 3649 – 3654.

⑳ See D. U. Silverthorn, supra note 1, p. 139.

㉑ 参见苏力:《当代中国法学教育的挑战和机遇》,载《法学》2006年第2期。

㉒ 参见鞠晔、王平:《法学教育中创造性思维启发方式探讨》,载《高教学刊》2017年第11期。

学生传递知识,具有课堂教学组织成本低、效率高的特点。更重要的是,讲授模式中学生不需要为课堂学习做更多的准备。即使教师对学生提出了明确的课前准备要求,也往往因教师难以及时而全面地获得课前准备的充分反馈而流于形式。长期的课堂讲授模式下,许多学生已经培养了学习的路径,习惯于在“记忆和倾倒”式的课堂教学中获得成功。当教师真正对课堂教学进行结构性调整,将学生导向课堂的中心地位时,学生们会发现自己已经内化的学习习惯不再有效,他们会非常挫败,㉓进而产生对课堂教学新策略和新方法的抵制和怒气。多数情况下,学生的抵制情绪会终止教师的创新,因为这易于导致教师教学评价低,且影响教师的收入。同时,通过司法考试(法律职业资格考试)或公务员考试已成为学生就业市场上的关键卖点,为应对标准化测试死记硬背的“填鸭式教学”风气扩散到本科法学教育中,学生对考试资料外的领域缺乏兴趣。㉔

最后,法学课堂教学改革受限于外在的教学管理和评价机制。教学管理是法学课堂教学改革的外在动力,目前外在动力欠缺的原因主要有:一是教学班人数较多,以学生为中心的互动式教学难以取得较好效果。二是重科研、轻教学的整体激励机制并未根本改变,教师因缺乏激励导致教学投入不够。一些老师认为做好教学是一件费心费力的事,远不如做个科研项目、发篇文章来得立竿见影。㉕ 三是课堂评价体系不完善,虽然教学管理提出综合性功能课堂标准,要求课堂教学中教师不仅要讲授法学知识,而且要突出与学生的互动,采用案例教学和讨论式教学等评价标准,但“课讲得好不好”仍然是课堂教学的主要评价标准。

二、法学本科课堂教学“理实结合”的必然性

法学课堂教学评价的最终标准是法科毕业生是否能满足社会对创

㉓ See D. U. Silverthorn, supra note 1, p. 140.

㉔ 参见明克胜等:《中国法学教育的潮起潮落》,载苏力主编:《法律和社会科学》(第13卷),法律出版社2014年版,第138页。

㉕ 参见叶丙成:《为未来而教》,亲子天下出版社2015年版,第1页。

新型法律人才的需求。法学本科课堂教学改革应当契合人工智能时代和未来社会创新型法律职业人才的要求。

(一)人工智能时代对法律职业的挑战

法律行业一直对新兴技术有较强的免疫力,但人工智能的发展对法律行业提出了前所未有的挑战。人工智能已经能够支持甚至替代法律从业者执行简单的法律工作:如起草标准合同、执行期限控制、分析法院判决数据以评估客户胜诉的可能性等。人工智能技术将来还可能高效地完成信息搜集、法规整理、模拟法律推理和分析,给出法律问题的解决方案和相应解释。[26] 人工智能对法律职业业态的改写是确定的。法学领域面临的新挑战包括:法律职业业态之变、法律实践样态之变和法学教育生态之变。[27] 研究表明,人工智能对法官的替代率是40%,律师助理是94%,律师秘书则高达98%。[28]

传统的法学教育模式重在强调信息传递和描述性知识,是一种"知识传递型"教学方式。人工智能时代的法律服务模式必将基于批判性分析,创造性解决法律问题,并提供以情感和客户为中心的表现形式。如果法学教育仍局限于信息和知识的传递而不能造就学生的批判和创新思维能力,那将是法学教育的失败。毕竟,人工智能掌握的法律知识比人类更多更全面。[29]

以传授知识为主的人才培养理念已不能适应学生法律思维的塑造与形成,[30]难以应对人工智能对法律职业的挑战。法学院必须重视法科

---

[26] 参见赵鹏:《法律人工智能技术的发展和法学教育的回应》,载《中国高等教育》2019年第Z1期。

[27] 参见杨学科:《论人工智能时代的法学教育新挑战、新机遇和新模式》,载《法学教育研究》2018年第4期。

[28] See Carl Benedikt Frey and Michael A. Osborne, "The Future of Employment: How Susceptible are Jobs to Computerization?", *Working Paper* published by the Oxford Martin Programme on Technology and Employment, September 17, 2013.

[29] 参见杨学科:《论人工智能时代的法学教育新挑战、新机遇和新模式》,载《法学教育研究》2018年第4期。

[30] 参见贾引狮:《人工智能对法律职业的影响与法学教育面临的挑战》,载《法学教育研究》2018年第3期。

学生的法律思维和创新能力培养,采取与人工智能时代相符的法学教学模式,改革和创新法学课堂教学方法。人工智能时代,学生不再需要教师提供案例,不再需要教师讲授更多的基本法律知识。教师的课堂教学重心需要向提高学生的法律思维能力和创新实践能力转变,教师要学会与人工智能合作并重视法学本科生法律人格的塑造。

(二)未来社会对创新型法律人才的需求

目前,本科法学课堂教学中“讲授”几乎仍然是“教学”的同义词。研究表明,仅仅使用讲授的课堂教学会妨碍学生的学习。讲授过程中学生仅仅是学习过程的被动参与者,这不仅会导致令人失望的事实信息的保留率,[31]而且易让学生养成惰性,缺乏独立思考能力和合作意愿,[32]不利于培养自主学习能力。“一讲到底”的课堂教学方法完全不能适应未来社会对创新型法律人才的需求。

首先,未来是一个“充满无知”且不可知的世界。我们可以取得零星的收获,但我们的无知也会在各个方面扩展;[33]即使大学图书馆在书籍和期刊的重压下“呻吟”——且不说电子形式学术时代的到来,[34]我们所处的仍是一个“无知爆炸”的世界。[35] 法学知识总是无限发展和不完全的,没有人知道事情的结果如何。为无知和未知的未来,学习需要一个根本性的转变。其次,法学教育重在培养法律思维,而非简单的知识记

㉛ See Picciano A. et al., “Resident Acquisition of Knowledge During a Noon-Time Conference Series”, *Fam Med*, 35, 2003, pp. 418－422.

㉜ 参见贾引狮:《人工智能对法律职业的影响与法学教育面临的挑战》,载《法学教育研究》2018年第3期。

㉝ See Ronald Barnett, “Learning for an Unknown Future”, *Higher Education Research & Development*, 3, 2004, p.250.

㉞ See Richard Ekman and Richard Quandt, eds., *Technology and Scholarly Communication*, University of California Press Published in association with the Andrew K. Mellon Foundation, 1999. Accessed June 16, 2019. http://ark.cdlib.org/ark:/13030/ft5w10074r/.

㉟ See Julius Lukasiewicz, *The Ignorance Explosion: Understand Industrial Civilization*, Carleton University Press, Ottawa, Canada, 1994, p. 111.

忆。法律思维是一种按照法律逻辑观察、分析和解决社会问题的思维方式。[36] 法律思维比法律专业知识更重要,因为专业知识有据可查,而思维方式是决定法律人认识和判断的基本因素,需经长期专门训练才能养成。[37] 法律思维也是人工智能时代法律人才最重要的执业特征和职业能力。法律专业人才重在参与实际问题的解决,法学教育应更加强调传授解决法律问题的技能,而不仅仅是传递被冻结在时间里的知识。[38] 再次,法学教育强调培养创新型和批判性思维。批判性思维可以概念化为知识、技能和态度的综合,有助于有目的性地思考,解决问题和做出决策。[39] 作为良好教育的基本要素,批判性思维旨在培养学生参与自我导向和终身学习的能力。[40] 开放的态度、全心全意的投入和责任意识被视为培养批判性思维的重要特征。[41] 只有积极地参与式思考才能培养学生解决问题、权衡选择、做出决策以及更好理解世界知识的能力。最后,学生的批判性思维能帮助他们应对不确定和复杂的社会生活和就业环境。[42] 法学毕业生是作为创造性问题解决者而非法律分析员进入法律专业的。创造性问题解决者更符合社会对法律人才的需求。毕竟,法律是建立在人类社会道德进化的基础之上,而非仅仅是黑色字体的协议、法典或案例集。[43]

---

[36] 参见郑成良:《论法治理念与法律思维》,载《吉林大学社会科学学报》2000 年第 4 期。

[37] 参见孙笑侠:《法律人的思维规律》,载《法律方法与法律思维》(第 1 辑)。

[38] See Coper, Michael, "Educating Lawyers for What? Reshaping the Idea of Law School", *Penn State International Law Review*, 1, 2010, p.29.

[39] See Tilbury et al., "Teaching Critical Thinking in Social Work Education: A Literature Review", *Advances in Social Work and Welfare Education*, 1, 2010, pp. 31 – 50.

[40] See Anne, Hewitt, "Give Me a Fish or Teach Me to Fish? Developing Law Students' Capacity for Lifelong Learning", *Alternative Law Journal*, 37, 2012, pp. 259 – 263.

[41] See Walker, S. E., "Active Learning Strategies to Promote Critical Thinking", *Journal of Athletic Training*, 3, 2004, pp. 263 – 267.

[42] See Loene M. Howes, "Critical Thinking in Criminology: Critical Reflections on Learning and Teaching", *Teaching in Higher Education*, 8, 2017, pp. 891 – 907.

[43] See Jess M. Krannich et al., "Beyond 'Thinking Like a Lawyer' and the Traditional Legal Paradigm: Toward a Comprehensive View of Legal Education", *Denver University Law Review*, 2, 2009, pp. 381 – 404.

三、法学本科课堂教学“理实结合”的具体路径

分类学习理论[44]将学习由简单到复杂依次分为知识、理解、运用、分析、综合和评价等六个层次，与法学学习环节和法学培养目标高度契合。我国法学课堂教学的整体安排和水平明显停留在前三个阶段。学生期待教师“直接告诉我法律”，然后花大量时间记忆 PPT 的内容。[45] 为有效回应创新型法学人才的时代需求，实现法学本科课堂教学“理实结合”，须同时改革“教师的教”和“学生的学”，开展法学本科互动式课堂教学并培养法学本科生的自主学习能力。

（一）法学本科课堂互动式教学理念的再认知

课堂教学难以轻易改变，教师、学生、教学管理、教学惯性、价值追求、基础设施等都影响课堂教学方式的改革。互动式教学的诸多优势使其成为法学本科课堂教学的发展趋势。

互动式教学能培养学生的专业兴趣，提供更好的动机、力量、知识、团队精神和表达自由。高等教育的趋势是“以教师为中心的教”向“以学生为中心的学”的转变。互动式教学能够帮助学生积极参与学习过程。[46] 互动式教学中，学生不再是被动的知识接受者，而是教学过程的最大参与者，是课堂的中心。学生基于自身的知识和经验，可以分类，分析，提出观点，获得新技能，并培养对事实和事件的态度，[47]进而产生学

---

[44] See Benjamin S. Bloom et al., *Taxonomy of Educational Objectives: The Classification of Educational Goals: Handbook I: Cognitive Domain*, Longmans, London, 1956, pp. 62–200.

[45] See Gibson, Michael T., “A Critique of Best Practices in Legal Education: Five Things All Law Professors Should Know”, *University of Baltimore Law Review*, 1, 2012, p. 8.

[46] See Hutchings B, “Principles of Enquiry-Based Learning, Centre for Excellence in Enquiry-Based Learning”, University of Manchester; 2006. Accessed May 10, 2019. http://www. ceebl. manchester. ac. uk/resources/papers/ ceeblgr002. pdf.

[47] See Madona Giorgdze and Marine Dgebuadze, “Interactivie Teaching Methods: Challenges and Perspectives,” *International E-Journal of Advances in Education*, 9, 2017, p. 545.

习兴趣和专业认同。

互动式教学有助于培养法律人才所需的综合能力。互动式教学不仅强调师生之间中心位置的转化,也强调师生互动与学生互动的重要性。[48] 互动式教学要求释放师生全部的主动性,真正做到教学相长,进而培养学生独立思考和创新的能力。[49] 学生平等地参与认知过程,每个学生都对教学过程有所贡献,学生能够通过交换信息和观点培养倾听能力,评估不同的观点,参与讨论,共同决定,增加容忍能力等。[50] 互动式教学能逐渐培养法律人才所需的综合能力,如对话、讨论、沟通、谈判、团队合作、领导力和对不同观点的接受力等。

互动式教学易于学生掌握学习内容,更长久地保留对知识的记忆。研究表明,互动式教学不仅帮助学生更容易地习得新知识,而且对知识的迁移和记忆效果也更好。被动式学习者仅能记住学习内容的30%,互动式学习者则能记住学习内容的90%。[51] 互动式教学模式中,学生通过积极参与教学过程,模拟职业情景,完成创造性和研究性任务,通过论辩改善自己的观点,在冲突的情景中讨论有效行为的策略等。[52]

互动式教学能培养学生形成关键性的社会人格特质,[53]更有利于未

---

[48] See Reutova, E. A., *The Use of Active and Interactive Training Methods in the Educational Process of the Higher Education Institution* (methodical recommendations for the teachers of the Novosibirsk State Agrarian University). Novosibirsk: Publishing House of NGAU, 2012, p. 58.

[49] 参见曹伟:《"互联网+"时代的互动式法学教育》,载《光明日报》2015年10月13日,第14版。

[50] See Madona Giorgdze and Marine Dgebuadze, supra note 47, pp. 544-548.

[51] Heidi Milia Anderson, Edgar Dale's Cone of Experience. Accessed May, 12, 2019. http://teachernoella.weebly.com/dales-cone-of-experience.html.

[52] See Rimma A. Kutbiddinova et. al., "The Use of Interactive Methods in the Educational Process of the Higher Education Institution", *International Journal of Environmental & Science Education*, 14, 2016, pp. 6557-6572.

[53] See S. Senthamarai, supra note 11.

来社会职业人才多元竞争。[54] 互动式教学模式能够有效激活学生的创新型思维、分析和论证技巧；使学生形成专业能力，培养学生分析思维，调动学生认知能力。[55] 互动式教学使学生不仅能够获得对他人的知识和同情，而且能够在复杂情况下作出理性的决定，以便开发出最可接受的思维、行动和沟通模式。[56]

（二）法学本科课堂互动式教学的具体实践

作为课堂教学的决定者，教师对课堂学习内容和教学方法负主要责任，因为是教师创造了对学生开放的可能选择。[57] 有效的互动式教学取决于教师能够在多大程度上组织好课堂教学，指导学生的学习技巧，开展互动式课堂教学实践。最终实现法学教育的总体目标：培养法律实践技能、法律分析能力和法律职业价值的承诺等。[58]

1. 选择恰当的课程设计方案。法学课程的总体设计方案有三：一是区分法学基础课程与部门法课程。法学基础课程重在开展基础知识和基本理论的教学；部门法教学通过讲授、讨论、分组作业、专题讨论等方式培养学生运用法律的能力，完成分析、综合和评估等学习环节的要求。二是区分讲授课、练习课和研讨课。讲授课由教授主讲课程的基础知识，学生通过听讲、讨论、提问等学习法学知识；练习课则在教师指导下，通过案例分析、小组讨论、课后作业等方式训练法律适用能力，强调对学生法律推理能力和法律评价能力的训练；研讨课则是教师确定研讨主题，学生搜集资料、初步研究、课堂学习报告、讨论交流等，培养学生独立思考和口头表达的能力，并锻炼学生的学术研究能力。三是以第一种方案为基础，进行类似第二种方案的教学安

---

[54] See Nadezhda O. Yakovlevaa and Evgeny V. Yakovlevb, Interactive Teaching Methods in Contemporary Higher Education. Accessed May 6, 2019. https://doi.org/10.1016/j.pscr.2014.08.016.

[55] See Rimma A. Kutbiddinova, supra note 52.

[56] See Madona Giorgdze and Marine Dgebuadze, supra note 47, pp. 544 – 548.

[57] See Diana Laurillard, *Rethinking University Teaching: A Conversational Framework for the Effective Use of Learning Technologies* (2nd ed.), London, Routledge Falmer, 2002, p. 1.

[58] See William M. Sullivan, "After Ten Years: The Carnegie Report and Contemporary Legal Education", *University of St. Thomas Law Journal*, 14, 2018, p. 335.

排。教师依据不同内容将一门课程分别安排为讲授、练习和研讨为主体的课时或环节。

2. 强化课堂教学"三"环节。教师应重视课堂教学课前、课中和课后环节的配合。第一,重视课前预习。教师列出课堂学习的基本问题,供学生课前思考或讨论,学生课前完成教材内容和基本案例的自主学习。第二,课堂教学突出重难点讲解,并对学生自主学习效果进行检查和评价。课堂教学时间有限,教师必须合理确定教学内容,突出重难点。教师应让学生明白课堂教学是探索我们未知观念的地方,而非为了获得最后结论,[59]将课堂教学的关注点从"结论累积"导向"生成结论的思维方法和过程"。[60] 教师应鼓励学生进行比较、应用、评估、分析和综合,而绝不仅仅是倾听和记忆。[61] 第三,课后复习环节。学生课后通过请教老师、参与讨论或查找资料等方式巩固知识,解决仍存在的疑问。

3. 建立教师与学生之间的连接。教师对待学生的方式以及教师课堂内外与学生互动的程度与课堂教学提供的内容和知识一样重要。[62] 即使在线课程的学习过程中,互动式交流与学生的参与度也具有清晰而强烈的相关性,[63]有效的在线指导能提供更多的机会让学生之间、师生之间进行互相交流。[64] 有效的师生连接有利于学生的课堂参与,如开课

---

[59] See Loene M. Howes, "Critical Thinking in Criminology: Critical Reflections on Learning and Teaching", *Teaching in Higher Education*, 8, 2017, pp. 891 – 907.

[60] 参见鞠晔、王平:《法学教育中创造性思维启发方式探讨》,载《高教学刊》2017年第11期。

[61] See Ken Bain, *What the Best College Teachers Do*, Harvard University Press, Cambridge, Massachusetts, 2004, pp. 137 – 139.

[62] See Roy Stuckey et al., Best Practices for Legal Education: A Vision and Roadmap, the Clinical Legal Education Association, 2007, pp. 105 – 106.

[63] See Marcia D. Dixson, "Creating Effective Student Engagement in Online Courses: What do Students Find Engaging?", *Journal of the Scholarship of Teaching and Learning*, 2, 2010, pp. 1 – 13.

[64] See Maki, R. H. and Maki, W. S., Online Courses. In F. T. Durso (Ed.), *Handbook of Applied Cognition*, 2nd edition, New York: wiley& Sons, Ltd., 2007, pp. 527 – 552.

第一天对照学生的照片记住他们的名字,第二次上课开始就称呼学生的名字,并经常使用学生的名字,会加强与学生的交流并帮助学生参与课堂。[65] 法学教育不仅要提高学生的法学知识水平,而且要培养学生的思想道德素养。[66] 有效的师生连接,是培养学生思想道德素养的重要前提。即使在人工智能时代,教师通过课程教学传递给学生的富有情感色彩的法律职业伦理与职业精神,也是人工智能无法替代的。

4. 改革课程考核方式。是否契合法学本科教育的培养目标和是否适应未来社会对法律人才的需求,是检验法学教学效果的标准。法学本科毕业生实践能力弱,适应工作的周期长等不足,长期受社会诟病,而法学本科教育并未彻底地进行回应。社会对法律人才的需求需要转化为法学本科生的培养目标,最终体现为法学院的教学与考核。法学课程考核往往反映课堂教学知识,而忽视了培养目标的要求,偏离了社会对法律人才的现实需求。通过改革考核方式,实现学习、考核与社会法律人才需求的真正贯通,不仅考核对学习知识的掌握,更需考核法律实践综合能力。

(三)培养法学本科生的自主学习能力

课堂教学改革的重点在于重视教学内容和教学方法,重视提高教师指导学生自主学习能力。[67] 自主学习是指"个人在有或没有他人帮助的情况下主动诊断学习需求,制定学习目标,识别学习的人力和物质资源,选择和实施适当的学习策略,并评估学习成果的过程"。[68] 自主学习包含了学生个体积极的、目标导向的、行为自我控制和对学习任务的认

---

[65] See Mary Bart, "How Do You Engage Your Students? More Tips from Conference Attendees", Accessed May 10, 2019. https://www.facultyfocus.com/articles/effective-teaching-strategies/how-do-you-engage-your-students-more-tips-from-conference-attendees.

[66] 参见《在激情奋斗中绽放青春光芒》,载《人民日报》2017年5月4日,第2版。

[67] 参见别敦荣:《大学课堂教学革命的主要任务、重点、难点和突破口》,载《中国高教研究》2019年第6期。

[68] Knowles M. S., *Self-directed Learning: A Guide for Learners and Teachers*. New York: Association Press, 1975, p. 18.

知。[69] 自主学习对法学院学生和新律师都是一种关键的能力,是法学本科课堂教学"理实结合"和互动式课堂教学的前提。数据显示,仍有惊人比例的法学院学生处于自主学习能力的早期阶段。[70] 学生、法律教育者和雇主以及专业人士都面临知识持续指数级增长和快速变化的未来市场,具有自主学习能力的法律职业人才将最有能力确保有意义的就业,为客户和他人提供良好的服务。[71]

法律雇主聘用新律师以及评估员工绩效能力模型的最新研究支持了法学院学生的主动性和内化对专业发展承诺的重要性。[72] 从学习主动性和学习效果角度可以将学习分成完全依赖阶段、感兴趣阶段、参与阶段和自主学习阶段。学生的自主学习阶段表明学生对其职业发展负责任的程度。[73] 传统的就业条件和标准强调"输入",即应试者学习了哪些课程,是否对课程的历史、具体知识和价值等有所掌握;而现代就业条件和标准强调"输出",即应试者是否能够运用所学知识主动解决问题,具有哪些能力,知识运用能力和学习能力如何等。法学课堂教学应通过自主学习能力的培养,帮助学生内化和锻炼有效和能干的技能、作为法律专业人才的道德和负责任的参与能力、对客户和法律制度的专业和道德责任。

法律不断变化的本质意味着法律学习不会在毕业时停止;法律职业者必须不断更新和扩展他们的知识。因此,法科毕业生必须具备适当的自主学习和终身学习的能力,法学院必须考虑如何帮助学生培养

---

[69] See Paul R. Pintrich ed., "Understanding Self-Regulated Learning", *New Directions for Teaching and Learning: Understanding Self-Regulated Learning*, 63, 1995, p. 5.

[70] See Neil Hamilton, "A Professional Formation/ Professional Challenge: Many Students Need Help with Self-Directed Learning Concerning Their Professional Development Toward Excellence", *Regent University Law Review*, 27, 2015, p. 225.

[71] See Neil W. Hamilton et al., "Encouraging Each Student's Personal Responsibilities for Core Competencies Including Professionalism", *The Prof. Law*, 21, 2012, pp. 1-9.

[72] See Neil Hamilton, supra note 70, p. 227.

[73] See Laurie Barron, "Learning How to Learn: Carnegie's Third Apprenticeship", *Clinical L. Rev.* 18, 2011, pp. 110-111.

他们成为终身学习者所需的技能。[74] 自主学习是一个涉及预见、表现和反思的递归循环，每个阶段都有多个组成部分。[75] 自主学习的三个阶段正好与课堂教学的课前、课中和课后三个环节相对应，有益于解决好教师如何教、学生如何学以及教师如何与学生连接，教与学如何相融和促进等问题。教师不仅能成功地培养法科学生的自主学习能力，还能帮助改善他们的学习成果。[76] 如果教师致力于让学生成为自主学习者，他就不仅会在课堂上看到这样做的好处——学生会接管自己的学习责任，当开始法律实践后，学生还会自主学习法律职业中需要的知识和技能。

四、结语

讲授是向更多学生传递信息的有效方式，但简单地传递信息并不能确保学习过程的发生。法学本科课堂教学急需改变信息传递式教学模式，建立一种契合未知世界的创新型法律人才教学模式，一种新的教学场域、新的教学范式、新的学习范式、新的师生关系以及新的教学环境。[77] 正如对医生的培养不是让医学学生坐上无数个小时听讲座，然后测试他们在多项选择测试中回忆一些细节的能力，[78]法学本科课堂教学也需要实践“理实结合”的理念，真正实践互动式教学的“教”向自主学习能力的“学”的转变以及二者的互动与促进。

---

[74] See Anne, Hewitt, supra note40, pp. 259 – 263.

[75] See Barry J. Zimmerman, “Developing Self-Fulfilling Cycles of Academic Regulation: An Analysis of Exemplary Instructional Models”, *Self-Regulated Learning: From Teaching to Self-Reflective Practice* 1, Dale H. Schunk & Barry J. Zimmerman eds., 1998, pp. 2 – 5.

[76] See Michael Hunter Schwartz, “Teaching Law Students to be Self-regulated Learners”, *Mich. ST. DCLL. Rev.* 2, 2003, p. 505.

[77] 参见别敦荣:《大学课堂教学革命的主要任务、重点、难点和突破口》,载《中国高教研究》2019 年第 6 期。

[78] See Mark A. Albanese, “Susan Mitchell. Problem-based learning: A Review of Literature on its Outcomes andImplementation Issues”, *Academic Medicine*, 1, 1993, p. 52.

Reflections and Reform on the "Separation between the Theories and Practice" Phenomenon in the Classroom Teaching of Law Major Undergraduates

Chen Yunxia

Abstract: The reform of the classroom teaching of law major undergraduates is an important breakthrough to improve the quality of qualified legal talent. Although the concept of student-centered interactive classroom teaching is deeply rooted in the hearts of the people, this teaching mode is usually far from the practice of legal education. That is to say, in the law major undergraduates' classroom teaching, the phenomenon of separation between legal theories and legal practice is very obvious. In order to meet the needs of the comprehensive professional ability of the legal profession and to cope with the challenges of the era of artificial intelligence, the classroom teaching of law major undergraduates is in urgent need of reform. The real practice of interactive classroom teaching and the cultivation of law-based undergraduate self-learning ability are the key to the combination between legal theories and practice in the classroom teaching of law major undergraduates.

Key Words: undergraduate law majors classroom teaching, interactive teaching, self-learning ability

讲述中国故事，探寻民间法理

——法律与文学的课程定位与教学模式*

张书友**

摘　要:法律与文学课程教学以当代中国的法律与文学研究为基础,后者以文学中的法律研究为主流,这种研究体现了对中国传统的继承和对中国问题的关注,而不是对西方理论的简单模仿。法律与文学课程应定位为通过文学作品探究中国法理,其对民间法理的呈现在教学和研究中具有不可替代的作用。法律与文学具有研究性课程的性质,能够通过适当的文本选择呈现家族法理、市井法理与江湖法理,学生阅读与研究能力的提高主要通过合理安排论题、精心布置作业以及巧妙命制试题等环节实现。

关键词:法律与文学　中国故事　民间法理　课程定位　教学模式

1996年,苏力发表的《秋菊的困惑和山杠爷的

---

* 西北政法大学高等教育教学改革重点研究项目"'法律与文学'在线开放课程建设研究"(项目编号:XJY201602)、国家社科基金重大项目"法治文化的传统资源及其创造性转化研究"(项目编号:14ZDC023)的阶段性成果。

** 张书友,西北政法大学刑事法学院副教授、法学博士,研究方向:法理学、法律与文学。

悲剧》一文标志着法律与文学(law and literature)研究在中国的兴起。[①] 二十多年来,法律与文学不仅作为一种新兴的研究进路已在法学研究中占一席之地,也逐渐作为一门专业课程走进了大学课堂,这无疑体现了中国法学界对法律与文学的普遍接受和认可。然而,不同的院系与教师对法律与文学的课程定位与教学目的的理解仍然莫衷一是,对阅读文本的选择与教学模式的取舍依旧各行其道。[②] 假如这些分歧不能仅仅解释为风格差异和口味偏好的话,下列问题就必须得到严肃的回答:第一,作为一场学术运动乃至一个理论阵营,法律与文学在何种意义上同时可以成为一门课程?第二,对当代中国的法学教育而言,哪些文学作品可以恰当地作为法律与文学课程教学所运用的文本,选择这些文本又是为了达到何种教学目的?第三,法律与文学是一门研究性的课程吗?假如答案是肯定的,那么对学生研究能力的培养应通过何种教学模式实现?

本文作者试图结合课堂教学中获得的经验与成果对上述三个在逻辑上彼此关联的问题作出初步的回答,并在教学实践的基础上对法律与文学的课程定位与教学模式进行理论上的探讨,以期对这门课程的建设有所裨益。

一、法律与文学:如何从科研到教学?

科研是教学的基础,一门课程的开设往往是相关领域学术研究发展到较为成熟阶段的标志。可以说,缺乏科研指引的教学是盲目的,不能

---

① 参见苏力:《秋菊的困惑和山杠爷的悲剧》,载《东方》1996 年第 3 期。

② 国内较早开设法律与文学课程的法学教育机构是北京大学、清华大学和中山大学——它们同时也是法律与文学研究的重镇。中山大学明显偏向中国古代的通俗文学作品(话本小说和宋元杂剧),清华大学则偏向当代文学(如鲁迅的小说)和西方文学(如莎士比亚戏剧),北京大学的选材介于二者之间,文本选择没有表现出明显的倾向性。对文本的不同选择实际上体现了对法律与文学教学中的基础性难题:文本本身的文学价值是重要的吗?换言之,法律与文学课程关心的是文学作品中呈现的法律问题,这些问题必须对于法学研究和教学具有显见的重要性;那么我们需要同时关注作品在文学中的重要性吗?这显然不是一个容易回答的问题。

反哺教学的科研则是空洞的。然而,当代中国的法律与文学教学实践却几乎是与理论研究同步开展的。其原因不难理解:作为法学领域的后发国家,法律与文学研究在中国的兴起在一定程度上源自对西方理论的引进而非中国学者的理论自觉。③ 这种科研上的"依附性积累"不能不扩展到教学领域:美国大学法学院开设同名课程这一事实本身就构成了法律与文学进入中国法学课程目录的理由。因此,这种科研与教学的同步性造成了课程定位的模糊性与教学模式的随意性:假如连研究对象和问题域都需要由西方同行来划定的话,在阅读文本的选择上的亦步亦趋抑或随心所欲也就丝毫不令人感到意外了。当中国大学的法律与文学课堂上常常充斥着《安提戈涅》《威尼斯商人》《卡拉马卓夫兄弟》时,上述依附性、模糊性与随意性表现得尤其明显。在本文作者看来,中国的法律与文学课程不应以西方或西方化的理论研究为基础,也不能是对国外大学同名课程的简单模仿。要回答法律与文学课程究竟应当是一门什么样的课程,就必须了解中国学者在法律与文学研究领域做了哪些有别于西方同行的工作。

(一)法律与文学研究在中国

如前所述,中国学者有意识地开展法律与文学研究已有超过二十年的历史,并形成了这样一种共识:"利用法律与文学之间固有的隐秘关联",可以"探索新的法学研究路向"。④ 法律与文学研究通常被概括为四个分支:文学中的法律(law in literature)、作为文学的法律(law as literature)、通过文学的法律(law through literature)及有关文学的法律(law of literature)。⑤ 文学中的法律不论在世界范围内还是在中国都构

---

③ 中国学者在一般意义上探究法律与文学研究的缘起时往往将其归结为"源于美国法学院的一场学术运动,并演变成为一个法学流派或者领域"。参见沈明:《法律与文学:可能性及其限度》,载《中外法学》2006 年第 3 期。

④ 徐忠明、温荣:《中国的"法律与文学"研究述评》,载《中山大学学报》(社会科学版)2010 年第6 期。

⑤ 参见沈明:《法律与文学:可能性及其限度》,载《中外法学》2006 年第 3 期。

成了法律与文学研究的主流。[6] 所谓文学中的法律其实卑之无甚高论，就是将文学作品作为研究法律问题的文本;换言之,文学作品被像法典、案例一样当成了法学研究的经验素材。其实,这种研究进路与其说是源自美国的新事物,还不如说是中国学者早已熟稔的传统与技艺,只不过其暗合现代西方学者的新鲜路数罢了:早在20世纪六七十年代,我国台湾法学家萨孟武就撰写《水浒传与中国社会》(1967)、《西游记与中国古代政治》(1969)、《红楼梦与中国旧家庭》(1977)三部作品,通过脍炙人口的古典文学名著探讨中国家庭、社会与政治中的固有传统,其中涉及了许多典型的法律问题,[7]这当然属于文学中的法律研究;十多年后,中国大陆也出现了类似的作品——西北政法大学的两位教授撰写了《红楼法事》一书,对这部《红楼梦》中林林总总的法律问题进行了系统性研究。[8] 20世纪末到21世纪初出版了一系列从文学作品中发掘法律元素的法文化随笔,诸如梁治平的《法意与人情》(2004)、贺卫方的《法边余

---

[6] 至于其他三个研究路径,在当代中国的法律与文学研究中并不居于主流。作为文学的法律意味着将法典与司法裁判作为特殊的文学作品对待,探讨其美学意蕴与修辞方法,当代中国选择这一研究路径的学者不多,舒国滢是其代表,主要作品为:《西方古代修辞学:辞源、主旨与技术》,载《中国政法大学学报》2011年第4期;《从美学的观点看法律——法美学散论》,载《北大法律评论》2002年第2期。通过文学的法律关注文学的教化功能和法律理论的文学化表达,其主要研究队伍是海外汉学研究者,[美]史景迁的《王氏之死:大历史背后的小人物命运》(李孝恺译,广西师范大学出版社2011年版)和[美]孔飞力的《叫魂:1768年中国妖术大恐慌》(陈兼、刘昶译,上海三联书店1999年版)是其中的佼佼者。有关文学的法律研究与文学作品的法律规制及知识产权保护问题有关,这种研究路径在当代中国比较鲜见。苏力的《〈秋菊打官司案〉、邱氏鼠药案和言论自由》(载《法学研究》1996年第3期)是为数不多的代表作之一,此处存而不论。参见徐忠明、温荣:《中国的"法律与文学"研究述评》,载《中山大学学报》(社会科学版)2010年第6期。

[7] 譬如在《〈水浒传〉与中国社会》一书中,萨孟武就将《水浒传》作为探讨传统中国社会中所有权、性、婚姻家庭乃至政权合法性问题的文本,尤其是率先提出了"义气"是中国下层社会("流氓阶级")奉行的独特伦理与法理观念。参见萨孟武:《〈水浒传〉与中国社会》,北京出版社2016年版,第10~13页。

[8] 参见王志刚、张少侠编著:《红楼法事》,甘肃人民出版社1989年版。本书的特点在于将《红楼梦》作为研究清代法制史的"史料",其探讨的不是一般意义上的法理与法律观,而是具体的法律制度及其变迁。这种研究思路至今仍被学者沿用,代表性的作品如柯岚:《〈红楼梦〉中服装发饰的文化隐喻》,载《人大法律评论》编辑委员会组编:《人大法律评论》2018年第2辑,法律出版社2019年版。

墨》(2015)、冯象的《木腿正义》(2007)以及刘星的《西窗法雨》(2008)、《古律寻义》(2001),除冯象外,其他作者也谈不上具有多少法律与文学的理论自觉性,但这丝毫不影响将其作品归入法律与文学——尤其是文学中的法律——研究阵营。[9] 至于集文学中的法律研究之大成且在理论界具有广泛影响力的苏力和徐忠明,[10]或许的确受到了美国法律与文学运动的影响,但他们选择的文本显然是本土化的,关注的问题无疑是中国化的。

通过以上扼要的回顾,不难发现中国的法律与文学研究的兴起并不完全是美国法律与文学运动影响的结果,后者对前者至多具有催化或激励的作用。这是由于文学作品原本就是“生活之镜”,中国文学更有突出的“文以载道”精神和浓厚的现实主义传统。对中国人而言,文学创作很少被看作与社会治理毫无关涉的自娱自乐,而是负载着明确的道德理想与政治抱负,不论这种理想与抱负是辩护性的还是批判性的。晚明通俗文学巨匠冯梦龙认为,文学作品能令“怯者勇,淫者贞,薄者敦,顽钝者汗下。虽小诵《孝经》《论语》,其感人未必如是之捷”。(《古今小说·序》)。不难发现,这种对待文学作品的立场与美国法律与文学运

⑨ 参见徐忠明、温荣:《中国的“法律与文学”研究述评》,载《中山大学学报》(社会科学版)2010年第6期。

⑩ 除前面提到的《秋菊的困惑和山杠爷的悲剧》一文外,苏力的代表作还包括《崇山峻岭中的中国法治——从电影〈马背上的法庭〉透视》(载《清华法律评论》2008年第3期)、《法律与文学:以中国传统戏剧为材料》(生活·读书·新知三联书店2006年版),前者同样以电影这种多少有些特殊的“文学作品”为素材讨论民间观念与国家法律的冲突,后者是一系列围绕传统戏剧进行研究的作品汇集。苏力研究的特点在于从文学作品中寻找某些议题,来做理论意义上的延伸论辩,其目的不是呈现特定时期的法律制度和法律实践,而是探究更加宏大的法律理论问题。徐忠明则更为高产,主要作品包括《法学与文学之间》(中国政法大学出版社2000年版)、《包公故事:一个考察中国法律文化的视角》(中国政法大学出版社2002年版)、《案件、故事与明清时期的司法文化》(法律出版社2006年版)、《众声喧哗:明清法律文化的复调叙事》(清华大学出版社2007年版)、《明镜高悬:中国法律文化的多维关照》(广西师范大学出版社2014年版)等,徐忠明的研究不局限于文学中的法律一种进路,而是具有“新文化史”的特点,即“通过检视有关法律问题的文学想象和文学表达,来解读其中蕴涵的法律文化的丰富内涵,探究某一时代法律文化的精神状态”。参见徐忠明、温荣:《中国的“法律与文学”研究述评》,载《中山大学学报》(社会科学版)2010年第6期。

动中作为法律的文学这一分支如出一辙。[11] 因此，不论是宋元以来的白话小说和戏剧作品还是现当代文学、影视作品，都不仅包含着丰富的法律素材，甚至其自身就兼具社会治理和道德教化功能——姑且不论这种功能是作者预先赋予的还是读者事后附加的。文学本身是一种语言结构，而语言的“所指”（主题）往往以一系列“能指”（文本）为象征。同一“所指”可以将不同的“能指”作为象征，无论在语言符号还是行为符号中都是如此。可以说，汉语文学作品的文学叙事背后隐藏着中国人的法文化密码，是法律观念、法律意识和法律心理的主要表现形式，也是认识“中国法理”的第一手资料。那么，法学家研究文学作品的意图无非是发现隐藏在文学叙事背后的观念、意识和心理。就此而言，中国学者自发地在文学中探究法律问题丝毫不令人感到奇怪，假如这种研究进路居然需要依赖西方同行的传授与启迪，才真是咄咄怪事。

（二）通过文学作品研究什么？

在任何时代，科研都是教学的“地基”和“天花板”，法学研究的成果也总要通过适当的途径转化为法学教育的内容、方法或手段。只有将科研中取得的新成果、提出的新命题和运用的新方法及时回馈、运用到教学中去，科研的目的才真正能够到达。假如一项研究无法对同时代的教育领域发生影响，那么研究本身的价值就值得怀疑了。如前所述，既然文学中的法律是法律与文学研究的主流，那么法律与文学课程重心也就在于将文学作品作为探讨法律问题的文本。既然文学作品是对现实生活的描摹，就不可能不涉及法律制度、法律实践与法律观念。不论是中国文学还是外国文学、古典文学还是现代文学，对法律问题的涉及可谓俯拾即是。其中既有以法律活动为主题的作品，譬如古代的公案小说（如《九命奇冤》）和现代的公安文学（如《便衣警察》）；也有虽不以法律活动为主题，却鲜明地表达了民众法律观念、法律态度的作品，如《水浒传》《金瓶梅》《红楼梦》等古典文学名著。然而，并非所有涉及法律问题

---

[11] 当然，并非所有人都对文学作品在社会治理中扮演的角色作出正面评价。中国民间俗语中的“少不读水浒，老不读三国”之说就表达了相反的看法，并将小说的危害夸大到坏人心术、移人性情的程度。

的文学作品都适于作为课程教学的文本，也并非所有法律问题都适于运用法律与文学的方法进行研究。因此，要解决法律与文学的课程定位问题，就必须先判定法律与文学研究有效性的边界何在。

常识告诉我们，并非所有的作家同时都是法律专家，当他(她)们描绘那个时代的法律生活时，往往缺乏法律专家的精确性和专业性。文学作品在涉及法律时的误植与“穿帮”往往令法学家可发一笑：古典名著中出现了唐三藏背诵《大明律》(《西游记》第五十回)、明代的卫指挥使司通缉宋代嫌犯的情节(《水浒传》第三回)，当代公安文学也闹出了即使“被判死刑，按法律规定，也要等她把孩子生下来并度过哺乳期，才能执行”的大笑话(《永不瞑目》第四十六章)。那么，通过这种文学作品研究法律问题岂不成了缘木求鱼？假如法律与文学的教学与研究目的就是探究特定时代的具体法律制度与法律实践，这的确可能是一条死胡同。因为文学作品不是史料(它们只是文学史研究的史料)，其对法律制度与法律实践的反映是写意的而不是写实的、是大而化之的而不是具体而微的、是想当然的而不是实事求是的。因此，法律与文学研究并不是陈寅恪所谓的“文史互证”，⑫不是用文学作品中的情节印证史料的正确和弥补史料的不足。

那么法律与文学的正当性和有效性究竟体现在何处？其实，文学作品之所以具有开展法学研究的价值，并不在于作品中的故事是否真实发生过，也不在于作者对特定时代的法律制度和法律实践的描述是否精确，而在于后者显示出来的社会情境和普遍意义，即所谓“事赝而理真”(冯梦龙语)——作家所写的情节大可以虚构，但情理却必须真实。有学者认为，法律与文学作为一种研究和教学手段之所以可行，是由于其可以“通过检视有关法律问题的文学想象和文学表达，来解读其中蕴涵的法律文化的丰富内涵，探究某一时代法律文化的精神状态”。⑬因此，法律与文学教学研究的重点不在于法律制度而在于法律观念、不在于

⑫ 参见陈寅恪：《元白诗笺证稿》，上海古籍出版社1978年版，第3页以下。

⑬ 徐忠明、温荣：《中国的“法律与文学”研究述评》，载《中山大学学报》(社会科学版)2010年第6期。

“法条”而在于“法理”(legal principle)或“法律观”(view of law)。在当代学者看来,法理是“法之道理”“法之原理”“法之条理”“法之公理”,“体现了人们对法的规律性、终极性、普遍性的探究和认知,体现了人们对法的目的性、合理性、正当性的判断和共识”。[14] 既然文学作品具有“事赝而理真”的特点,那么法律与文学研究就具有重“理”而不重“事”的特色,法律与文学的课程定位就应当是通过汉语文学作品探究中国的法理。换言之,法律与文学课程教学应借助文学中的法律这一研究视角,从文学作品中提取与社会治理密切相关的中国经验与中国智慧,从而在更加广阔的视野中探寻法治的中国道路。

二、文学中的法理:谁的故事?何种法理?

上文的讨论通过将研究主题聚焦于法理,令法律与文学的教学与研究得以避免这种批评:文学作品因其性质而不适于作为研究法律问题的文本。这在理论上构成了开设法律与文学课程的可能性条件而非必要性条件。假如运用文学作品并通过复杂步骤只是阐述了一种常识性的法理,而后者原本可以诉诸其他材料获得更简单或更有力的证明,那么这种法律与文学无异于是用文学来“包装”法学,对现有的法学知识不过是画蛇添足而已。因此,法律与文学课程要在法学课程体系中具有独特性和不可替代性,就必须进一步提供必要性的证明。换言之,只有在法律与文学研究能够带来传统法学研究模式所不能产出的知识增量时,只有在法律与文学课程能够提供其他法学专业课程所不能讲授的独特法理时,开设这门课程才是必要的。

(一)文学中的法理重要吗?

既然法律与文学研究的主流是“文学中的法律”,而文学中的法律意味着用文学作品代替真实案件来呈现某种法理的话,本文作者相信不

---

⑭ 张文显:《法理:法理学的中心主题和法学的共同关注》,载《清华法学》2017年第4期。

少教师在课堂教学中都会自觉或非自觉地运用这种方法。因为文学作品中的人和事毕竟比真实的案件更具周知性和话题性,也更容易引起学生的关注和兴趣。甚至连近年的国家司法考试(法律职业资格考试)也乐于将文学作品作为命题素材使用,这一倾向在法治理论与法理学科目中表现得尤其明显。⑮ 至于教师出于教学目的而改造甚至编造"案例",更是本身就具有文学创作的性质。⑯ 这表明,文学作品与传统法学研究与教学的素材之间存在一种"替代性关系",即法典与案例所具备的教学研究功能,文学作品同样具备。但是,这种"能指"(文本)的可替代性却不能证明"所指"(法理)的独特性——文学作品所呈现的法理其实是其他素材早就呈现过的,只不过前者似乎能够产生更好的课堂教学效果罢了。在2014年开始承担法律与文学课程教学任务前,本文作者许多教学实践已暗合了文学中的法律这一进路,即运用文学作品展示某些理论问题的实质,将文学作品当作不同理论主张交锋的舞台。这里仅举一例:法律与道德的关系问题被称作"法理学皇冠上的明珠",这表明该问题具有极端重要性和高度复杂性。在法理学课堂教学中,本文作者通过三个故事呈现上述重要性与复杂性:韩琦杀庙、秀州刺客与柏林墙射手。其中韩琦杀庙不论在京剧还是地方戏中都是《铡美案》中的重要一折。秀州刺客则是出自宋人罗大经的《鹤林玉露》,属笔记小说,后经明代画

---

⑮ 这些题目包括2016年卷一的第2题、第12题、第90题,2017年卷一的第52题、第88题、第90题,涉及的文学作品包括民间故事("六尺巷")、话本和拟话本小说(《三言二拍》)、莎士比亚戏剧(《威尼斯商人》)、外国长篇小说(《悲惨世界》)和电视连续剧(《人民的名义》)。参见司法部国家司法考试中心组编:《2016国家司法考试试题解析》,法律出版社2017年版,第2~3、19、109~110页;司法部国家司法考试中心组编:《2017国家司法考试试题解析》(陈卫东等撰稿),法律出版社2017年版,第69~70、116~118页。

⑯ 案件文学化的过程其实是一个"伪型"过程,即真实案件被文学作品扭曲和改造为法律故事,从而令全新的涉法文学在原有案件结构中脱颖而出。作者依据真实案件进行文学创作的过程同时也是裁剪、改造以及重构案件的过程,这一过程注入了作者及其时代的伦理观、价值观与法律观。清华大学车浩教授在刑法学期末考试中设计的案例,其情节复杂和有趣程度比之言情小说也不遑多让。参见《车浩的刑法题:北京大学法学院"刑法分论"考题解析》,北京大学出版社2016年版。另一个典型的例子是美国法学家富勒和萨博建构的"洞穴奇案",通过对真实案件简化不必要的细节并进行极端化的改造,从而为不同理论主张的激烈碰撞创制了条件。参见[美]萨伯:《洞穴奇案》,陈福勇、张世泰译,生活·读书·新知三联书店2009年版。

家任渭长(老莲)绘入《卅三剑客图》。至于柏林墙射手,当然属于真实的案例,但也经过了适度的改造以符合教学目的。长期的教学实践表明,这种通过文学作品展示理论魅力从而引导学生深入思考的教学方式降低了学生理解抽象理论问题的难度,取得了良好的教学效果。[17]

在运用法律与文学方法开展教学的同时,一个问题却始终困扰着本文作者:对文学作品的运用能否真的给法学带来新的见解和思考?即使文学作品对法律的描绘是准确无误的,它相对于其他文献也不具有更大的优位性。因为这种方法论意义上的法律与文学"事实上并没有,也不可能产生多少学术上的增量或贡献;充其量,它只不过是在重复他处一再讲过的故事"。[18] 要回应上述批评,就必须证明存在本体论意义上的法律与文学,即证明某些法理必须通过文学作品才能得到呈现。2014年,本文作者开始承担法律与文学课程的教学任务,从那时起,上述问题就变得更加重要了,因为法律与文学课程假如不能证明自身对当代法学教育具有某种不可替代的贡献,就无法在其他课程早已运用法律与文学教学方法的同时恰当地证成开设法律与文学专门课程的必要性。因此,对于选择什么文本以及用文本阐述哪种法理的问题,必须明确回答而不能含糊其词。

(二)中国法理:大传统与小传统

《中共中央关于全面推进依法治国若干重大问题的决定》提出了"汲取中华法律文化精华"的要求,[19]习近平总书记也指出,"我们的先人们早就开始驾驭人类自身这个重大课题",因此"要注意研究我国古代法制传统和成败得失"。[20] 中国法理是中华民族几千年来文化传统积淀的产物,经世代相传而取得了稳固的地位,它已内化为中华民族的法文

---

[17] 2016年,本文作者在参加陕西省第三届"青教赛"时展示了这种通过文学作品阐释法理的教学模式,并获得文科组一等奖。

[18] 徐忠明、温荣:《中国的"法律与文学"研究述评》,载《中山大学学报》2010年第6期。

[19] 本书编写组编著:《〈中共中央关于全面推进依法治国若干重大问题的决定〉辅导读本》,人民出版社2014年版,第8页。

[20] 中共中央文献研究室编:《习近平关于全面依法治国论述摘编》,中央文献出版社2015年版,第32页。

化心理和性格，影响着中国人的法律心理、思想意识和行为模式的选择。既然古典文学作品是中国传统法理的重要载体，本文作者在法律与文学课程教学中遂将其确定为授课文本的选择范围。但仍有一个问题没有解决：古典文学作品固然能够展示中国传统法理，但中国传统法理非得通过古典文学作品才能够展示自身吗？如果不能妥当地回答这个诘问，则法律与文学课程仍难免有锦上添花甚至画蛇添足之讥。

为进一步缩小教学文本选择范围，本文作者引入了“大传统”和“小传统”这对范畴，用来对开设法律与文学课程的必要性进行理论上补强。大传统与小传统是文化人类学家提出的概念，“所谓大传统指的是精英文化，高层文化；小传统指的是大众文化，通俗文化，低层文化”。㉑ 作为“法之道理”的法理同样可以进行这样的区分：如果说法理在一定程度上表现为一种特定文化传统的话，那么官方的法理就是这种文化的大传统，而民间的法理则是这种文化的小传统。中国法理的大传统见诸典籍、律令、诏令、奏议、判词，是君主、贵族、官僚、士大夫对法律的认知与判断；中国法理的小传统则是匹夫匹妇、贩夫走卒、引车卖浆之辈对法律的感受与想象，正统文人士大夫所不齿的小说、话本与杂剧、散曲则常常负载着此传统。“不论是大传统还是小传统都对了解该文化有着同等的重要意义，因为这两个传统是互动互补的。大传统引导着文化的走向，小传统却在提供着真实的文化素材，两者都是构成整个文化的重要组成部分。”㉒相对于大众而言，官方法理显然是支配性的，“统治阶级的思想在每一时代都是占统治地位的思想”，㉓民间法理不可能不受到这一法律观的影响和渗透。但不能因此就认为大众毫无保留地接受了那种体现儒家传统或“外儒内法”的法理。早有法学家指出，“不管是儒家文化，还是法家文化，都属于‘知识精英文化’。但对芸芸众生来说，未免有些艰深难懂。……封建社会的老百姓最相信的就是鬼神”。㉔ 这表明民间对官方法理的分享

㉑ 王元化：《大传统与小传统及其他》，载《民族艺术》1998 年第 4 期。

㉒ 王学泰：《传统与小传统》，载《社会科学论坛》2000 年第 8 期。

㉓ [德]马克思、[德]恩格斯：《德意志意识形态》(节选本)，人民出版社 2003 年版，第 43 页。

㉔ 郝铁川：《中华法系研究》，复旦大学出版社 1997 年版，第 19～20 页。

是有限度、有选择、有取舍的,因此,“只把儒释道三家看成是中国的传统,甚至认为它们支配古代中国人的思想与行为,这是不符合实际的”。㉕

假如上述分析是正确的,那么中国民间应流传着不同于官方的法理,中国法理应具有自身的小传统,而法律与文学课程的教学任务,便是通过文学作品还原与再现这种作为小传统的民间法理。古典文学作品能否胜任上述任务?应当承认,中国古典文学具有浓厚的民间文学传统,这也被认为是中国文学水平长期落后的原因之一。但对于法律与文学而言,这种民间文学传统却属因病成妍,为教学研究提供了富有营养的素材。明清之交的启蒙思想家顾炎武对通俗文学作品所承载的与主流思想意识大相径庭的思想有明确而深刻的认识:“小说演义之书,农、工、商、贾无不习闻之,以至于儿童妇女不识字者亦皆闻而如见之,是其教较之儒、释、道而更广也。”(《日知录·厚重》)至于“小说演义之书”所载往往是在顾炎武看来“儒、释、道书所不忍斥言”的“奸邪淫盗”之事,这恰恰表明民间法理与官方法理、大传统与小传统的某种疏离甚至对立。因此,开设法律与文学课程教学的必要性就在于揭示这种长期以来被大传统遮蔽的小传统,阐述有别于官方法理的民间法理,在古典文学作品中探寻中国百姓对法律的独特想法、看法与说法。这里仅举一例来说明两种传统的疏离乃至对立:早有学者注意到民间社会奉行着有别于官方和主流的价值观、道德观、法律观。萨孟武提出,“绅士阶级的道德是忠孝二字”“流氓阶级的道德是义字,而发扬光大之后则成为仁”。㉖因此,移孝作忠与取义成仁分别构成了中国传统法理的大小两种传统:官方崇尚孝道,民间则鼓吹义气;庙堂提倡忠孝,江湖则称道仁义。㉗ 这

㉕ 王学泰:《传统与小传统》,载《社会科学论坛》2000年第8期。

㉖ 萨孟武:《〈水浒传〉与中国社会》,北京出版社2016年版,第10~11页。

㉗ 对孝的否定与对义的提倡不独中国江湖为然,任何边缘人组成的民间结社都具有上述特征。譬如《福音书》所提倡的伦理观念其实与梁山好汉颇为相似:有许多人在耶稣周围坐着。他们就告诉他说:“看哪,你母亲和你弟兄在外边找你。”耶稣回答说:“谁是我的母亲,谁是我的弟兄?”就四面观看那周围坐着的人说:“看哪,我的母亲,我的弟兄。”(《圣经·新约·马可福音》III:31以下;《圣经·新约·马太福音》XXII:48以下;《圣经·新约·路加福音》VIII:19以下)《圣经》文本在早期原本就具有民间文学的性质,耶稣及其门徒与中国江湖好汉在行事上的某些相似性是不足为怪的。

种传统法理的二元结构如表1所示。

表1　传统法理的二元结构

	个人法理		社会法理
大传统	孝	→	忠
小传统	义	→	仁

鲁迅说过,《三国演义》《水浒传》的流行是因为中国社会依然有“三国气”“水浒气”。[28] 若将这个判断转化为理论命题,就是传统民间法理在当代中国社会仍有市场,对当代社会治理仍有影响。传统的法学研究与法学课程因其研究素材的局限性,很难触及这种并不形诸法典与案例的民间法理,因此形成了教学和研究上的某种缺漏。“查漏补缺”——查传统法学研究之漏,补其他法学课程之缺,这正是法律与文学课程在当代中国法学课程体系中不可替代的独特功能与使命。

三、认真对待文本:如何在文学中探究民间法理?

本文作者将法律与文学定位为一门通过古典文学作品探究中国民间法理的课程,其教学目的在于通过古典文学作品向学生展示中国法理的小传统,并引导学生对其作出恰当的估量与评价。显然,这种课程定位与教学目的有别于“文学名著鉴赏”“影视名作欣赏”之类的通识性课程。当然,法律与文学课程客观上也具有人文教育、素质教育的功能,但其首先仍是一门法学专业课程,并且是以能力培养为目标的研究性课程。换言之,民间法理并不是由教师直接传授给学生的,而是由学生在教师的引导下,通过有效地阅读文本而自行归纳与提炼出来的。既然如此,那么(教师)恰当的文本选择与(学生)有效的文本阅读就成了决定法律与文学课程教学成败的两个关键环节,下文就分别对这两个环节进

[28] 参见鲁迅:《鲁迅全集》(第6卷),人民文学出版社2005年版,第358页。

行探讨。

(一)民间法理:家族、市井与江湖

毋庸置疑,中国的民间法理只能在地道的中国文学作品中进行探寻,舍此之外别无他途。因此,本文作者主张在那些经过时代检验且"历久而弥新"的名著中选择教学文本,以达到借古喻今、古为今用的教学效果。这种选择也符合习近平总书记"讲好中国故事、弘扬中国精神的要求"。为了在法律与文学课程中展示中国民间法理的整体面貌,本文作者在授课中相继选择了三种古典文学文本,即《红楼梦》《三言二拍》《水浒传》,每个学年的课程均围绕一个文本进行教学。上述三个文本分别负载了三种类型的民间法理,即家族法理、市井法理与江湖法理。之所以不在一个学年的课程中完成对三种法理的讲授,一方面是考虑到理论自身的深度与广度要求足够大的课程容量,另一方面则是出于对当代大学生阅读兴趣与阅读能力相对悲观的估计——既然连《红楼梦》都蝉联"当代大学生读不下去的十本书"之榜首,那么对学生的文本熟悉程度最好还是"料敌从宽"。[29]

2014—2015学年法律与文学课程的教学主题是"《红楼梦》与家族法理"。《红楼梦》是中国古典章回小说的巅峰之作,其语言风格和写作技巧甚至影响了"五四"之后的近代文学写作。对于法律与文学教学而言,尽管《红楼梦》的"朝代年纪、地舆邦国却反失落无考",但因"其中家庭闺阁琐事"记述全备(第一回),故可从中考察传统中国社会的"家法"。在法学家看来,这种家法或"家族法"是"在人们意识中清楚地确定着的、对每个人来说哪些是他被人所承认的权利,并基于这些共有规范来使事务得到处理"的法律观,并且被认为是与国家法"等质"的。[30]

---

[29] 当然,并非所有教师对学生阅读能力的估计都像本文作者这么悲观,清华大学赵晓力的法律与文学课程就以阅读量巨大而著称。以2012年为例,选课的学生须在一个学期内阅读刘慈欣的《三体Ⅱ·黑暗森林》、奥威尔的《1984》、卡夫卡的《审判》、加缪的《局外人》、莎士比亚的《麦克白》、阿里斯托芬的《云》、柏拉图的《斐多》《游叙弗伦》《克力同》《苏格拉底的申辩》和色诺芬的《回忆苏格拉底》,并完成10次作业。

[30] 参见[日]滋贺秀三:《中国家族法原理》,张建国、李力译,法律出版社2003年版,第9页。

因此,这种“法”本身就不是法条而是法理——一种家族法理。家族法理中最值得重视的是身份关系,《红楼梦》在大家族环境中展示了较全面的身份关系,比如尊卑、长幼、良贱、主仆等,各种身份主体在确认身份关系的基础上承担各自的社会责任及伦理义务。由于中国古代社会是宗法社会,“国”与“家”在一定意义上是同构的,家是缩小的国,国是放大的家。因此,民间社会的法理与官方主流法理存在重合与交叉的部分。因此,《红楼梦》不仅是探究家族法理的理想文本,也是沟通民间法理与官方法理的恰当媒介。

2015—2016学年法律与文学课程的教学主题是“《三言二拍》与市民法理”。《三言二拍》是中国古代话本与拟话本小说的集大成者。话本小说的产生是自宋代以来商品经济与城市生活兴起在文学创作的投影,开创了有别于自魏晋隋唐以来形成的文言笔记小说的白话叙事传统。在这个意义上,话本小说一诞生就构成了民间文学传统的载体,而民间文学同时也是民间法理的特殊表达形式。就《三言二拍》而言,书中体现民间法理主要是一种反映市井生活和市民情感的市井法理。《蒋兴哥重会珍珠衫》(《喻世明言》卷一)中对因果报应的笃信与期待、《十五贯戏言成巧货》(《醒世恒言》卷三十三)中对冤假错案的畏惧与憎恶、《倒运汉巧遇洞庭红波斯胡指破鼍龙壳》(《初刻拍案惊奇》卷一)中对发财致富的渴望与对冒险生活的向往、《硬勘案大儒争闲气甘受刑侠女著芳名》(《二刻拍案惊奇》卷十二)中对道学家、伪君子的鄙夷与唾弃,无不呈现出一种有别于官方/儒家法律传统的市民法理。这种市民法理与现代法治精神的契合度是三种民间法理中最高的,尤其是其中的契约精神、责任意识与诚信观念对于现代社会治理仍不过时。在这个意义上,市民法理是中国法理从传统走向现代的桥梁。

在这两个学年的课堂教学之外,本文作者还将法律与文学的研究主题与研究方法贯彻到其他教学环节中,指导了法律与文学研究领域的5篇学位/学年论文(见表2)。这些论文的选题与课程教学主题保持了一致,即在汉语文学作品中发掘官方与主流社会之外的民间法理。因此,对相关论文写作的指导可以看作与课程教学在同样目标下的平行探索，后者丰富了前者在教学文本上的选择范围,二者共同构成并丰富了有西北政法大学特色的法律与文学教学实践。

表2　法律与文学领域学位/学年论文

序号	类别	论文题目	作者	年级
1	硕士学位论文	"文革小说"中的性与权力 ——一项法律与文学研究	王慧	2014级硕士生
2	学士学位论文	良贱之间——《红楼梦》中的身份法	覃天添	2011级本科生
3	学士学位论文	法律与文学视野下的报应观念 ——以中国传统文学作品为素材	赵梓怡	2013级本科生
4	学士学位论文	古典文学中的冤案与民众法律心理 ——以《窦娥冤》和《错斩崔宁》为例	邢静	2014级本科生
5	本科学年论文	《窦娥冤》中的报应观念探析	张晓妹	2015级本科生

2016—2017学年、2017—2018学年法律与文学课程的教学主题是"《水浒传》与江湖法理"。㉛ 中国的民间法理并非铁板一块,《红楼梦》中的家族法理与《三言二拍》中的市井法理对许多具体法律问题的看法难免扞格不入,《水浒传》中梁山好汉对官家法律的蔑视态度与前二者又颇有不同。梁山好汉主要出身于游民阶层,也就是现代所称的流氓无产阶级,他们挣扎在社会的最底层。㉜ 因此,《水浒传》负载着强烈的游民意识,传播的是一种江湖法理,这种法理以义气为核心观念。传统儒家的法理强调"义利之辨",认为利与义不相干甚至对立,但对江湖人来

㉛ 因获得了西北政法大学高等教育教学改革重点研究项目为期两年的资助,这一主题的课堂教学录制了完整的视频,目的是将法律与文学建设成一门在线开放课程。课题研究期间,共录制了24集共约800分钟的教学视频,并编写了7万多字的辅助教学资料。

㉜ 参见王学泰:《游民文化与中国社会》,同心出版社2007年版,第13～14、69页以下。

说义就是物质利益,《水浒传》中的义气就是指金钱的援助,因此书中谈到的“仗义”往往与“疏财”联系在一起。在法律意义上,梁山好汉的义具有法律拟制的性质,即用拟制的兄弟关系代替了真实的血缘关系——义兄弟是父兄的替代物,山寨则是宗族的替代物。[33] 以义气为核心的江湖法理天然地与任何正统法律秩序具有对抗性,在人口流动加剧的现代社会则形诸秘密结社和隐性社会,后者正是现代社会治理中必须正视的顽疾之一。[34] 因此,选择《水浒传》作为教学文本并不是为了提倡这种江湖法理,恰恰相反,现实生活中弥漫的那种鲁迅所称的“水浒气”才是选择这一文本的原因。

(二)研究性阅读:论题、作业与考试

恰当的文本选择当然是法律与文学课程的首要环节,但这并不意味着对教学模式的思考是多余的。有一千个读者就会有一千个哈姆雷特,假如不对研究的主题进行规划、不对阅读的任务进行限定,学生对文本的阅读与思考很可能偏离揭示民间法理的教学目的。下文以2016—2017 学年、2017—2018 学年法律与文学课程的教学实践为例,说明本文作者在引导学生进行研究性阅读时所做的工作及其效果。如前所述,这两个学年的教学主题是“《水浒传》与江湖法理”。尽管法律与文学课程的重点不是进行专门的文学史研究,但不了解文本的形成过程就无法真正了解文本所负载的意义。梁山故事的起源和《水浒传》的成书过程构成了正确理解其所传递的江湖法理的前提。因此,课程的第一单元被安排为文本导读部分。众所周知,《水浒传》是一部典型的“积累型文学作品”,其成书过程经历了三百多年。尽管不论繁本、简本还是腰斩本均署名施耐庵或施耐庵、罗贯中,但这对理解

---

[33] 在这个意义上,江湖社会的义可以看作一种契约法理,而主流社会的忠则是一种身份法理,因为结义和聚义的对象不由血缘预先决定,而是可以相互选择乃至放弃的。

[34] 文学评论家早就将梁山好汉的义称作一种帮派道德(gang morality),参见[美]夏志清:《中国古典小说史论》,胡益民等译,江西人民出版社2001 年版,第 87 页。

《水浒传》的主题并无太大帮助,[35]因此只能通过对小说自身情节的分析来探索其故事源流和主要受众,借以对其究竟体现了哪个群体、哪个阶层的法理作出判断。导读主要围绕《水浒传》的主题、作者、历史原型、故事源流、成书过程、结局与诸续书展开,为学生讨论其中呈现的法理提供一个最低限度的文学史基础。第二单元则是课程的主体部分,为避免学生在阅读中因《水浒传》过分精彩的情节——这些情节对于文学是重要的,但对法律与文学则未必——而迷失研究方向,本文作者将《水浒传》中的江湖法理提炼为若干论题(topics)或"关键词",诸如"替天行道""仗义疏财""好汉""女色""快活""聚义""招安"之属,这些论题基本涵盖了合法性、财产权、人格、性与婚姻、理想社会等现代法学教学研究中的最重要、最基础的领域。通过对这些论题的探讨,学生能够逐渐把握这种江湖法理的特质,并对其与现代社会主流法理的差异作出正确的评价。

毋庸置疑,研究性课程的主角是学生而不是教师。如何充分调动学生的积极性从而培养起自主学习、研究的能力是本文作者在课程教学中着力解决的问题。由于选课规模的限制,法律与文学课程无法采取讨论课(seminar)的方式进行,为避免出现学生在课程学习中"搭便车"的现象,并尽可能地降低自主性研究对教师的依赖性,本文作者主要通过精心布置与讲评作业并且适当增强期末考试题目的难度与开放性的方式来调动学生的积极性。仍以"《水浒传》与江湖法理"这一教学主题为例,每个学年共布置平时作业5次(见表3),这些作业具有足够的理论深度,且与法律与文学这门研究性课程的性质相契合。第一、三、五次作业要求进行单一文本的精读,其中第一次作业涉及单一情节,第三次作业涉及同类论题的多个情节,第五次作业则涉及贯穿全书的主题,阅读量逐渐增大,完成作业的难度也相应提升。第二、四次作业要求学生进

[35] 我们无法了解施耐庵或罗贯中的人生经历,也不知晓施耐庵与据称参加了张士诚起义的兴化人施惠究竟是否一人,因此只能将其看作三百年来诸多对《水浒传》成书作出不同程度贡献的作者们的集体代号罢了。因此,对《水浒传》的研究与讲授不能采取《红楼梦》研究中"曹家学"的做法,即通过曹雪芹本人的事迹理解小说中的情节。

行跨文本的比较阅读,其中第二次作业用以呈现民间法理与官方法理的明显区别,第四次作业的目的则是探究民间法理内部江湖法理与市井法理的细微差异。从教学实践上来看,随着阅读量与阅读范围的增大和作业难度的提升,作业的完成度与平均质量并未出现明显的下降。这表明随着教学的推进,学生的阅读与研究能力得到了锻炼和提高,逐渐能够应对更加困难的挑战,这是符合认知与教学规律的。上述信息通过课堂讲评优秀作业及时向学生做了反馈,这也进一步增强了后者自主学习和研究的信心。

表 3 学年作业题目

平时作业	第一次	文本:《水浒传》第十三回至第十六回。 问题:分别从梁中书的角度和杨志的角度提出避免生辰纲被劫的合理方案,并分别分析二人最终未采取此合理方案的原因所在。
	第二次	文本:《水浒传》第十五回;《三国演义》第四十三回。 问题:吴用说三阮与孔明说孙权的策略有何相同之处与相异之处?中国传统文学中的“英雄”与“好汉”在世界观与价值观上有何差别?
	第三次	文本:《水浒传》第二十四回至第二十六回、第四十四回至第四十六回。 问题:“武松杀嫂”与“石秀杀嫂”两案有何异同,武松与石秀对法律的态度有何差异?这种差异背后可能的原因是什么?
	第四次	文本:《水浒传》第二十四回至第二十五回、《金瓶梅》第一回至第四回。 问题:《水浒传》与《金瓶梅》对“潘金莲偷汉子”这一情节的设计有何差异?这些差异说明了两部小说作者在妇女观、两性观及婚姻观上的哪些异同?
	第五次	文本:《水浒传》前七十一回,尤其是第七十一回。 问题:“英雄排座次”遵循了哪些原则?这些原则之间有无相互冲突之处?请试举五条原则并用实例解释;请指出至少五处不妥的排名,并说明理由。

对任何课程而言,考试都是检验教学成果的有效方式。如果说平时作业考核的是长时段阅读与思考的效果,期末考试则是对规定时间内完成阅读和研究任务能力的检验。以两学年的期末试题为例(见表4),命题材料分别来自《水浒传》的现代“戏仿”作品(同人作品)与《水浒传》在流传中形成的不同版本。[36] 对上述材料的选择表达了法律与文学对文学创作与文学史研究的尊重和敬意:法律与文学不是脱离文本的自说自话,而是必须认真对待文本。这种“认真对待”一方面要求保持相应的警惕,而不被文学作品的内在写作规律所误导;另一方面要求读者/研究者必须保持自身的谦抑性,不能任意对文学作品的主题进行索隐和发挥,更不能将预先选定的理论强加给文学作品。[37] 这两道试题令考生认识到,对《水浒传》主题的任何概括都必须立足于小说自身的情节,情节的增删与改易将直接颠覆小说的固有主题及其负载的法理。在当代《水浒传》研究中,“阴谋论”是一种常见的研究范式,[38]本文作者对这种不尊重文本自身的研究范式颇为反感,也不希望学生的阅读和思考受其影响。这是在作为课程最后一个环节的期末考试中,本文作者通过试题对文学与法理、文本与理论、情节与论题的关系向学生做了最后一次力所

---

[36] 在法学家看来,“戏仿”的主要问题是其是否侵犯了原作者的著作权,这是显然属于有关文学的法律这一研究分支,这一问题域中具有代表性的作品是苏力的论文《戏仿的法律保护和限制———从〈一个馒头引发的血案〉切入》(载《中国法学》)2006年第3期。但是,假如法律与文学研究者对待文本的态度足够严肃的话,也不难意识到“戏仿”作品实际上呈现了文本与主题之间的无法割裂的紧密关联——当原作不足以容纳特定主题时,“戏仿”就成为一种可行的选择了。《红楼梦》与《水浒传》的众多续书——续书的创作活动甚至延续至今——无不体现了戏仿者(首先是原作的读者)对原作主题的不满。当然,在著作权缺乏保护的中国传统社会,局部地改写和增删原作品是一种成本更低的方式,金圣叹对《水浒传》的评改就是一个恶劣的典型。

[37] 正如有学者对苏力的传统戏剧研究提出了批评,认为“在很大程度上,中国传统戏剧仅仅是‘苏力式的’法律社会科学理论的若干注脚和案例而已”,换言之,“苏力式的”法律与文学研究是一种“理论先行”的研究,而不是从文学作品出发来建构或进一步验证理论。参见刘晗:《超越“法律与文学”》,载《读书》2006年第12期。

[38] “评水浒”运动中对宋江“架空晁盖”的指责就可以纳入这一研究范式,当代体现此研究范式的作品往往更易获得普通读者的青睐而传播甚广,如无斋主人的《“黑”话水浒——梁山的黑帮岁月与江湖法则》(中国社会出版社2005年版)、吴闲云的《黑水浒:吴闲云揭秘〈水浒传〉》(湖南人民出版社2011年版)是其中的代表。

能及的提示与忠告。

表 4　期末试题

期末试题	二〇一六年	阅读下面的材料，并按要求回答问题（满分 100 分）。 材料：矛盾的短篇小说《石碣》（略） 一、如果要将小说《石碣》中描写的内容插入《水浒传》，你认为应当插入何处？请明说所在回目及前后情节。并用最简洁的语言按时序概括包含了《石碣》内容的梁山“石碣”故事。（25 分） 二、小说《石碣》揭示了《水浒传》中哪些并未直接描写的现象？请至少列举五个现象（25 分） 三、按照小说《石碣》中萧让的理解，梁山上哪些好汉和卢俊义是“一伙儿”？请至少列举三名好汉并说明理由。你认为萧让和金大坚又属于梁山的“哪一伙儿”？请说明理由。（25 分） 四、萧让在小说《石碣》中多次提到“天”、“天意”以及“替天行道”。上述观念在《水浒传》中起着怎样的作用？请分别从梁山与朝廷的外部关系和梁山好汉间的内部关系这两个角度谈谈你对“天意”的理解。（25 分）

Telling Stories with Chinese Characteristics, Exploring the folk jurisprudence

—A Study on Course Orientation and Teaching Mode of Law and Literature

Zhang Shuyou

Abstract: The course of law and literature is based on contemporary Chinese law and literary studies, and the legal study in literature is the mainstream in the course. This kind of research reflects the inheritance of Chinese tradition and the concern for Chinese social issues, rather than the simple imitation of Western theories. The course of law and literature should be positioned to explore Chinese jurisprudence through literary works. This course has an irreplaceable role in the teaching and research of folk jurisprudence in China. The course of law and literature is a research-based course that presents family jurisprudence, market jurisprudence, and social jurisprudence through appropriate choices of the texts and classical works related to law. Through reading and research, students can improve their knowledge and abilities, and the course can help students achieve their abilities through reasonable placement of course topics, assignments or exams.

Key Words: law and literature, stories with Chinese characteristics, folk jurisprudence, course orientation, teaching mode

卓越法律人才培养背景下法学专业英语课程设置研究

孟　超　雷　震*

摘　要:政法类高校卓越法律人才培养目标的共同特点之一是强调法学教育的"国际化"。这与《国家中长期教育改革和发展规划纲要(2010－2020年)》及《大学英语教学指南》有共通之处。在此背景下,讨论适配卓越法律人才培养的大学英语课程设置具有重要意义。作者认为,卓越法律人才培养,不能仅靠一段时间、一门课程/模块、一类教师完成。对大学英语课程、法律英语课程、双语课程、全英课程及涉外法务实践课程进行深度整合、合理配置,是培养卓越法律人才成功的前提。

关键词:卓越法律人才　英语教学课程设置　法律英语

一、引言

无论是卓越法律人才还是卓越法治人才,均要

---

* 孟超,西北政法大学外国语学院讲师、上海交通大学外国语学院博士研究生,研究方向:英语教学、法律翻译。雷震,陕西师范大学外国语学院讲师,研究方向:专门用途英语。

求我国政法类高校"主动适应法治国家、法治政府、法治社会建设新任务新要求,找准人才培养和行业需求的结合点,深化高等法学教育教学改革"并以"培养、造就一批适应社会主义法治国家建设与经济社会发展需求的高素质政法人才"为培养目标。

自《卓越法律人才教育培养计划》(以下简称《计划》)制定以来,我国政法类高校已按照《计划》实施了多项教学改革举措。以"立格联盟"各高校为代表,其人才培养目标共同点包括:"具有国际视野""通晓国际法律规则""参与国际法律事务""维护国家利益""促进国际交流"。中国政法大学、中南财经政法大学还特别提出"国际化培养""国内—海外培养"的人才培养机制,西南政法大学和西北政法大学则因地制宜,充分发挥其自身特点及区域优势,分别提出"具备民族意识"和"满足西部开发需求"的人才培养目标。华东政法大学则直接从英语教学改革入手,调动学生学习英语的积极性和主动性,从而增强学生专业英语的应用能力。

分析上述院校培养目标的共通之处可发现,法律人才培养离不开法学教育的"国际化"。① 而实现国际化教育与学生外语应用能力、②跨文化交际意识和交际能力尤有紧密联系。如何培养法学专业学生的英语表达交流能力、怎样使其具备处理"涉外"法律事务能力?"懂外语"如何在法学专业教育中具体实施?"通晓国际规则"及"具有国际视野"等目标如何实现?这些问题是国内高校法学专业仍需持续关注的焦点。培养通晓国际法律规则和事务、促进国际合作与交流的复合型法学人才离不开法律英语教学。法学专业的英语教学是实现前述卓越法律人才培养的共同目标的必要手段之一,因而对其开展研究具有现实意义。

① 参见韩大元:《全球化背景下中国法学教育面临的挑战》,载《法学杂志》2011年第3期。

② 本文所言的"外语应用能力"是指英语语言能力的学习及应用。

二、卓越法律人才培养中开设英语课程的必要性和原则性

截至2016年,我国600余所高校已开设法学本科专业,每年招收法学本科生超过10万人,法学专业在校本科生已过40万人。③ 然而,与此形势相呼应的评价却是"形势严峻""竞争激烈"。2017年发布的《关于发展涉外法律服务业的意见》则指出,"至2020年,要建立通晓国际规则、具有世界眼光和国际视野的高素质涉外法律服务队伍,建设一批规模大、实力强、服务水平高的涉外法律服务机构"。④ 可见,外语应用能力及国际视野已成为我国法学教育"涉外"方向的主要内容之一。但对应现状却是,我国85%的法务职位要求熟练掌握法律英语,64%的涉外案件则因通晓法律英语专业人士严重缺乏而无人问津,82%以上的法律工作者仅有单一法律知识背景。⑤

《中共中央关于全面推进依法治国若干重大问题的决定》中指出,"要创新法治人才培养机制,建设通晓国际法律规则、善于处理涉外法律事务的涉外法治人才队伍"。依据这一重大决定,结合现阶段国内法学教育发展的现状,可将"涉外法治人才"分为两类:以法律为专业兼修英语的人才和以英语为专业兼修法律的人才。虽然这两类人才培养目标、教学内容各有侧重,但毫无疑问,国际法律规则和涉外法律事务的学习和应用都无法脱离法律英语教学活动。能够使用国际通用语言进行交流和沟通,熟练运用国际通用语言表达法律观点是涉外卓越法律人才必备的基本能力之一。⑥

---

③ 参见叶青:《多元创新政法高校法治人才培养模式》,载《法学教育研究》2016年第1期。

④ 参见新华社:《我国将强化涉外法律人才培养助力"走出去"战略》,载中国政府官方网站:http://www.gov.cn/xinwen/2017-01/30/content_5164311.htm,最后访问日期:2017年3月30日。

⑤ 参见周长军、石莹:《涉外法律人才培养的探索与实践——以山东大学法学院为例》,载《法学教育研究》2016年第2期。

⑥ 参见曾令良:《卓越涉外法律人才培养的"卓越"要素刍议》,载《中国大学教学》2013年第1期。

有学者指出,经过法学教育从事法律职业要求具备共同的根本素养,包括:法律语言、法律知识、法律技术、法律思维及法律信仰和法律伦理六个复合要件。[⑦] 其中的“法律语言”既包括学生的母语,也包括至少一门国际性语言(特别是英语),能够熟练运用语言并将其作为学习、工作语言。[⑧] 而另外,卓越法律人才与传统法律人才的区别在于“复合”。[⑨] 所谓“复合”即法学专业与其他学科间的交叉与融合,其中既可包括法学专业与其他文科结合,也包括法学专业与经贸、理工等专业结合。如果从当前涉外法律人才的社会需求以及法学教育国际化的视角来看,“法律+外语”的复合型人才无疑是卓越法律人才培养的有效路径之一。这主要表现在卓越法律人才在培养过程中首先要建立在“中国特色”的基础之上,同时也必须积极从“外国法”中汲取宝贵经验,树立国际视野并与国际规则同步接轨,最终为国家培养合格的“应用型、复合型法律职业人才”。

总之,卓越法律人才培养首先应强调法律专业的专业性和主导性,在此基础上进而强调法律专业的复合性和创新性,强调“英语等外语是培养卓越法律人才的生命线,只能加强不能削弱”,[⑩]并非是“喧宾夺主”甚至是“取而代之”,而是强调卓越法律人才与其他专业结合的必然性。毫无疑问,维持大学英语教学原有现状,或认为多开设“法律英语”课程或“国际法”课程均是不切实际盲目草率的做法。[⑪] 盲目增加课时或课程数,将语言运用能力的培养等同于语言知识甚至是词汇、语法知识和应试知识,不仅无益于学生水平的提高,反而会成为其厌学怠学的原因之一。因此,有限的授课时间内,如何对课程进行合理设置安排将是各政法类高校需要直面并解决的问题。在此基础上,本文将在以下部分讨

---

⑦ 参见孙笑侠:《职业素质与司法考试》,载《法律科学》(西北政法学院学报)2001年第5期。

⑧ 参见许身健:《卓越法律人才教育培养计划之反思与重塑》,载《交大法学》2016年第3期。

⑨ 参见王文华:《卓越法律人才培养与法学教学改革》,载《中国大学教学》2011年第7期。

⑩ 王文华:《卓越法律人才培养与法学教学改革》,载《中国大学教学》2011年第7期。

⑪ 参见王晨光:《卓越法律人才培养计划的实施——法学教育目标设定、课程设计与教学安排刍议》,载《中国大学教学》2013年第3期。

论卓越法律人才培养过程中英语课程设置的具体思路。

三、卓越法律人才培养中的英语课程设置

课程设置是依据一定的培养目标选择课程内容,确定学科门类及活动,确定教学时数,编排学年及学期顺序,形成合理的课程体系。[12] 它主要是在制定培养目标的前提下,依据一定的原则,确定相应课程、教学内容、学时和学年等,以建构科学合理的课程体系。作为总体规划的课程设置,无疑在法律英语教学中有着举足轻重的影响。基于以上对卓越法律人才培养的背景、需求及研究现状分析可发现,合理的法学专业英语课程设置对卓越法律人才培养有至关重要的影响。

(一)大学英语课程类别的划分

有学者认为,熟练掌握英语是国际化人才的基本条件,而国际化人才的英语能力主要通过大学英语教学来培养和提高。[13] 但在大学英语四、六级考试及考研的“应试指挥棒”的影响下,大学英语教学一度与语言运用能力培养目标背道而驰,成为依附于考试的附庸,以至于有专家曾感叹“大学英语即将消亡”。[14] 近年,我国教育界围绕大学英语教学定位及教学改革和发展方向展开了激烈讨论,既有支持学术英语替代大学英语的观点,又有主张以通用英语教学为主、学术英语教学为辅的观点。[15] 本文作者在此以作为国家教育质量标准、“人才培养基本依据”的

---

⑫ 参见袁振国主编:《当代教育学》,教育科学出版社2004年版,第75页。

⑬ 参见王守仁:《〈大学英语教学指南〉要点解读》,载《外语界》2016年第3期。

⑭ 蔡基刚:《中国大学英语教学路在何方》,上海交通大学出版社2012年版,第50~62页。

⑮ 具体参见文秋芳:《大学英语教学中通用英语与专用英语之争:问题与对策》,载《外语与外语教学》2014年第1期;胡开宝、谢丽欣:《我国大学英语教学的未来发展方向研究》,载《外语界》2014年第3期;蔡基刚、廖雷朝:《学术英语还是专业英语——我国大学ESP教学重新定位思考》,载《外语教学》2010年第6期。由于篇幅所限,恕在此不再赘述各方观点。

《大学英语教学指南》[16](以下简称《指南》)为参照,以文秋芳[17]等学者对大学英语课程教学的观点为基础,试对卓越法律人才培养中的英语课程设置进行分析讨论。结合《指南》及文秋芳教授对英语课程类别的划分[18],大学英语课程主要类别可通过图 1 表示:

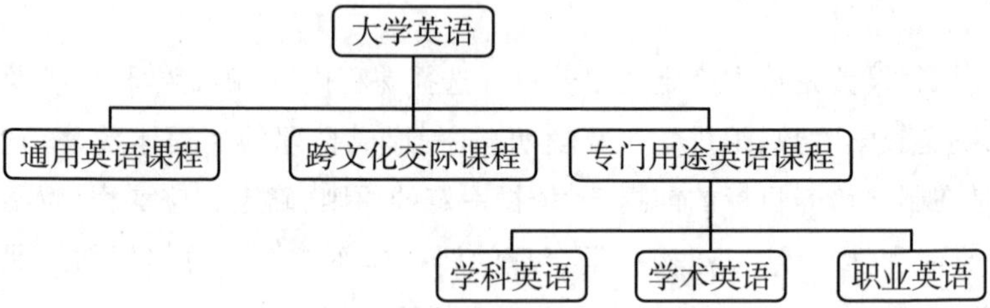

图 1　大学英语教学主要类别

依据《指南》中对通用英语课程、跨文化交际课程及专门用途英语课程的规定和分级,作者认为,结合卓越法律人才教育培养目标、《指南》和国内大学英语研究者的观点及成果,制定出符合自身特点的英语教学课程设置是实现卓越法律人才培养目标的必由之路。

首先,《指南》及国内学者提出的观点和建议,可以作为政法类高校制定大学英语课程设置和开展大学英语教学的参考依据之一。如前所述,《指南》是国家教育质量标准、是"人才培养基本依据",而专家学者的观点和建议也绝非泛泛空谈,同样具有专业性和代表性。因此,任何一个专业,包括法学专业在内,都应当审慎思考大学英语教学改革的各项举措、专家意见及其未来发展趋势。

其次,一个不容忽视的事实是,《指南》和学者观点均将大学英语教学设定为适用所有高校各专业的教学活动,是高屋建瓴的理论指导,而

---

⑯　参见教育部高等学校大学外语教学指导委员会:《大学英语教学指南》(征求意见稿),教育部 2015 年印制。

⑰　参见文秋芳:《大学英语教学中通用英语与专用英语之争:问题与对策》,载《外语与外语教学》2014 年第 1 期。

⑱　参见文秋芳:《大学英语教学中通用英语与专用英语之争:问题与对策》,载《外语与外语教学》2014 年第 1 期。

非具体某一个或某一类专业的具体实施方案。既然《指南》允许各高校因地制宜、因校制宜,作为参考依据的《指南》则必须要根据学校实际情况进行一定的调整。正如法学界所熟知的那句,"以事实为依据,以法律为准绳"一样,大学英语教学也必须以"事实"(各高校学生的实际英语水平)为依据,不可故步自封,也不可盲目跟风。

(二)法律英语课程教学特点

政法类高校的大学英语教学特点和方向势必是"法律英语"。法学专业的"法律英语"无论是作为单一的课程,还是教学模块,都对学习者有着与普通大学英语学习不一样的特点和难度。对此,国内法律英语教学专家和研究者都曾做过专门论述,具体总结如下:(1)法律英语课程教学的"双高"目标,即法律基本功要求高,英语交际能力要求高。法律英语课程有普通英语的基本成分,有专门用途英语的范畴,还有与法律科学知识体系的融合。而法律英语教学领域则与英语教学迥异。三者如何有机结合,将决定法律英语课程"双高"教学目标实现的成败。[19] (2)法律英语教学至少涉及三方面的知识和两种语言能力的培养,即本国法律、国际(外国)法律和其他专业知识及英语和汉语两种语言能力。[20] (3)法律英语课程应贯穿四年大学始终,从最初打下法律和英语的基础到最后形成把法律英语应用于实践的能力,开设一系列法律英语课程。但目前,法律英语课程从本科低年级、高年级到硕士、博士阶段,尚未形成全面、系统和渐进的教学体系,这有违课程设置由浅入深、前承后继的教学规律。大多数高校开设的法律英语课时有限,开课时间在整个大学培养阶段较为靠后(大三、大四),学生很可能因为已修满学分、考研或就业压力,导致放弃选修或缺课、缺考该课程。[21] (4)法律英语课程与双语课程不能相互替代。两者有着完全不同的教学目的和要求。法律英语教

---

[19] 参见杜金榜:《论法律英语课程"双高"教学目标的实现》,载《广东外语外贸大学学报》2006 年第 2 期。

[20] 参见满颖、侯正良:《法律英语教学与国际型法律人才的培养》,载《北京第二外国语学院学报》2004 年第 2 期。

[21] 参见苗青:《高校开展专门学术英语教学之瓶颈与对策刍议——以法律英语教学为视角》,载《外语教学理论与实践》2014 年第 3 期。

学是大学英语教学的延伸,应定位语言教学为主、法学知识教授为辅;而双语课程则是法律理论的教学,应当遵循法律理论课的教学规律。[22]

通过上述对国内法律英语教学专家和研究者的观点的梳理,不难看出法律英语课程教学的特点与《指南》中的"通用英语""学术英语""跨文化交际英语"的目标要求及特点并不完全一致。虽然《指南》中提到"专门用途英语",但此处的专门用途英语主要包括"通用学术英语"、"专门学术英语"和"职业英语"。[23] 如前所述,本文作者对"通用学术英语"及"职业英语"这两个概念并无异议,但认为"专门学术英语"的提法暂时还无法完全适配法学专业中的"法律英语"。

首先需要指出,无论何时,"学术英语"的重要性和意义对任何专业的学生都存在。它是"接受高等教育获取学士、硕士或博士学位所需掌握的英语语言技能,是正规教育体系中以学业用途为目的的英语交流技巧"。"通用学术英语侧重于培养学术交流能力,包括听讲座、记笔记、做演讲、参加学术研讨、阅读学术文献和撰写学术论文等能力。专门学术英语主要训练学生参加具体某一学科学术活动所需具备的口头和书面英语交流能力。"[24]由此可发现,无论何种"学术英语",都无法脱离其仅服务于"学术"的目的。

法学专业实践性极强,它的培养目标绝不仅仅只是那些能够撰写学术论文、参加学术会议的学者。法律英语课程(模块)也并非仅为"学术"服务——法律英语课程中的很多内容,都旨在为学习者在法律实务工作中顺利、高效地完成工作和任务而制定和讲授,绝非局限于学习者的学术追求。例如,法律英语课程(模块)中较有代表性的司法文书写作、法律翻译、诉讼及仲裁程序等模块或课程的创设目的,不是仅为学习者的学术能力提高,它们的存在与广泛存在于法律英语课程中的若干部门法知识一样,首先是为了学习者能够掌握并应用相关能力及知识,其次才是另一方

---

[22] 参见黄振中、夏扬:《法律英语教学的困境与改革》,载《中国大学教学》2010年第4期。

[23] 参见教育部高等学校大学外语教学指导委员会:《大学英语教学指南》(征求意见稿),教育部2015年印制。

[24] 胡开宝、谢丽欣:《我国大学英语教学的未来发展方向研究》,载《外语界》2014年第3期。

面的"学术思考或学术研究"。更重要的是,卓越法律人才共同培养目标不可能仅依靠"学术英语"实现"参与国际法律事务""维护国家利益"此类实践性极强的活动。由此可见,政法类高校培养"涉外型"卓越法律人才无法完全照搬其他高校专业的大学英语教学。

四、适配卓越法律人才培养的英语课程设置

在以《指南》为依据,参考英语教学研究专家的意见的基础上,结合政法类高校的培养特色和目标,本文作者提出适配卓越法律人才培养的大学英语课程设置的初步设想,包括以下几方面:[25]

第一阶段:通用英语(基础)+跨文化交际英语(基础)。可考虑在此阶段中进行法律英语的"隐形教学",即教师没有必要特别强调通用英语和法律英语的区分,仅在通用英语课程(含跨文化交际英语课程/模块)的讲授或练习过程中,经常明示、暗示、举例等多种方式,提示法律英语中的基本词汇和表达。在这个阶段,法学专业学生也正通过中文学习法学专业课程,通过这种方式,可以使其在法学专业课程和英语课程中找到语言表达及概念的关联之处,尽早尽多地从"耳濡目染"中接触法律英语并产生学习兴趣。另外,学校还可组织高年级学生与入学新生的法律英语学习心得、经验交流会,一方面使新生在入学之初能通过直观感受,认识到自己的英语学习目标和正确路径,另一方面也通过"成功学长"为自己树立学习榜样。第一阶段持续的时间可根据学生具体情况制定,保持在一至两个学期为宜。

第二阶段:通用英语(提高)+跨文化交际英语(提高)+通用学术英语(基础)。在此阶段,学生不但语言运用能力得到提高,专业知识也不断丰富。同时,由于校内各项学术活动参与的必要性,也使学生须具备"学术英语"的基本能力。另外,此阶段可以继续深入法律英语的"意识强

---

[25] 因各校在师资、生源等方面的具体情况不一,在讨论中无法强制规定课程设置模块的具体实施周期,故以"阶段"一词描述代替"学期""学年",下同。

化”。在第二阶段应促使学生学习并掌握法律英语常用词汇和基本表达,并对跨文化交际能力培养过程中出现的法律文化差异现象进行比较、分析和表述。这既是语言能力的学习和体现,也是涉及法律专业话题的分析和比较,具有双重的意义和效果。法律文化是指特定社会中植根于历史和文化的法律价值和观念。[26] 毫无疑问,跨文化交际现象中肯定有属于法律文化差异和比较的一部分。因此,在《指南》框架下培养学生英语运用能力与提升学生学习法律英语的意识和基础并不互相矛盾。与第一阶段类似,根据学生的具体情况,第二阶段也保持在一至两个学期为宜。

第三阶段:通用英语(发展)+跨文化交际英语(发展)+通用学术英语(提高)。这一阶段,学生除了提升语言运用能力、跨文化交际能力,还需注重学术英语阅读、写作、交流各方面能力的全面提升。更重要的是,在这一阶段,政法类高校以往开设的法律英语必修课程,实际很难融入“专门学术英语课程/模块”。一方面,由于前述原因,无论是通用学术英语还是专门学术英语,其主要语境在于“学术”,这与法律英语较强的应用性和实践性难以完全匹配;另一方面,由于法律英语课程是必修课程,加之内容多、信息量大,课时紧,若作为模块成为大学英语的一部分,则难以完成教学任务和目标,因此,以单列课程为宜。同时,政法类高校还可因校制宜开设法学专业相关的双语课程,与法律英语课程相呼应,使学生继续保持法律英语学习的环境和氛围,具体课程搭配可以是:法律英语初级I+双语课程+专题讲座。

第四阶段:跨文化交际英语(发展)+专门学术英语(基础)。由于此阶段大致相当于学生的大二或大三上学期,通过之前阶段的学习,学生应已达标之前各阶段的目标要求。此阶段就是要巩固英语运用能力,继续通过学术英语、法律英语课程、法学专业双语课程学习并掌握法律英语能力和知识。

第五阶段:专门学术英语(提高)+涉外法律实务工作坊。

第六阶段:专门学术英语(提高)+涉外法律实务工作坊,除了专门学

---

[26] 参见高鸿钧:《法律文化的语义、语境及其中国问题》,载《中国法学》2007年第4期。

术英语(提高)+涉外法律实务模块之外,应使学生进入法律英语专业课程的第二层级,即法律英语中级。在此层级上,在学生已具备渐成体系的法律知识体系和英语语言运用能力的基础上,除了强调必要的学术英语能力外,最重要的还是要将学生的专业能力与社会实际需要的法律事务实践接轨。所以,这一层级的主要授课任务,可聘请校外涉外律师、涉外法官及政府机构的相关法律实务从业人员或有实践经验的专业课程教师,主要将学生的各项能力和社会实践对接。真正从“law in books”走向“law in action”。在第五、六阶段,因为有前期双语课程和法律英语课程的能力训练和知识积累,法学专业课程亦可开设全英语专业课程,真正落实“通晓国际法律规则”“参与国际法律事务”的“涉外型”卓越法律人才培养目标。另外,以前期法律英语课程、双语专业课程及学术英语的系统教学为基础,有条件的学生还可考虑出国交流或继续出国深造,获取更高的学位。

以上设想的目的在于,尝试构建一个贯穿法学专业大学三到四年的法律英语语言能力和知识体系的外语应用能力课程教学体系,完成从易到难、从基础到发展的循序渐进的学习阶段。在前期(第一、二阶段),通过借助改革后的大学英语模块化教学,夯实学生英语基本功,同时潜移默化中将法律英语的基本词汇、表达及法学文化融入大学英语学习及跨文化交际能力培养中,为后续的法律英语专业课程的开设创造条件。在中期(第三、四阶段),在学生具备英语语言基本功的基础上,响应国家英语教学政策的指引,开设适合法学专业的学术英语课程;同时,鉴于学术英语的局限性,应单独开设法律英语专业课程和法律专业双语课程,不断强化学生的语言能力与专业知识的融合。在后期(第五、六阶段),学生应在法律英语课程、全英语授课专业课程及涉外法律实务的全面影响下,将学术能力转化为实务能力,进行必要的社会实践同时为工作、交流或下一步出国深造做好准备。

五、结语

目前,在我国,不仅法学教育正进行意义深远的改革探索,大学英语教学也正不断进行尝试和反思,二者的变革内容势必产生交集。法学教育的国际化以提升师生语言应用能力为前提,而这是大学英语教学的终极目标和教学效果的要求。无论从哪个角度看,毫无疑问,大学英语与专业英语"各自为政""老死不相往来"的局面应当尽快打破。英语教学的内涵,也要从过去的语言基本功教学循序渐进过渡到专业知识体系的构建和表达,最终真正实现语言运用能力的提升。

鉴于《计划》始于2012年,而《指南》颁布于2016年,这说明我国政法类高校着眼于"涉外型"卓越法律人才培养的英语课程设置在一段时间内仍将处于不断优化完善的进程中。课程设置是开展教学活动的基础,在外部因素(国家政策、学校发展状况等)和内部因素(师生情况、教材、教学方法及评价测试等)的共同作用下对教学效果产生影响。法学教育的培养目标与法律英语教学全过程密不可分,不可能一段时间、一个模块、一门课程、一类教师、一种方法就可彻底解决。如何将其始终贯穿于法学专业学生整个学制年限,并最终实现培养学生语言能力和专业能力的"双高"目标,还需要来自政法类高校、语言教学研究专家及涉外法律实务工作者的持续关注和参与。

A Study on the Legal English Courses for Undergraduate Law Majors on the Background of "International" Excellent Legal Talent Education and Training Program

Meng Chao　Lei Zhen

Abstract: The author first summarizes the common characteristics of the cultivation goals of "international" Excellent Legal Talent Education and Training Program at domestic universities of political science and law.

Integrating the features of those universities with the latest "Guidelines on College English Teaching", the author proposes a preliminary framework for the Legal English Courses for Undergraduate Law Majors on the Background of "International" Excellent Legal Talent Education and Training Program. The author contends that the cultivation of "international" legal talent can not be achieved within one year, by one course or one type of teachers. On the contrary, it relies on a continuous study within four years and a holistic arrangement of college English courses, legal English course, other bilingual/English courses for law majors and the courses taught by law practitioners, such as international lawyers and the judges who sit on international cases in courts.

Key Words: Excellent Legal Talent Education, Training Program college English teaching, legal English

比较研究

日本法学教育中的研讨课制度及其对我国的启示*

夏静宜**

摘　要:研讨式教学法日益受到我国法学教育界的关注和青睐,但实施效果却不尽如人意。日本法学教育中的研讨课制度是针对法学教育与法律人才选拔机制的脱节现象而提出的一项改善策略,其强调学生的主体参与和师生间的双向互动,从而使法律思维和法律技能的教育成为可能,该制度的实施是对"大教室讲义"教学的补充和升华。在我国的法学教育体系下开展研讨式教学,应充分借鉴日本的研讨课制度,明确研讨式教学的目标是职业技能教育,研讨式教学的具体内容是智能技能教育,研讨式教学只是本科法学教学的一部分。

关键词:研讨式教学　讲授式教学　技能教育　智能技能　实务技能

近年来,以"讲授"为主的传统法学教学方法不断受到质疑和批判。与之相对,作为一种具有鲜明

---

* 本文受江苏省"双创计划"人才项目及扬州市"绿杨金凤"人才项目资助。

** 夏静宜,扬州大学法学院讲师、日本京都大学法学博士,研究方向:合同法、侵权行为法。

的问题意识、强调师生间的双向互动的新型教学方法,研讨式教学正逐渐受到关注和提倡。① 但是,由于受多种因素的影响和制约,研讨式教学在我国现行的法学教育体系之下并未发挥出预期的功效。② 尤其是在法学本科教育阶段,如何具体、有效地开展研讨式教学,成了困扰众多法学教育者的难题。而同属成文法系,在法学教育体系上与我国较为近似的日本的实践,就我国而言,具有参考和借鉴意义。本文以日本本科法学教育中的研讨课制度为研究对象,考察其实施背景、具体内容及其在日本法学教育体系中的功能和定位,在此基础上思考研讨式教学在我国法学教育语境下的开展思路。

一、日本本科研讨课制度的实施背景

日本法学教育的发展以2004年为分界线。因为2004年前后,日本经历了声势浩大的司法制度和法学教育改革。这对日本的法学教育产生了深远的影响。

(一)改革前的日本法学教育

改革前,日本的法学教育在体系上继受德国,主要由本科教育和研究生教育两部分组成。

本科(法学部)期间,主要实施素养教育,又称通识教育,以培养具有一定法律素养(Legal mind)的人才为目标。③ 将本科法学教育定性为素养教育,这与日本法学教育的发展历程有关。日本法学教育发展的初期,法学教育的主要目标是培养官僚,因此,相较于职业技能的训练而言,更加重视对包括法律素养在内的广泛意义上的人文、科学素质的

① 部分学者将其称为"研究性教学"。一般认为,相较于传统教学法而言,这种教学方法具有以下两个基本特征:第一,以学生为中心,依靠学生的主体参与和自主学习而展开;第二,有清晰的问题意识,以问题的解决为主要目标。

② 参见周克江、罗琴等:《大学研讨式教学的内涵与缺陷》,载《湖南第一师范学院学报》2015年第5期。

③ 参见[日]铃木贤:《日本的法学教育改革——21世纪"法科大学院"的构想》,载《走向世界的中国法学教育论文集》,中国人民大学法学院2001年版,第185~187页。

培养。[④] 如今,情况虽然有所改变,但法学毕业生中,参加司法考试并最终成为法律职业人员(又称“法曹”,包括法官、检察官、律师)的仍为少数,大多数人则作为具备法学背景的人才流向社会的各行各业。[⑤]

本科期间的课程设置与我国的情形大体相同,包括宪法、民法、刑法、民事诉讼法、刑事诉讼法、商法、行政法等部门法课程以及法哲学、法社会学等基础法学课程。在日本,法学属于文科中的热门学科,因此,多数大学的法学部均体量庞大。以京都大学法学部为例,学生总数常年维持在1200~1300人,主干课程(如民法)的选修人数在300~400人。本科阶段的绝大多数课程采用讲授式的传统教学法来开展,这些课程被称为“大教室讲义”。一般认为,“大教室讲义”在知识传授方面具有鲜明的优势,但在培养法律思维和法律技能方面存在短板。为此,多数大学的法学部在高年级阶段设置了研讨课(seminar),作为“大教室讲义”的有效补充。

传统研究生院(法学研究科)主要实施学术教育,以培养研究者为目标。除留学生和少数实务课程的学生之外,传统研究生院的绝大多数学生均具有法学本科背景,因此,研究生院原则上不再开设基础课程,取而代之的,是专业性更强的理论课程。由于学生人数有限,研究生院的课程全部采用小班建制,开展研讨式教学,教学内容主要是理论研讨。具体而言,学生在教师的引导下就某一主题进行理论探讨,梳理判例、学说的发展过程,提示问题所在,并对此进行分析,形成自己的理解。此外,由于日本是典型的继受法国家,比较法的视角和分析方法颇受重视。这一点在研究生院的教学内容之中也有所体现。首先,读研期间,学生通常被要求掌握除英语之外的第二门外语;其次,除本国法的理论研讨之外,外国法文献讲读也是研究生院课程的重要组成部分。

改革前日本法学教育的最大问题在于其与司法考试——法律人才

④ 参见[日]棚濑孝雄、王晓芳:《日本的法学教育及其改革》,载《法律适用》2002年第5期。

⑤ 参见陈景善:《日本的法学教育改革与人才培养模式》,载《中国政法大学学报》2017年第4期。

选拔机制完全“脱节”。[⑥] 这主要体现在以下两点。首先，改革前的司法考试（旧司法考试）不要求应试者有法学教育背景，只要本科毕业即可；其次，考试内容与法学教育无实质关联，本科阶段实施素养教育，研究生阶段实施学术教育，而司法考试主要考察的却是适用法律处理实际案例的能力，两者之间存在较大差距。旧司法考试的合格率极低，一般在2%～3%。为了应付严苛的考试，学生不得不将大量精力投入到备考之中，参加各式各样的应试补习班，忽略甚至放弃大学的学习，出现所谓“双学校”现象。针对这一现象，学者和实务界人士均表示出深切忧虑，如此培养而成的法律“人才”，根本无法承担司法的重任。[⑦]

（二）司法制度与法学教育改革

为了应对上述问题，自20世纪90年代开始，要求改革司法制度和法学教育的呼声越发强烈，并最终在学界和实务界形成共识。1999年7月，日本内阁设立了“司法制度改革审议会”，宣告了改革的正式启动。2001年6月，司法制度改革审议会向内阁提交了《司法制度改革审议会意见书》（以下简称《意见书》）。《意见书》指出，现行法学教育的主要问题是欠缺法律职业教育，[⑧]导致其无法适应新时期法律人才培养的需求，[⑨]进而提出，应当通过建立职业型研究院（法科大学院）的方式，将法律职业教育导入法学教育体系之中，改变司法考试这一单一人才选拔机制，转而构建一种由法科大学院（法学教育）、司法考试、司法研修构成

---

⑥ 参见［日］铃木贤：《日本的法学教育改革——21世纪“法科大学院”的构想》，载《走向世界的中国法学教育论文集》，中国人民大学法学院2001年版，第185～187页。

⑦ 参见［日］田中成明：『法科大学院時代の法学教育』，ジュリスト1262号，第110页。

⑧ 改革前，提供法律职业教育的并非大学，而是最高裁判所下辖的司法研修所。司法研修以司法考试合格为前提条件。

⑨ 有学者指出，司法制度和法学教育改革的动力源自日本社会转型的现实需求。具体而言，伴随经济高速增长期的逝去，传统的依靠行政主导的“事前规制型”社会形态难以为继；同时，受世界范围内新自由主义思潮的影响，规制缓和论受到提倡并逐渐成为主流，向以个人责任为核心的“事后救济型”社会的转型势在必行。“事后救济型”社会需要大量高水准的法律职业人员，这从数量和质量两个层面向法律职业人才培养工作提出要求。详细内容参见江利红：《论新世纪日本的法律教育改革及其问题——以美国式法科大学院制度的导入为中心》，载《浙江社会科学》2014年第1期。

的“过程型”人才培养机制。[⑩] 此后,内阁推动国会通过了《司法制度改革推进法》等一系列法案,为推行改革奠定了基础。2004 年 4 月,获得批准的 68 家法科大学院开始招生授课。2006 年 5 月,伴随法科大学院首批毕业生的出现,新司法考试制度正式施行。

(三)改革后的法科大学院制度

法科大学院制度以美国的职业型研究生院(law school)为原型。不过,与美国不同,日本在建立法科大学院之后,并未废止本科法学教育,而是采用两者并行的教育体制。依照当初的设想,本科阶段(法学部)实施素养教育,传统研究生院(法学研究科)负责培养研究者,而职业型大学院(法科大学院)开展法律职业教育。本科教育的保留对法科大学院的学制设置产生了一定影响,法科大学院在招生时对本科法学出身的学员(既修者)与本科非法学出身的学员(未修者)进行区分,前者适用两年学制,后者则为三年学制。

法科大学院以实施职业教育为目标,在教学内容方面,特别强调对法律实务的关注。这主要体现在以下两个方面。首先,在课程设置上,除专业理论课程之外,还设置了若干实践技能课程,如律师实务技巧、法律诊所等;其次,专业理论课程的开展,以实际案例的解析为中心,重视培养学生认定事实、适用法律处理实际问题的能力。

在教学方法方面,法科大学院原则上采用小班建制,开展研讨式教学。相较于传统研究生院的研讨而言,问题指向性更强,且常以苏格拉底问答法的方式进行,在师生之间形成层层推进、环环相扣的双向互动,在节奏紧张的问答之中实现法律思维和法律适用能力的培养。与此同时,考虑到既修者和未修者在法学知识储备方面存在较大差异,法科大学院在针对未修者开设第一学年课程时,保留了大量的基础课程,采用类似于“大教室讲义”的方式开展,以帮助未修者在短期内积累大量法学知识,从而为第二学年开始的小班研讨课顺利开展奠定基础。

---

⑩ 参见[日]司法改革审议会意见书(「司法制度改革審議会意見書—21 世紀の日本を支える司法制度」),载 http://www.kantei.go.jp/jp/sihouseido/report/ikensyo/index.html,最后访问日期:2019 年 10 月 1 日。

按照当初的设想,法科大学院建立之后,将实现法学教育与司法考试的"对接"。具体而言,改革后的司法考试(新司法考试)以法科大学院毕业为前提,如此,职业教育主要依靠法科大学院实现,新司法考试则作为法科大学院学习的检验,属于宽松的资格认定型考试。[11] 遗憾的是,这一设想并未实现,新司法考试的合格率远低于预期水平。这就导致了法科大学院入学人数不断减少,甚至有部分法科大学院因生源问题而被迫解散。[12]

二、日本本科教育中的研讨课制度

虽然法科大学院制度并未取得预期的成效,但是,改革伊始所提出的一些观念,比如,原有的法学教育体系在技能教育方面存在欠缺,应当强化学生的职业技能培养等,在经历多次讨论之后,获得广泛的支持和肯定。如果将法科大学院制度看作是研究生教育阶段对于技能教育的一次尝试,那么,在本科教育阶段,类似的尝试是否可能?事实上,在日本现行的法学教育体系之中,有一项制度已经为实施技能教育提供了方向,这就是本科研讨课制度。

(一)本科研讨课制度的具体内容

本科研讨课(seminar),又称为"演习",是在本科高年级阶段开设的小班研讨性课程。开设本科研讨课的初衷,是培养学生的学术研究能力。[13] 因此,从教学内容和教学方式的角度看,本科研讨课与传统研究

---

⑪ 参见[日]铃木贤:《走到十字路口的日本法科大学院制度》,载《法学家》2009年第6期。

⑫ 此外,法科大学院制度在其他很多方面也遭遇到挫折,受到质疑和批判。囿于篇幅制约,本文不做展开。详细内容,参见[日]铃木贤:《走到十字路口的日本法科大学院制度》,载《法学家》2009年第6期,[日]松本桓雄「日本の法科大学院制度と新司法試験及び予備試験の現状と展望」,一橋法学第12巻第1号(2013年),第1页以下。国内相关论文,参见陈景善:《日本的法学教育改革与人才培养模式》,载《中国政法大学学报》2017年第4期。

⑬ 参见[日]潮木守一:『帝国大学の挑戦』,讲谈社出版社1997年版,第95页。

生院的课程较为相近,而与构成本科教育核心的“大教室讲义”显著不同。

首先,在教学内容方面,不同于强调知识点覆盖的“大教室讲义”,研讨课侧重于对某些知识点的深入探讨。教师在确定教学内容时相对自由,甚至可以基于自己的科研内容确定研讨课的主题和内容。事实上,早期的研讨课在内容上多与教师的科研进展紧密相关,且多涉及该领域的前沿问题。不过,近年来,随着教育理念的转变,本科研讨课制度作为教师科研活动延伸的一面逐渐淡化,作为培养学生法律思维和法学思考阵地的一面不断受到重视。不少教师开始有意识地切割研讨课教学与科研之间的关联,不再执着于对理论前沿问题的解析,而是更多地关注基础知识的强化和法律思维的培养。此外,受法科大学院制度的影响,近年来,部分教师尝试将案例解析引入本科研讨课之中,运用苏格拉底问答法,培养学生运用法律处理实际案例的能力。

其次,在教学方法方面,本科研讨课采用小班建制,每个班的学生人数在 10 ~ 25 人,最多不超过 30 人。为了保证每个学生都能参与到“研讨”活动中来,教学活动常以分组的形式开展。具体而言,每门课程均以某一课题为中心,如债权总则研究。课程开始前,教师将其细化为若干个小课题,如债权的种类和内容、债权让与、债权人代位权、债权撤销权、债务的清偿等。学生小组基于自己的兴趣“认领”各个小课题,其后,在查阅、整理相关资料的基础上撰写研究报告书。课堂上,首先由负责本次课题的小组做报告,随后,其他学生就报告书的内容提问并形成讨论。如此,教学活动主要依靠学生的自主学习和参与而向前推进,教师通常不表达自己的观点,仅在必要的情形——如需要维持秩序、控制节奏或者提供相关信息时,才做补充发言。

(二)本科研讨课制度的功能与定位

本科研讨课制度强调学生的主体参与和师生间的双向互动,从而使得法律思维和法律技能的教育成为可能,而这一点,是以单向讲授为内容的“大教室讲义”所无法实现的。但是,也应当看到,相较于“大教室讲义”而言,研讨课的门槛要高出许多。作为一种依赖学生的主体参与、强调师生间双向互动的教学方式,研讨课的实施,不仅要求更好的教学环境(硬件)和更高的师资力量(软件),更为关键的是,要求学生有充分的知识准备,即掌握一定的基础知识。日本的本科研讨课制度仅面向高年级学生开设,不少研讨课甚至"强制"要求学生修满一定量的基础课程学分,其理由正在于此。这里所谓的基础课程,正是低年级阶段的各种"大教室讲义"。

事实上,"大教室讲义"与本科研讨课之间原本就存在某种"暗默"的关联。在高年级开设研讨课的教师通常也在低年级开设"大教室讲义",学生在低年级的"大教室讲义"中聆听各位教师的讲解,形成自己的理解和判断,进入高年级之后,依据自己的兴趣和未来发展的需要,决定参加某位教师的研讨课,如此,两者之间在一定程度上形成"对接"。从这个角度看,"大教室讲义"是实施本科研讨课的重要基础,本科研讨课是对"大教室讲义"的补充和升华。

此外,笔者还观察到一种"回流"现象。许多学生在研讨课的学习过程中,认识到自己在知识储备和知识结构方面的不足,于是重回"大教室讲义"的课堂,怀着问题意识重新听课,自主地获取、吸收相关知识。

三、日本本科研讨课制度的经验对我国的启示

笔者认为,日本在本科法学研讨课制度上的经验,至少可以从以下三个方面为我国正在开展的研讨式教学提供启示。

(一)研讨式教学的目标是法律职业技能教育

日本的本科法学教育是素养教育,以知识的传授为主要内容,因此,主要依靠讲授式的传统教学法来实现。与之相对,传统研究生院以培养学术能力为目标,新建立的法科大学院则以法律职业教育为己任,两者虽然侧重点不同,但本质上都属于技能教育的范畴,因此,两者均采用研讨式教学法开展教学。本科研讨课制度的初衷是培养法律思维和法学

思考能力,在其发展过程中,又衍生出职业技能训练的新目标,而“研讨”被认为是实现这些目标的最佳方式。

为什么说研讨式教学是实施技能教育的最佳方式?归根结底,这是由技能教育的特征所决定的。不同于知识学习,技能学习无法通过单向度的“讲授”而实现,而只能通过学习者自身的反复练习而成就。⑭ 具体而言,以运动技能的学习为例,游泳教练对动作要领的讲解并不能使学生立刻学会游泳,真正的学会,一定发生在反复不断的实际训练之中。而研讨式教学所提供的,正是这样一个能够反复练习的训练场。

长期以来,我国本科法学教育的目标也是素养教育,⑮以知识的传授为主要内容,主要依赖讲授式的传统教学法来实现;另外,时代的发展对法律人才培养提出了新要求——正如《教育部、中央政法委关于卓越法律人才教育培养计划》所指出的,新的时代背景之下,法律人才培养的目标是“应用型、复合型法律职业人才”,为了实现这一目标,必须强化对学生实务技能的培养,提高学生处理实际法律问题的能力。如果说重视和强化法律职业技能的培养是我国法学教育未来发展的必然趋势,那么,无论在本科阶段还是研究生阶段,研讨式教学都将是实现这一目标的有效方式。

(二)研讨式教学的具体内容是智能技能教育

如前所述,研讨式教学是实现技能教育的有效方式,那么,是否所有的技能教育都能经由研讨式教学而实现?这里,仅以法律职业技能为例,做简要分析。所谓法律职业技能,是指法律职业所需的全部技术和能力。这些技术能力又可细分为以下两种基本类型:智能技能(intellectual skills)和纯粹的实务技能(practical skills)。其中,智能技能主要指认定、分析事实的能力以及理解、适用法律的能力;而纯粹的实务技能则包括口头或书面表达能力、与客户交流、沟通以及建立良好关系的能力、与其他专业人士分工合作的能力等,以人际交往为核心的各项

---

⑭ 参见何美欢:《理想的专业法学教育》,载《清华法学》2006 年第 3 期。

⑮ 参见曾宪义、张文显:《法学本科教育属于素质教育——关于我国现阶段法学本科教育之属性和功能的认识》,载《法学家》2003 年第 6 期。

能力。[16]

智能技能的教育,归根结底,是一种思维训练和思考教育,即教会学生如何“像律师一样思考”,而大学正是提供这种教育的最佳场所。首先,大学教育的规模化和专业化特征使得体系化的思维训练和思考教育成为可能,更为重要的是,思维训练和思考教育本就是大学教育的题中应有之义。正如有学者指出的,法官在实际案件中解释、适用我国《合同法》第51条,与学者就如何理解、适用我国《合同法》第51条撰写论文,这两者本质相同,都是智能技能的实际运用。[17] 改革后的日本法科大学院制度一定程度上印证了这一结论:法科大学院的课程中,虽然包含律师实务技巧、诊所教学等教授纯粹实务技能的课程,但是这些课程毕竟只是少数,绝大多数课程——如各种部门法的研讨课,并不涉及实务技巧,而是教授学生如何在实际案件中认定和分析事实、理解和适用法律,而这些都属于智能技能教育的范畴。

相反,就纯粹的实务技能教育而言,大学并非最合适的场所。如前所述,纯粹的实务技能主要是人际交往方面的技能,这种技能很难“言传”,更多地依赖于“身教”,因此,相较于大学教育而言,专门的职业培训——如律所、司法机关所提供的学徒制教育[18]是培养纯粹实务技能的最佳方式。[19] 这一点在改革后日本的司法制度中也有所体现:虽然建立法科大学院的目的是实现职业教育从司法研修所向大学的转移,但是,法科大学院建立之后,司法研修制度并未废除,而是在纯粹的实务技能教育方面继续发挥作用。如此,法学教育与司法研修分工协作,共同实现法律人才培养的目标。

质言之,如果说法学教育应当承载职业技能教育的使命,那么,其具体内容应当是智能技能的教育,而非纯粹实务技能的教育。作为其实现

---

[16] 参见何美欢:《理想的专业法学教育》,载《清华法学》2006年第3期。

[17] 参见葛云松:《法学教育的理想》,载《中外法学》2014年第2期。

[18] 关于学院制与学徒制的关系问题,参见张红:《学徒制VS学院制——诊所法律教育的产生及其背后》,载《中外法学》2007年第4期。

[19] 参见何美欢:《理想的专业法学教育》,载《清华法学》2006年第3期;参见葛云松:《法学教育的理想》,载《中外法学》2014年第2期。

方式，研讨式教学的内容也应当是智能技能的教育，具体而言，就是教授学生如何认定和分析事实，如何理解和适用法律。

（三）研讨式教学只是本科法学教学的一部分

虽然研讨式教学在智能技能的教育方面具有显著的优势，但是，研讨式教学的实施条件更为严苛，要求学生有充分的知识准备。因此，研讨式教学并非适用于所有教育阶段，而仅适用于法学教育的高级阶段，如研究生期间或者本科高年级。在尚未完成知识准备的初级阶段强行推行研讨式教学，非但不能实现智能技能的培养，反而可能滋生恶果——学生因为不得要领而退却，甚至彻底丧失法学学习的兴趣。考察日本的法学教育可知：无论改革前还是改革后，研究生教育阶段都是实施研讨式教学的主要阵地；本科期间虽然也开设研讨课，但是，研讨课仅面向高年级学生，且要求选修者修满一定基础课程学分；法科大学院同时招收既修者和未修者，针对未修者做出特别安排——在第一学年开设各种基础课程，帮助其在短期内积累大量基础知识，从而为第二学年开始的研讨式教学夯实基础。这些都有力地印证了上述结论。

此外，既然学生的知识准备是实施研讨式教学的基本前提，实施研讨式教学之际，就有必要重申知识教育的重要性。首先，无论作为手段还是目的，知识都具有巨大价值；其次，法学的学科属性决定了，知识教育是法学教育不可或缺的重要组成部分；最后，知识教育构成技能教育的基础，知识教育的成功与否将极大地影响技能教育的成效。在知识教育方面，以讲授为主的传统教学法被公认为是最有效率的教学方式。[20]从这个角度看，提倡研讨式教学并不意味着对讲授式教学法的否定，恰恰相反，讲授式教学法的有效运用是研讨式教学得以顺利开展的重要保障。反之，研讨式教学的顺利实施也会对讲授式教学产生影响——学生掌握了法律思维和法学思考的基本方法之后，接受知识教育会更加有效。如此，在法学教育体系之中，讲授式教学和研讨式教学分工配合、相互协作，共同实现法律人才培养的各项目标。

---

[20] 参见何美欢：《理想的专业法学教育》，载《清华法学》2006年第3期。

The Seminar-based Teaching in Japanese Legal Education and Its Implications to Chinese Legal Education

Xia Jingyi

Abstract: The seminar-based teaching method is increasingly favored by law teaching in China, but the effect is not satisfactory. Seminar teaching in Japanese legal education is proposed for eliminating the disconnection between legal education and legal talent selection mechanism. It emphasizes the subjective participation of students and the two-way interaction between teachers and students, which makes the education of legal thinking and legal skills possible. The implementation of seminar-based teaching would be the supplement and sublimation of the " big classroom lecture " teaching. Chinese legal education should fully draw on the seminar teaching of Japan, clarify that the goal of seminar-based teaching is legal professional skills education, the content of seminar-based teaching is intelligent skill education, seminar-based teaching is only part of the undergraduate law teaching.

Key Words: seminar-based teaching, lecture teaching, skill education, intellectual skills, practical skills

论澳大利亚法律职业伦理教育的发展及启示*

齐凯悦**

摘　要:近年来,法律职业伦理逐渐成为各国高校法学院的必修课程,澳大利亚亦不例外。澳大利亚的法律职业伦理主要规范律师的法律伦理和职业行为,鉴于违反法律职业伦理现象频现,澳大利亚逐渐重视高校法律伦理教育。澳大利亚的高校法律职业伦理教育经历了教育缺失、初步认知、深化认知的发展阶段。自21世纪以来,澳大利亚将之列为必修课程,其课程设计和授课模式独具特色,注重实践性、创新性方式的适用,不断探索教育观念的更新和授课方式的多样化。我国将法学教育定位为素质教育和专业教育基础上的职业教育,积极推进法学教育改革,将法律职业伦理列为必修课程,但该课程目前效果不理想。明确授课内容和授课时间安排,促进授课模式与考核方式多样化,加强在线课程与混合课程建设以及保障法官、检察官在高校的兼职工作,可成为我国法律职业伦理教育的改革发展趋向。

---

* 基金项目:山东师范大学教改项目"法治人才分类遴选背景下法学本科培养方案优化研究"(项目编号:2018T03)。

** 齐凯悦,山东师范大学法学院讲师、法学博士、心理学博士后科研流动站研究人员,研究方向:外国法律史。

关键词:法律职业　法律职业伦理　法学教育　法律诊所　在线课程

现代法学教育与法律职业紧密相连,法学教育的重要目标之一在于培养法律职业者。职业伦理教育有助于促进法律职业伦理意识的养成,体现了法学教育的价值归宿。目前我国教育部将法律职业伦理列为法学教育十门专业必修课之一,强调对法律职业伦理的重视,但实践中该课程实施效果不理想。如何开展法律职业伦理教育在世界范围内受到广泛关注,澳大利亚也不例外。进入 21 世纪以来,澳大利亚各高校法学院开设了法律职业伦理课程,不断创新法律职业伦理教育模式和方法,在吸取英美国家经验的同时做出了诸多创造性研究,形成了具有一定特色的法律职业伦理教育模式。对澳大利亚法律职业伦理教育的研究,可为我国正在改革的法律职业伦理教育提供发展理念、改革路径或技术中立性要素等方面的思考。

一、澳大利亚的法律职业与法律职业伦理

澳大利亚的法律职业主要指律师行业,故而法律职业伦理主要规范的是律师的职业伦理和职业责任。澳大利亚法律实践中存在法律职业伦理缺失的现象,引发公众、从业人员的不满,法律职业伦理规范和意识需不断加强。

(一)澳大利亚的法律职业

澳大利亚的法律职业与其他普通法系国家的法律职业保持一致,民法等部门法与世界范围内相关规范具有一致性。澳大利亚由 6 个州和 2 个领地组成。澳大利亚的法律职业以州为基础,在联邦领地中由联邦组织管理。地方律师行业由各州或领地的最高法院控制,故而各地律师行业的结构和规范有所区别。在大多数州和领地,会有政府任命的外部机构进行一定程度的管制;在澳大利亚首都领地、南澳大利亚州和塔斯马尼亚州,律师行业由当地律师协会自行管理,并受州最高法院的监督。自 2009 年起,澳大利亚试图建立一个统一性的律师职业,但在 2011 年

该提议因可能增加监管负担和经济成本未获通过。[①] 尽管如此，在该过程中澳大利亚修订了《澳大利亚律师行为准则》（Australian Solicitors Conduct Rules），该准则成为新南威尔士州、昆士兰州和维多利亚州的律师行为准则。2015 年，新南威尔士州和维多利亚州推出了法律行业统一法，西澳大利亚州表示有兴趣加入该统一法，但目前尚未有其他州或地区有意愿加入。

澳大利亚的法律行业受英国法影响甚多，与英联邦大多数地区相比，澳大利亚的法律行业仍以保守的形式保留着英国法律职业的结构。除区分出庭律师和事务律师之外，澳大利亚等英美法系律师经常诉诸 18～19 世纪英国律师关于法律职业的道德主张，崇尚彼时的自由主义。同时，作为普通法系的基本法律制度，对抗制要求律师在收集证据、制定战略和推动诉讼程序发展方面发挥主要作用，但并未充分关注律师的伦理规范。对抗制使律师竞争而非合作，侵略而非迁就，务实而非坚守原则，无情而非充满同情心。在这种背景下，律师伦理和职业责任必然成为需要关注的问题。

（二）澳大利亚的法律职业伦理

在澳大利亚，忠实义务和道德中立构成法律职业伦理的重要内容。一方面，律师应当在法律允许的范围内最大限度地为当事人的利益服务。该义务产生于公平的良心观念，要求律师在代表委托人时不能因为自己或其他委托人的失误分心，并在利益冲突时及时采取行动。在 2010 年澳大利亚法律委员会制定《澳大利亚律师行为准则》时，有观点主张应允许律师同时为利益冲突的客户服务，即使客户不知晓这些冲突。该提议未被采纳，但这可能意味着在全球或澳大利亚国内，部分律师将对个人客户利益的受托承诺转向了更具普遍性的市场商业道德。保密义务同样是该忠实义务的典型体现，律师的保密义务与对抗性司法

① See Linda Haller, "When Shall the Twain Meet? Correspondent's Report from Australia", *Legal Ethics*, 14, 2011, p. 257; Reid Mortensen, "The Twain (and Only the Twain) Meet – the Demise of the Legal Profession National Law", *Legal Ethics*, 16, 2013, p. 219.

的管理相关。另一方面,道德中立是法律职业伦理的另一重要内容。道德中立体现了一种程序性道德,即承认公民有权实施自己合理的生活计划,只有法律规制了律师接受潜在客户指示的社会义务,没有任何其他因素决定律师是否应当接受并完成潜在客户要求的任何工作。因此,律师对工作结果不承担任何道德责任。尽管随着全国性或全球性的商业公司的发展,家庭法、知识产权、刑事辩护等业务逐渐专业化,出现了具有独特社会特征的客户群,在以专家和公益事业为导向的职业中,个别律师是否坚持道德中立原则受到质疑,但道德中立的整体原则不变,律师仍在深化自己作为"自由主义牧师"的地位。②

有学者将律师的职业责任界定为:履行委托关系的职责;有能力完成工作;与客户的沟通应常态化、公开和清晰;不能运用法律导致不公正、压迫或歧视;与当前或潜在客户识别、提出并讨论道德问题;力求加强司法管理和积极参与社区服务。③ 有学者对该定义进行了完善,指出律师应以自主、独立和自我引导的方式工作;律师应独立做出判断,这不仅包括解决客户问题的判断,也包括反思自己的行为;律师应持续致力于终生教育和促进职业发展。④ 对律师职业责任的界定,普遍包含努力促进公平正义的实现及改善法律制度和服务社区的关键内容,以及获得自主意识和自我指导、持续反思及不断改进等。⑤

(三)澳大利亚法律职业伦理及其教育有待加强

在 Ruddock v. Vadarlis 案中,法院判决指出,代表被救人员一方的律师无偿代理了该案。他们按照法律的最高理想行事,试图为无法发声的

---

② See Linda Haller, "When Shall the Twain Meet? Correspondent's Report from Australia", *Legal Ethics*, 14, 2011, p. 257; Reid Mortensen, "The Twain (and Only the Twain) Meet - the Demise of the Legal Profession National Law", *Legal Ethics*,16, 2013, p. 219.

③ See Mary Anne Noone, Judith Dickson, "Teaching towards a New Professionalism: Challenging Law Students to Become Ethical Lawyers", *Legal Ethics*, 4, 2001, pp. 127 – 130.

④ See Ross Hyams, "On Teaching Students to 'Act Like a Lawyer': What Sort of Lawyer?", *International Journal of Clinical Legal Education* , 13, 2008, pp. 44 – 45.

⑤ See Anna Cody, "What Does Legal Ethics Teaching Gain, if Anything, from including a Clinical Component", *International Journal of Clinical Legal Education*, 22, 2015, pp. 1 – 3.

人发声,并代表受害者要求政府对其行为的合法性负责。即使他们在诉讼中败诉,但他们履行了为法治甚至整个社会服务的责任。⑥ 该案判决彰显了法律人的职业责任和伦理,也强调了对律师为正义和社会服务的重视。

然而,传统的法律职业伦理未能让公众、职业人员和个人从业者满意。公众的否定主要基于少数人的不良行为损害了整个行业的声誉、人们对律师职业知之甚少、在薪酬和实务问题上存在诸多错误信息等因素。例如,昆士兰律师协会将其纪律规范功能转交给了一个独立的机构,以应对公众对律师和律师协会的控诉。有贬低性笑话将律师描述成骗子、说谎者和操纵者等社会上普遍憎恶的负面形象。同时,公众对法律职业缺乏信任,对缺乏获得法律服务的机会、过度使用法律术语、未能及时处理客户需求等问题不满。公众的不满一定程度上引起法律界的关注,他们希望通过法律职业伦理教育来解决该问题。⑦

在全球化和公司化背景下,法律实务和律师事务所的性质也发生了较大变化。澳大利亚的部分律师事务所与一些较大的跨国法律集团合并,雇佣了数千名律师。例如,Dentons 律所和大成(北京)合作,创建了世界上最大的律师事务所,业务遍及 50 多个国家。同时,法律实务中不健康的文化和较高比例的欺凌指控也存在。相较于其他专业,法学专业的学生承受着较大的心理压力和抑郁风险,如何通过法学教育一定程度上解决该问题也引发关注。⑧

二、澳大利亚对高校法律职业伦理教育的认知

为解决法律职业伦理缺失问题,增强法律职业人员的法律职业伦理

---

⑥ See Ruddock v. Vadarlis (The Tampa Case) (2001) 183 ALR 1.

⑦ See Suzette Barnaby, "Legal Ethics for the Real World: A Model for Engaging First Year Law Students", *QUT Law Review*, 4, 2004, pp. 2 – 5.

⑧ See Pauline Collins, " Australian Legal Education at a Cross Roads", *Australia University's Review*, 58, 2016, pp. 30 – 38.

意识,通过高校进行法律职业伦理教育成为必然途径。法律职业伦理教育在澳大利亚并非一蹴而就的,而是经历了从无到有的发展过程,澳大利亚国内对高校法律职业伦理教育的认知态势也经历了不断变化的过程,并仍处于持续发展过程中。

(一)教育缺失阶段:21世纪之前未受重视

相较于其他课程,法律职业伦理教育在澳大利亚高校法学院中的发展历史较短,20世纪末该课程还鲜少存在,当时也未被列入核心课程。可以说,在21世纪之前,澳大利亚高校法律职业伦理教育尚处于缺失阶段。1998年,澳大利亚法律委员会的一项调查显示,大多数高校法学院会在授课过程中讲授法律伦理,但讨论的是较为谨慎的话题,部分与实体法的讲授相结合。尽管部分学校开设法律伦理科目,但该课程主要作为法律实务培训的准入课程,往往在颁发学位之前讲授,不需考试。这并非现代意义上的法律职业伦理课程,与21世纪兴起的法律职业伦理课程有诸多区别,后者涵盖了职业规范和行为,内容也更为细致。⑨

之所以法律职业伦理比其他课程发展慢,存在一些原因。一方面,法律职业伦理被视为职业责任教育课程,与法学理论缺乏密切联系,实体法授课中很少涉及法律职业伦理问题。另一方面,相比法律与政治哲学、社会学甚至历史学的交叉研究而言,法律职业伦理中涉及的学术问题、引发学生兴趣及专业性的内容更少。⑩ 这两方面原因导致法律职业伦理方面的研究、教材及文献相对较少,在21世纪之前不受重视。

(二)初步认知阶段:21世纪初成为高校必修课程

关于高校法律职业伦理教育重要性认知的转折点出现在2000年。2000年,澳大利亚法律委员会批准了澳大利亚法律改革委员会的建议,认为形成对法律道德标准和职业责任的深刻认识是法学教育目标的重要内容之一。法律改革委员会指出,学生必须接受法律职业伦理培训才

---

⑨ See Margaret Castles, "Challenges to the Academy: Reflections on the Teaching of Legal Ethics in Australia", *Legal Education Review*, 12, 2001, pp. 84 – 86.

⑩ See Charles Sampford, Hugh Breakey, *Law, Lawyering and Legal Education: Building an Ethical Profession in a Globalizing World*, London, Routledge, 2017, pp. 150 – 151.

能获得法学本科学位。参加法律职业伦理继续教育课程的从业人员也需要更新其执业证书。应当在澳大利亚西部实施强制性的法律继续教育方案,法律职业伦理和司法程序课程应是必修课程。⑪

至2004年,有75%的澳大利亚高校法学院有伦理和职业责任的必修课程,这些课程都是在20世纪末21世纪初发展起来的。澳大利亚国内高校设立的各项法律职业伦理课程名称不一,如"律师,正义与伦理""法律,律师和社会""伦理与职业行为""法律职业"等,但这些课程涵盖的主要内容在于法律职业化和法律职业伦理。相较于其他核心课程,大多数法律职业伦理课程还处于初级阶段。这些课程授课方式基本相似,部分学校也实施了创新方法。鉴于伦理和职业责任一般是指在相关监管规定、法条及判例中规定的律师对法院和客户所承担的责任,故而伦理与职业责任课程倾向于关注从业者可能面临的困境,并为解决此类问题提供相关指导。⑫

关于高校法律职业伦理教育必要性的探讨是21世纪初备受关注的问题。支持的观点普遍认为:其一,正义的实现与法律、法律制度、法律职业及法律职业伦理教育有密切联系。"正义"的法律制度需要有道德的法律人。社会正义的实现需要法律职业理解和致力于实现正义。因此,法律培训必须将道德培训包括在内。其二,法律永远不是无价值的。女权主义法律理论、批判性法律研究及后现代主义等当代法律批判理论认为法律不像之前那样客观和中立,并且这种观点被广泛接受。但是,法律价值的本质意味着伦理教学应被纳入法学教育之中。因此,伦理教育并非可选择项而是义务。其三,教育绝非没有价值。法学教师在教学过程中必然会列举一些具有模范作用的"好律师",因此他们无法避免伦理教育。通过案例和假设等方式来创造法律和律师的形象,不可避免地会教授法律职业伦理。其四,应通过法律职业伦理教学来改变法律职

---

⑪ See Australian Law Reform Commission, "Managing Justice: A Review of the Federal Civil Justice System", 2000, pp. 11 - 174.

⑫ See Suzette Barnaby, "Legal Ethics for the Real World: A Model for Engaging First Year Law Students", *QUT Law Review*, 4, 2004, pp. 7 - 10.

业在社会上的形象。人们普遍认为律师是自私的,法律实务工作性质的变化、消费者问责制的加强、经济理性主义的压力和竞争改革等因素都加重了高校培养有道德的律师的压力。⑬ 职业道德和行为的教学不能仅是简单的职业课程或在职培训,学生应当对其对客户或雇主承担的义务及对维护和改善基本民主价值观、为弱势群体服务的义务有所领悟。同时,在大学的学术研究阶段,该课程为学生提供了一个理解和学习法律实务工作基本价值观的有利时机。⑭

然而,部分学者反对将法律职业伦理作为必修课程,这主要基于以下原因。其一,学术自治原则。法学院不是法律职业的初级教育机构,没有义务为未来的律师教授法律伦理或职业责任,这应当设置在研究生课程、内部培训或学徒制中。并非所有的法学毕业生都会从事法律职业,所以不应该强迫他们在大学期间学习法律职业伦理。其二,缺乏资源。法学院缺乏教授伦理和职业责任的时间、专业知识和材料。引入该课程会导致原有课程增多,出现教师和材料不足的问题。其三,道德无法教导。包括正义、诚信在内的道德不属于可以教育的范围。将法律伦理与职业责任设置为必修课,不会使律师成为好人或改变律师行业的纪律,无法保证会改善相关实践或减少投诉律师的状况的发生。其四,道德推理无法客观评估。将伦理与职业责任课程强制化,可能会存在风险,如课程被热衷于将自己的宗教或道德观念强加于他人的狂热者所利用。鉴于道德推理无法客观评估,故而最终评估不存在一致性。⑮

需要指出的是,“道德是感染而成的,不是教的(Morals Are Caught Not Taught)”,该格言看似否定了道德教育的可能性,但这可能是对部分课程的合理批评。即课程的出发点不应仅在于向学生传递有关伦理或道德理论方面的信息,而是通过健全的教学实践、适当的技术和理论

⑬ See Diana Henriss-Anderssen, “Teaching Legal Ethics to First Year Law Students”, *Legal Education Review*, 13, 2002, pp. 48 – 49.

⑭ See Kim Economides, Justine Rogers, “Preparatory Ethics Training for Future Solicitors” (2009), pp. 19 – 20.

⑮ See Kim Economides, “Christine Parker, Roundtable on Legal Ethics in Legal Education: Should It Be a Required Course”, *Legal Ethics*, 14, 2011, p. 110.

来实现对学生的道德协调方面的培育,这才是实现道德发展的有效途径。

可以说,在21世纪初,法律职业伦理成为澳大利亚高校必修课,澳大利亚国内关于设置该课程的必要性进行了诸多探讨,构成了关于高校法律职业伦理教育的初步认知。

(三)深化认知阶段:2008年以来不断完善

尽管21世纪初澳大利亚将法律职业伦理设为高校法学院必修课程,并不断探索法律职业伦理教育的推进,但是法律职业伦理教育尚存一定问题。故而自2008年以来,澳大利亚国内关于法律职业伦理教育的认知,更多关注在原有课程存在的问题、法律职业伦理教育的性质和内容、创新教育理念和方法等方面,这都推进了澳大利亚国内对法律职业伦理教育认知的深化。

在英国和澳大利亚,鉴于法律职业伦理往往是纪律性规范,故而法律职业伦理教育往往缺乏明确的教学目标或教学价值观。学生经常提到想要变得“专业”,但他们无法真正描述该词的含义,往往将之形容为客观、熟练或经验丰富。他们经常提到专业工作的重要性,并且认为律师具有相对较高的地位。但在专业的定义和实际工作中的专业化之间存在一定的紧张关系。专业身份强调了社会责任和道德,但也包括对客户个人或社区负责。

有学者曾以澳大利亚法学专业一年级学生为研究对象,旨在强调伦理处理的是公众对个人在日常生活中做出的实践价值和判断的善的责任。然而研究发现,法学专业的学生并不认同这种伦理观念,他们倾向于将伦理降低到人类行为的另一个领域,如法律或政治,或者将其视为不涉及公共责任的主观道德领域。该道德观念的缺失,实则对法律职业伦理教育提出了挑战。[16] 为强化法律伦理规范和意识,加强教育是至关重要的途径。相关研究发现,课程设计良好的法律职业伦理教育能够很大程度上提升学生的法律职业伦理能力,解决实务中遇到的伦理问题,

---

⑯ See Kieran Tranter, "'Ethical, ooh, Yeah Ethical is Yeah, What's Right Yeah': A Snapshot of First Year Law Student's Conception of Ethics", *Legal Ethics*, 7, 2004, p. 85.

法律职业伦理教育甚至比部分其他法学课程的价值更高。

2008年,澳大利亚在基于教学与学习倡议的纪律报告中规定了教学的目标之一,即通过有效方式在澳大利亚法学专业学生中强化专业、伦理和服务等价值。⑰ 澳大利亚学习与教育委员会的相关报告也多次提到法律职业伦理教育,《澳大利亚国家统一入学规则》也要求学习"道德和专业责任"。关于法律职业伦理和责任的教育目前受到越来越多的关注。2014年法律招生咨询委员会曾对法学教育核心领域进行了一定审查,并主张将公司法、职业伦理和民事诉讼法等核心课程删除。更激进的提议是完全放弃核心课程领域,如有报告指出,鉴于法学学士学位的多面性越来越强,将重点放在与法律专业相关的特定要素上可能是错误的。反对观点则主张在职业伦理和法律解释领域加大教学力度。这主要在于法律职业伦理有不同的流派,如对抗性的倡导者、负责任的律师、道德活动家和关系律师或注意伦理等,律师在适用法律职业伦理时面临着内部存在分歧的问题。⑱

澳大利亚的法学教育传承于英美法系,但又独具特色。虽然关于法学教育的性质存在一定争议,但在目前澳大利亚高校法学院中已形成一定共识,即法学教育一定程度上属于法律职业教育。因此,在培养目标和具体课程设置中,职业导向在法学教育思想中占据主导地位。⑲ 在澳大利亚,法学教育的11门核心课程包括:行政法、民事诉讼法、合同法、公司法、刑法和刑事诉讼法、衡平法(包括信托)、伦理与职业责任、证据法、联邦和州宪法、财产法、侵权法。法律伦理与职业责任所涉及的内容为法律职业人员因其对法律、法院、客户及其他从业人员的职责而做出的专业和个人行为。该课程研究的是入门级别律师的合道德行为和与

⑰ See Susanne Owen, Gary Davis, "Catering for Student Diversity: Building Academic Skills in Graduate Attributes Learning and Assessment Opportunities through Collaborative Work", *Journal of University Teaching & Learning Practice*, 8, 2011, pp. 2 – 4.

⑱ See Pauline Collins, "Australian Legal Education at a Cross Roads", *Australia University's Review*, 58, 2016, pp. 30 – 38.

⑲ 参见刘坤轮:《法律职业伦理教育必要性之比较研究——以美国、澳大利亚、加拿大和韩国为比较》,载黄进主编:《中国法学教育研究》2016年第4辑,中国政法大学出版社2016年版,第16~37页。

客户、法院、社区及其他律师交往过程中应展示的专业责任和行为。

法律职业伦理课程的核心元素在于律师应胜任如下方面。(1)行为合道德性:在具体情况下确定行为的合道德性,采取符合职业伦理标准的行为;(2)知晓何时产生道德问题,知晓应告知的主体(如雇主、专业人士协会、法律服务委员会、警察等),知晓告知的相关程序及困难;(3)遵守法律职责和义务:确定特定情况下法律规定的律师的义务并依法履行义务;(4)遵守职业操守相关规则:确定职业行为规则的适用,开展符合这些规则的活动;(5)遵守受信义务:承认并遵守任何受信义务,依法行事;(6)避免利益冲突:在合理情况下尽快确认任何潜在或实际的冲突,采取有效行动来避免潜在的冲突或在冲突已发生的情况下依法有效解决冲突,在诉讼中采取适当措施防止未来可能发生的冲突;(7)举止文明:在所有交易中表现出专业的礼仪;(8)遵守收费规则:确定适用于收费服务的所有规则,遵守相关规则,依法保存文件备注和相关记录;(9)认识到无偿法律服务在实务中的重要性,确定律师可能提供无偿法律服务的各种方式,必要时使用社区或专业组织提供的资源,确保客户有权获得法律援助或社区及专业人士的协助。[20] 法学学士学位毕业生应当能够符合以下要求:了解道德决策做出的路径;有能力识别、反思及回应法律问题;能够识别和反馈在接近正义和服务社区方面作用的职业责任;发展专业判断的能力。[21]

(四)当前认知态势及发展

全球化发展、全球法律事务的增长等引起了法律实务领域的变化,对传统的法律职业伦理提出了新的挑战。这也意味着应当提高法学院学生的法律职业伦理教育水平,从而使他们能够具有应对全球化背景下新的道德挑战的意识和能力。有学者指出法律教育的弊端之一在于忽

---

⑳ See Legal Services Council, "Legal Profession Uniform Admission Rules 2015", pp. 24, 38 – 39; Law Admissions Consultative Committee, "Uniform Principles for Assessing Qualifications of Overseas Applicants for Admission to The Australian Legal Profession" (2015), pp. 3, 15, 37 – 38.

㉑ See Magdalene D' Silva, "A New Legal Ethics Education Paradigm: Culture and Values in International Arbitration", *Legal Education Review*, 23, 2013, p. 89.

视当前及未来不断发展的全球化趋向,缺乏关于跨境法律事务中职业责任和伦理建设的充足教育。[22]

关系、中介和协作律师的时代已经到来,为各种各样的法律教育建议的交汇提供了一个独特的选择,也为法学教育发展提供了新的方向。不可避免的是,对抗性司法模式会产生高昂的财政支出、个人成本,替代性纠纷解决方式将成为法学教育中的重要内容。随着全球化和新自由主义私有化的发展,未来的律师无论是在跨国集团还是当地社区工作,都需掌握一定技能,如法律解释、口头表达和人际交往能力,语言意识,冲突理论知识,国际关系和地缘政治意识,研究和技术能力,并且都需接受职业伦理教育。该法律人才培养模式集中于全球化环境中律师如何提供服务和促进司法公正,并在此基础上提出注意伦理、关系伦理、人本主义的律师职业建议等,鼓励学生以合作的方式获得更全面的培训。[23]

目前,澳大利亚国内关于在高校开设法律职业伦理课程的必要性不存争议,也普遍重视法律职业伦理授课模式和理念的创新和完善。如何更好地设计法律职业伦理课程体系成为当下备受关注的问题,这典型体现在关于法律职业伦理"自上而下"还是"自下而上"模式构建的探讨中。在高校法学院中,法学教育通常会假设以正义为基础,而不对其进行过多分析。正义是一种典型的道德观念,尤其是从亚里士多德将之视为美德的角度而言。但法律职业伦理教育通常更关注结果主义或康德主义的正义,而非直接关注正义本身。有学者指出,以正义为重点的法律职业伦理教学必须以美德伦理的正义为关注点,因为整体正义对未来律师而言意味着比个人客户想要或需要的正义更多。[24]

从业者需要了解规范其行为的立法,但如果让这些文件主导法律职

㉒ See Janine Griffths-Baker, Nancy J. Moore, "Regulating Conflicts of Interest in Global Law Firms: Peace in Our Time?", *Fordham Law Review*, 80, 2012, p. 2541.

㉓ See Pauline Collins, "Australian Legal Education at a Cross Roads", *Australia University's Review*, 58, 2016, pp. 30 – 38.

㉔ See Adrian Evans, "Strengthening Australian Legal Ethics and Professionalism", in Ron Levy et al., eds, *New Directions for Law in Australia: Essays in Contemporary Law Reform*, Canberra, The Australian National University Press, 2017, pp. 473 – 481.

业伦理课程,有学者指出,那将会以一种特别狭隘的方式界定法律职业伦理。法律伦理学主要被看作实务工作者在相互竞争的道德理论中进行选择并解决其面临的实践困境的一种哲学上的探索。该概念意味着:一方面,道德语境下的参与者是脱离上下文的个体;另一方面,道德参与几乎完全是通过哲学推理来解决“新事实”的道德困境。这种法律职业伦理观念是一种“自上而下”的模式,赋予专家以哲学知识特权,并将道德话语的内容和参数限制在离散的问题情境之中。故而这些情境的解决方案主要通过诉诸理性原则来确定,理性在这一建构上等同于平等、自治、统一和公正,但这忽略了责任、弱点、特殊性、关怀和关系。因此,当准则被用来规范伦理行为时,其狭隘性会凸显。

同时,让学生参与法律职业伦理课程存在挑战性,因为学生可能认为法律职业伦理课程与他们当前的经验和未来的专业需求关系不大。因此,有学者提出“从下而上”的模式,以提升学生的兴趣,并满足社会的需求。“自下而上”的模式需要对法律职业伦理概念作出另一番解释,这主要基于如下假设:其一,法律是一种社会实践,不是孤立的活动;其二,个人不是原子论中的,而是在内在的社会中,存在于复杂的关系、历史、文化和语言环境中;其三,伦理学应来源于实践而非哲学;其四,法律的社会实践本身是合乎道德的,因为法律职业人员的共同目标是维护法治,法治是社会福祉的根本;其五,法律的道德话语应主要关注如何培养和支持这种社会实践,以培养正直、承诺、诚实和勇气等价值观念,从而恢复公众的信任。㉕

三、澳大利亚高校法律职业伦理教育的实证分析

在澳大利亚高校法学院中,法律职业伦理往往作为必修课程进行教授,并形成了各具特色的课程设计和具体安排。通过分析不同高校法学

㉕ See Suzette Barnaby, “Legal Ethics for the Real World: A Model for Engaging First Year Law Students”, *QUT Law Review*, 4, 2004, pp. 25 – 26.

院的法律职业伦理课程,可以发现澳大利亚的法律职业伦理教育注重实践性和创新性,并不断探索授课模式的更新。

(一)法律职业伦理课程培养目标

尽管在法律伦理与职业责任方面,不同高校设置的课程有着不同的培养或课程设置目标,但整体来看呈现出共同之处:一是促进学生理解、尊重和遵守职业伦理要求和标准,二是培养学生维护社会公平和实现法律正义的责任感。前者体现了法律职业伦理的技术性和规范性,即法律职责的内容,一般由法律职业行为规范组成;后者反映了法律职业的共同追求,涉及法律职业应当对整个社会所承担的责任,相对而言技术性要素比前者低。需要指出的是,虽然法律职业伦理教育越来越强调技术性发展趋势,但其对公平正义的追求并未消减,且在法律职业伦理困境突出的当今时代更为凸显。㉖ 澳大利亚部分高校法学院开设的法律伦理与职业责任课程也体现了这一点,表1对部分课程的培养目标进行了梳理。

表1　澳大利亚部分高校法学院法律职业伦理课程培养目标

课程序号	课程名称	开设学校	培养目标
LAWS 1202	律师正义与伦理	澳大利亚国立大学法学院	通过该课程的学习,学生将掌握如下知识和技能: (1)知悉法律实务的社会、政治和经济背景; (2)形成对法律实务的现实和多样性的理解; (3)批判性评估诉诸司法的限制和为促进接近正义采取的措施; (4)解释法律实践的道德维度和对职业行为的监管; (5)有效传达他们的阅读、研究和批判性分析的成果。

㉖ 参见刘坤轮:《法律职业伦理教育必要性之比较研究——以美国、澳大利亚、加拿大和韩国为比较》,载黄进主编:《中国法学教育研究》2016年第4辑,中国政法大学出版社2016年版,第16~37页。

续表

课程序号	课程名称	开设学校	培养目标
LAWS 1230	律师，伦理和正义	新南威尔士大学法学院	(1)旨在帮助学生评估律师的行为、伦理实务的本质以及根据自己的身份、价值观和技能追求正义,要求学生考虑依照自己的价值观行事对其职业生涯的意义。 (2)通过该课程,学生将开始增强他们参与道德法律实践所需的技能,如识别和解决道德问题;与同事或其他专业人士合作,建立和维护道德工作实践;认识和管理客户的多样化需求和利益;将职业责任与客户、工作场所、职业、司法系统和社会相联系。
LLH 302	伦理与法律职业	昆士兰大学法学院	(1)该课程旨在提供一个动态和互动的论坛,让学生了解规范律师的法律和伦理因素如何影响法律实践; (2)该课程旨在模拟法律诊所教育形式,鼓励学生深入思考法律实践中可能出现的状况。
LAW 4309	实务中的律师伦理	蒙纳士大学法学院	通过该课程的学习,学生应当能够: (1)解释法律职业伦理实践中不可或缺的法律、原则和价值观; (2)论证道德决策的方法,即承认、反思和回应法律实践中出现的道德问题,尤其是关注在促进正义和社区服务领域的专业判断; (3)使用批判性分析做出合理的选择,并将之创造性地适用于具体问题中; (4)沟通如何在不同实践环境中有效、恰当及有说服力地将职业责任原则适用到具体道德问题解决中; (5)论证与道德判断相关的自主权、问责制和专业性,并有效利用相关反馈。
LAW 5015	法律实务中的伦理		

续表

课程序号	课程名称	开设学校	培养目标
LLH 302	伦理与法律职业	昆士兰科技大学法学院	(1)旨在让学生了解法律从业者的法律和道德责任,便于其对职业生涯中可能面临的道德困境做出适当反应。 (2)通过该课程的学习,学生应分析法律职业的伦理标准和职业责任,考虑更广泛的社会、经济或政治影响。 (3)通过应用法律和伦理标准,提出解决道德困境的方案;使用适当的法律研究方法来识别和评估法律职业伦理问题等。
LAWS 90140	纠纷和伦理	墨尔本大学法学院	通过该课程的学习,学生能够: (1)把握并理解有关民事纠纷解决和法律职业道德相关的法律法规和原则的知识; (2)分析和评估涉及复杂事实问题的民事纠纷,并就解决争议的最适宜方式提供建议和协助; (3)确定相关的道德问题,并在法律实务方面提供适当的专业判断和决策; (4)掌握法律研究、客户沟通、案例管理和谈判的基本技能; (5)研究、分析和评估民事纠纷解决和法律职业伦理的现有理论、观点及其发展; (6)作为团队成员有效处理民事案件。

通过分析上述作为样本的法律职业伦理课程的培养目标可以发现:其一,澳大利亚法律职业伦理课程强调对法律职业责任和相关伦理要求的具体法律法规的把握和理解,并将之置于更广泛的历史、政治、文化背景下做出论证。其二,澳大利亚法律职业伦理教育注重对学生解决法律实践中道德困境的能力的培养,重视法律实务中伦理问题的专业判断和批判性分析,旨在帮助学生更好地处理毕业后面临的具体难题,具有较强的现实关切。其三,澳大利亚法律职业伦理课程兼具理论探讨与实践操作指引的内容,强调法律伦理相关规范在实践中的适用和道德困境的具体解决。

实际上,法律职业伦理课程的培养目标源于对法律职业伦理概念的界定。该目标包含宏观和微观两个层面。宏观问题包括增强学生对影响法律和法律职业伦理的更广泛的社会和政治背景知识、法律和律师在社会中的作用的学习。微观问题涉及个人价值观、身份认同、发展美德和参与社区法律服务等问题。该课程的重点不只在于提升学生的技能或能力,更在于引导学生思考,通过该思考过程成为善于思考和富有思想的法律实务工作者。

(二)法律职业伦理课程设计与具体安排

澳大利亚法律职业伦理课程往往由法律伦理与职业责任两部分组成,强调对法律职业伦理的深入研究和在实践中的具体考量。具体到课程设置中,虽然不同高校法学院的课程具体名称不同,具体学分、课时、内容或探讨主题有所差异,但具体课程设计都体现了对法律职业伦理教育的重视。部分高校法学院法律职业伦理课程设计与具体安排的梳理如表 2 所示。

表 2　澳大利亚部分高校法学伦理课程设计与具体安排

课程序号	课程名称	基本信息	课程内容与考核
LAWS 1202	律师正义与伦理	每周 3 小时,1 学期;方式为讲授和研讨会	该课程审查法律在社会中的作用、运作和效果,将律师作为法律体系的主要代表和解释者,并教授有效法律研究所需的技能,如批判性分析、论文写作和充分理由论证。 考核方式:课堂参与、测试、注释书目、批判性阅读作业和研究论文等方式。
LAWS 1230	律师,伦理和正义	6 学分;每周 4 小时	应用法律职业伦理的必修核心课程,审查了为律师提供道德实践的结构、规则和价值观。该课程探讨了专业实践中出现的道德问题及相关法规和标准,根据个人价值观、经历和心理偏好及在更广泛的背景下探讨相关问题。该背景包括法律职业的历史、运作及变化迅速的环境,还包括当代律师工作的多样化和苛刻环境。该课程处理日常决策和行为中的道德问题以及律师特有的问题,通过该课程

续表

课程序号	课程名称	基本信息	课程内容与考核
LAWS 1230	律师,伦理和正义	6学分;每周4小时	学生将分析律师在司法系统中应当发挥的作用,并将其与律师已经或应当具备的价值观和常规技能相联系,以确保有效和公正的结果。课程研究主题包括:个人价值观、道德和法律专业性;律师、伦理和正义的文化构建;接近正义;法律文化和工作场所;伦理问题;专业职责和规则;律师的责任;刑事和民事律师的道德规范;谈判和非诉纠纷解决机制;认识并解决伦理问题;法律区域化与全球化等。
LLH302	伦理与法律职业	每周3小时	该课程向学生提供有关法律职业历史和发展的信息,以及当前规范律师现有结构和机构的信息,研究适用于律师的法律、专业规则和价值观,并探讨实务中出现的道德问题。该课程为学生提供诸多现实生活和假设场景,大量使用音频和视频材料,并至少由一名监管机构人员进行客座讲座。同时,该课程会根据学生的评估反馈进行调整,如引入更多专业性实务问题,以确保所有学生都了解课程所涉法律背景。 内容包括:法律专业的历史、发展和结构;律师在接近正义方面的作用;法律实务的道德框架;法律职业人员维护法律的义务;法律职业人员对法院的职责;法律职业人员对客户的责任;法律职业人员有责任履行保密义务并避免利益冲突;法律职业人员对其他从业人员和第三方的职责;等等。
LAW4309	实务中的律师伦理	6学分;每周3~4小时预定学习活动,包括教师指导学习、同伴讨论和在线学习相结合	该课程介绍道德决策和律师职业责任的法律法规,为法律实务引入不同的伦理方法,重点关注传统的对抗制诉讼的正义性和批判,以及在不同实践领域的替代方法。该课程鼓励学生提高对自身道德取向的认识,期待学生在假设情境中应用不同的道德方法,通过律师法来识别和解决法律实践中出现的道德问题,并在不同实践背景下探讨律师的职业伦理。 考核方式:视频演示(10%);在线测试(10%);道德媒体日记(40%);课后考试(40%)。

续表

课程序号	课程名称	基本信息	课程内容与考核
LAW5015	法律实务中的伦理	6 学分	课程内容同上。 考核方式:3 分钟视频演示(10%);研究论文(字数要求为 2250 字,占 30%);考试(考试 2 小时加 30 分钟阅读时间,占 60%)。
LLH302	伦理与法律职业	12 学分	该课程是获得法学学士学位的核心课程,主要内容包括:伦理理论的概括介绍、对客户的义务、利益冲突、保密原则、司法管理(对法院的义务)、纪律等内容。每部分内容的讲授都以相关立法和判例为支撑。
MLL235	法律职业与伦理	1 学分;每周 3 小时课程 1 次,1 小时讨论会 1 次	迪肯大学法学院开设,向学生介绍法律实践及成为律师时应承担的道德义务。主题包括:维多利亚州法律职业的历史和组织;目前的职业实践趋势;职业责任和义务;伦理和伦理概念介绍;法律职业伦理和律师对法律、客户、法院和同行的义务;法律职业相关规定等。 考核方式包括两方面,一是个人评估:书面作业,2500~3000 字,占总成绩 40%;二是考试:2 小时,占总成绩 60%。
5193LAW	实务中的伦理与职业责任	10 学分	格里菲斯大学法学院开设的针对本科生最后一年开设的 10 学分必修课程,讲述和评估律师和法律职业责任的核心内容,包括专业规则及其应用、律师职责、律师相关规定和纪律等内容。该课程还调查与法律实务和当代问题相关的概念,如职业性质的变化和接近正义。
LAWS 90140	纠纷和伦理		该课程向学生介绍民事纠纷解决和法律职业伦理的理论和实践。学生将对协商、调解和诉讼三个重要的争议解决流程的运作形成批判性理解。学生将了解律师在解决法律纠纷方面的作用,包括专业技能、伦理责任和法律义务,如对客户和对司法的责任。通过模拟民事纠纷解决,参与法教义学、法社会学和法学文献学习,深刻反思民事纠纷的过程和结果。

虽然不同高校法律职业伦理课程的学分设计有很大差异,但课时普遍安排在每周3~4小时。在授课形式上,澳大利亚法律职业伦理课程所采用的教学方式较为多样,除传统的讲授形式外,注重小组讨论、在线学习、影视资料、实践模拟等多种形式的组合适用,强调授课方式的创新和多样化,这也一定程度上符合学生的需求和兴趣。由于部分法律课程的阅读负担过重,为保证在不过度增加学生阅读负担的情况下参与到课程中,视觉媒体或文本与图形相组合的方式能够更有效地处理信息。早在法律职业伦理课程授课之初,已有对利用新媒体等方式授课的探讨。㉗ 在上述法律职业伦理课程中,迪肯大学法学院的"法律实务与伦理"、格里菲斯大学法学院的"实务中的伦理与职业责任"等课程都是具有代表性的"法律创新"课程,受到广泛关注。㉘ 上述课程的考核方式也体现了该创新性。在澳大利亚法律职业伦理课程中,考核方式往往并不单一,而是将考试、批判性阅读、研究论文、视频演示等多种方式相结合,较之传统课程更具灵活性。

同时,澳大利亚法律职业伦理课程对授课内容和相关主题作出了较为明确的规定,并基本上形成了较为统一和确定性的设计,这在各高校法学院网站的课程介绍中有所体现。例如,昆士兰科技大学法学院关于"伦理与法律职业"课程介绍的官方网站上有详细的关于该课程研究专题的介绍,并附有大量立法规定和相关判例的链接和介绍资料。㉙ 从具体内容来看,澳大利亚法律职业伦理课程同样包括了法律职业伦理学的总论和分论的研究,并强调对具体实务中法律职业伦理各方面规定和判例的深入探讨。

㉗ See M. J. Le Brun et al., "Producing Multi-Media Teaching/Learning Materials for Teaching Legal Ethics and Professional Responsibility in Australian Law Schools: And the Lesson is . . . Solider On", *Legal Education Review*, 12, 2001, pp. 157 - 160.

㉘ See Andrea Perry-Petersen and Michael Lacey, "Legal Innovation" Education in Australian Law Schools, Accessed June13, 2019. http://www.andreaperrypetersen.com.au/wp-content/uploads/2018/09/Legal-Innovation-Education-Sep-2018.pdf.

㉙ See "LLH302", Accessed Jun. 13, 2019. https://rl.talis.com/3/qut/lists/5A64F8A5-552A-5715-8483-E447E0D74690.html? lang=zh-CN.

（三）法律职业伦理教育的发展趋向

尽管澳大利亚法律职业伦理教育形成了一定规模的发展，并创新了授课模式和课程设计，但目前仍存在一定争议，这主要基于如下原因。其一，通过该课程解决法律职业伦理困境是不现实的。法律伦理困境和职业责任问题在实务工作中无处不在，并且一般不会与实体法问题区分开来。其二，该课程的授课效果与预期目标可能存在差距，学生可能无法通过该课程完全知晓法律职业伦理对其未来职业生涯的重要作用。其三，法律职业伦理课程往往只有一个学期的授课时间，对真正掌握法律职业伦理而言仍属时间有限。其四，尽管澳大利亚法律职业伦理课程兼具技术性和哲学性，但课程培养目标和具体内容仍将重点放在职业责任的技术性领域，一定程度上忽视了更广泛的法律伦理或道德。[30] 关于法律职业伦理教育的争议，反映了对新型教育模式的反思，即如何更好地将法律职业伦理教育与学生毕业后的职业行为相结合以发挥该课程的价值仍是值得探讨的问题。

关于法律职业伦理的课程设置或授课方式，一直是备受关注的重要问题。有学者主张以认知心理学中的建构主义为基础设计法律职业伦理课程，强调学习者通过学习活动及方法构建知识学习，否认知识“直接通过指令强加或传播”，强调以学生为中心。[31] 也有学者建议引入其他学科中具有创新性的伦理教育方法，如指出法律伦理教育不经常关注原则和有效行动之间的差距，能够解决该问题的教学方法是“表达价值观”（Giving Voice to Values，GVV）。该教学法是由玛莉·秦梯利（Mary C. Gentile，1954—）博士自 2005 年起在美国百森学院开始的课程开发项目，被视为领导力和价值教育的一种创新方法，关注商业伦理的分析和执行。该方法在反思伦理学教育为何未取得预期成效的基础上，主张实践价值观是技能和实践问题，应当识别对道德行为选择最具影响的个

---

[30] See Maria Nicolae, “Legal Education, Legal Practice and Ethics”, *Legal Education Review*, 25, 2015, pp. 240 – 241.

[31] See Michael Robertson, “Challenges in the Design of Legal Ethics Learning Systems: An Educational Perspective”, *Legal Ethics*, 8, 2005, pp. 223 – 224.

人及组织的有利因素和不利因素,起草价值观导向的行动计划等。[32] 有学者建议将该方法引入法律职业伦理教育中,并进行了初步的有效性研究,鼓励教师将之作为帮助学生培养法律职业伦理技能的方法,以便学生在法律实务中能够更好地应对伦理挑战。[33]

在澳大利亚,关于法律诊所教育的诸多文献都在探讨如何在法律实务场景中持续培养学生的法律伦理和职业责任。通过体验式学习让学生在帮助弱势群体的过程中对法律形成批判性分析,并对法律执业人员的公共角色形成正确认知,是法律诊所的任务之一。在法律诊所实践中,学生会面临较多的法律职业伦理问题。学生不仅可以依据相关知识进行实际判断,也可通过观察教师或其他人员的行为来加强自己的学习。这尤其体现在职业操守、规则及责任感培养等方面。培养学生的法律职业伦理和职业责任也是法律诊所教育的重要体现之一,法律诊所教育在学生法律职业伦理培养方面具有较大的适宜性,能够帮助学生和当事人建立适宜的责任关系,促进学生对公益服务和弱势群体的关注,并培养学生敏锐发现社会机制不公的能力。[34] 有学者指出,通过客户访谈等方式体验法律实务能够丰富和深化法律职业伦理的教学,因此可以将法律诊所引入法律职业伦理课程。通过针对澳大利亚学生的实证研究,可以分析学生在不同环境下法理职业伦理和实践的不断变化,如对"关怀伦理"和正义概念之间关系的认识。[35]

在"互联网+"背景下,在线模式是引起广泛关注的法律职业伦理教育方式,该方式早在21世纪初已有探讨。在线模式具有很多传统授课模式不具有的优势。其一,第一年授课完成之后学生在之后几年还可以访问网址,其知识可以保持更新。其二,在网站上可进行互动,使学习

---

[32] See Mary C. Gentile, *Giving Voice to Values: How to Speak Your Mind When You Know What's Right*, London, Yale University Press, 2012, pp. 5 – 10.

[33] See Vivien Holmes, "'Giving Voice to Values': Enhancing Students' Capacity to Cope with Ethical Challenges in Legal Practice", *Legal Ethics*, 18, 2015, p. 115.

[34] [澳]杰夫·吉丁斯:《推进正义的法律诊所教育》,袁钢译,中国人民大学出版社2017年版,第50~52页。

[35] See Anna Cody, "Interviewing Real Clients and the Ways It Deepens Students' Understandings of Legal Ethics", *Legal Ethics*, 21, 2018, pp. 46 – 49.

过程更有趣。其三,在线课程的宗旨是展示人际关系的内在联系,增进学生对全球正义问题的认识。互联网为获取信息提供了理想工具,也为不断变化的政治、人权、司法等问题提供了例证。在线协作讨论能够提供比面对面学习更高层次的联系,前提是这些课程得到了教师等相关人员的有效支持。其四,为学生提供了最大的灵活性,方便学生的活动安排。其五,部分开发者认为在线技术有潜力成为培养学生更高层次的批判性思维能力的有效工具。其六,在线站点有比较大的设计控制权限,并且为多种创新活动或方式提供了空间。[36]

另外,在线技术的特别优势之一在于其学习材料可以是视觉的、动画的、听觉的或其他网站的超链接,这都会增加学生的兴趣。学生对故事的记忆比抽象的原则要好,因此故事和案例研究也可以作为学习资源。在线课程的设计体现的也是“自下而上”的方法。另外,在线讨论的好处之一在于为导师提供了相当大的空间,可以在发表评论之前反思自己的意见,并利用新的资源活跃讨论,如为了促进指导的目标,可以邀请客座撰稿人参加在线对话等。有效的协作学习恰恰是建立在充分的非正式社会交流基础上的,因此,法律职业伦理的在线教育方式值得探索。例如,蒙纳士大学法学院开设的“实务中的律师伦理”即为在线课程,授课及考核方式均呈现多样化特点。

四、澳大利亚法律职业伦理教育对我国的启示

在我国,法律职业伦理教育曾长期处于较为边缘的地位,高校对法律职业伦理教育缺乏期待,亦未形成较为一致的法律职业伦理教育目标、理念或具体课程设计模式。这一定程度上也与我国法学教育目标和实施现状相关。如何解决法律职业伦理教育效果不理想问题、实现法律职业伦理课程的培养目标,在立足我国实践基础上可对澳大利亚法律职

---

[36] See Suzette Barnaby, “Legal Ethics for the Real World: A Model for Engaging First Year Law Students”, *QUT Law Review*, 4, 2004, pp. 16 – 17.

业伦理教育形成一定借鉴和思考。

(一)中澳高校法学教育目标之比较

就高校法学教育目标来看,澳大利亚与我国的法学教育存在显著区别,但又存在趋同之处。澳大利亚对法学教育的定位更强调法律职业教育。法学教育曾经以"学徒制"为主导,随着现代法学院的兴起与发展,对学术的关注增强,基于实践的"学徒制"色彩逐渐减弱。在澳大利亚和英国,法学教育的性质相似,既包括学术教育阶段,也包括职业教育阶段。职业教育强调实务法律培训,注重法律诊所等模拟学习方式。[37] 澳大利亚高校关于法律职业伦理课程的培养目标较为一致,即促进学生遵守职业伦理标准,培养学生对实现社会公平正义的责任感,以便更多地帮助学生应对之后法律职业过程中的道德困境。

与之不同的是,我国本科法学教育并非单纯的职业教育,而是融合素质教育、专业教育及职业教育等多元目标的法学教育。其中,通识教育构成前提,专业教育是基础,职业教育是法学教育改革的发展方向和目标。[38] 2011 年《关于实施卓越法律人才教育培养计划的若干意见》指出卓越法律人才的培养应以实施素质教育为主题,以培养应用型、复合型人才为重点,2018 年教育部发布的法学本科专业教学质量国家标准同样指出,"法学类专业教育是素质教育和专业教育基础上的职业教育"。从以往实践来看,我国法学教育更强调素质教育,诸多法学本科毕业生并不从事法律职业,但结合国家统一法律职业资格考试改革及当前法学教育改革来看,从事法律职业应接受正规、系统的法学教育是发展趋势。法学教育和法律职业相辅相成,法学教育如何在新时期适应法律职业改革的步伐是当前需要考虑的问题。在法学教育改革过程中,普遍强调以培养司法人才为目标,构建以法律职业作为目标导向的法律人才培养机制,而这显然需要将法律职业伦理教育与职业技能培训有机结

---

[37] 参见[澳]杰夫·吉丁斯:《推进正义的法律诊所教育》,袁钢译,中国人民大学出版社 2017 年版,第 4 页。

[38] 参见杜承铭:《论本科法学职业教育目标的多元化及其实现》,载《中国大学教学》2014 年第 8 期。

合,作为高校法学教育的重要内容。[39] 同时,与各地律师协会等组织的职业培训相比,高校法学教育能够在学生求学阶段树立正确的法律伦理意识,学习、理解和遵守相关伦理规范,并在之后不断实践,故而更具影响力。

目前高校法学教育中存在通识教育与职业教育的区分。然而,通识教育以职业教育为前提,真正的职业教育亦非法律工匠的教育,而是塑造有价值信念的法律人才。高校的法学教育应当是价值养成和实质信念的教育,这恰恰是法律职业伦理教育的关键所在。法律职业伦理教育实为公民教育,要求法律人从职业角度主持正义,并具有实践的智慧。同时,法律职业伦理教育并非抽象的价值观念教育,还需与法律实践相结合,培养学生对法律职业伦理相关问题的判断力。[40] 在法学教育不断加强职业化发展的过程中,偏向于职业技能培训的法学教育职业化如果忽视具有终极意义的法律职业伦理,必然会影响法学教育的效果。职业化的法学教育既包括职业技能的培训,也包括职业伦理的培养。法律职业伦理课程能够引导学生从社会的角度思考法律的价值,通过法律追求社会公平正义的实现。[41] 因此,加强法律职业伦理教育成为当下关注的重点问题。

另外,与澳大利亚的法律职业伦理教育主要针对律师行业不同,我国法律职业伦理规范法官、检察官、律师、公证员等较广范围的法律职业者的行为,法律职业伦理教育也涵盖不同具体职业的各自遵循的不同伦理规范,较澳大利亚而言更为复杂。但是,一方面,澳大利亚高校法律职业伦理的授课模式和理念对我国同类课程建设有借鉴价值;另一方面,法律职业共同体具有共同的行为规范和伦理要求,这显然在一定程度上有一致性。因此,在求同存异的基础上探索澳大利亚法律职业伦理教育

---

[39] 参见焦富民:《“法治中国”视域下法学教育的定位与人才培养机制的优化》,载《法学杂志》2015 年第 3 期。

[40] 参见危文高:《法律职业伦理教育的主要问题与反思》,载《法学教育研究》2015 年第2 期。

[41] 参见周蔚文:《法律职业伦理关怀与法学教育的价值回归》,载《法律适用》2014 年第4 期。

的发展具有借鉴意义。

(二)国内高校法律职业伦理教育效果不理想

目前我国法律职业群体的法律伦理状况并不乐观,实践中存在诸多违反法律职业伦理的情形。如2019年5月17日,司法部发布了2019年5月的律师行政处罚和行业处分通报,11名律师因违规披露案件信息、违反利益冲突规则等被公开处罚。[42] 部分法官、检察官或公证员等职业人员违反法律职业伦理的行为频现。在加强法律职业人员法律伦理培训与规范的同时,加强高校法律职业伦理教育也成为提升未来法律职业人员法律伦理意识的有效途径。

然而,在我国当下法学教育体系中,法律伦理教育效果不理想的问题较为突出。一方面,鉴于法律职业伦理的培养不能带来较为直接的职场效益或考试用途,部分学生会忽视对法律职业伦理的学习。另一方面,法律职业伦理教育不会快速产生学科建设或人才培养的效果,故而部分院校尚未重视本科法律职业伦理教育。[43] 有学者以"卓越法律人才教育培养计划"基地学校为样本进行调研,发现仅有39%的高校明确了法律职业伦理的培养目标,开设相关课程的院校仅为样本的37%左右。[44] 教育部将法律职业伦理课程列为必修课之后,高校如何开设法律职业伦理课程成为需要解决的首要问题。该课程目前开设较少,可供借鉴或参考的经验不足,专业教师资源缺乏、脱离司法实践等问题突出。同时,法律职业伦理课程的培养目标、课程设计尚未形成可统一适用的体系,课程与法律实践中的伦理适用一定程度上存在脱节。[45] 目前教学实践中缺乏可适用的统一教材或权威性资料,也缺少完善的理论体系支撑,这导致在授课过程中容易出现较为分散或缺乏条理性等问题。

---

[42] 参见《行政处罚和行业处分通报》,载司法部官网:http://www.moj.gov.cn/government_public/node_lsl.html,最后访问日期:2019年6月17日。

[43] 参见陈云良:《新时代高素质法治人才法律职业伦理培养方案研究》,载《法制与社会发展》2018年第4期。

[44] 参见刘坤轮:《中国法律职业伦理教育考察》,中国政法大学出版社2014年版,第109~124页。

[45] 参见孙鹏、胡建:《法学教育对法律职业伦理塑造的失真与回归》,载《山西师大学报》(社会科学版)2015年第1期。

同时,该课程在授课内容和方式上尚存一定问题。一方面,鉴于法律职业伦理涉及正义、伦理等抽象观念,如何将这些观念与具体行为规则相结合是较难处理的问题。另一方面,法律职业伦理强调法律实践中的道德困境及相关规范,需要结合大量实务工作经验或案例作出探讨,这对未曾从事实务工作的教师而言存在一定挑战。同时,如何处理好公平正义的理论探讨与大量实务案例分析的关系,将两者有机结合并在课程中适当呈现,具有一定难度。故而部分学生或反映该课程理论深度不足,或主张加强案例研讨或专题分析。另外,在授课方式方面,目前部分法律职业伦理课程仍以传统的讲授模式为主,教学方式单一,学生对这门课程的兴趣不大,影响到授课质量。[46] 学生对该课程的期待值较高,希望通过该课程加强理论学习、深入案例分析、系统学习法律职业资格考试中的相关知识点,部分学生希望获得课堂展示或小组展示等表现自我的机会,这在为该课程的授课方式的多样化提供参考的同时,也提出了一定挑战,尤其是在该课程设置为 2 学分的情况下,如何将多样化授课方式在有限的课时之中适当安排有待思考。另外,该课程的考核方式同样成为值得探讨的问题。该课程在成为必修课之后,更常见的考核方式通常为闭卷考试。然而,法律职业伦理课程具有一定特殊性,闭卷考试的方式可能一定程度上限制了学生对课程的兴趣和对法律职业伦理认识的阐释。

(三)高校法律职业伦理课程设计及改革展望

目前法律职业伦理教育存在的困境:一方面在于法律职业伦理缺乏系统的理论体系;另一方面在于作为一门新兴课程,法律职业课程尚未形成系统化的教育模式和课程设计,缺乏足够的教学资源支撑。因此,在反思我国法律职业伦理教育困境、借鉴澳大利亚等域外经验基础之上,推动我国法律职业伦理教育的进一步发展,以促进法学教育改革的推进,是当下应当关注的问题。

1. 明确授课内容和时间安排

作为一门应用科学,法律职业伦理重视用伦理智慧和价值观念分析

---

[46] 参见许身健:《如何上好法律人的思想品德课》,载《检察日报》2019 年 5 月 15 日,第 7 版。

和解决法律职业中的道德问题,避免法律职业人员的"道德迷失",还需要为应对新的工作方式和法律环境来调整和建立新型的法律伦理理念,创造符合当下法律实践需求的法律伦理文明。目前我国深化司法体制改革中加强法律伦理建设,以"互联网+"和人工智能为标志的全球性新技术革命对法律职业和伦理价值观念产生了新的冲击和影响。作为一种理性构建和制度诉求,系统化的法律职业伦理理念与规范显然需要符合法律职业共同体的立场协调和文化认同,形成全球化时代背景下的系统规范与体系。[47]

作为法律职业共同体的意识形态之呈现,法律职业伦理通过可以被遵循的伦理规范和原则,维护共同体内部的"共同"关系,保障司法公信力的实现。法律职业共同体成员在遵守正义、独立、平等、审慎、利益和清廉等基本规范的同时,因具体分工和角色的不同,在共识的基础上还存在差异。法律职业伦理不是个人或社会的道德标准,而是为保障人人公平享有法律服务而设计的制度。因此,确立和完善符合法律职业共同体中不同职业者群体的行为规范体系,系统地规范共同体职业行为,是促进法律职业伦理发展的当务之急,也是加强法律职业伦理教育的前提和基础。[48] 在法律职业伦理课程具体内容体系上,一般以总论和分论的方式安排,总论包括法律职业及法律职业伦理概述、法律职业伦理基本规范等内容,分论则对审判伦理、检察伦理、律师伦理、仲裁伦理、司法职业责任等分别讲授。[49]

就时间安排来看,法律职业伦理课程适宜在本科低年级教授。关于法律职业伦理教育的理想时机始终存在一定争议。很多人支持伦理学应当贯穿于整个课程的观点,但普遍共识认为在第一年应引入法律职业伦理教育。在发展法律职业伦理教育模式时,可能需要以各种形式介绍相关信息,为道德行为树立榜样、鼓励讨论、挑战现有观点、承认相关研

---

[47] 参见王申:《法律职业伦理规范建设必须回应新时代的道德需求》,载《南京社会科学》2019年第1期。

[48] 参见范敏之:《职业伦理:法律职业共同体之基点》,载周赟主编:《厦门大学法律评论》2016年下半年卷,厦门大学出版社2016年版,第56~66页。

[49] 参见李本森主编:《法律职业伦理》,北京大学出版社2008年版,第1~3页。

究成果,并随着时间的推移强化该过程。四年的本科法律学习时间提供了一个较为合适的示范和鼓励价值观形成和发展的机会,也提供了充分的时间跨度,来证明伦理并非一成不变,而是不断受到更广泛的社会中不断变化的社会政治环境的影响。部分教育工作者对法律专业学生缺乏批判性思维能力表示失望,但这与本科课程的大部分内容都在短时间内吸收和复习大量考试相关信息有关。如果学生在学习初始阶段就以更具批判性的视角来开展法律职业伦理的学习,那么这对其批判性思维的形成也有一定积极作用。[50]

2. 促进授课模式与考核方式多样化

法律职业伦理教育可采用多样方法,除讲授法之外,案例讨论、模拟法庭、法律诊所等方式均能够以适当的方式适用。较之于传统的讲授法,案例讨论既可以培养学生在认识论方面的发展,如增强学生事实认定和分析的能力、判断事实与法律关联性的论证和推理能力等,也可以从伦理角度批判性地反思社会中的价值观念和伦理规范,对真正的正义和美德进行探讨。案例讨论法回应了法律实践中事实和规范不对应的难题,真正将法学作为实践运用的学问进行探讨。澳大利亚法律职业伦理课程中也从诸多判例分析入手研究法律伦理和职业规范,加深对相关案例的深入探讨或形成专业研究也是能够引起学生兴趣的有效方式。在加强法律职业教育的过程中,角色扮演是必不可少的办法,法律诊所则是加强法律教育的有效途径。[51] 通过对律师、检察官、法官、公证员等不同角色的扮演,理解不同法律职业担负的责任和价值,对不同角色中的法律论证和行为进行反思,能够加强学生对法律职业伦理的学习。法律诊所教育亦不例外,尤其是在法律诊所教育不断完善的当下,在法律诊所教育中强化职业伦理教育是推进法律职业伦理教育的有效途径,澳大利亚的探索也说明了这一点。

---

[50] See Suzette Barnaby, "Legal Ethics for the Real World: A Model for Engaging First Year Law Students", *QUT Law Review*, 4, 2004, pp. 14 – 15.

[51] See Anna Cody, "What Does Legal Ethics Teaching Gain, if Anything, from including a Clinical Component", *International Journal of Clinical Legal Education*, 22, 2015, pp. 1 – 3.

法律职业伦理教育的考核方式亦可多样化。在澳大利亚相关课程中,闭卷课程、课程论文、课堂展示、在线测试、视频演示等多样化的考核方式以不同成绩比例适当组合,能够增强学生的兴趣,展现学生在不同方面的能力和认识。在我国法律职业伦理课程中,同样可以考虑采取灵活的考核方式,注重学生法律素养的展现和相关能力的培养,通过多样化考试方式健全该课程的考核方式。

3.加强在线课程与混合课程建设

在“互联网+”时代,移动互联网等信息技术的适用为诸多领域带来变革,法学教育领域亦受影响。互联网信息技术及其应用能够为法律职业伦理教育注入活力,在人才培养、授课方式、考核模式等方面实现一定更新,促进教学的有效性和学习的高效率。例如,慕课、翻转课堂、微课等多元形式的在线课程一定程度上能够充实法律职业伦理教学,增强学生的兴趣;通过在线形式观摩庭审直播、观看视频资料等方式也可丰富授课形式,对讨论主题和授课内容有所补充。同时,互联网信息技术的适用可以通过在线教育方式和即时通讯工具等拓宽学生和教师交流与沟通的渠道,并潜移默化地提高学生的认识、分析及表达能力。[52]

另外,在线课程尤其是精品课程的建设和推广,能够为诸多高校提供可供参考和借鉴的经验,提高法律职业伦理课程的教学质量。这一定程度上能够解决师资力量不足的问题,并形成值得参考的教学资源和经验。在“线上+线下混合式”课程项目不断开展的当下,构建法律职业伦理的在线精品课程具有可行性。

4.保障法官、检察官在高校兼职工作的开展

在加强法律职业伦理教育的过程中,充实法律职业伦理课程的师资队伍十分重要。一方面,我国目前正在探讨开设法律职业伦理专业,如果能够形成独立二级学科和专业,或形成具体专业下的法律职业伦理方向,那么,加强法律职业伦理的系统化教育以培养能够教授该课程的专

---

[52] 参见朱继萍:《“互联网+”时代法学教育改革的踌躇与抉择》,载《法学教育研究》2018年第1期。

业人才,对法律职业伦理教育的发展至关重要。

另一方面,我国《法官法》《检察官法》在修订草案第一稿中增加了一项规定,即"法官经过批准可以在高等学校、科研院所兼职从事教学、研究工作""检察官经过批准可以在高等学校、科研院所兼职从事教学、研究工作"。该规定鼓励法官、检察官在高校或科研机构兼职从事教学、研究活动,这两类职业人员对法律职业伦理的教学具有重要意义,能够为该课程的专业性和实践性提供重要指导。然而,该规定在二审稿中被删除了。修订草案二审稿之所以删除该规定,在于有代表担心可能会存在兼职导致利益输送、妨碍司法公正、影响职务中立性等问题;然而,该担忧缺乏足够的论据支撑。在最初的修订草案中,法官、检察官从事兼职教学、研究活动需经过批准,这为其兼职提供了约束和依据。[53]

法官、检察官在高校、科研机构开展教学、研究、交流活动对法律人才培养的重要性不言而喻,故而在修订过程中,有意见强调应恢复该规定。三审稿中恢复了该规定,即法官、检察官因工作需要经单位选派或者批准,可以在高等学校、科研院所协助开展实践性教学、研究工作,并遵守国家有关规定。然而,在2019年4月23日最终修订的《法官法》中,出于从严管理法官队伍,防止兼职对法官公正履职影响的考虑,最终宪法和法律委员会经研究删去了修订草案中的规定。也即,我国最新修订的《法官法》《检察官法》并未对法官、检察官在高校、科研机构兼职教学、科研活动作出明确规定,这不利于吸纳法官、检察官在法律职业伦理教育中的参与。在加强法律职业伦理教育的同时,提高法官、检察官在法律职业伦理教育中的参与力度,保障理论与实践经验的有机结合是加强师资队伍建设的重要途径。

---

[53] 参见王健:《要为法官检察官兼职法学院校提供制度保障》,载中国法律评论公众号:https://mp.weixin.qq.com/s/yQVzsvuvoPkNrc5sB_lwvA,最后访问日期:2019年6月17日。

五、结语

在全球化和新技术革命背景下,法律职业伦理备受关注,并逐渐在各国法学教育中取得必修课地位。法律职业伦理教育有利于培养具有社会责任和公平正义追求的法律人,是法学教育的重要一环。澳大利亚法律职业伦理教育在吸收英美经验的基础上,结合本国实践形成了具有一定特色的探索,法律职业伦理课程发展较快。我国在吸收借鉴其他国家先进经验的同时,更应结合我国法律实践和职业伦理现状,在法律职业伦理作为必修课的当今,明确法律职业伦理的培养目标和课程设置,构建多样的授课模式和考核方式,加强法律职业伦理师资队伍建设,并在完善我国法律职业伦理相关理论与规范的基础上,推动法律职业伦理教育目标的实现。

On the Development of Australian Legal Professional Ethics Education and Its Enlightenment

Qi Kaiyue

Abstract: Recently, legal professional ethics has gradually become a compulsory course for colleges and universities in various countries, and Australia is no exception. Australian legal professional ethics mainly includes lawyer ethics and professional norms, but there are also violations of professional ethics, which has led to the emphasis on legal ethics education in colleges and universities. The legal professional ethics education in Australian colleges and universities has experienced different stages of lack of education, initial cognition, and deepening cognition. Since the 21st century, it has been continuously improved as a compulsory course, and its curriculum design and teaching mode are unique, and it is also exploring the renewal of educational concepts and the diversity of teaching methods. China has positioned legal education as professional education based on vocational education as well as quality education, actively promoted the reform of legal education, and listed legal professional ethics as a compulsory course, but the effect of this course is not satisfactory. Clarifying teaching content and schedule, promoting the diversification of teaching modes and assessment methods, strengthening the construction of online courses and mixed courses, and ensuring the development of part-time work of judges and procurators in colleges and universities can become the direction of reform of legal professional ethics education in China.

Key Words: legal profession, legal professional ethics, legal education, legal clinic, online courses

管理经纬

新中国70年地方院校发展政策的历史演进与变革趋势*

杨聚鹏**

摘　要：地方院校是我国高等教育的重要组成部分，在我国高等教育发展中占据重要地位。研究地方院校发展政策演进过程，有助于认识其发展规律和发现问题，对促进地方院校发展进而实现建设我国高等教育强国目标具有重要意义。研究通过对1949年以来的地方院校发展政策进行分析发现：地方院校发展政策具有明显的阶段性特征，可以划分为构建雏形、破坏发展、恢复发展、调整提高和推动转型五个阶段，呈现发展理念由边缘地位走向中心地位、发展方式由外在模仿走向自主设计、发展机制由政府计划转向政府院校及市场相互联合、发展动力由外在需求转向内生发展等四大特点。通过问题分析发现：地方院校发展政策存在脱离社会实践、实施权力过渡上移、注重"标本化"建设等问题，未来地方院校政策需要采取整

* 本课题系中央高校基本科研业务费专项资金一般项目（项目编号：15SZYB15）、2015年陕西省哲学社会科学基金一般项目（项目编号：2015N010）、中国博士后科学基金第58批面上资助项目（项目编号：2015M582598）的阶段性研究成果之一。

** 杨聚鹏，北京师范大学与多伦多大学联合培养博士、陕西师范大学副教授，研究方向：教育政策及管理。

体设计、深入发展实践、实现市级主导和创新发展等方式进行发展。

关键词:新中国70年　地方院校　发展政策　历史演进　变革趋势

从我国高等教育发展政策来看,我国重点院校发展受到国家重视,国家先后出台了一系列具有重大社会影响的重点院校发展政策,如“211”工程、“985”工程、“2011”计划、中西部高等教育质量基础提升工程、“双一流”大学建设计划等,特别是“双一流”大学建设计划的出台把高等教育重点院校发展政策推向高潮。但是对地方院校而言,占据绝对比例的地方院校(地方院校达到1737所,占据高等教育机构总数2596所的66.9%[①])发展政策却不突出,并且地方高校在发展过程中面临的一系列深层次问题也并未得到有效解决,如“学校的专业和课程结构与产业结构、社会需求不协调,过分重视学术型、理论型人才培养;人才与就业市场信息不畅,大学生职业意识普遍薄弱,就业期望与现实不符;不少地方高校还存在着办学定位不准,片面追求学校升格,过分强调提升办学层次等现象,基本上处于粗放办学和发展阶段”。[②] 尽管如此,我国有关地方院校发展政策的研究还不成熟,无法为政府出台地方院校管理政策提供有效参考。因此,本文拟对地方院校发展政策的历史演变问题进行研究,以期为我国的地方院校发展政策改革提供有效参考。

一、地方院校发展政策历史演进的阶段特征

自1949年新中国成立以来,我国地方院校政策经历了近70年的发展变化,通过对这近70年的政策进行分析,发现地方院校政策具有鲜明

---

① 《高等教育学校(机构)数》,载中华人民共和国教育部政府门户网:http://www.moe.edu.cn/s78/A03/moe_560/jytjsj_2016/2016_qg/201708/t20170822_311604.html,最后访问日期:2018年12月25日。

② 张应强、肖起清:《中国地方大学:发展、评价与问题》,载《现代大学教育》2006年第6期。

的阶段性特征,其阶段特征及内容如下。

(一)构建地方院校雏形的阶段(1949—1965年)

1949年10月,中华人民共和国成立,与社会主义国家性质和意识形态相一致的政治体制及意识形态相继建立。高等教育也在破除旧有体制和传统,开始建立与社会主义国家性质和意识形态相一致的新型体系,并按照《共同纲领》所提出的"中华人民共和国的文化教育为新民主主义的、民族的、科学的、大众的文化教育",提出要以为人民服务的思想为主要任务对教育进行接收和改造。为了统一管理全国高等教育,1950年出台了《各大行政区高等教育管理暂行办法》和《高等学校暂行规程》,规定由中央暂行管理各大行政区的高等教育。此时的地方政府没有管理高等教育的权限,因此,从管理体制上来说,地方院校不复存在。但1953年出台的《关于修订高等学校领导关系的决定》中指出:"综合性大学由中央高等教育部直接管理,与几个业务部门有关的多科性高等工业学校也由中央高教部直接管理,为某一业务部门开办的单科性高等学校,委托中央有关业务部门管理。同时,要求部门高等学校可以根据各地情况,委托学校所在大行政区委员会或省、市、区人民政府负责管理。"③1958年出台的《关于高等学校和中等技术学校下放问题的意见》规定除少数综合大学以外,其他部分高等院校由省、自治区、直辖市领导。因此,1953年之后,地方院校得以诞生。1963年,中共中央、国务院发布的《关于加强高等学校统一领导、分级管理的决定(试行草案)》提出对高校要实行中央和地方两级管理制度,并明确了两级管理权限。至此,我国高等教育中的中央高校和地方院校两级系统完全确立。据统计,到1965年,调整后全国共有434所高等学校,其中高教部直接管理34所,中央有关业务部门管理149所,省、市、自治区管理251所。④

(二)地方院校发展遭受破坏阶段(1966—1976年)

1966年,"文化大革命"爆发,地方院校发展受到了冲击。由原厦门

---

③ 《关于修订高等学校领导关系的决定》,载《人民教育》1953年第11期。

④ 参见朱开轩:《积极推进高等教育体制改革——在全国高等教育体制改革座谈会上的报告》,载《中国高等教育》1995年第1期。

师范学院、泉州师范学院、南平师范学院、漳州师范专科学校合并组建的福建第二师范学院,1966 年因"文化大革命"停办,1970 年被撤销。据统计,1965 年,全国高校共有正副教授 7800 多人,到 1977 年减缩至 5800 余人,⑤全国高等学校由 1965 年的 434 所,减至 1971 年的 328 所,经过 1970 年推荐招生之后,到 1976 年时仅为 392 所,具体如图 1 所示。全国高校在校生人数由 1965 年的 67.4 万人,减至 1970 年的 4.8 万人,经过 1970 年推荐招生之后,到 1976 年时仅为 56.5 万人,具体如图 2 所示。

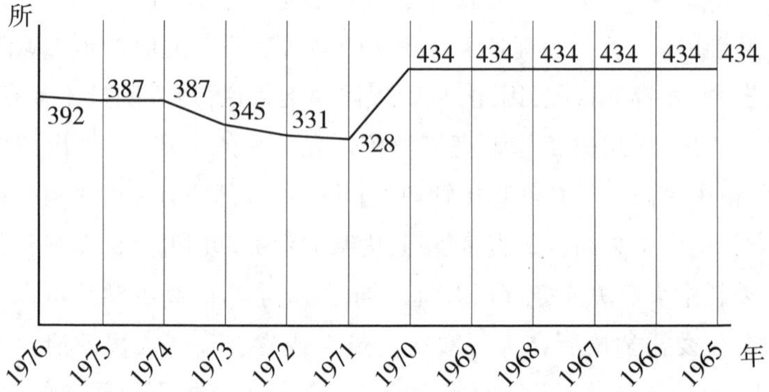

图 1　1965—1976 年全国高校数量变化情况

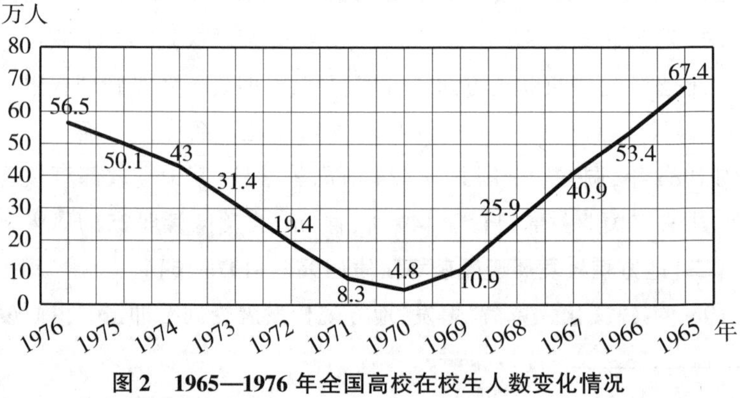

图 2　1965—1976 年全国高校在校生人数变化情况

⑤　董宝良:《中国近现代高等教育史》,华中科技大学出版社 2007 年版,第 388 页。

（三）地方院校恢复发展的阶段（1977—1991年）

随着“文化大革命”的结束，国家以恢复高考制度为突破口来恢复高等教育秩序，地方院校迅速恢复发展。一是教育拨乱反正，恢复高考招生制度，恢复教育教学秩序的活动快速开展。如1977年，邓小平做了《关于科学和教育工作的几点意见》的讲话，提出要冲破“两个凡是”的禁锢，教育开始拨乱反正。1978年召开全国教育大会，教育恢复发展力度空前加大，一大批被批判的地方院校党政领导及教师得到平反。二是国家出台了一些政策提高地方院校教师的社会地位及福利待遇，着手恢复教师工作，并为一些专家教授解决住房、配备助手等。如1978年国务院通过《关于高等学校恢复和提升职务的请示报告》，1979年通过《关于教育部门教职工升级问题的通知》。三是进一步确立了三级办学两级管理的办学体制。1985年《中共中央关于教育体制改革的决定》提出实行中央、省（自治区、直辖市）、中心城市三级办学的体制。至此，我国高等教育管理权逐渐下移，两级管理三级办学的管理体制逐渐形成，地方政府举办高等教育的积极性得到激发，地方院校规模迅速扩大。

（四）促进地方院校调整提高的阶段（1992—2012年）

1992年，党的十四大确定了建立社会主义市场经济新体制，要求社会经济文化发展以建立社会主义市场经济为目标。与此相适应，建立与市场经济体制相一致的地方院校改革目标也被确立起来。例如，在1994年召开的第二次全国教育大会强调：地方院校要从区域社会经济发展的需求出发来办学，充分服务当地社会经济的发展。1993年出台的《中国教育改革和发展纲要》提出要建立以省级政府为主的管理体制，明确地方政府有权决定地方院校的招生规模和专业设置。该纲要还强调给予地方院校更多的自主权，明确地方院校的权力和义务，使其成为社会法人单位，形成自主办学和自我约束的机制。1998年，李岚清又在扬州召开的高教管理体制改革经验交流会中提出“共建、调整、合作、合并”的高等教育改革八字方针，我国高等教育开始了新一轮改革发展浪潮。经过1998年、1999年和2000年三次大规模合并，地方院校快速发展,形成和新建了一大批地方本科院校。据统计,至 2012 年,我国共有新建本科学校 646 所,超过普通本科高校总数的 50%。⑥

(五)推进地方院校转型发展的阶段(2013 年至今)

进入 2013 年以来,我国地方院校发展进入了新的发展阶段,政府和社会各界开始积极关注地方院校的发展目标及办学方向问题,地方院校转型发展的思潮逐渐形成。2013 年,由天津职业技术师范大学推动成立了应用技术大学联盟,以此来促进地方院校转型发展。此后,中德应用技术大学联盟、浙江省应用型本科高校联盟、四川省应用型本科高校联盟、安徽省应用型本科高校联盟、湖北省应用型高等学校联盟、长三角地区应用型本科高校联盟等相继成立。这凸显了地方院校转型发展的自主性和自觉性。在政府政策中,2014 年是重要的时间点。2014 年时任教育部副部长鲁昕提出要加大对应用型地方院校的支持力度,这是新时期官方在地方院校转型发展方面的鲜明表态和系统阐述。2014 年国务院出台《关于加快发展现代职业教育的决定》,提出要引导一批普通本科高校向应用技术类型高校转型。2014 年《关于地方本科高校转型发展的指导意见(意见征求稿)》出台。2015 年《关于引导部分地方普通本科高校向应用型转变的指导意见》等出台。可见,中央政府推动地方院校转型发展的力度越来越大,发展思路越来越清晰。总之,此阶段促进地方院校转型发展已在社会和政府层面形成了高度一致性认识,地方院校转型发展正在成为我国高等教育改革发展的另一重要内容。

二、地方院校发展政策历史演进的变迁特点

从我国地方院校政策的发展过程来看,地方院校政策发展演进表现出了一些鲜明特点,这些特点具体如下:

---

⑥ 参见焦新:《加快地方本科院校转型 服务社会经济发展——〈地方本科院校转型发展研究报告〉负责人答记者问》,载《中国教育报》2013 年 12 月 31 日,第 2 版。

（一）发展理念由边缘地位逐渐走向中心地位

在早期的地方院校政策发展理念中，地方院校处于高等教育的边缘地位，有关地方院校发展的专门政策出台较少，没有成为高等院校发展的重要政策，具体原因有以下几个方面：一是有关地方院校发展的专门政策出台较少，地方院校发展被融入到国家高等教育整体发展之中；二是国家以重点大学发展目标的政策导向遮盖了国家对地方院校发展的重视，地方院校的政策支持力度明显落后于重点大学的支持力度；三是针对地方院校发展的艰难困境，国家倾斜支持力度不足。随着市场经济机制体制的建立，高等教育需求迅速激发，高等教育规模迅速扩大，特别是管理体制改革之后，地方院校的数量大幅度提升，地方院校成为高等教育重要的组成部门，因此，如何管理和促进这类院校发展成为高等教育的重要内容。另外，进入21世纪，在知识经济迅速发展的状况下，创新驱动发展已成为我国社会经济发展的重要战略，而地方院校在支撑地方创新驱动发展方面具有巨大的潜力，因此，如何促进地方院校转型发展，逐渐成为我国高等教育政策改革发展的中心内容之一。如2014年出台的《关于地方本科高校转型发展的指导意见（意见征求稿）》指出推动地方院校转型发展的目的就是要提高服务区域经济社会发展的能力，因此，重视地方院校发展政策是一种必然。地方院校发展政策理念走向中心的标志具体表现在以下几个方面：一是地方院校发展政策引起了国家到地方各级管理机构的重视。如地方院校转型发展政策解读指出，“引导部分地方本科高校转型发展是党中央、国务院做出的重大决策”。⑦ 二是地方院校发展政策成为国家高等教育改革发展的重要内容。三是地方院校发展将成为国家社会经济发展的重要支撑，特别在实现地方创新驱动发展方面被赋予厚望。

（二）发展方式由外在模仿走向自主设计

新中国成立后，我国高等教育系统需要重新设计和建立，在经验不

---

⑦ 《教育部有关负责人就部分本科高校转型发展问题答问》，载教育部网：http://www.gov.cn/zhengce/2015-11/16/content_5013104.htm，最后访问日期：2019年1月20日。

足的状况下,模仿国外设计高等教育体系成为一种选择。我国地方院校发展政策也是在模仿国外特别是苏联模式的情况下进行的,主要采取以政府为主导的计划和行政命令方式管理地方院校发展,这种模仿表现在以下几个方面:一是对地方院校发展定位的模仿;二是地方院校政策出台方式的模仿;三是对地方院校管理模式的模仿。后来,我国地方院校发展政策在不断模仿国外的基础上,根据自身问题不断探索,逐渐根据自身发展实际来设计政策。例如,1985年颁布的《中共中央关于教育体制改革的决定》提出要扩大地方政府和地方高校的自主权;1998年之后,根据"共建、调整、合作、合并"的八字方针改革高等教育,形成了"条块分割,以块为主"的办学格局;2014年国务院及教育部分别强调要采取措施促使地方院校转型发展等。地方院校发展政策自主设计主要表现在以下几个方面:一是地方院校发展政策根源于地方院校发展实际,从地方院校发展的现实需求和内在实际出发设计政策,如《关于地方本科高校转型发展的指导意见(意见征求稿)》指出,"引导部分地方本科高校转型发展,就是要更好地促进这些高校直接面向地方和行业发展需求培养人才"。⑧ 二是地方院校发展政策符合我国国家战略发展需求。三是地方院校政策注重驱使地方院校有特色发展。

(三)发展机制由政府计划推动转向由政府、院校及市场相互联合推动

早期地方院校发展政策主要是由政府基于自身经验判断来形成的,政府是推动政策形成和改进的唯一主体。它主要表现在以下方面:一是由政府提起政策议题并力推政策形成。二是政府的价值偏好和知识经验水平决定着政策设计方式和内容,是影响政策形成和发展的最为关键的因素。三是政府发现政策问题并促进政策改进。随着社会开放性的增加和社会民主意识的增强,各社会主体的自主意识和社会责任意识逐渐增强,积极维护自身利益和履行社会责任的行为更为积极。地方院

---

⑧ 《教育部有关负责人就部分本科高校转型发展问题答问》,载教育部官网:http://www.gov.cn/zhengce/2015-11/16/content_5013104.htm,最后访问日期:2019年1月20日。

校、社会其他组织积极参与到地方院校政策的制定当中,积极影响政府有关政策的制定,形成推动地方院校发展政策制定的联合机制,具体表现在以下方面:一是政府之外的其他组织,如地方院校、其他社会组织积极了解教育发展问题,推动教育问题引起政府重视。例如,由天津技术师范大学主导成立的应用型大学技术联盟和应用型大学技术研究中心,有力地推进和指导地方院校发展转型。二是政府与地方院校、其他社会组织共同认识和研究地方院校发展问题,如应用型大学技术联盟成立时邀请当时的教育部副部长鲁昕参加。三是政府政策制定受地方院校、其他社会组织的积极推动和影响。

(四)发展动力由外在影响转向内生需求

早期地方院校发展政策变迁,主要是由于地方院校之外的需求引起的,如政治目标、经济发展目标、社会发展目标等要求地方院校发生相应的变革,地方院校发展政策就是要促进地方院校不断去满足和实现这些目标。具体表现在以下几个方面:一是促使地方院校转型发展由政府计划决定,地方院校、社会组织等机构推动地方院校发展的积极性不高,习惯于依赖政府的规划和指导;二是政府根据社会经济发展目标设定地方院校发展目标,地方院校发展的出发点和逻辑在于实现社会经济发展目标,地方院校成为促进社会经济目标发展的工具和手段。后期地方院校发展政策关注地方院校自身的发展,地方院校政策实施的目的是促使地方院校发展壮大,地方院校本身成为政策制定的逻辑和生成点,具体表现在以下几个方面:一是政府政策制定的目的是促进地方院校发展。例如,《关于地方本科高校转型发展的指导意见(意见征求稿)》提出政策出台的目的就是“加快现代职业教育体系建设,推进地方高校转型发展,提高服务区域经济社会发展的能力水平”。二是地方院校动态发展变化是政策改进的重要动因。例如,在转型发展试点院校确定中,《关于地方本科高校转型发展的指导意见(意见征求稿)》提出,“结合应用技术类型高等教育的发展要求,确定具有代表性的试点高校”。

三、地方院校发展政策历史演进的问题表征及未来改革

尽管我国地方院校发展政策经历了长期的变迁,但是从我国地方院校发展政策的演变过程和特点来看,我国地方院校发展政策还存在一些问题需要改进,具体如下:

(一)地方院校发展政策脱离社会发展实际,需要密切结合社会发展实际来系统设计

从地方院校发展政策实施来看,地方院校发展政策过去主要强调地方院校如何改革和发展,是一种地方院校本体性的发展逻辑,把地方院校发展放在独立的环境之中,忽视了地方院校与社会发展的联系。在知识经济快速发展、创新驱动发展成为主要发展趋势的背景下,地方院校改革政策制定不能只局限于地方院校本身,要从整个社会发展的角度来设计政策,因为地方院校的改革发展已经不只是地方院校本身的事情,而是关系到地方社会经济文化的发展。具体来说,表现在两个方面:一是地方社会经济文化的繁荣和发展已经越来越需要地方高校的支持,因为"从经济社会结构转型和社会需求的转换来看,地方院校肩负着为大量非适龄人口提供中学后教育和培训的使命,以推进地方农业现代化、城市化和工业化的实现"。[⑨] 二是地方院校的发展也越来越需要地方社会经济文化发展的支持。因此,政府设计地方院校改革发展政策时,要密切分析当地社会经济文化的发展状况,把地方院校发展与当地社会经济文化发展密切联系,既要融入到当地社会经济文化发展中去,成为当地社会经济文化发展的组成部分,又要去引领当地社会经济文化的发展,从当地社会经济文化发展客观特征出发,去理论指导、思想引领当地社会经济文化的发展。

---

⑨ 张文格、马丁:《后大众化进程中地方院校发展使命与战略转型》,载《高校教育管理》2013年第5期。

(二)地方院校发展政策改革脱离地方院校实际,需要深入地方发展的具体状况

长期以来,在地方院校发展政策的影响下,地方院校发展走向形而上的学理化发展之路,教学重视理论思维和理论知识教育,学生培养注重学术研究和理论素养提升,教师科学研究注重理论分析和逻辑思维推理。“理论,作为工业发展的一种生产力,它改变着人的生活基础,但是,理论无法批判地超越这个基础,以便把生活本身和为了生活而把生活提高到另一个阶段上……只有旨在实践的理论才能够根据这种事实辨认出明摆着的矛盾:社会的发展与变化愈是取决于有分工的研究过程的极端的理性,科学化的文明在其公民的知识和良知中就愈不巩固”。⑩ 可见,理论明辨实践、引导实践,不能脱离于实践。因此,地方院校改革发展取得实效的根本出路在于实践,只有通过实践,地方院校改革发展才能获得生机和活力。所以,地方院校改革发展政策制定深入地方发展实践,根据地方发展实践特征和状况来设计地方院校改革发展政策,不能依靠政策制定者的主观臆断和主观思维去思考实践问题,而应该采取“自下而上”的政策制定方式,在充分尊重实践者意见和了解实践的基础上制定政策。“源于实践的理论,并不仅仅是对实践经验的概括和总结,更重要的是对实践活动、实践经验和实践成果的批判性反思、规范性矫正和理想性引导。这就是理论对实践的超越。”⑪所以,政策制定要深入实践,对实践进行实证研究和科学批判分析,确保政策真实有效解决实践问题,并对实践活动进行指导。

(三)地方院校发展政策实施权力过度上移,需要下移实施权力,实现市级主导

虽然我国高等教育管理体制经过多次改革,形成了“条块分割,以块为主”的格局,但是教育部和省级政府对地方院校仍然具有较强的领导

---

⑩ [德]尤尔根·哈贝马斯:《理论与实践》,郭官义、李黎译,社会科学文献出版社2010年版,第330~332页。

⑪ 孙正聿:《理论及其与实践的辩证关系》,载《光明日报》2009年11月24日,第11版。

能力和管理能力,而地方院校所处的市级政府则管理权力不大。“权力意味着在一定社会关系里哪怕是遇到反对也能贯彻自己意志的任何机会,不管这种机会是建立在什么基础之上。”⑫因此,要实现地方院校与地方社会经济发展的密切联系,促进地方院校和地方社会经济文化密切融合发展,就需要再次下移地方院校管理权,改变原来“橄榄型”的管理权限等级体系,即大幅度减弱教育部和省级政府的高等教育管理权限,让地方大学所处的地方政府拥有管理大学的更大权力,形成一种“金字塔型”的管理权限等级体系。“金字塔型”的管理权限等级体系在管理权力等级体系上,要求教育部、省级政府和市级政府权力依次递减,教育部拥有最高等级的管理权力,市级政府拥有最低等级的管理权力。在管理事务多寡程度上,要求教育部、省级政府和市级政府管理事务依次增多。教育部负责全国教育宏观管理,省级政府从全省视角统筹设计地方院校发展,履行省域内宏观管理职能。市级政府从本地区社会经济发展的实际状况及需求特征,具体从事地方大学的管理和合作问题,实现大学与当地政府的密切交流和互动。

(四)地方院校发展政策过于重视标本化建设,需要走向独创性的发展

我国地方院校发展政策价值导向是鼓励地方院校以综合性研究型大学为样本进行发展,因而导致地方院校在办学目标、教育教学方式、学生培养目标及方式、教师管理及评价等方面趋同化。一项针对高校的校训调查显示,高校校训同质化现象严重,“在被调查的256所高校中,有192所学校的校训为‘四词八字’的口号式,比例高达75%。校训中带有‘勤奋’字样的有68所,‘求实’的为65所,‘创新’的为59所,‘团结’的为49所,‘严谨’的为25所。包含以上5个词语任何一词以上的有147个,占到被调查高校的近六成”。⑬“高校的特色就是高校的优势,特色是高校的核心竞争力”⑭,新时期地方院校改革发展要走差异化的发展

---

⑫ [德]马克斯·韦伯著,[德]约翰内斯·温克尔曼整理:《经济与社会》(上卷),林荣远译,商务印书馆1997年版,第81页。

⑬ 刘阳:《大学校训,为何似曾相识?》,载《人民日报》2007年7月25日,第11版。

⑭ 杨燕滨:《西部地区地方高校教育质量提升的诉求与对策——基于对西部地区部分地方高校的考察》,载《国家教育行政学院学报》2013年第8期。

道路,体现出特色发展、个性发展的方式。特色化、个性化发展要求教育政策要引导地方院校发展立足实际来确立办学目标和发展方向,形成学校独特的办学方式和办学风格。立足实际就是要立足地方院校和地方社会经济文化面临的现实问题、发展需求及资源禀赋,分析现实问题、发展需求及资源禀赋带给地方院校发展带来的机遇和挑战。特色化、个性化发展还要求通过制度安排和评价机制改革,激发地方院校的积极主动性,促进地方院校积极主动地发现特色、凝练特色、创造特色来实现自身的特色化、个性化发展。

总之,从我国高等教育发展的整体状况来看,长期以来,地方院校发展处在高等教育发展的边缘状态,地方院校发展政策出台频率和改革发展地方院校的力度都较小。近年来,在我国高等教育整体发展较快但地方院校发展缓慢的情况下,特别是大学生就业问题凸显和创新驱动发展战略实施之后,地方院校发展逐渐受到重视,促进地方院校发展的有关政策逐渐增多。从地方院校发展政策变迁来看,具有鲜明的阶段性特征及变迁特点,也存在明显的问题,地方院校发展政策需要朝向融入社会发展整体环境、密切联系实践、实现管理权力下移及特色化发展等方面发展。

Research on the Historical Evolution and Reform Trend of the Policies on Local Universities and Colleges since the founding of the People's Republic of China

Yang Jupeng

Abstract: Provincial universities and colleges are an important part of Chinese higher education and occupy an important position in the development of higher education in China. Studying the evolution process of the educational policies of provincial universities and colleges is helpful to understand its development principles and discovery problems. It has great significance to promote the development of provincial universities and colleges and realize the goal of building Chinese higher education. This study analyzes the development policies of provincial universities and colleges since 1949 and finds that the development policies of local colleges and universities have obvious stage characteristics, which can be divided into five stages: constructing prototype, destroying the development, restoring the development, adjusting and promoting the transformation. The policy trend of such development shows that the development concept has the five characteristics, which include: from the marginal status to the central position, the development mode is from external imitation to independent design, the development mechanism is changed from government planning to government colleges and markets, and the development momentum is changed from external demand to internal development. Through the analysis of the problem, the author finds that the development policies of provincial universities and colleges are separated from social practice, the power of provincial universities and colleges is transmitted to higher-level education administration departments and the construction of "model university" is emphasized. In the future, provincial universities and colleges need to adopt overall design, in-depth development practice, and achieve the transformation of the appropriate local administration and innovative development.

Key Words: the 70th anniversary of the founding of the People's Republic of China, provincial universities and colleges, development policy, historical evolution, reform trend

《法学教育研究》稿约

《法学教育研究》创办于2009年,是国内较早系统关注法学教育研究的专门性学术出版物,由西北政法大学主办、法律出版社定期出版。2017年起本书每年出版4卷,现已入选CSSCI收录集刊(2017～2018年)目录。

宗旨:本书恪守科学性、实践性、创新性、开放性原则,集中出版法学教育教学研究成果,探索法学教育教学规律,促进法学教育事业的发展。

主要栏目有:理论探讨、教学研究、比较研究、教材体系、管理经纬、学问人生、教育法制、法务反哺、法学资讯等栏目。

《法学教育研究》致力于搭建高水平的学术探讨平台,所有来稿均以学术价值为遴选标准。敬请作者来稿时提供:(1)中英文题目及作者姓名,标题尽量确切、简洁;(2)中英文摘要(不超过200字);(3)中英文关键词(3～5个);(4)作者简介(含姓名、工作单位、职称、学历学位、研究方向、通信地址、邮政编码、联系电话、电子邮箱),如果来稿系作者承担的省级以上科研基金项目,请注明项目名称和编号;(5)正文;(6)注释。

注释:是对文内某一特定内容的进一步解释或补充说明。用①②③……数字标注序号,采用当页脚注整篇连续编号形式。著作类包括“序号,著者:《书名》,出版社出版年,起止页码”。论文类包括“序号,作者:《题目》,载《报刊名》出版日期或期号”。

声明:《法学教育研究》已许可中国学术期刊(光盘版)电子杂志社在中国知网及其系列数据库产品中以数字化方式复制、汇编、发行、信息网络传播全文。《法学教育研究》已许可北大法宝法学期刊数据库以电子形式对本书进行制作、以不脱离于数据库的形式进行传播和销售;《法学教育研究》已被维普网全文收录。如无特别说明,作者提交文章发表的行为即视为同意上述声明。

本书的微信公众号为 fxjyyj-xfd,定期发布相关信息,敬请关注,官方网站为 http://ler. nwupl. edu. cn/。本书的网络采编系统现已开通,网址为:http://fxjy. cbpt. cnki. net,请您通过网络采编系统投稿。

联系方式:

E-mail:fxjyyj@ 126. com

电话:029 - 88182796

地址:西安市长安区西长安街558号

西北政法大学长安校区80号信箱,邮编:710122

图书在版编目(CIP)数据

法学教育研究. 第28卷 / 杨宗科主编. -- 北京 :
法律出版社, 2020
ISBN 978-7-5197-4329-1

Ⅰ. ①法… Ⅱ. ①杨… Ⅲ. ①法学教育-研究-中国
Ⅳ. ①D92-4

中国版本图书馆CIP数据核字(2020)第045382号

法学教育研究(第28卷)
FAXUE JIAOYU YANJIU (DI-28 JUAN)

杨宗科 主编

责任编辑 黄琳佳 曲 杰
装帧设计 李 瞻

出版 法律出版社
总发行 中国法律图书有限公司
经销 新华书店
印刷 三河市龙大印装有限公司
责任校对 杨锦华
责任印制 陶 松

编辑统筹 学术·对外出版分社
开本 710毫米×1000毫米 1/16
印张 24.25
字数 330千
版本 2020年1月第1版
印次 2020年1月第1次印刷

法律出版社/北京市丰台区莲花池西里7号(100073)
网址/www. lawpress. com. cn
投稿邮箱/info@ lawpress. com. cn
举报维权邮箱/jbwq@ lawpress. com. cn
销售热线/400-660-8393
咨询电话/010-63939796

中国法律图书有限公司/北京市丰台区莲花池西里7号(100073)
全国各地中法图分、子公司销售电话:
统一销售客服/400-660-8393/6393
第一法律书店/010-83938432/8433　西安分公司/029-85330678　重庆分公司/023-67453036
上海分公司/021-62071639/1636　深圳分公司/0755-83072995

书号:ISBN 978-7-5197-4329-1　**定价**:88.00元